公路工程金属试验规程汇编

中国标准出版社
人民交通出版社　编

中国标准出版社
人民交通出版社
北　京

图书在版编目（CIP）数据

公路工程金属试验规程汇编/中国标准出版社，人民交通出版社. —北京：人民交通出版社，2008.4
ISBN 978-7-114-07047-1

I.公... II.①中...②人... III.道路工程-建筑材料：金属材料-材料试验-规程-汇编-中国 IV.U414.8-65

中国版本图书馆 CIP 数据核字(2008)第038639号

书　　名：公路工程金属试验规程汇编
著 作 者：中国标准出版社　人民交通出版社
责任编辑：毛鹏　余化　郑蕉林
出版发行：人民交通出版社
地　　址：(100011)北京市朝阳区安定门外外馆斜街3号
网　　址：http://www.ccpress.com.cn
销售电话：(010)85285838,85285995
总 经 销：北京中交盛世书刊有限公司
经　　销：各地新华书店
印　　刷：中国标准出版社秦皇岛印刷厂
开　　本：880×1230　1/16
印　　张：22
字　　数：672千
版　　次：2008年4月第1版
印　　次：2008年4月第1次印刷
书　　号：ISBN 978-7-114-07047—1
印　　数：0001-3500册
定　　价：70.00元

出版说明

在公路建设过程中，国家和行业主管部门颁布的标准规范是广大工程建设单位和建设者必须遵循的技术准则，这些标准规范对于提高工程建设管理水平，保证公路建设质量和工程安全，降低工程造价，节约建筑材料和能源，促进技术进步等方面起到了重要的作用。

为了方便广大公路建设者更好地查找和应用标准规范，我们对现行的公路建设常用的水泥混凝土、钢材、金属三大材料及其试验检测相关标准规范进行了整理汇编，出版《公路工程水泥混凝土相关规范汇编》、《公路工程常用金属材料与钢结构标准汇编》、《公路工程金属试验规程汇编》，汇编收录的均为现行标准，具有很强的实用性，同时，汇编还收录了条文说明，以方便读者更深刻地理解和应用标准的内容。

本书所收集的国家标准和行业标准的属性（推荐性或强制性）已在目录中标明，标准年号用四位数字表示。鉴于部分标准是在标准清理整顿前出版的，目前尚未修订，故正文部分仍保留原样（包括标准正文中"引用标准"或"规范性引用文件"一章中的标准的属性），但其属性以本汇编目录中标明的为准，读者在使用这些标准时请注意查对。目录中部分行业标准年代号后加"(1996)"，表示该标准在1996年进行了确认，但未重新出版。目录中标有"*"号的表示该标准有修改单，标准中相关内容已按修改单改正。

本汇编是公路工程设计、科研、施工、监理等单位有关人员不可或缺的工具书。因时间所限，可能有部分相关标准未能收集到汇编中来，欢迎广大读者及时与我们联系交流。

编者

2008年3月

目　录

一、通用标准

二、金属拉伸、压缩、弯曲及扭转试验

三、金属硬度试验

四、金属韧性、延性试验

五、金属高温长时试验、疲劳试验

六、金属焊接类试验

一、通用标准

中华人民共和国国家标准

金属力学性能试验术语

GB 10623—89

Metallic materials—Terms of mechanical test

1 主题内容与适用范围

本标准规定了金属力学性能试验的一般术语和拉伸、压缩、扭转、剪切、弯曲、硬度、冲击、蠕变、持久强度、应力松弛、断裂、疲劳、工艺、磨损等试验所使用的名词术语。

2 一般术语

2.1 金属力学 mechanics of metals

系研究金属在力的作用下所表现行为和发生现象的学科，由于作用力特点的不同，如力的种类（静态力、动态力、磨蚀力等）、施力方式（速度、方向及大小的变化，局部或全面施力等）、应力状态（简单应力——拉、压、弯、剪、扭；复杂应力——两种以上简单应力的复合）等的不同，以及金属在受力状态下所处环境的不同（温度、压力、介质、特殊空间等），使金属在受力后表现出各种不同的行为，显示出各种不同的力学性能。

2.2 金属力学性能 mechanical properties of metals

金属在力作用下所显示与弹性和非弹性反应相关或涉及应力-应变关系的性能。

2.3 金属力学性能判据 characteristic of mechanical properties of metals

表征和判定金属力学性能所用的指标和依据，其高低表征金属抵抗各种损伤作用的能力的大小，是评定金属材料质量的主要判据，也是金属制件设计时选材和进行强度计算时的主要依据。如抗拉强度、伸长率、疲劳极限等。

2.4 金属力学试验 mechanical testing of metals

测定金属力学性能判据所进行的试验，一般有拉伸试验、压缩试验、弯曲试验、扭转试验、剪切试验、冲击试验、硬度试验、蠕变试验、应力松弛试验、疲劳试验、断裂韧性试验、磨损试验、工艺试验、复合应力试验等。

2.5 金属力学性能测试 measurement and test of mechanical properties of metals

系通过不同力学试验及相应测量以求出金属的各种力学性能判据的实验技术。

金属力学性能测试对金属材料质量检验，研制和发展新材料，改进材料质量，最大限度发挥材料潜力，进行金属制件失效分析，确保金属制件的合理设计、制造、安全使用和维护，都是必不可少的手段。

金属力学性能测试的基本任务，是确定合理的金属力学性能判据并准确而尽可能快速地测出这些判据。

2.6 弹性 elasticity

物体在外力作用下改变其形状和尺寸，当外力卸除后物体又回复到其原始形状和尺寸，这种特性称为弹性。

2.7 弹性模量 modulus of elasticity

中华人民共和国冶金工业部1989-02-10批准　　1990-07-01实施

一般说来，在弹性范围内物体的应力和应变呈正比，其比例常数即为弹性模量。

2.8 滞弹性 anelasticity

在弹性范围内，固体的应力和应变不是单值对应关系，往往有一段时间的滞后现象，这种特性称为滞弹性。

滞弹性仍然是弹性的，应力卸除后可完全回复到原始的形状和尺寸，只是要经过充分长的时间才能达到，即应变对应力有滞后现象，它与不可能完全回复的非弹性有明显区别。

2.9 塑性 plasticity

断裂前材料发生不可逆永久变形的能力，常用的塑性判据是伸长率和断面收缩率。

2.10 超塑性 superplasticity

一些金属在特定组织状态下（主要是超细晶粒），特定温度范围内和一定变形速度下表现出极高的塑性，其伸长率可达百分之几百甚至百分之几千，这种现象称为超塑性。

2.11 韧性 toughness

金属在断裂前吸收变形能量的能力。金属的韧性通常随加载速度提高、温度降低、应力集中程度加剧而减小。

2.12 强度 strength

金属抵抗永久变形和断裂的能力。常用的强度判据例如屈服点、抗拉强度。

2.13 变形 deformation

金属受力时其原子的相对位置发生改变，其宏观表现为形状、尺寸的变化。

变形一般分为弹性变形和塑性变形。

2.14 断裂 fracture

金属受力后当局部的变形量超过一定限度时，原子间的结合力受到破坏，从而萌生微裂纹，微裂纹发生扩展而使金属断开，称为断裂。其断裂表面及其外观形貌称为断口，它记录着有关断裂过程的许多重要信息。

2.15 脆性断裂 brittle fracture

几乎不伴随塑性变形而形成脆性断口（断裂面通常与拉应力垂直，宏观上由具有光泽的亮面组成）的断裂。

脆性断裂一般包括沿晶脆性断裂、解理断裂、准解理断裂、疲劳断裂、腐蚀疲劳断裂、应力腐蚀断裂、氢脆断裂等。

2.16 延性断裂 ductile fracture

伴随明显塑性变形而形成延性断口（断裂面与拉应力垂直或倾斜，其上具有细小的凹凸，呈纤维状）的断裂。

延性断裂一般包括纯剪切变形断裂、韧窝断裂、蠕变断裂等。

2.17 解理断裂 cleavage fracture

沿着原子结合力最弱的解理面发生开裂的断裂，称为解理断裂。这种断裂具有明显的结晶学性质。

2.18 韧窝断裂 dimple fracture

通过微孔的成核、长大和相互连接过程而形成的断裂，称为韧窝断裂。

韧窝断裂是属于一种高能吸收过程的延性断裂，其断口宏观形貌呈纤维状，微观形貌呈蜂窝状，断裂面由一些细小的窝坑构成。

2.19 疲劳断裂 fatigue fracture

金属在循环载荷作用下产生疲劳裂纹萌生和扩展而导致的断裂，称为疲劳断裂。其断口在宏观上由疲劳源、扩展区和最后破断区三个区域构成，在微观上可出现疲劳条痕。

2.20 应力 stress

物体受外力作用后所导致物体内部之间的相互作用力称为内力，单位面积上的内力即为应力。

2.21 标称应力 nominal stress

不考虑几何不连续性（如孔、沟、圆角等）所产生的影响而按简单理论计算的净截面上一点的应力。

2.22 正应力 normal stress

垂直于力作用平面的应力分量，有拉应力和压应力两种，规定拉应力为正、压应力为负。

2.23 拉应力 tensile stress

背离力作用平面的正应力，称为拉应力。

2.24 压应力 compressive stress

朝向力作用平面的正应力，称为压应力。

2.25 切应力 shear stress

剪切于力作用平面内的应力分量，称为切应力。

2.26 扭应力 torsional stress

由扭转作用而引起的模截面内的切应力，称为扭应力。

2.27 真应力 true stress

在轴向加力试验中，根据瞬时真实横截面积计算的轴向应力，称为真应力。

2.28 工程应力 engineering stress

按照试样的原始横截面尺寸而计算的应力。

2.29 主应力 principal stress

主平面上的正应力。

2.30 断裂应力 fracture stress

断裂开始时最小横截面积上的真实应力。

2.31 致断力 breaking force

发生断裂时的力。

当拉伸试验所用的试样较小、较薄或材料塑性很低时，最大力即可认为是致断力。

2.32 应变 strain

由外力所引起的物体原始尺寸或形状的相对变化，通常以百分数（%）表示。

2.33 线应变 linear strain

由外力所引起的原始线尺寸每单位长度的变化。

2.34 轴向应变 axial strain

平行于试样纵向轴的平面上的线性应变，称为轴向应变或纵向应变。

2.35 横向应变 transverse strain

垂直于试样纵向轴的平面上的线性应变，称为横向应变。

各向异性材料的横向应变可随方向而异。

2.36 切应变 shear strain

在力作用下物体中经过一点，且原始相互垂直的两直线间变化角度的正切。

2.37 角应变 angular strain

用切应变表示。

2.38 真应变 true strain

在轴向加力试验中瞬间标距与原始标距之比的自然对数。

2.39 工程应变 engineering strain

在轴向加力试验中，试样的瞬间标距与原始标距之差与原始标距之比。

2.40 宏观应变 macrostrain

比原子间距大得多而利用一般引伸计可测的任何限定标距上的平均应变。

2.41 微观应变 microstrain

与金属的原子间距可相比的任何标距上的应变。

2.42 力学滞后 mechanical hysteresis

加力和卸除力的整个循环过程中所吸收的能量。

2.43 约束 constrain

对物体变形的任何限制。

2.44 料坯 stock

用来制备试样的样坯所选取的金属产品部分。

2.45 样坯 specimen stock

用来制备试样的料坯部分。

2.46 试样 specimen

样坯经机加工或不经机加工而供试验用的一定尺寸的样品。

2.47 标距 gauge length

试样上测量应变或长度变化部分的标志距离。

2.48 加载(卸载)速率 load rate(unload rate)

单位时间载荷单调增加(减小)的量。

2.49 应力-应变曲线 stress-strain curve

应力与应变的关系曲线。

3 拉伸和压缩试验

3.1 拉伸试验 tensile testing

用静拉伸力对试样轴向拉伸,测量力和相应的伸长,一般拉至断裂,测定其力学性能的试验。

3.2 压缩试验 compressive testing

用静压缩力对试样轴向压缩,在试样不发生屈曲下测量力和相应的变形(缩短),测定其力学性能的试验。

3.3 比例标距 proportional gauge length

与试样原始横截面积平方根成比例关系的试样原始标距。按下式计算:

$$L_0 = K\sqrt{S_0}$$

式中:L_0——试样原始标距,mm;

K——比例系数;

S_0——试样原始横截面积,mm^2。

3.4 引伸计标距 extensometer gauge length

用引伸计测量试样伸长(变形)所使用试样部分的长度。

3.5 原始标距 original gauge length

试验前的标距。

3.6 断后标距 final gauge length

试样拉断后断裂部分在断裂处对接在一起使其轴线位于同一直线上时的标距。

3.7 伸长 elongation

试样在试验中其原始标距的增加。

3.8 伸长率 percentage elongation

标距的伸长与原始标距的百分比。

3.9 比例伸长率 percentage proportional elongation

标距的线弹性部分的伸长与原始标距的百分比。

3.10 非比例伸长率 percentage non-proportional elongation

标距的非线弹性部分的伸长与原始标距的百分比。

3.11 残余伸长率 percentage permanent set elongation

试样卸除拉伸力后其伸长与原始标距的百分比。

3.12 总伸长率 percentage total elongation

标距的总伸长(弹性伸长加塑性伸长)与原始标距的百分比。

3.13 最大力下的总伸长率 percentage total elongation at maximum force

试样拉至最大力时标距的总伸长与原始标距的百分比。

3.14 最大力下的非比例伸长率 percentage non-proportional elongation at maximum force

试样拉至最大力时标距的非比例伸长与原始标距的百分比。

3.15 断后伸长率 percentage elongation after fracture

试样拉断后标距的伸长与原始标距的百分比。

3.16 缩颈 necking

拉伸试验时试样横截面所发生的局部收缩。

3.17 断面收缩率 percentage reduction of area

试样拉断后,缩颈处横截面积的最大缩减量与原始横截面积的百分比。

3.18 实际压缩力 real compressive force

压缩试验过程中作用在试样上沿轴线方向的力,但对于夹在约束装置中进行试验的板状试样,是其标距中点处扣除摩擦力后的力。

3.19 摩擦力(压缩) friction force (in compression)

在压缩试验中,被约束装置夹持的试样,施力时两侧面与夹板之间产生的摩擦阻力。

3.20 规定非比例伸长应力 proof stress of non-proportional elongation

试样标距部分的非比例伸长达到规定的原始标距百分比时的应力。

表示此应力的符号应附以角注说明,例如,$\sigma_{p0.01}$,$\sigma_{p0.2}$等分别表示规定非比例伸长率达0.01%和0.2%时的应力。

3.21 规定总伸长应力 proof stress of total elongation

试样标距部分的总伸长(弹性伸长加塑性伸长)达到规定的原始标距百分比时的应力。

表示此应力的符号应附以角注说明,例如,$\sigma_{t0.5}$表示规定总伸长率达0.5%时的应力。

3.22 规定残余伸长应力 permanent set stress

试样卸除拉伸力后,其标距部分的残余伸长达到规定的原始标距百分比时的应力。

表示此应力的符号应附以角注说明,例如,$\sigma_{r0.2}$表示规定残余伸长率达0.2%时的应力。

3.23 规定非比例压缩应力 proof stress of non-proportional compressive strain

试样标距的非比例压缩变形达到规定的原始标距百分比时的应力。

表示此应力的符号应附以角注说明,例如,$\sigma_{pc0.01}$,$\sigma_{pc0.2}$等分别表示规定非比例压缩应变达到0.01%,0.2%时的应力。

3.24 屈服点 yield point

试样在试验过程中力不增加(保持恒定)仍能继续伸长(变形)时的应力。

3.25 上屈服点 upper yield point

试样发生屈服而力首次下降前的最大应力。

3.26 下屈服点 lower yield point

当不计初始瞬时效应时屈服阶段中的最小应力。

3.27 抗拉强度 tensile strength

试样拉断前承受的最大标称拉应力。

3.28 抗压强度 compressive strength

试样压至破坏前承受的最大标称压应力。

只有材料发生破裂情况才能测出抗压强度。

3.29 细长比 slenderness ratio

均匀圆柱体的自由长度(无支撑长度)与其横截面最小回转半径之比。

3.30 泊松比 Poisson's ratio

轴向应力与轴向应变呈线性比例关系范围内横向应变与轴向应变之比的绝对值。

超出线弹性范围的泊松比无恒定值。

3.31 应变硬化指数 (n 值) strain hardening exponent (n-value)

经验的真实应力-真实应变关系 $\sigma = k\varepsilon^n$ 中的指数 n。

用假定对数真实应力和对数真实应变之间成线性关系的斜率来评定。

3.32 塑性应变比 (r 值) plastic strain ratio (r-value)

金属薄板试样轴向拉伸到产生均匀塑性变形时,试样标距内宽度方向的真实应变与厚度方向的真实应变之比。

3.33 平均塑性应变比 average of plastic strain ratio value

金属薄板平面上与主轧制方向成0°,45°和90°三个方向测得的塑性应变比值的加权平均值。

$$\bar{r} = \frac{r_0 + r_{90} + 2r_{45}}{4}$$

式中:$\bar{r}$——平均塑性应变比;

r_0——0°方向测得的塑性应变比;

r_{90}——90°方向测得的塑性应变比;

r_{45}——45°方向测得的塑性应变比。

3.34 塑性应变比平面各向异性度 degree of planer anisotropy of the plastic strain ratio

金属薄板平面上与主轧制方向成0°和90°方向的塑性应变比值的算术平均值与45°方向的塑性应变比值之差。

$$\Delta r = \frac{1}{2}(r_0 + r_{90}) - r_{45}$$

式中:Δr——塑性应变比平面各向异性度;

r_0——0°方向测得的塑性应变比;

r_{90}——90°方向测得的塑性应变比;

r_{45}——45°方向测得的塑性应变比。

3.35 拉伸杨氏模量 Young's modulus in tension

轴向拉伸应力与轴向拉伸应变呈线性比例关系范围内的轴向拉伸应力与轴向拉伸应变之比。

3.36 压缩杨氏模量 Young's modulus in compression

轴向压缩应力与轴向压缩应变呈线性比例关系范围内的轴向压缩应力与轴向压缩应变之比。

有些金属材料的压缩杨氏模量与拉伸杨氏模量有所不同。

3.37 切线模量 tangent modulus

在弹性范围内轴向应力-轴向应变曲线上任一规定应力或应变处的斜率。

3.38 弦线模量 chord modulus

在弹性范围内轴向应力-轴向应变曲线上任两规定点之间弦线的斜率。

3.39 力-伸长曲线 force-elongation curve

拉伸试验中记录的拉伸力对伸长的关系曲线。

3.40　力-变形曲线　force-deformation curve

压缩试验中记录的压缩力对变形(缩短)的关系曲线。

4　扭转、剪切和弯曲试验

4.1　扭转试验　torsion test

对试样两端施加静扭矩,测量扭矩和相应的扭角,一般扭至断裂,测定其力学性能的试验。

4.2　扭转计标距　twist counter gauge length

用扭转计测量试样扭角所使用试样部分的长度。

4.3　扭角　torsional angle

试样在扭矩作用下其标距两端横截面相对旋转的角度。

4.4　扭矩-扭角曲线　torque-torsional angle curve

扭转试验中记录的扭矩对扭角的关系曲线。

4.5　切变模量　shear modulus

切应力与切应变呈线性比例关系范围内切应力与切应变之比。

4.6　规定非比例扭转应力　proof stress of non-proportional shear strain

扭转试验中,试样标距部分外表面上的非比例切应变达到规定数值时,按弹性扭转公式计算的切应力。

表示此应力的符号应附以角注说明,例如,$\tau_{p0.015}$,$\tau_{p0.3}$等分别表示规定的非比例切应变达到0.015%和0.3%时的切应力。

4.7　真实规定非比例扭转应力　true proof stress of non-proportional shear strain

扭转试验中,圆形试样标距部分外表面上的非比例切应变达到规定数值时,按刘德维克-卡曼公式计算的切应力。

表示此应力的符号应附以角注说明,例如,$\tau_{tp0.015}$,$\tau_{tp0.3}$分别表示规定非比例切应变达到0.015%和0.3%时的真实切应力。

4.8　屈服点(扭转)　yield point(in torsion)

扭转试验中,扭角增加而扭矩不增加(保持恒定)时,按弹性扭转公式计算的切应力。

4.9　上屈服点(扭转)　upper yield point(in torsion)

扭转试验中,以首次发生下降前的最大扭矩,按弹性扭转公式计算的切应力。

4.10　下屈服点(扭转)　lower yield point(in torsion)

以屈服阶段中的最小扭矩,按弹性扭转公式计算的切应力。

4.11　抗扭强度　torsional strength

试样在扭断前承受的最大扭矩,按弹性扭转公式计算的试样表面最大切应力。

4.12　真实抗扭强度　true torsional strength

扭转试验中,圆形试样扭断时,按刘德维克-卡曼公式计算的最大切应力。

4.13　最大非比例切应变　maximum non-proportional shear strain

试样扭断时其外表面上的最大非比例切应变。

4.14　剪切试验　shear test

用静拉伸或压缩力,通过相应的剪切工具,使垂直于试样纵轴的一个横截面受剪,或相距有限的两个横截面对称受剪,测定其力学性能的试验。

4.15　抗剪强度　shear strength

试样剪切断裂前所承受的最大切应力。

单剪试验时按下式计算:

$$\tau_b = \frac{F_b}{S_0}$$

双剪试验时按下式计算：

$$\tau_b = \frac{F_b}{2S_0}$$

式中：τ_b——抗剪强度，N/mm^2；

F_b——断裂前的最大试验力，N；

S_0——试样原始横截面积，mm^2。

4.16　弯曲试验　bend test

对试样施加静弯矩或弯曲力，测量弯矩或弯曲力和相应的挠度，一般弯曲至断裂，测定其力学性能的试验。

4.17　抗弯强度　bending strength

试样在弯曲断裂前所承受的最大正应力。

5　硬度试验

5.1　硬度　hardness

材料抵抗局部变形，特别是塑性变形、压痕或划痕的能力。是衡量金属软硬的判据。

5.2　压痕硬度　indentation hardness

在规定的静态试验力下将压头压入材料表面，用压痕深度或压痕表面面积评定的硬度。

5.3　布氏硬度试验　Brinell hardness test

用一定直径的球体（钢球或硬质合金球）以相应的试验力压入试样表面，经规定保持时间后卸除试验力，用测量的表面压痕直径计算硬度的一种压痕硬度试验。

5.4　布氏硬度值　Brinell hardness number

用球面压痕单位表面积上所承受的平均压力表示的硬度值。布氏硬度值按下式计算：

$$\text{HBS(HBW)} = 0.102\frac{2F}{\pi \cdot D(D-\sqrt{D^2-d^2})}$$

式中：HBS(HBW)——用钢球（或硬质合金球）试验时的布氏硬度值；

F——试验力，N；

D——球体直径，mm；

d——压痕平均直径，mm。

5.5　洛氏硬度试验　Rockwell hardness test

在初始试验力及总试验力先后作用下，将压头（金刚石圆锥或钢球）压入试样表面，经规定保持时间后卸除主试验力，用测量的残余压痕深度增量计算硬度的一种压痕硬度试验。

5.6　残余压痕深度增量　permanent increase of depth of indentation

洛氏硬度试验中，在卸除主试验力并保持初始试验力的条件下测量的深度方向塑性变形量，用 e 表示。

对于洛氏硬度试验，e 的单位为0.002 mm。

对于表面洛氏硬度试验，e 的单位为0.001 mm。

5.7　洛氏硬度值　Rockwell hardness number

用洛氏硬度相应标尺刻度满量程值与残余压痕深度增量之差计算的硬度值。

对于用金刚石圆锥压头进行的试验，洛氏硬度值为$100-e$；对于用钢球压头进行的试验，洛氏硬度值为$130-e$。

5.8　洛氏硬度标尺　Rockwell hardness scale

由不同类型压头、试验力及硬度公式组合所表征的洛氏硬度。例如：

A 标尺洛氏硬度(HRA)，用圆锥角为120°的金刚石压头在初始试验力为98.07 N、总试验力为588.4 N条件下试验，用100－e 计算出的洛氏硬度。

B 标尺洛氏硬度(HRB)：用直径1.588 mm 的钢球在初始试验力为98.07 N、总试验力为980.7 N 条件下试验，用130－e 计算的洛氏硬度。

C 标尺洛氏硬度(HRC)：用圆锥角为120°的金刚石压头在初始试验力为98.07 N、总试验力为1471.0 N条件下试验，用100－e 计算出洛氏硬度。

5.9 表面洛氏硬度试验 Rockwell superficial hardness test

初始试验力为29 N、总试验力为147，294或441 N 的洛氏硬度试验。

5.10 表面洛氏硬度值 Rockwell superficial hardness number

用表面洛氏硬度标尺刻度满量程值与残余压痕深度增量之差计算的硬度值，即100－e。

5.11 维氏硬度试验 Vickers hardness test

将相对面夹角为136°的正四棱锥体金刚石压头以选定的试验力(49.03～980.7 N)压入试样表面，经规定保持时间后卸除试验力，用测量的压痕对角线长度计算硬度的一种压痕硬度试验。

5.12 小负荷维氏硬度试验 low load Vickers hardness test

试验力范围在1.961～<49.03 N 的维氏硬度试验。

5.13 显微维氏硬度试验 Vickers microhardness test

试验力在1.961 N 以下的维氏硬度试验。

5.14 维氏硬度值 Vickers hardness number

用正四棱锥形压痕单位表面积上所承受的平均压力表示的硬度值。

维氏硬度值按下式计算：

$$HV = 0.189\,1\frac{F}{d^2}$$

式中：F—— 试验力，N；

d—— 压痕两对角线长度算术平均值，mm。

5.15 努氏硬度试验 Knoop hardness test

将两相对棱边夹角分别为172°30′和130°0′的菱形锥体金刚石压头以规定的试验力压入试样表面，经规定保持时间后卸除试验力，用测量的压痕长对角线长度计算硬度的一种压痕硬度试验。

5.16 努氏硬度值 Knoop hardness number

用菱形压痕投影单位面积承受的平均压力表示的硬度值。其计算公式为：

$$HK = 1.450\,9\frac{F}{d^2}$$

式中：F—— 试验力，N；

d—— 压痕长对角线长，mm。

5.17 肖氏硬度试验 Shore hardness test

将规定重量及形状的金刚石或钢球冲头从一定高度落到试样表面上，用测量的冲头回跳高度计算硬度的一种动态力硬度试验。

5.18 肖氏硬度值 Shore hardness number

用冲头弹起的高度和规定高度的比值与肖氏硬度系数的乘积表示的硬度值。肖氏硬度值按下式计算：

$$HS = K\frac{h}{h_0}$$

式中：K—— 肖氏硬度系数；

h—— 冲头弹起高度，mm；

h_0—— 规定高度,mm。

6 冲击试验

6.1 冲击吸收功 impact absorbing energy

规定形状和尺寸的试样在冲击试验力一次作用下折断时所吸收的功。

6.2 冲击韧度 impact toughness

冲击试样缺口底部单位横截面积上的冲击吸收功。

6.3 应变时效冲击吸收功 strain ageing impact absorbing energy

经规定应变和人工时效后试样的冲击吸收功。

6.4 应变时效冲击韧度 strain ageing impact toughness

试样缺口底部单位横截面积上的应变时效冲击吸收功。

6.5 夏比(V 型缺口)冲击试验 Charpy impact test (V-notch)

用规定高度的摆锤对处于简支梁状态的 V 型缺口试样进行一次性打击,测量试样折断时冲击吸收功的试验。

6.6 夏比(U 型缺口)冲击试验 Charpy impact test (U-notch)

用规定高度的摆锤对处于简支梁状态的 U 型缺口试样进行一次性打击,测量试样折断时冲击吸收功的试验。

6.7 艾氏冲击试验 Izod impact test

用规定高度的摆锤对处于悬臂梁状态的缺口试样进行一次性打击,测量试样折断时冲击吸收功的试验。

6.8 冲击拉伸试验 impact-tensile test

试样在拉伸状态下承受冲击试验力的一种动态力学性能试验。

6.9 脆性断口 brittle fracture surface

出现大量晶粒开裂或晶界破坏的有光泽断口。

6.10 脆性断面率 percentage of brittle fracture surface

脆性断口面积占试样断口总面积的百分率。

6.11 韧性断口 ductile fracture surface

出现纤维状剪切破坏的无光泽断口。

6.12 韧性断面率 percentage of ductile fracture surface

韧性断口面积占试样断口总面积的百分率。

6.13 冲击吸收功-温度曲线 impact absorbing energy-temperature curve

在一系列不同温度的冲击试验中,冲击吸收功与试验温度的关系曲线。

对具有低温脆性的材料,曲线具有上平台区、过渡区和下平台区三个部分。

6.14 韧脆转变温度 ductile-brittle transition temperature

在一系列不同温度的冲击试验中,冲击吸收功急剧变化或断口韧性急剧转变的温度区域。

6.15 落锤试验 drop-weight test

将规定高度的重锤自由落体一次冲击处于简支梁状态的预制裂纹标准试样,测定无塑性转变温度的试验。

6.16 无塑性转变温度 nil-ductility transition temperature

按标准落锤试验方法试验时试样发生断裂的最高温度。

6.17 动态撕裂试验 dynamic tear test

用一定高度的摆锤对处于简支梁状态的压制尖缺口标准试样进行一次性打击,测量试样动态撕裂能的试验。

6.18 动态撕裂能 dynamic tear energy

动态撕裂标准试样在冲击试验力作用下折断时吸收的能量。

7 蠕变、持久强度和应力松弛试验

7.1 蠕变 creep

在规定温度及恒定力作用下，材料塑性变形随时间而增加的现象。

7.2 蠕变试验 creep test

在规定温度及恒定试验力作用下，测量试样蠕变变形量随时间变化的试验。

7.3 蠕变起始伸长率 percentage initial elongation of creep

蠕变试验中施加全部试验力瞬间试样标距内每单位长度的变化。

7.4 蠕变总伸长率 percentage total elongation of creep

蠕变试验中任一时间试样标距内单位长度的变化。

7.5 蠕变速率 creep rate

蠕变试验中单位时间的蠕变变形。即给定时间内蠕变曲线的斜率。

7.6 蠕变曲线 creep curve

蠕变变形量作为时间的函数所绘制的曲线。

7.7 蠕变第一阶段 the first stage of creep

蠕变速率随时间逐渐降低的期间。

7.8 蠕变第二阶段 the second stage of creep

蠕变速率恒定的期间。

7.9 蠕变第三阶段 the third stage of creep

蠕变速率随时间逐渐增加的期间。

7.10 蠕变极限 creep limit

在规定温度下，引起试样在一定时间内蠕变总伸长率或恒定蠕变速率不超过规定值的最大应力。

7.11 蠕变回复 creep recovery

在规定温度下卸除试验力后，材料的变形回缩与时间的关系。

7.12 持久强度试验 stress-rupture test

在规定温度及恒定试验力作用下，测定试样至断裂的持续时间及持久强度极限的试验。

7.13 持久强度极限 stress-rupture limit

在规定温度下，试样达到规定时间而不断裂的最大应力。

7.14 持久塑性 stress-rupture plasticity

材料在一定温度及恒定试验力长期作用下的塑性变形。

7.15 持久断后伸长率 percentage elongation of stress-rupture

持久试样断裂后，在室温下标距的伸长与原始标距的百分比。

7.16 持久断面收缩率 percentage reduction of area of stress-rupture

持久试样断裂后，在室温下横截面积最大缩减量与原始横截面积的百分比。

7.17 持久缺口敏感系数 stress-rupture notch sensitivity factor

缺口持久试样与光滑试样断裂时间相同时的应力比率或应力相同时断裂时间的比率。

7.18 应力松弛 stress relaxation

在规定温度及初始变形或位移恒定的条件下，金属材料的应力随时间而减小的现象。

7.19 应力松弛试验 stress relaxation test

在规定温度下，保持试样初始变形或位移恒定，测定试样上应力随时间变化关系的试验。

7.20 零时间 zero time

施加全部试验力或达到规定初始变形试验立即开始的瞬间。

7.21 初始应力 initial stress

应力松弛试验开始时施加全部试验力瞬间试样上的应力。

7.22 剩余应力 remaining stress

应力松弛试验中任一时间试样上所保持的应力。

7.23 松弛应力 relaxed stress

应力松弛试验中任一时间试样上所减少的应力,即初始应力与剩余应力之差。

7.24 应力松弛曲线 stress relaxation curve

用剩余应力作为时间的函数所绘制的曲线。

7.25 应力松弛速率 stress relaxation rate

单位时间的应力下降值,即给定瞬间的应力松弛曲线的斜率。

7.26 应力松弛第一阶段 the first stage of stress relaxation

应力松弛速度随时间逐渐减少的期间。

7.27 应力松弛第二阶段 the second stage of stress relaxation

应力松弛速度保持恒定的期间。

8 断裂试验

8.1 线弹性断裂力学 linear elastic fracture mechanics

用固体线弹性理论分析固体中已存在裂纹附近的应力场,基本原则是从分析线弹性均匀和各向同性连续体中个别裂纹(假定构件只含有一个裂纹且其顶端只有一个塑性区)行为出发,得到的是各向同性的二维弹性理论的结果,因其对裂纹顶端进行的力学分析符合线性条件,故称为线弹性断裂力学。

8.2 理想裂纹 ideal crack

在弹性应力分析中所采取的一种简化裂纹模型。在无应力体中,裂纹具有两个重合的并在物体内沿着称之为裂纹前缘的平滑曲线连接的平滑表面。以两维表示时,裂纹前缘称为裂纹尖端。

8.3 理想裂纹尖端应力场 ideal-crack-tip stress field

无限接近于裂纹前缘处的奇异应力场,这种应力场主要是由于变形的弹性体中理想裂纹影响所造成。

在线弹性均匀体中,裂纹尖端应力场可视为三种分量应力场的叠加。

8.4 裂纹尖端平面应变 crack-tip plane strain

裂纹尖端附近的应力-应变场,其平面应变接近到经验判据所要求的程度。

对于Ⅰ型裂纹,裂纹尖端平面应变的判断准则为板厚 B 必须满足:

$$B \geqslant 2.5(K_{\mathrm{Ic}}/\sigma_{\mathrm{y}})^2$$

式中:B——板厚度,mm;

K_{Ic}——平面应变断裂韧度,$\mathrm{MPa \cdot m^{\frac{1}{2}}}$;

σ_{y}——有效屈服强度,MPa。

8.5 裂纹位移 crack displacement

在未变形条件下的理想裂纹两表面上重合的两点,在变形后它们之间的分离矢量。

8.6 型式 mode

裂纹尖端附近的裂纹位移类型。有Ⅰ、Ⅱ、Ⅲ种型式,它们与裂纹尖端周围的应力-应变场相关。

8.7 裂纹尖端张开位移 crack tip opening displacement(CTOD)

在原始(施加载荷前)裂纹尖端附近不同的限定部位,由于弹性和塑性变形而引起的裂纹位移。

8.8 裂纹嘴张开位移 crack mouth opening displacement(CMOD)

由于弹性和塑性变形所引起的Ⅰ型裂纹位移分量，在每单位载荷具有最大弹性位移的裂纹表面处测出。

8.9 COD 特征值 characteristic value of COD

启裂、失稳或最大载荷的 COD 值。表征材料抵抗裂纹的启裂或扩展的能力。

8.10 表观启裂 COD 值 apparent crack initiation COD

COD 阻力曲线外推到稳定裂纹扩展量为零时的 COD 阻力值。

8.11 条件启裂 COD 值 conditional crack initiation COD

COD 阻力曲线上相应于稳定裂纹扩展量为0.05 mm 时的 COD 阻力值。

8.12 脆性失稳 COD 值 brittle instability COD

稳定裂纹扩展量大于0.05 mm 时的脆性失稳断裂点或突进点所对应的 COD 值。

8.13 脆性启裂 COD 值 brittle crack initiation COD

稳定裂纹扩展量等于或小于0.05 mm 时的脆性失稳断裂点或突进点所对应的 COD 值。

8.14 COD 阻力曲线 COD resistance curve

COD 阻力值与裂纹扩展量的关系曲线。

8.15 最大载荷 COD 值 COD at maximum load

最大载荷点或最大载荷平台开始点所对应的 COD 值。

8.16 裂纹扩展力 crack-extension force

弹性体中理想裂纹扩展每单位面积的弹性能。

8.17 J 积分 J-integral

围绕裂纹前缘从裂纹的一侧表面至另一侧表面的线积分或面积分的数学表达式，用来表征裂纹前缘周围地区的局部应力-应变场。

对于与 Z 轴平行的位于 X-Z 平面中的两维裂纹，J 积分表达式为线积分：

$$J = \int_{\Gamma} (W\mathrm{d}y - \vec{T} \times \frac{\partial \vec{U}}{\partial x}\mathrm{d}s)$$

式中：W—— 每单位体积的加载功，或对于弹性体为应变能密度；

Γ—— 围绕(即包含)裂纹尖端的积分路径；

ds—— 路径的增量；

$\vec{T}$—— ds上的外张力矢量；

$\vec{U}$—— ds处的位移矢量；

x、y、z—— 直角坐标。

8.18 J_R 阻力曲线 J_R resistance curve

J 积分与裂纹扩展量的关系曲线。

8.19 表观启裂韧度 apparent crack initiation toughness

J_R 阻力曲线与钝化线的交点相应的 J 值。

8.20 延性断裂韧度 (J_{Ic}) ductile fracture toughness (J_{Ic})

按 GB 2038方法测定的 J_{Ic}值定义为延性断裂韧度。它与裂纹开始扩展时的 J 值接近，是裂纹起始稳态扩展时 J 的工程估计值。

8.21 条件启裂韧度 conditional crack initiation toughness

表观裂纹扩展量为0.05 mm 时相应的 J_R 值。

8.22 R 曲线 R-curve

裂纹扩展阻力值与稳态裂纹扩展量的关系曲线。

8.23 钝化线 blunting line

近似表示在缓慢稳态裂纹撕裂时，由于裂纹尖端钝化而引起的 J 值与表观裂纹前进量关系的线。

基于裂纹前进量等于裂纹尖端张开位移一半的假设来确定这条线。拟裂纹前进量的估算系基于材料的有效屈服强度，按下式计算：

$$\Delta a_B = J/2\sigma_y$$

式中：Δa_B—— 拟裂纹前进量，mm；

J—— J积分值，kJ/m^2；

σ_y—— 有效屈服强度，MPa。

8.24 稳态裂纹扩展的开始 initiation of stable crack growth

从钝化的裂纹尖端缓慢稳定前进的开始。

8.25 裂纹尺寸 crack size

裂纹的主平面尺寸的线性测量值。这种测量通常用于应力和位移场定量描述的计算。

8.26 物理裂纹尺寸 physical crack size

从参考平面至观测的裂纹前缘的距离。此距离可代表沿裂纹前缘几次测量的平均值。参考平面取决于试样形状，通常取边界，或者取包含加载线或试样（或平板）中心线的平面作为参考平面。

8.27 原始裂纹尺寸 original crack size

试验开始时的物理裂纹尺寸。

8.28 有效裂纹尺寸 effective crack size

考虑到裂纹尖端塑性变形影响而增大了的物理裂纹尺寸。

8.29 裂纹长度 crack length

在表面裂纹拉伸试样中，在试样表面上裂纹前缘与试样表面交会的两点之间所测量的距离。裂纹长度是试样宽度的一部分。

8.30 裂纹深度 crack depth

在表面裂纹拉伸试样中，从含裂纹平板表面至裂纹前缘透入材料最深点的垂直距离。裂纹深度是试样厚度的一部分。

8.31 标准化裂纹尺寸 normalized crack size

裂纹尺寸与试样宽度之比。试样宽度系从参考部位至其背面测量，对于弯曲试样参考部位为其前缘面，对于紧凑拉伸试样为其加载线。

8.32 塑性区修正 plastic-zone adjustment

考虑到线弹性应力场所包围的裂纹尖端塑性区的影响而对物理裂纹尺寸所作的附加修正量。通常塑性区修正由下式求得：

对于Ⅰ型平面应力

$$r_y = \frac{1}{2\pi} \times \frac{K^2}{\sigma_y^2};$$

对于Ⅰ型平面应变

$$r_y = \frac{a}{2\pi} \times \frac{K^2}{\sigma_y^2}$$

式中：r_y—— 塑性区修正，mm；

K—— 应力强度因子，MPa·m$^{\frac{1}{2}}$；

σ_y—— 有效屈服强度，MPa；

a—— 近似于$\frac{1}{3}$～$\frac{1}{4}$。

8.33 裂纹扩展量 crack extension

裂纹尺寸的增量。

8.34 裂纹平面取向 crack plane orientation

与产品几何形状相关的断裂平面和方向的一种标志。这种标志用连字符表示，第一个符号表示垂直于裂纹平面的方向，第二个符号表示预期的裂纹扩展方向。

8.35 断裂韧度 fracture toughness

量度裂纹扩展阻力的通用术语。

8.36 平面应变断裂韧度 (K_{Ic}) plane-strain fracture toughness (K_{Ic})

在裂纹尖端平面应变条件下的裂纹扩展阻力。

8.37 平面应力断裂韧度 (K_c) plane-stress fracture toughness (K_c)

在失稳条件下，从试样的 R 曲线和临界裂纹扩展力曲线之间相切所确定的 K_R 值。

8.38 有效屈服强度 effective yield strength

表示塑性屈服对断裂试验参数影响的单向屈服强度的设定值。在计算应用中有不同的意义。

8.39 缺口抗拉强度 notch tensile strength

缺口拉伸试样所能承受的最大标称应力。

8.40 剩余强度 residual strength

裂纹面积忽略不计时含裂纹试样所能承受的最大标称应力。

8.41 应力强度因子 stress-intensity factor

均匀线弹性体中特定型式的理想裂纹尖端应力场的量值。

三种型式的应力场强度因子的表达式如下：

$$K_{\text{I}} = \lim_{r\to 0}[\sigma_y(2\pi r)^{\frac{1}{2}}]$$

$$K_{\text{II}} = \lim_{r\to 0}[\tau_{xy}(2\pi r)^{\frac{1}{2}}]$$

$$K_{\text{III}} = \lim_{r\to 0}[\tau_{yz}(2\pi r)^{\frac{1}{2}}]$$

式中：r——从裂纹尖端向前至计算应力处的距离。

8.42 应力强度标定 (K 标定) stress-intensity calibration (K calibration)

一种基于经验和解析结果的数学表达式，它表明特定试样平面几何条件下应力强度因子与载荷及裂纹长度的关系。

9 疲劳试验

9.1 疲劳 fatigue

材料在循环应力和应变作用下，在一处或几处产生局部永久性累积损伤，经一定循环次数后产生裂纹或突然发生完全断裂的过程。

9.2 高周疲劳 high-cycle fatigue

材料在低于其屈服强度的循环应力作用下，经 10^5 以上循环次数而产生的疲劳。

9.3 低周疲劳 low-cycle fatigue

材料在接近或超过其屈服强度的循环应力作用下，经 10^2～10^5 次塑性应变循环次数而产生的疲劳。

9.4 热疲劳 thermal fatigue

温度循环变化产生的循环热应力所导致的疲劳。

9.5 热机械疲劳 thermal mechanical fatigue

温度循环与应变循环叠加的疲劳。

9.6 冲击疲劳 impact fatigue

重复冲击载荷所导致的疲劳。

9.7 接触疲劳 contact fatigue

材料在循环接触应力作用下，产生局部永久性累积损伤，经一定的循环次数后，接触表面发生麻点，浅层或深层剥落的过程。

9.8 腐蚀疲劳 corrosion fatigue

腐蚀环境和循环应力(应变)的复合作用所导致的疲劳。

9.9 环境 environment

包围试样试验部分的化学物质和能量的组合体。

9.10 环境槽 environment chamber

包围试样试验部分的容器。

9.11 环境体积 environment volume

环境槽、贮存槽以及与之连通的导管中参加试验的环境体积的总和。

9.12 脱气 degas

腐蚀疲劳试验中，气体在试验前和试验过程中从液体环境中散离出来的过程。

9.13 环境成分 environment composition

腐蚀疲劳试验环境所含化学物质的浓度。

9.14 环境含氧量 environment oxygen content

腐蚀疲劳试验环境所含氧气的浓度。

9.15 环境含氢量 environment hydrogen content

腐蚀疲劳试验环境所含氢气的浓度。

9.16 环境温度 environment temperature

环境槽中环境的平均温度。

9.17 环境压力 environment pressure

环境槽中环境的压力。

9.18 环境监测 environment monitoring

对环境槽中的液体浓度进行周期或连续测量。

9.19 循环速率 circulation rate

环境槽内介质的变化速率。

9.20 试样温度 specimen temperature

试样试验截面上的平均温度。

9.21 循环 cycle

恒幅疲劳载荷中，载荷随时间作周期性变化的一个完整过程。

谱载荷中，循环的定义随计数方法而异。

9.22 波形 wave form

控制的力学试验变量，例如载荷、应变、位移，作为时间的函数而从峰值变到峰值的形状。

9.23 反向 reversal

疲劳载荷中，载荷作为时间的函数的一阶导数改变符号处。

恒幅循环载荷中，反向次数为循环次数的两倍。

9.24 保持时间 hold time

疲劳试验中，控制的力学试验变量，例如载荷、应变、位移，在循环中保持恒定的时间。

9.25 疲劳载荷 fatigue loading

加于试样或服役构件所经受的周期性或非周期性的动载荷(也称为循环载荷)。

9.26 恒幅载荷 constant amplitude loading

疲劳载荷中，所有峰值载荷均相等和所有谷值载荷均相等的载荷。

9.27 随机载荷 random loading

疲劳载荷中，峰值载荷和谷值载荷及其序列是随机出现的一种谱载荷。

9.28 随机有序载荷 random ordered loading

疲劳载荷中，利用特殊随机程序化方法，由一批不同的峰值载荷和谷值载荷构成载荷序列的谱载荷，通常同样重复有限长度的谱载荷序列。

9.29 谱载荷 spectrum loading

疲劳载荷中，所有峰值载荷不等，或所有谷值载荷不等，或两者均不等的载荷（也称为变幅载荷或不规则载荷）。

9.30 载荷单元 block

疲劳载荷中，连续施加的恒幅载荷循环的特定次数，或同样重复的有限长度的谱载荷序列。

9.31 载荷限定 clipping

疲劳谱载荷中，降低或增加分别高于或低于某一特定水平的所有载荷大小的方法，该特定水平称为限定水平，载荷降低或增加至该限定水平。

9.32 最大载荷 maximum load

疲劳载荷循环中具有最大代数值的载荷。拉载荷为正，压载荷为负。

9.33 最小载荷 minimum load

疲劳载荷循环中具有最小代数值的载荷。拉载荷为正，压载荷为负。

9.34 载荷范围 load range

疲劳载荷中，连续谷值和峰值的代数差（正范围或增范围），或连续峰值和谷值的代数差（负范围或减范围）。恒幅载荷中，载荷范围等于最大载荷与最小载荷的代数差，即：

$$载荷范围=最大载荷-最小载荷$$

9.35 平均载荷 mean load

疲劳恒幅载荷中的最大和最小载荷的代数平均值，或谱载荷中单个循环的最大和最小载荷的代数平均值，即：

$$平均载荷=\frac{最大载荷+最小载荷}{2}$$

或谱载荷历程的各瞬时载荷值的整体平均值。

9.36 载荷幅 load amplitude

载荷范围的一半，即：

$$载荷幅=\frac{最大载荷-最小载荷}{2}$$

9.37 载荷比 load ratio

疲劳载荷每一循环中的两个载荷参量的代数比值。

最广泛使用的两种载荷比是：

$$R=\frac{最小载荷}{最大载荷}$$

$$或\ R=\frac{谷值载荷}{峰值载荷}$$

$$和\ A=\frac{载荷幅}{平均载荷}$$

$$或\ A=\frac{最大载荷-最小载荷}{最大载荷+最小载荷}$$

9.38 峰值载荷 peak load

疲劳载荷中，载荷作为时间函数的一阶导数从正号变至负号处的载荷；恒幅载荷中的最大载荷。

9.39 谷值载荷 valley load

疲劳载荷中，载荷作为时间函数的一阶导数从负号变至正号处的载荷，恒幅载荷中的最小载荷。

9.40 频数谱 occurrences spectrum

疲劳载荷中,用在较低和较高带值之间的每一特定载荷范围内所发生的特定载荷参量(峰值、范围等)的次数表示的谱载荷成分。

9.41 超越谱 exceedances spectrum

疲劳载荷中,用等于或大于某一特定载荷参量(峰值,范围等)规定值的次数表示的谱载荷成分。

9.42 计数法 counting method

疲劳谱载荷中,从载荷-时间历程确定不同载荷参量数量和计算其出现次数的方法。

一些常用的计数法是:雨流计数、水平交叉计数,平均峰值交叉计数等。

9.43 水平交叉 level crossings

疲劳载荷中,载荷-时间历程在其给定长度内与具有正斜率(或负斜率,或两者,按规定)的给定载荷水平交叉的次数。

9.44 零值交叉 zero crossings

疲劳载荷中,载荷-时间历程在其给定长度内与具有正斜率(或负斜率,或两者,按规定)的零值载荷水平交叉的次数。

9.45 平均交叉 mean crossings

疲劳载荷中,载荷-时间历程在其给定长度内与具有正斜率(或负斜率,或两者,按规定)的平均载荷水平交叉的次数。

9.46 不规则化因子 irregularity factor

给定疲劳载荷-时间历程中,其正斜率零值交叉(或平均交叉)的数目与峰值或谷值的数目之比。

9.47 最大应力 maximum stress

应力循环中具有最大代数值的应力。拉应力为正,压应力为负。

9.48 最小应力 minimum stress

应力循环中具有最小代数值的应力。拉应力为正,压应力为负。

9.49 平均应力 mean stress

应力循环中最大应力和最小应力的代数平均值。

9.50 应力幅 stress amplitude

应力循环中最大应力和最小应力代数差的一半。

9.51 应力范围 range of stress

应力循环中最大应力和最小应力的代数差。

9.52 应力比 stress ratio

应力循环中最小应力与最大应力的代数比值。

9.53 最大应变 maximum strain

一次应变循环中具有最大代数值的应变。拉伸应变为正。压缩应变为负。

9.54 最小应变 minimum strain

一次应变循环中具有最小代数值的应变。拉伸应变为正,压缩应变为负。

9.55 平均应变 mean strain

一次应变循环中最大应变和最小应变的代数平均值。

9.56 应变幅 strain amplitude

应变范围的一半。

9.57 应变范围 range of strain

一次应变循环中最大和最小应变的代数差。

9.58 应变比 strain ratio

一次应变循环中两个规定应变值的代数比值,通常有:

a. 最小应变与最大应变之比；

b. 应变幅与平均应变之比。

9.59 最大应力强度因子 （K_{max}） maximum stress-intensity factor （K_{max}）

一次循环中具有最大代数值的应力强度因子，此值对应于最大载荷，并随裂纹长度的增加而变化。

9.60 最小应力强度因子 （K_{min}） minimum stress-intensity factor （K_{min}）

一次循环中具有最小代数值的应力强度因子。

当载荷比 R 大于零时，此值对应于最小载荷，当 R 等于或小于零时，此值取为零。

9.61 应力强度因子范围 （ΔK） range of stress-intensity factor （ΔK）

一次循环中的最大与最小应力强度因子的代数差，即：

$$\Delta K = K_{max} - K_{min}$$

9.62 累积循环次数 （N） cycles endured （N）

疲劳中的规定特征循环数，即试样在其承载历程中的任一时间内所累积的具有规定特性的循环数。

9.63 循环比 cycle ratio

累积循环数与从具有相同特征循环的 S-N 曲线或 ε-N 曲线所估计的疲劳寿命之比。

9.64 疲劳寿命 fatigue life

材料疲劳失效时所经受的规定应力或应变的循环次数。

9.65 中值疲劳寿命 median fatigue life

将在同一试验条件下所试一组试样的疲劳寿命观测值按大小顺序排列时，处于正中的一个数值。当试样为偶数时，为处于正中的两个数的平均值。

9.66 P%存活率的疲劳寿命 fatigue life for P% survival

给定载荷下母体的 P%达到或超过的疲劳寿命的估计值。中值疲劳寿命的观测值估计50%存活率的疲劳寿命。P%存活率的疲劳寿命可从个体疲劳寿命估计。P 可以是95，90等。

9.67 N 次循环的疲劳强度 fatigue strength at N cycles

从 S-N 曲线上所确定的恰好在 N 次循环时失效的估计应力值，此值的使用条件必须与用来确定它的 S-N 曲线的测定条件相同。

此值一般是指在平均应力为零的条件下，给定一组试样的50%能经受 N 次应力循环时的最大应力、或应力幅，亦即所谓的 N 次循环的中值疲劳强度。

9.68 N 次循环的中值疲劳强度 median fatigue strength at N cycles

母体的50%能经受 N 次循环的应力水平的估计值。由于试验不能直接求得 N 次循环的疲劳强度频率分布，故中值疲劳强度乃由疲劳寿命分布特点导出。

9.69 N 次循环的 P%存活率的疲劳强度 fatigue strength for P% survival at N cycles

母体的 P%经受 N 次循环而不失效的应力水平的估计值。P 可以是95，90等。

9.70 疲劳极限 fatigue limit

指定循环基数下的中值疲劳强度。循环基数一般取10^7或更高一些。

9.71 P%存活率的疲劳极限 fatigue limit for P% survival

指定循环基数下，具有 P%存活率的疲劳强度。

9.72 理论应力集中系数 （K_t） theoretical stress concentration factor （K_t）

按弹性理论计算所得缺口或其他应力集中源的最大应力与相应的标称应力的比值。

9.73 疲劳缺口系数 （K_f） fatigue notch factor （K_f）

在相同条件和在 N 次循环的相同存活率下，无应力集中试样的疲劳强度与有应力集中试样的疲劳强度之比。

规定疲劳缺口系数 K_f 时，应注明试样的几何形状，应力幅、平均应力和疲劳寿命值。

9.74 疲劳缺口敏感度 fatigue notch sensitivity

疲劳缺口系数 K_f 与理论应力集中系数 K_t 一致程度的一种度量。以 $(K_f-1)/(K_t-1)$ 表示。

9.75 *S-N* 曲线 *S-N* curve

应力与至破坏循环数的关系曲线。应力可为最大应力、最小应力、应力范围或应力幅。此曲线表示规定平均应力、应力比和规定存活率下的 *S-N* 关系曲线。

N 通常采用对数标尺，而 *S* 则常用线性标尺或对数标尺。

9.76 等寿命疲劳图 constant life fatigue diagram

通常用直角坐标表示的一族曲线，其每一曲线分别对应一疲劳寿命。

等寿命图表达给定疲劳寿命下的应力幅与平均应力或最大应力与最小应力之间的关系。

9.77 50%存活率的 *S-N* 曲线 *S-N* curve for 50% survival

在各应力水平下拟合中值疲劳寿命的曲线。它是所加应力与50%的母体能够尚存的破坏循环数之间关系的一种估计量。

9.78 *P*%存活率的 *S-N* 曲线 *S-N* curve for *P*% survival

在各应力水平下拟合 *P*%存活率疲劳寿命的曲线。它是所加应力与 *P*%母体能尚存的破坏循环数之间关系的一种估计量。*P* 可以是95，90等。

9.79 *N* 次循环响应曲线 response curve for *N* cycles

对几个应力水平拟合 *N*（如10^6、10^7等预定值）次循环时存活率观测值的曲线。它是所加应力与经受 *N* 次循环尚存的母体百分数之间关系的一种估计。

9.80 滞后回线 hysteresis diagram

一次循环中的应力-应变回路。

9.81 计算裂纹长度 counting crack length

与实际裂纹相当的直前缘裂纹长度。对于紧凑拉伸试样，此值从加载线开始计量。对于中心裂纹试样，此值从试样中心线开始计量。

9.82 疲劳裂纹扩展速率 fatigue crack growth rate

恒幅疲劳载荷引起的裂纹扩展速率，以循环一次的疲劳裂纹扩展量表示。

9.83 疲劳裂纹扩展门槛值 threshold in fatigue crack propagation

已存在疲劳裂纹不发生扩展的应力强度因子值，在平面应变条件下，以10^{-6}～10^{-7}mm/次所对应的应力强度因子范围 ΔK 值表示。

10 工艺试验

10.1 金属弯曲试验 bend test of metals

用规定尺寸弯心将试样弯曲至规定程度，检验金属承受弯曲塑性变形的能力并显示其缺陷的试验。

10.2 金属管弯曲试验 bend test on tubes of metals

在带槽弯心上将试样弯曲至规定程度，检验金属管承受弯曲塑性变形的能力并显示其缺陷的试验。

10.3 金属不淬硬弯曲试验 bend test of non-quench-hardening metals

检验金属接近于淬火温度骤冷后承受规定弯曲塑性变形的能力并显示其缺陷的试验。

10.4 金属型材展平弯曲试验 flattening and bend test on sections of metals

用锤将型材角部击成平面后进行弯曲，检验金属型材在室温或热状态下承受展平弯曲塑性变形的能力并显示其缺陷的试验。

10.5 自由弯曲 free bend

在试样两端部施加力(不在最大弯曲点施加力)产生的弯曲。

10.6 半导向弯曲 semi-guided bend

在试样的弯曲部位直接施加力得到的弯曲。

10.7 导向弯曲 guided bend

用压杆对试样施加力,使试样在规定的模型中所得到的一定形状的弯曲。

10.8 弯曲角 angle of bend

弯曲试验中试样两翼间夹角的变化。

10.9 弯曲半径 radius of bend

弯曲试验中与试样内表面接触的弯心圆柱半径。

10.10 金属反复弯曲试验 reverse bend test of metals

将试样一端夹紧,在规定半径的圆柱形表面上进行90°的重复反向弯曲,检验金属(及覆盖层)的耐反复弯曲能力并显示其缺陷的试验。

10.11 钢筋平面反向弯曲试验 plane rebend test of steel reinforcement bar

钢筋平面经规定角度弯曲后,在弯曲部位上再承受规定角度反向弯曲,检验钢筋承受平面反向弯曲塑性变形的能力并显示其缺陷的试验。

10.12 金属顶锻试验 forging test of metals

对规定尺寸的试样进行锤击或锻打,检验金属在室温或热状态下承受顶锻塑性变形的能力并显示其缺陷的试验。

10.13 锻压比 forging ratio

顶锻后试样高度与锻前试样高度之比。

10.14 金属线材扭转试验 torsion test of metallic wire

将试样两端夹紧,一端夹头围绕试样轴线旋转,检验金属线材在单向或交变方向扭转时承受塑性变形的能力并显示材料的均匀性、表面和内部缺陷的试验。

10.15 金属线材缠绕、松懈试验 wrapping and unwrapping test of metallic wire

将试样沿螺旋方向以紧密的螺旋圈缠绕在规定直径的芯杆上,检验有镀层和无镀层金属线材承受缠绕和松懈塑性变性能力并显示其缺陷及镀层结合牢固性的试验。

10.16 金属锻平试验 flattening test of metals

将试样在室温或热状态下锻击至规定尺寸,检验金属承受规定程度塑性变形的能力并显示其缺陷的试验。

10.17 薄板双层咬合弯曲试验 bi-layer matching and bend test on sheets of metals

将金属薄板(及复层)按规定尺寸及形状咬合并弯曲,检验其塑性变形能力并显示其缺陷的试验。

10.18 金属管压扁试验 flattening test on tubes of metals

将金属管压扁至规定尺寸,检验其塑性变形能力并显示其缺陷的试验。

10.19 金属管卷边试验 flanging test on tubes of metals

将规定形状的顶心压入金属管一端,使管壁均匀卷至规定尺寸,检验管壁承受外卷塑性变形的能力并显示其缺陷的试验。

10.20 金属管扩口试验 flaring test on tubes of metals

将规定锥度的顶心压入金属管一端,使直径均匀地扩张至规定尺寸,检验金属管径向扩张塑性变形的能力并显示其缺陷的试验。

10.21 金属管缩口试验 reduction test on tubes of metals

将金属管压入规定锥度的座套中,使直径均匀减缩至规定尺寸,检验金属管径向压缩塑性变形的能力并显示其缺陷的试验。

10.22 金属管液压试验 hydrostatic pressure test on tubes of metals

用水或规定液体充满金属管，在一定时间内承受规定压力，检验金属管质量及强度并显示其缺陷的试验。

10.23 铝及铝合金管材压缩试验 compressive testing for tubes of aluminium and aluminium alloys

将铝及铝合金管状试样直立于两平行板之间，沿纵轴方向施加压力，压缩至规定尺寸后，检验其塑性变形能力，并显示表面缺陷的试验。

10.24 金属杯突试验 cupping test of metals

用球形冲头将夹紧的金属板或带状试样压入规定尺寸的冲模中直至出现穿透裂缝，测量杯突深度值的试验。

10.25 压边力 pressure of edge

杯突试验中压紧装置作用于试样上的垂直压力。

10.26 杯突值 cupping test value

杯突试验中裂缝开始穿透试样厚度(透光)时冲头的压入深度。

10.27 金属冲杯试验 deep drawing cup test of metals

用圆柱形冲头将夹紧的金属薄板或带状试样压入规定冲模中而形成圆底杯以显示用制耳率表示的材料各向异性的试验。

10.28 制耳 earing

由材料各向异性引起的冲杯边缘对称耳状突起。

10.29 制耳峰高 earing peak

制耳顶峰至杯底外表面的垂直距离。

10.30 制耳谷高 earing valley

相邻制耳峰之间的谷底到杯底外表面的垂直距离。

10.31 平均制耳高度 mean high of earing

平均制耳峰高与平均制耳谷高之差。

10.32 制耳率 earing ratio

平均制耳峰高与平均制耳谷高的百分比。

11 磨损试验

11.1 磨损 wear

物体表面相接触并作相对运动时，材料自该表面逐渐损失以致表面损伤的现象。

11.2 滚动磨损试验 rolling wear test

两圆环形试样作滚动接触摩擦并承受规定压力，经规定转数或时间后测定试样耐磨性和摩擦系数的试验。

11.3 试块-试环滑动磨损试验 block-on-ring wear test

试块与规定转速的试环接触，并施加一定压力，经规定转数或时间后，测定试样耐磨性的试验。

11.4 体积磨损 wear of volume

磨损试验后试样失去的体积。

11.5 质量磨损 wear of weight

磨损试验后试样失去的质量。

11.6 摩擦系数 friction coefficient

两物体之间摩擦力与正压力之比。

11.7 磨损曲线 wear curve

磨损量与时间或摩擦行程之间的关系曲线。曲线一般具有三个阶段:磨合阶段、稳定磨损阶段和剧烈磨损阶段。

11.8 耐磨性 wearing-resistance property

用体积磨损或质量磨损表征的材料抵抗磨损的性能指标。

11.9 磨料磨损 abrasive wear

由于硬质颗粒或硬质突出物沿固体表面强制相对运动所引起的磨损。

11.10 粘着磨损 adhesive wear

由于在相接触的固体表面之间局部粘着而造成的磨损。

11.11 灾变磨损 catastrophic wear

由于磨损而迅速造成表面损伤以致大大缩短材料使用寿命的磨损。

11.12 腐蚀磨损 corrosive wear

在化学或电化学反应明显的介质中产生的磨损。

中文索引

英文索引

附加说明：

本标准由中华人民共和国冶金工业部情报标准研究总所提出。
本标准由冶金工业部钢铁研究总院负责起草。
本标准主要起草人梁新邦、曹用涛、高舜芝、李久林。

前　言

1　本标准所列换算值(见表 1、表 2)是对包括碳钢、铬钢、铬钒钢、铬镍钢、铬钼钢、铬镍钼钢、铬锰硅钢、超高强度钢、不锈钢等钢系中主要钢种进行实验的基础上制定的。

2　表 1 所列各钢系的换算值,适用于含碳量由低到高的钢种;表 2 主要适用于低碳钢。

3　本标准所列换算值只有当试件组织均匀一致时,才能得到较精确的结果,因此应尽量避免各种换算。

本标准自生效之日起,同时代替 GB/T 1172—1974。

本标准由中国计量科学研究院提出并归口。

本标准起草单位:中国计量科学研究院;中国航空工业总公司第三〇四研究所;中国航空工业总公司第六二一研究所;山东莱州试验机总厂。

本标准主要起草人:李玉书、李芷娟、张宏运、唐荣森、孙浩君。

本标准 1975 年 3 月 1 日首次发布,1999 年 3 月 23 日修订。

本标准由中国计量科学研究院负责解释。

中华人民共和国国家标准

黑色金属硬度及强度换算值

GB/T 1172—1999

代替 GB/T 1172—1974

Conversion of hardness and strength for ferrous metal

1 范围

本标准适用于碳钢、合金钢等钢种的硬度与强度的换算。

2 换算值表

表 1 为碳钢及合金钢硬度与强度换算值。

表 2 为碳钢硬度与强度换算值。

国家质量技术监督局 1999-03-23 批准　　　　1999-10-01 实施

表

硬度							
洛氏		表面洛氏			维氏	布氏($F/D^2=30$)	
HRC	HRA	HR15N	HR30N	HR45N	HV	HBS	HBW
20.0	60.2	68.8	40.7	19.2	226	225	
20.5	60.4	69.0	41.2	19.8	228	227	
21.0	60.7	69.3	41.7	20.4	230	229	
21.5	61.0	69.5	42.2	21.0	233	232	
22.0	61.2	69.8	42.6	21.5	235	234	
22.5	61.5	70.0	43.1	22.1	238	237	
23.0	61.7	70.3	43.6	22.7	241	240	
23.5	62.0	70.6	44.0	23.3	244	242	
24.0	62.2	70.8	44.5	23.9	247	245	
24.5	62.5	71.1	45.0	24.5	250	248	
25.0	62.8	71.4	45.5	25.1	253	251	
25.5	63.0	71.6	45.9	25.7	256	254	
26.0	63.3	71.9	46.4	26.3	259	257	
26.5	63.5	72.2	46.9	26.9	262	260	
27.0	63.8	72.4	47.3	27.5	266	263	
27.5	64.0	72.7	47.8	28.1	269	266	
28.0	64.3	73.0	48.3	28.7	273	269	
28.5	64.6	73.3	48.7	29.3	276	273	
29.0	64.8	73.5	49.2	29.9	280	276	
29.5	65.1	73.8	49.7	30.5	284	280	
30.0	65.3	74.1	50.2	31.1	288	283	
30.5	65.6	74.4	50.6	31.7	292	287	
31.0	65.8	74.7	51.1	32.3	296	291	
31.5	66.1	74.9	51.6	32.9	300	294	
32.0	66.4	75.2	52.0	33.5	304	298	
32.5	66.6	75.5	52.5	34.1	308	302	
33.0	66.9	75.8	53.0	34.7	313	306	
33.5	67.1	76.1	53.4	35.3	317	310	
34.0	67.4	76.4	53.9	35.9	321	314	
34.5	67.7	76.7	54.4	36.5	326	318	
35.0	67.9	77.0	54.8	37.0	331	323	
35.5	68.2	77.2	55.3	37.6	335	327	
36.0	68.4	77.5	55.8	38.2	340	332	
36.5	68.7	77.8	56.2	38.8	345	336	
37.0	69.0	78.1	56.7	39.4	350	341	

1

抗拉强度σ_b,N/mm²								
碳钢	铬钢	铬钒钢	铬镍钢	铬钼钢	铬镍钼钢	铬锰硅钢	超高强度钢	不锈钢
774	742	736	782	747		781		740
784	751	744	787	753		788		749
793	760	753	792	760		794		758
803	769	761	797	767		801		767
813	779	770	803	774		809		777
823	788	779	809	781		816		786
833	798	788	815	789		824		796
843	808	797	822	797		832		806
854	818	807	829	805		840		816
864	828	816	836	813		848		826
875	838	826	843	822		856		837
886	848	837	851	831	850	865		847
897	859	847	859	840	859	874		858
908	870	858	867	850	869	883		868
919	880	869	876	860	879	893		879
930	891	880	885	870	890	902		890
942	902	892	894	880	901	912		901
954	914	903	904	891	912	922		913
965	925	915	914	902	923	933		924
977	937	928	924	913	935	943		936
989	948	940	935	924	947	954		947
1 002	960	953	946	936	959	965		959
1 014	972	966	957	948	972	977		971
1 027	984	980	969	961	985	989		983
1 039	996	993	981	974	999	1 001		996
1 052	1 009	1 007	994	987	1 012	1 013		1 008
1 065	1 022	1 022	1 007	1 001	1 027	1 026		1 021
1 078	1 034	1 036	1 020	1 015	1 041	1 039		1 034
1 092	1 048	1 051	1 034	1 029	1 056	1 052		1 047
1 105	1 061	1 067	1 048	1 043	1 071	1 066		1 060
1 119	1 074	1 082	1 063	1 058	1 087	1 079		1 074
1 133	1 088	1 098	1 078	1 074	1 103	1 094		1 087
1 147	1 102	1 114	1 093	1 090	1 119	1 108		1 101
1 162	1 116	1 131	1 109	1 106	1 136	1 123		1 116
1 177	1 131	1 148	1 125	1 122	1 153	1 139		1 130

表 1

硬度							
洛氏		表面洛氏			维氏	布氏($F/D^2=30$)	
HRC	HRA	HR15N	HR30N	HR45N	HV	HBS	HBW
37.5	69.2	78.4	57.2	40.0	355	345	
38.0	69.5	78.7	57.6	40.6	360	350	
38.5	69.7	79.0	58.1	41.2	365	355	
39.0	70.0	79.3	58.6	41.8	371	360	
39.5	70.3	79.6	59.0	42.4	376	365	
40.0	70.5	79.9	59.5	43.0	381	370	370
40.5	70.8	80.2	60.0	43.6	387	375	375
41.0	71.1	80.5	60.4	44.2	393	380	381
41.5	71.3	80.8	60.9	44.8	398	385	386
42.0	71.6	81.1	61.3	45.4	404	391	392
42.5	71.8	81.4	61.8	45.9	410	396	397
43.0	72.1	81.7	62.3	46.5	416	401	403
43.5	72.4	82.0	62.7	47.1	422	407	409
44.0	72.6	82.3	63.2	47.7	428	413	415
44.5	72.9	82.6	63.6	48.3	435	418	422
45.0	73.2	82.9	64.1	48.9	441	424	428
45.5	73.4	83.2	64.6	49.5	448	430	435
46.0	73.7	83.5	65.0	50.1	454	436	441
46.5	73.9	83.7	65.5	50.7	461	442	448
47.0	74.2	84.0	65.9	51.2	468	449	455
47.5	74.5	84.3	66.4	51.8	475		463
48.0	74.7	84.6	66.8	52.4	482		470
48.5	75.0	84.9	67.3	53.0	489		478
49.0	75.3	85.2	67.7	53.6	497		486
49.5	75.5	85.5	68.2	54.2	504		494
50.0	75.8	85.7	68.6	54.7	512		502
50.5	76.1	86.0	69.1	55.3	520		510
51.0	76.3	86.3	69.5	55.9	527		518
51.5	76.6	86.6	70.0	56.5	535		527
52.0	76.9	86.8	70.4	57.1	544		535
52.5	77.1	87.1	70.9	57.6	552		544
53.0	77.4	87.4	71.3	58.2	561		552
53.5	77.7	87.6	71.8	58.8	569		561
54.0	77.9	87.9	72.2	59.4	578		569
54.5	78.2	88.1	72.6	59.9	587		577

(续)

抗拉强度σ_b,N/mm²								
碳钢	铬钢	铬钒钢	铬镍钢	铬钼钢	铬镍钼钢	铬锰硅钢	超高强度钢	不锈钢
1 192	1 146	1 165	1 142	1 139	1 171	1 155		1 145
1 207	1 161	1 183	1 159	1 157	1 189	1 171		1 161
1 222	1 176	1 201	1 177	1 174	1 207	1 187	1 170	1 176
1 238	1 192	1 219	1 195	1 192	1 226	1 204	1 195	1 193
1 254	1 208	1 238	1 214	1 211	1 245	1 222	1 219	1 209
1 271	1 225	1 257	1 233	1 230	1 265	1 240	1 243	1 226
1 288	1 242	1 276	1 252	1 249	1 285	1 258	1 267	1 244
1 305	1 260	1 296	1 273	1 269	1 306	1 277	1 290	1 262
1 322	1 278	1 317	1 293	1 289	1 327	1 296	1 313	1 280
1 340	1 296	1 337	1 314	1 310	1 348	1 316	1 336	1 299
1 359	1 315	1 358	1 336	1 331	1 370	1 336	1 359	1 319
1 378	1 335	1 380	1 358	1 353	1 392	1 357	1 381	1 339
1 397	1 355	1 401	1 380	1 375	1 415	1 378	1 404	1 361
1 417	1 376	1 424	1 404	1 397	1 439	1 400	1 427	1 383
1 438	1 398	1 446	1 427	1 420	1 462	1 422	1 450	1 405
1 459	1 420	1 469	1 451	1 444	1 487	1 445	1 473	1 429
1 481	1 444	1 493	1 476	1 468	1 512	1 469	1 496	1 453
1 503	1 468	1 517	1 502	1 492	1 537	1 493	1 520	1 479
1 526	1 493	1 541	1 527	1 517	1 563	1 517	1 544	1 505
1 550	1 519	1 566	1 554	1 542	1 589	1 543	1 569	1 533
1 575	1 546	1 591	1 581	1 568	1 616	1 569	1 594	1 562
1 600	1 574	1 617	1 608	1 595	1 643	1 595	1 620	1 592
1 626	1 603	1 643	1 636	1 622	1 671	1 623	1 646	1 623
1 653	1 633	1 670	1 665	1 649	1 699	1 651	1 674	1 655
1 681	1 665	1 697	1 695	1 677	1 728	1 679	1 702	1 689
1 710	1 698	1 724	1 724	1 706	1 758	1 709	1 731	1 725
	1 732	1 752	1 755	1 735	1 788	1 739	1 761	
	1 768	1 780	1 786	1 764	1 819	1 770	1 792	
	1 806	1 809	1 818	1 794	1 850	1 801	1 824	
	1 845	1 839	1 850	1 825	1 881	1 834	1 857	
		1 869	1 883	1 856	1 914	1 867	1 892	
		1 899	1 917	1 888	1 947	1 901	1 929	
		1 930	1 951			1 936	1 966	
		1 961	1 986			1 971	2 006	
		1 993	2 022			2 008	2 047	

表 1

硬度							
洛氏		表面洛氏			维氏	布氏($F/D^2=30$)	
HRC	HRA	HR15N	HR30N	HR45N	HV	HBS	HBW
55.0	78.5	88.4	73.1	60.5	596		585
55.5	78.7	88.6	73.5	61.1	606		593
56.0	79.0	88.9	73.9	61.7	615		601
56.5	79.3	89.1	74.4	62.2	625		608
57.0	79.5	89.4	74.8	62.8	635		616
57.5	79.8	89.6	75.2	63.4	645		622
58.0	80.1	89.8	75.6	63.9	655		628
58.5	80.3	90.0	76.1	64.5	666		634
59.0	80.6	90.2	76.5	65.1	676		639
59.5	80.9	90.4	76.9	65.6	687		643
60.0	81.2	90.6	77.3	66.2	698		647
60.5	81.4	90.8	77.7	66.8	710		650
61.0	81.7	91.0	78.1	67.3	721		
61.5	82.0	91.2	78.6	67.9	733		
62.0	82.2	91.4	79.0	68.4	745		
62.5	82.5	91.5	79.4	69.0	757		
63.0	82.8	91.7	79.8	69.5	770		
63.5	83.1	91.8	80.2	70.1	782		
64.0	83.3	91.9	80.6	70.6	795		
64.5	83.6	92.1	81.0	71.2	809		
65.0	83.9	92.2	81.3	71.7	822		
65.5	84.1				836		
66.0	84.4				850		
66.5	84.7				865		
67.0	85.0				879		
67.5	85.2				894		
68.0	85.5				909		

（完）

抗拉强度σ_b,N/mm^2								
碳钢	铬钢	铬钒钢	铬镍钢	铬钼钢	铬镍钼钢	铬锰硅钢	超高强度钢	不锈钢
		2 026	2 058			2 045	2 090	
							2 135	
							2 181	
							2 230	
							2 281	
							2 334	
							2 390	
							2 448	
							2 509	
							2 572	
							2 639	

表 2

硬度							抗拉强度 σ_b
洛氏	表面洛氏			维氏	布氏		
					HBS		
HRB	HR15T	HR30T	HR45T	HV	$F/D^2=10$	$F/D^2=30$	N/mm²
60.0	80.4	56.1	30.4	105	102		375
60.5	80.5	56.4	30.9	105	102		377
61.0	80.7	56.7	31.4	106	103		379
61.5	80.8	57.1	31.9	107	103		381
62.0	80.9	57.4	32.4	108	104		382
62.5	81.1	57.7	32.9	108	104		384
63.0	81.2	58.0	33.5	109	105		386
63.5	81.4	58.3	34.0	110	105		388
64.0	81.5	58.7	34.5	110	106		390
64.5	81.6	59.0	35.0	111	106		393
65.0	81.8	59.3	35.5	112	107		395
65.5	81.9	59.6	36.1	113	107		397
66.0	82.1	59.9	36.6	114	108		399
66.5	82.2	60.3	37.1	115	108		402
67.0	82.3	60.6	37.6	115	109		404
67.5	82.5	60.9	38.1	116	110		407
68.0	82.6	61.2	38.6	117	110		409
68.5	82.7	61.5	39.2	118	111		412
69.0	82.9	61.9	39.7	119	112		415
69.5	83.0	62.2	40.2	120	112		418
70.0	83.2	62.5	40.7	121	113		421
70.5	83.3	62.8	41.2	122	114		424
71.0	83.4	63.1	41.7	123	115		427
71.5	83.6	63.5	42.3	124	115		430
72.0	83.7	63.8	42.8	125	116		433
72.5	83.9	64.1	43.3	126	117		437
73.0	84.0	64.4	43.8	128	118		440
73.5	84.1	64.7	44.3	129	119		444
74.0	84.3	65.1	44.8	130	120		447
74.5	84.4	65.4	45.4	131	121		451
75.0	84.5	65.7	45.9	132	122		455
75.5	84.7	66.0	46.4	134	123		459
76.0	84.8	66.3	46.9	135	124		463
76.5	85.0	66.6	47.4	136	125		467
77.0	85.1	67.0	47.9	138	126		471
77.5	85.2	67.3	48.5	139	127		475
78.0	85.4	67.6	49.0	140	128		480
78.5	85.5	67.9	49.5	142	129		484
79.0	85.7	68.2	50.0	143	130		489
79.5	85.8	68.6	50.5	145	132		493

表 2(完)

硬度							抗拉强度 σ_b
洛氏	表面洛氏			维氏	布氏		
HRB	HR15T	HR30T	HR45T	HV	HBS		N/mm²
					$F/D^2=10$	$F/D^2=30$	
80.0	85.9	68.9	51.0	146	133		498
80.5	86.1	69.2	51.6	148	134		503
81.0	86.2	69.5	52.1	149	136		508
81.5	86.3	69.8	52.6	151	137		513
82.0	86.5	70.2	53.1	152	138		518
82.5	86.6	70.5	53.6	154	140		523
83.0	86.8	70.8	54.1	156		152	529
83.5	86.9	71.1	54.7	157		154	534
84.0	87.0	71.4	55.2	159		155	540
84.5	87.2	71.8	55.7	161		156	546
85.0	87.3	72.1	56.2	163		158	551
85.5	87.5	72.4	56.7	165		159	557
86.0	87.6	72.7	57.2	166		161	563
86.5	87.7	73.0	57.8	168		163	570
87.0	87.9	73.4	58.3	170		164	576
87.5	88.0	73.7	58.8	172		166	582
88.0	88.1	74.0	59.3	174		168	589
88.5	88.3	74.3	59.8	176		170	596
89.0	88.4	74.6	60.3	178		172	603
89.5	88.6	75.0	60.9	180		174	609
90.0	88.7	75.3	61.4	183		176	617
90.5	88.8	75.6	61.9	185		178	624
91.0	89.0	75.9	62.4	187		180	631
91.5	89.1	76.2	62.9	189		182	639
92.0	89.3	76.6	63.4	191		184	646
92.5	89.4	76.9	64.0	194		187	654
93.0	89.5	77.2	64.5	196		189	662
93.5	89.7	77.5	65.0	199		192	670
94.0	89.8	77.8	65.5	201		195	678
94.5	89.9	78.2	66.0	203		197	686
95.0	90.1	78.5	66.5	206		200	695
95.5	90.2	78.8	67.1	208		203	703
96.0	90.4	79.1	67.6	211		206	712
96.5	90.5	79.4	68.1	214		209	721
97.0	90.6	79.8	68.6	216		212	730
97.5	90.8	80.1	69.1	219		215	739
98.0	90.9	80.4	69.6	222		218	749
98.5	91.1	80.7	70.2	225		222	758
99.0	91.2	81.0	70.7	227		226	768
99.5	91.3	81.4	71.2	230		229	778
100.0	91.5	81.7	71.7	233		232	788

前　　言

本标准等效采用国际标准ISO 377:1997《钢及钢产品—力学性能试验的取样位置及试样制备》。

本标准主要技术内容，如应用范围、试样制备、取样位置等均与ISO 377相同。根据我国具体情况，对于切取样坯时所留加工余量的规定较为详细，对于纵轧钢板横向取样作了明确规定。

本标准在GB 2975—82《钢材力学及工艺性能试验取样规定》的基础上，增加了术语及符号、试料的状态、产品厚度方向取样位置及方形钢管取样规定。为与国际标准规定一致，对圆钢、六角钢、钢管的一些取样位置作了修改。

本标准自实施之日起代替GB 2975—82《钢材力学及工艺性能试验取样规定》。

本标准的附录A是标准的附录；

本标准的附录B是提示的附录。

本标准由中华人民共和国原冶金工业部提出。

本标准由全国钢标准化技术委员会归口。

本标准主要起草单位：原冶金工业部钢铁研究总院、原冶金工业部信息标准研究院。

本标准主要起草人：李久林、梁新邦、高振英、姜清梅。

本标准1982年3月首次发布。

ISO 前言

ISO(国际标准化组织)是由各国标准化团体(ISO 成员团体)组成的世界性的联合会。制定国际标准的工作通常由 ISO 的技术委员会完成,各成员团体若对某技术委员会确立的项目感兴趣,均有权参加该委员会的工作。与 ISO 保持联系的各国际组织(官方的或非官方的)也可参加有关工作。在电工技术标准化方面,ISO 与国际电工委员会(IEC)保持密切合作关系。

由技术委员会通过的国际标准草案提交各成员团体表决,需取得至少 75%参加表决的成员团体的同意,才能作为国际标准正式发布。

国际标准 ISO 377 由 ISO/TC 17 钢技术委员会下属的 SC20 钢一般技术条件、取样和力学试验方法分技术委员会制定。

经技术上的修订后,本标准第二版本取代第一版本(ISO 377:1989)。

附录 A 是本标准的一部分。

中华人民共和国国家标准

钢及钢产品
力学性能试验取样位置及试样制备

GB/T 2975—1998
eqv ISO 377:1997

代替 GB 2975—82

Steel and steel products—Location and preparation of test pieces for mechanical testing

1 范围

本标准规定了 GB/T 15574 中定义的型钢、条钢、钢板和钢管的力学性能试验、取样位置和试样制备要求。经供需双方协商，本标准也可用于其他金属产品的取样。

如产品标准或供需双方协议对取样另有规定，应按其规定执行。

2 引用标准

下列标准所包含的条文，通过在本标准中引用而构成为本标准的条文。本标准出版时，所示版本均为有效。所有标准都会被修订，使用本标准的各方应探讨使用下列标准最新版本的可能性。

GB/T 15574—1995 钢产品分类

3 定义及符号

本标准采用下列定义及符号：

3.1 定义

3.1.1 试验单元 test unit

根据产品标准或合同的要求，以在抽样产品上所进行的试验为依据，一次接收或拒收产品的件数或吨数，称为试验单元(见图 1)。

3.1.2 抽样产品 sample product

检验、试验时，在试验单元中抽取的部分(例如：一块板)，称为抽样产品(见图 1)。

3.1.3 试料 sample

为了制备一个或几个试样，从抽样产品中切取足够量的材料，称为试料(见图 1)。

注：在某些情况下，试料就是抽样产品。

3.1.4 样坯 rough specimen

为了制备试样，经过机械处理或所需热处理后的试料，称为样坯(见图 1)。

3.1.5 试样 test piece

经机加工或未经机加工后，具有合格尺寸且满足试验要求的状态的样坯，称为试样(见图 1)。

注：在某些状态下，试样可以是试料，也可以是样坯。

3.1.6 标准状态 reference condition

试料、样坯或试样经热处理后以代表最终产品的状态。

国家质量技术监督局 1998-10-16 批准　　　　1999-08-01 实施

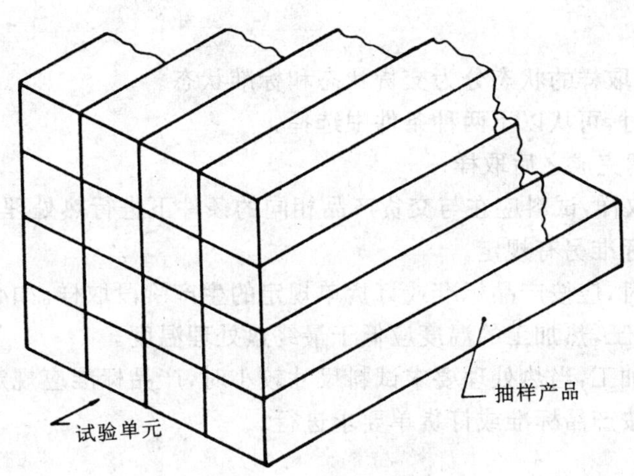

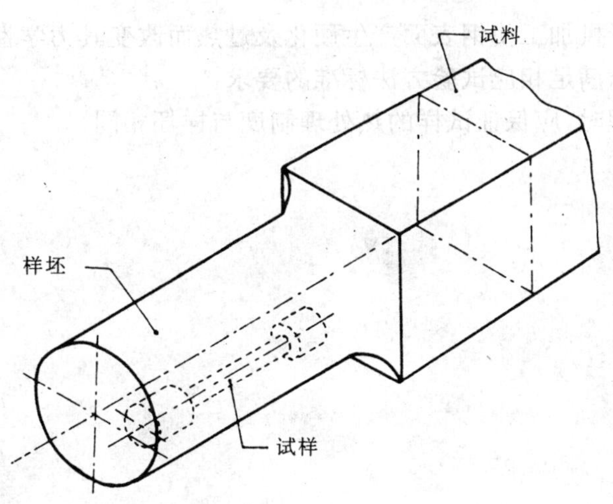

图 1　第 3 章规定的定义示例

3.2　符号

W——产品的宽度；

t——产品的厚度(对型钢为腿部厚度,对钢管为管壁厚度)；

d——产品的直径(对多边形条钢为内切圆直径)；

L——纵向试样(试样纵向轴线与主加工方向平行)；

T——横向试样(试样纵向轴线与主加工方向垂直)。

4　一般要求

4.1　在产品不同位置取样时,力学性能会有差异。当按本标准附录 A 规定的位置取样时,则认为具有代表性。

4.2　应在外观及尺寸合格的钢产品上取样。试料应有足够的尺寸以保证机加工出足够的试样进行规定的试验及复验。

4.3　取样时,应对抽样产品、试料、样坯和试样作出标记,以保证始终能识别取样的位置及方向。

4.4　取样时,应防止过热、加工硬化而影响力学性能。用烧割法和冷剪法取样所留加工余量可参考附录 B。

4.5　取样的方向应由产品标准或供需双方协议规定。

5 试料的状态

5.1 按照产品标准规定，取样的状态分为交货状态和标准状态。

5.2 在交货状态下取样时，可从以下两种条件中选择：

a）产品成型和热处理完成之后取样；

b）如在热处理之前取样，试料应在与交货产品相同的条件下进行热处理。当需要矫直试料时，应在冷状态下进行，除非产品标准另有规定。

5.3 在标准状态下取样时，应按产品标准或订货单规定的生产阶段取样。如必须对试料矫直，可在热处理之前进行热加工或冷加工，热加工的温度应低于最终热处理温度。

5.3.1 热处理之前的机加工：当热处理要求试料尺寸较小时，产品标准应规定样坯的尺寸及加工方法。

5.3.2 样坯的热处理应按产品标准或订货单要求进行。

6 试样的制备

6.1 制备试样时应避免由于机加工使钢表面产生硬化及过热而改变其力学性能。机加工最终工序应使试样的表面质量、形状和尺寸满足相应试验方法标准的要求。

6.2 当要求标准状态热处理时，应保证试样的热处理制度与样坯相同。

附 录 A
（标准的附录）
钢产品力学性能试验取样的位置

A1 一般要求

A1.1 本附录给出了型钢、条钢、钢板及钢管的拉伸、冲击和弯曲试验取样位置。

A1.2 应在钢产品表面切取弯曲样坯，弯曲试样应至少保留一个表面，当机加工和试验机能力允许时，应制备全截面或全厚度弯曲试样。

A1.3 当要求取一个以上试样时，可在规定位置相邻处取样。

A2 型钢

A2.1 按图 A1 在型钢腿部切取拉伸、弯曲和冲击样坯。如型钢尺寸不能满足要求，可将取样位置向中部位移。

注

1 对于腿部有斜度的型钢，可在腰部 1/4 处取样[见图 A1b)和 d)]，经协商也可从腿部取样进行机加工。

2 对于腿部长度不相等的角钢，可从任一腿部取样。

A2.2 对于腿部厚度不大于 50 mm 的型钢，当机加工和试验机能力允许时，应按图 A2a)切取拉伸样坯；当切取圆形横截面拉伸样坯时，按图 A2b)规定。对于腿部厚度大于 50 mm 的型钢，当切取圆形横截面样坯时，按图 A2c)规定。

A2.3 按图 A3 在型钢腿部厚度方向切取冲击样坯。

A3 条钢

A3.1 按图 A4 在圆钢上选取拉伸样坯位置，当机加工和试验机能力允许时，按图 A4a)取样。

A3.2 按图 A5 在圆钢上选取冲击样坯位置。

A3.3 按图 A6 在六角钢上选取拉伸样坯位置，当机加工和试验机能力允许时，按图 A6a)取样。

A3.4 按图 A7 在六角钢上选取冲击样坯位置。

A3.5 按图 A8 在矩形截面条钢上切取拉伸样坯，当机加工和试验机能力允许时，按图 A8a)取样。

A3.6 按图 A9 在矩形截面条钢上切取冲击样坯。

A4 钢板

A4.1 应在钢板宽度 1/4 处切取拉伸、弯曲或冲击样坯，如图 A10 和图 A11 所示。

A4.2 对于纵轧钢板，当产品标准没有规定取样方向时，应在钢板宽度 1/4 处切取横向样坯，如钢板宽度不足，样坯中心可以内移。

A4.3 应按图 A10 在钢板厚度方向切取拉伸样坯。当机加工和试验机能力允许时，应按图 A10a)取样。

A4.4 在钢板厚度方向切取冲击样坯时，根据产品标准或供需双方协议选择图 A11 规定的取样位置。

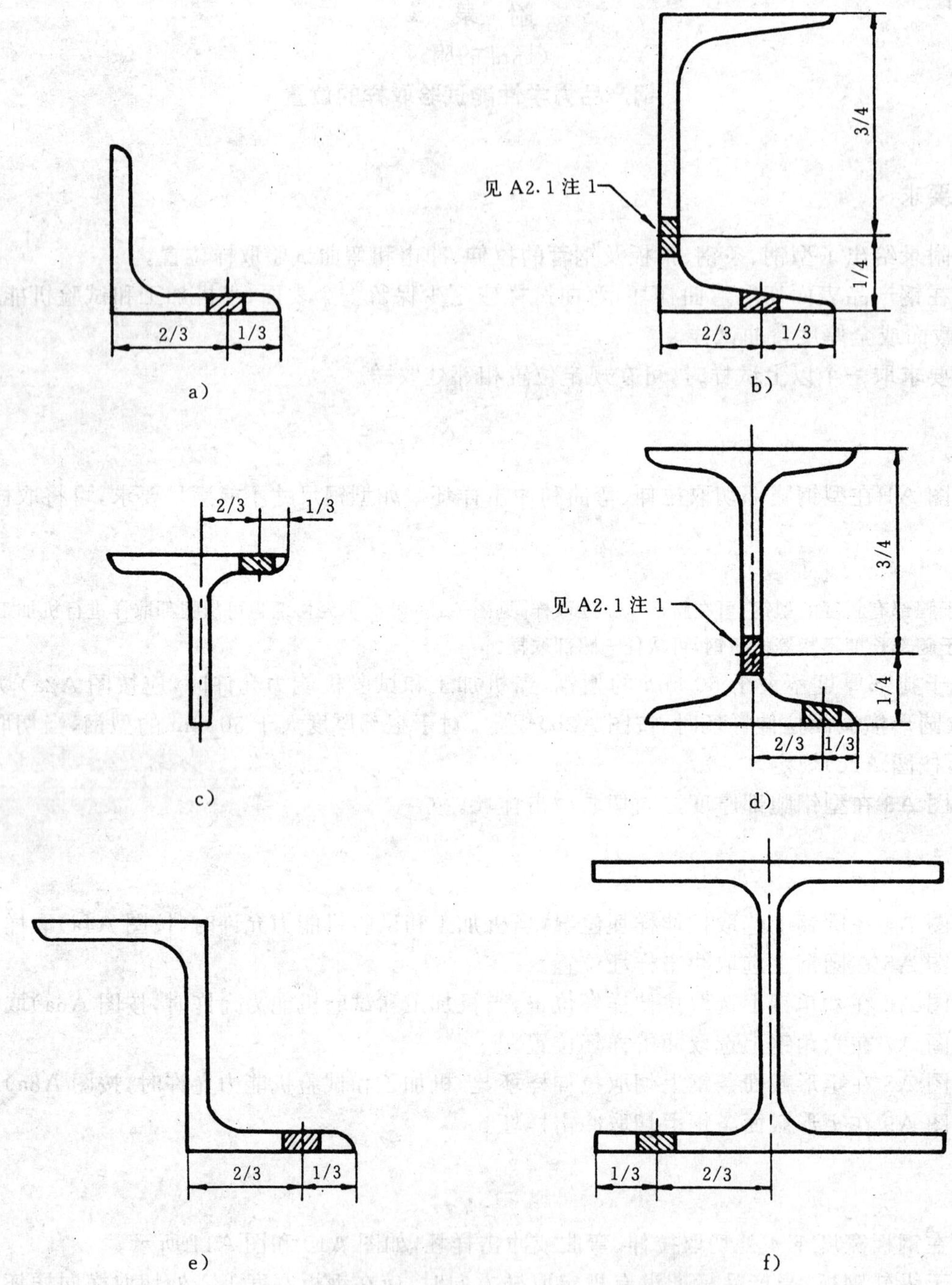

图 A1　在型钢腿部宽度方向切取样坯的位置

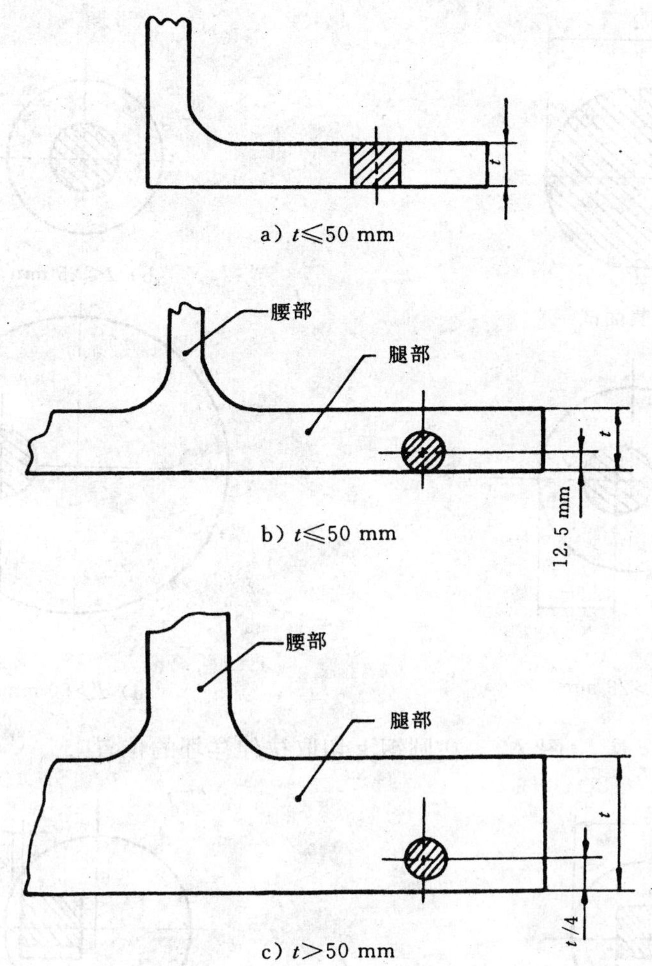

图 A2　在型钢腿部厚度方向切取拉伸样坯的位置

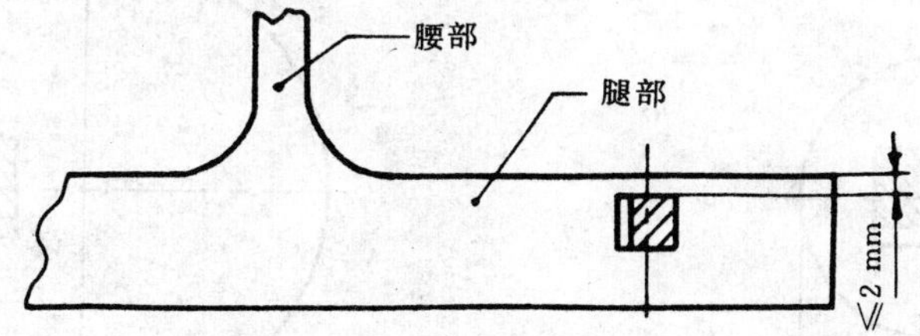

图 A3　在型钢腿部厚度方向切取冲击样坯的位置

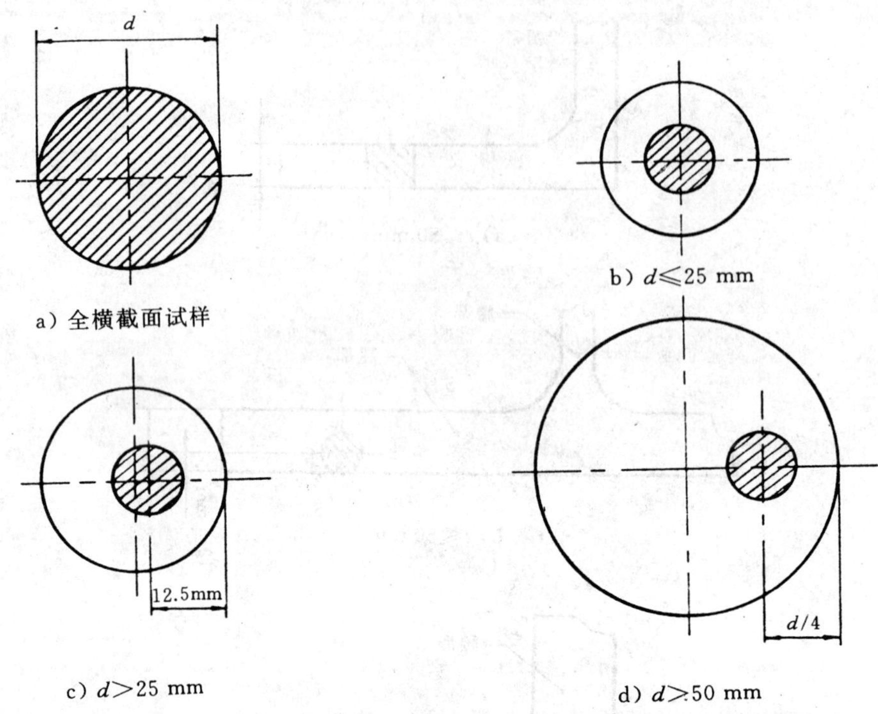

图 A4 在圆钢上切取拉伸样坯的位置

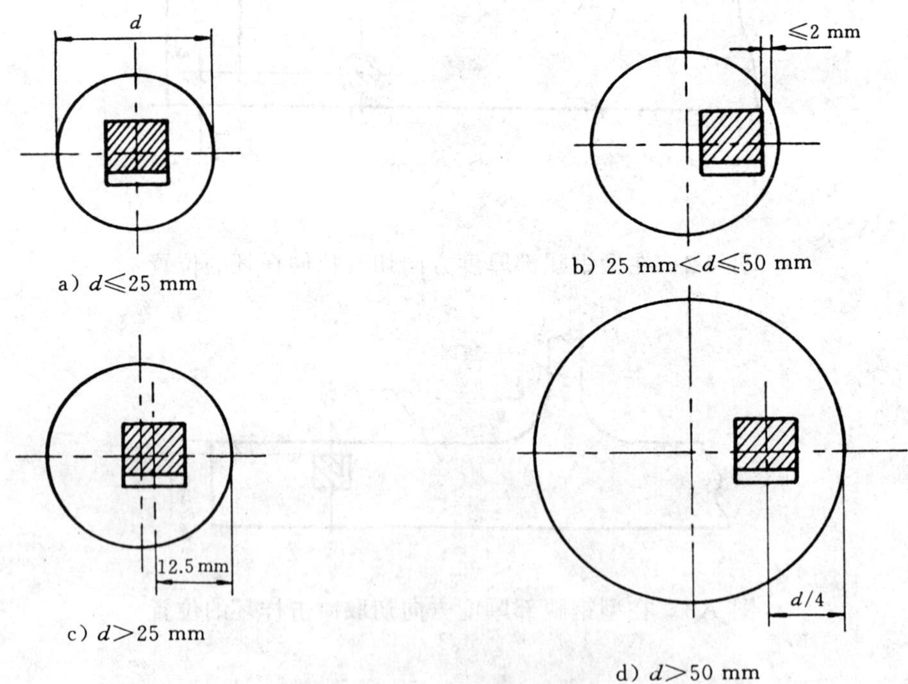

图 A5 在圆钢上切取冲击样坯的位置

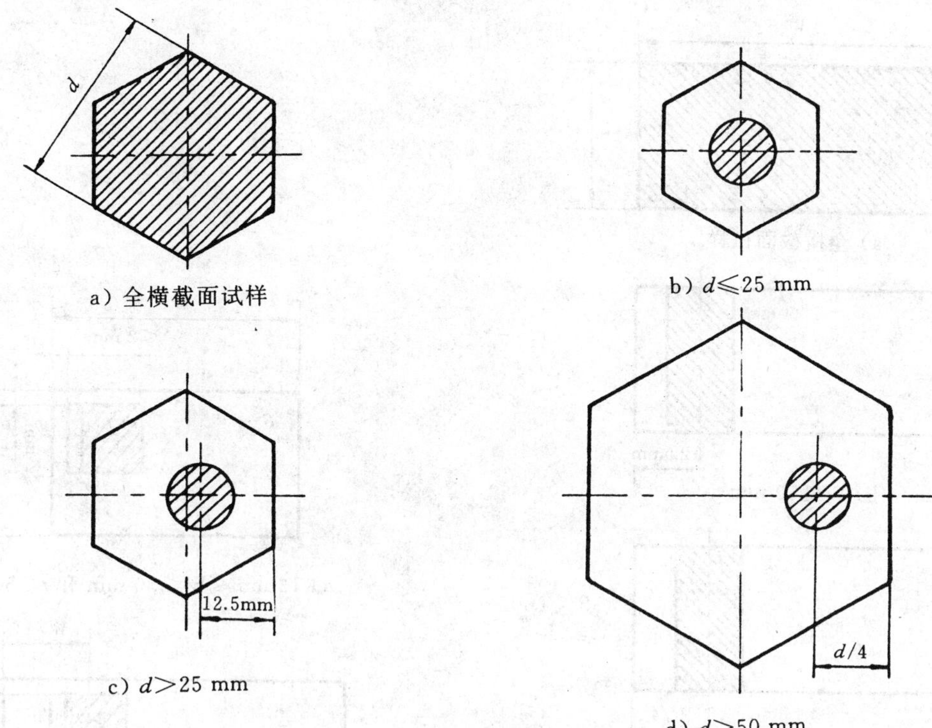

图 A6 在六角钢上切取拉伸样坯的位置

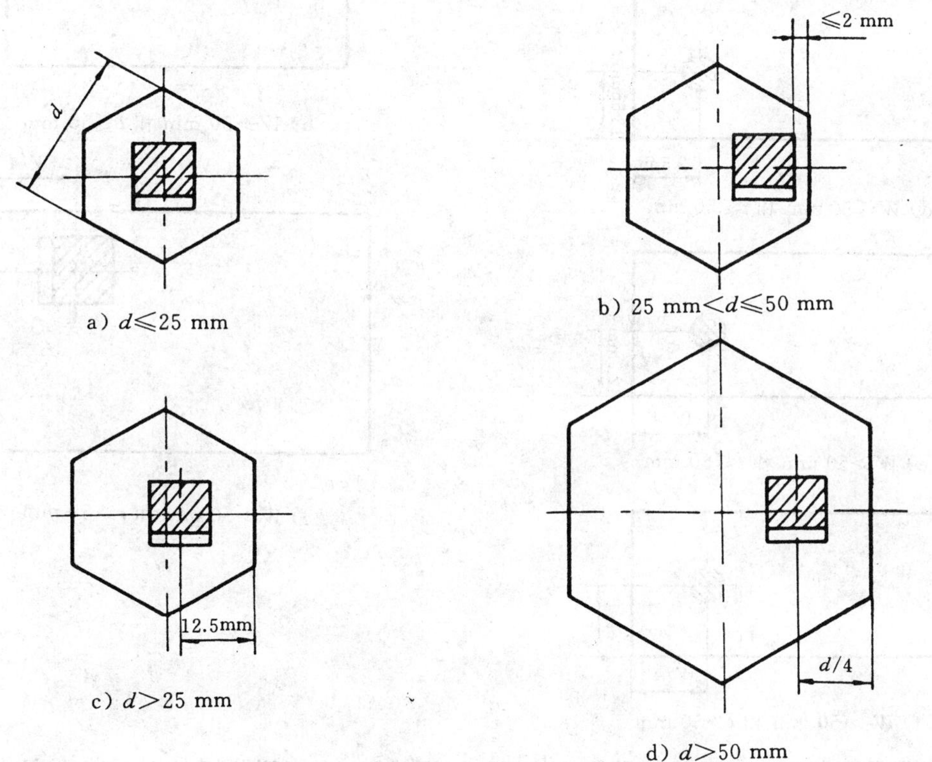

图 A7 在六角钢上切取冲击样坯的位置

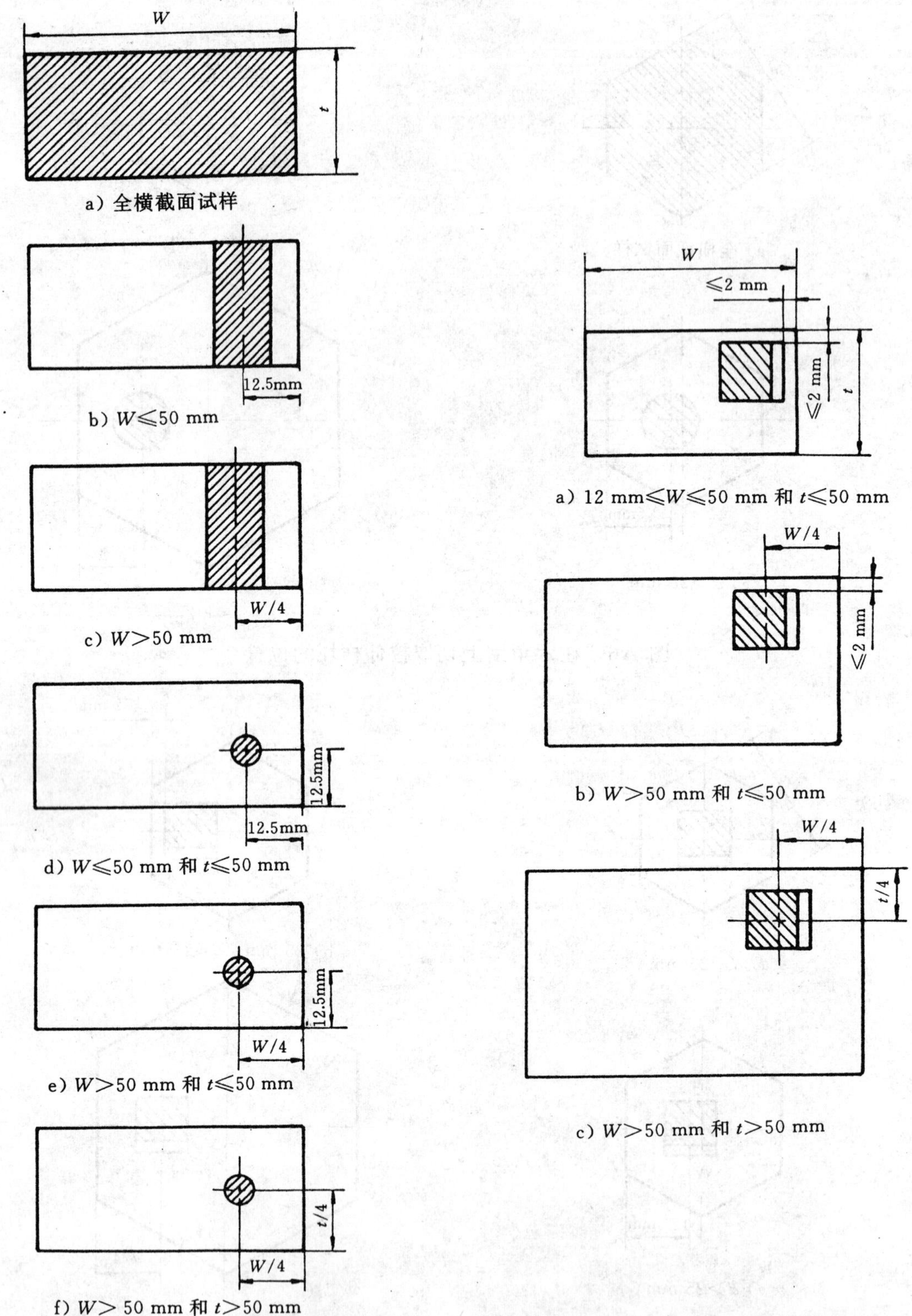

图 A8 在矩形截面条钢上切取拉伸样坯的位置

图 A9 在矩形截面条钢上切取冲击样坯的位置

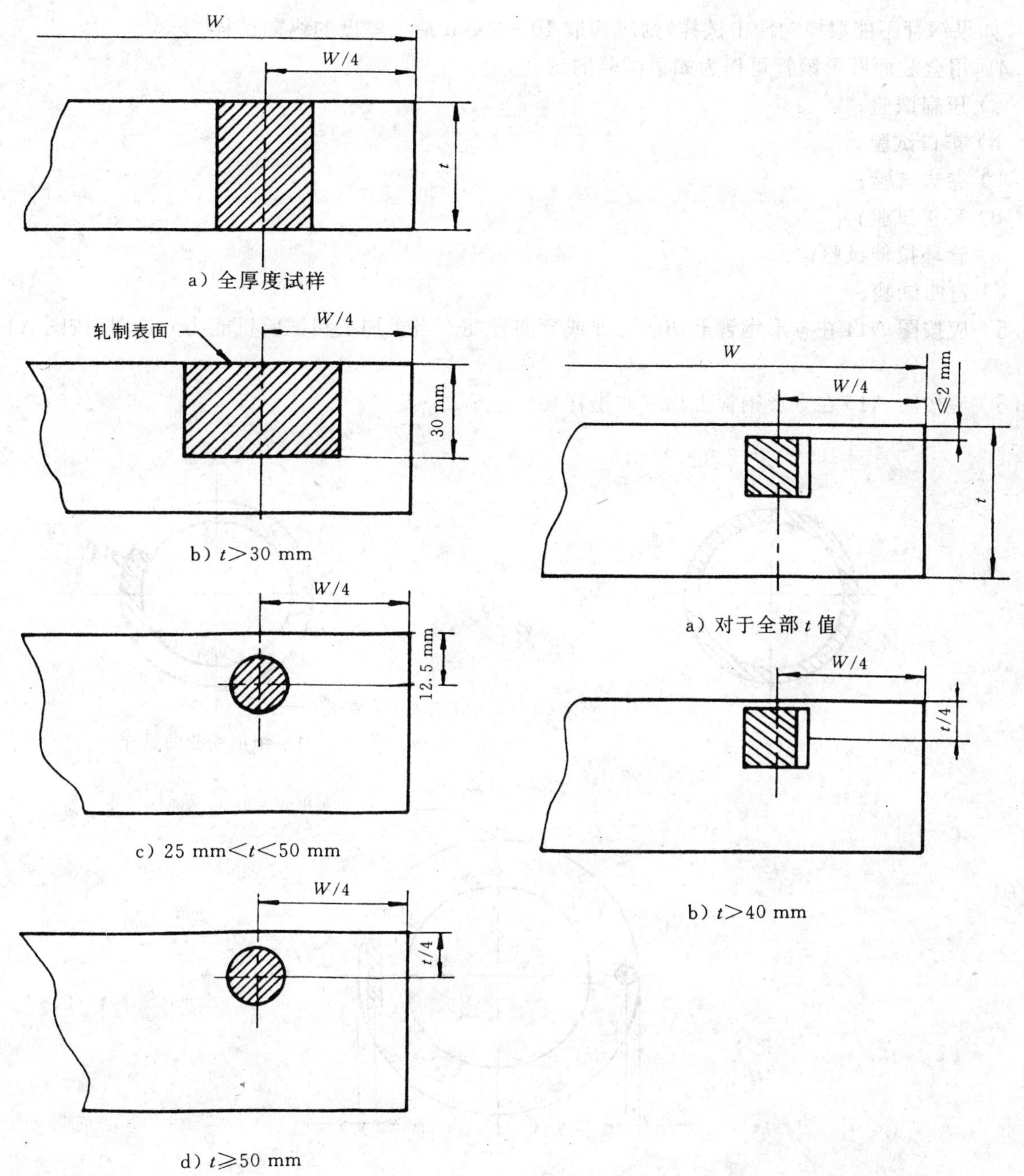

图 A10　在钢板上切取拉伸样坯的位置　　　　图 A11　在钢板上切取冲击样坯的位置

A5　钢管

A5.1　应按图 A12 切取拉伸样坯，当机加工和试验机能力允许时，应按图 A12a）取样。对于图 A12c），如钢管尺寸不能满足要求，可将取样位置向中部位移。

A5.2　对于焊管，当取横向试样检验焊接性能时，焊缝应在试样中部。

A5.3　应按图 A13 切取冲击样坯。

如果产品标准没有规定取样位置，应由生产厂提供。

如果钢管尺寸允许，应切取 10～5 mm 最大厚度的横向试样。切取横向试样的钢管最小外径 D_{min}（mm）按下式计算：

$$D_{min}=(t-5)+\frac{756.25}{t-5}$$

如果钢管不能取横向冲击试样，则应切取 10～5 mm 最大厚度的纵向试样。

A5.4 用全截面圆形钢管可作为如下试验的试样：

a）压扁试验；

b）扩口试验；

c）卷边试验；

d）环扩试验；

e）管环拉伸试验；

f）弯曲试验。

A5.5 应按图 A14 在方形钢管上切取拉伸或弯曲样坯。当机加工和试验机能力允许时，按图 A14a）取样。

A5.6 应按图 A15 在方形钢管上切取冲击样坯。

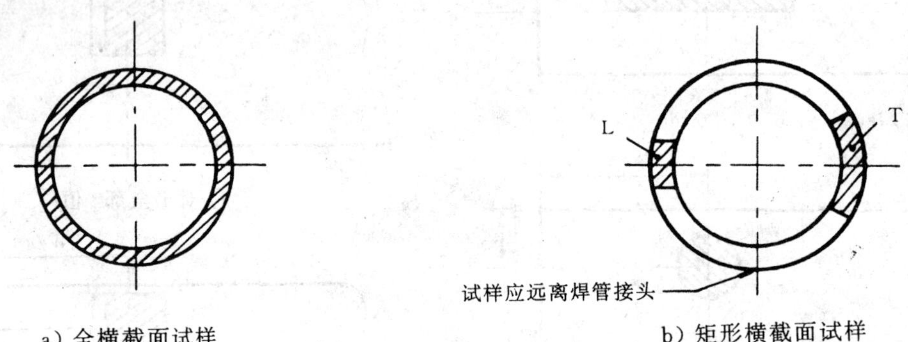

a）全横截面试样

b）矩形横截面试样

试样应远离焊管接头

t

L

T

t/4

t/4

c）圆形横截面试样

图 A12　在钢管上切取拉伸及弯曲样坯的位置

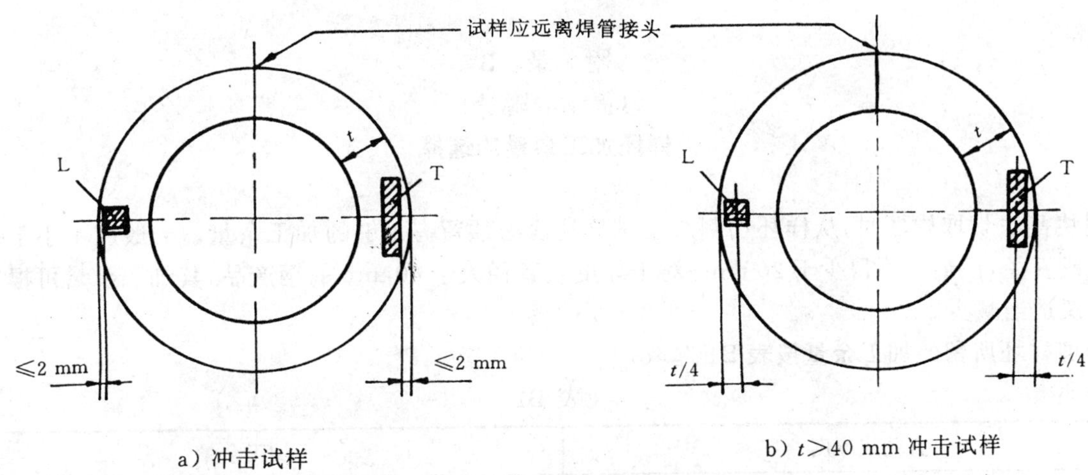

图 A13 在钢管上切取冲击样坯的位置

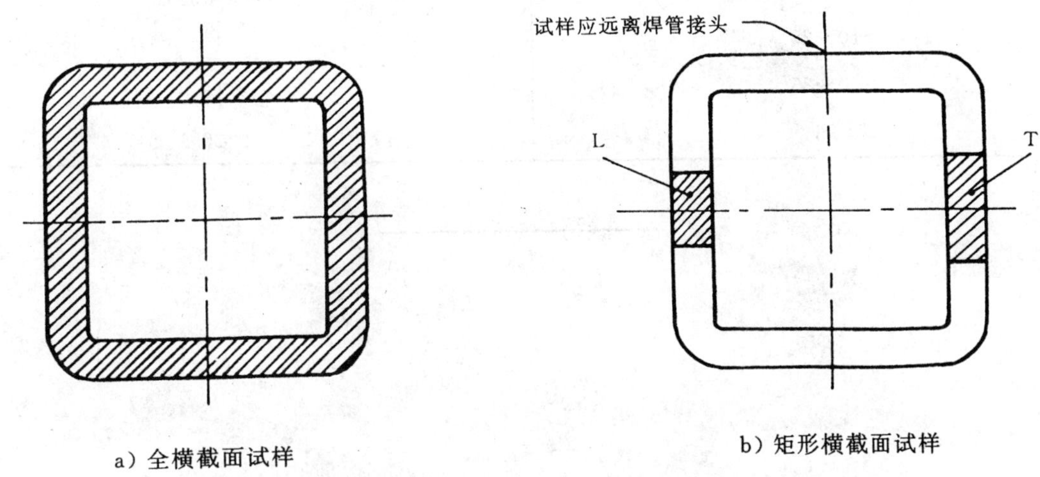

图 A14 在方形钢管上切取拉伸及弯曲样坯的位置

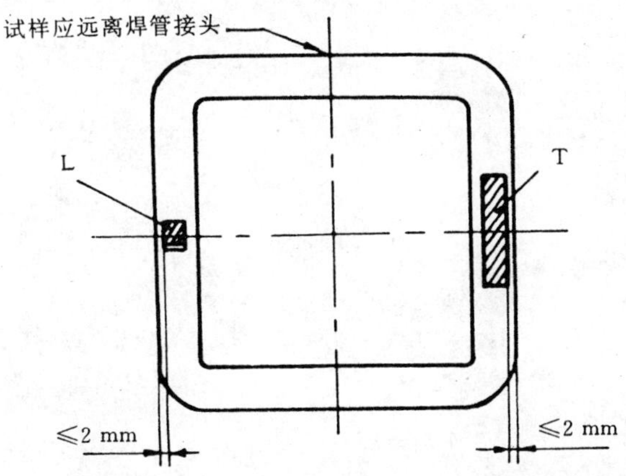

图 A15 在方形钢管上切取冲击样坯的位置

附　录　B

（提示的附录）

样坯加工余量的选择

B1　用烧割法切取样坯时，从样坯切割线至试样边缘必须留有足够的加工余量。一般应不小于钢产品的厚度或直径，但最小不得少于 20 mm。对于厚度或直径大于 60 mm 的钢产品，其加工余量可根据供需双方协议适当减少。

B2　冷剪样坯所留的加工余量按表 B1 选取：

表 B1

mm

直径或厚度	加工余量
≤4	4
＞4～10	厚度或直径
＞10～20	10
＞20～35	15
＞35	20

二、金属拉伸、压缩、弯曲及扭转试验

前言

本标准等效采用国际标准 ISO 6892:1998《金属材料　室温拉伸试验》。在主要技术内容上与 ISO 6892:1998 相同，但部分技术内容较为详细和具体，编写结构不完全对应。补充性能测定结果数值的修约要求和试验结果处理。增加试样类型。删去附录 F(提示的附录)计算矩形横截面试样原始标距用计算图尺；删去附录 L(提示的附录)参考文献目录。增加附录 H(提示的附录)逐步逼近方法测定规定非比例延伸强度(R_p)；增加附录 L(提示的附录)新旧标准性能名称和符号对照。

本标准合并修订原国家标准 GB/T 228—1987《金属拉伸试验方法》、GB/T 3076—1982《金属薄板(带)拉伸试验方法》和 GB/T 6397—1986《金属拉伸试验试样》。对原标准在以下方面的技术内容进行了较大修改和补充：

——引用标准；

——定义和符号；

——试样；

——试验要求；

——性能测定方法；

——性能测定结果数值修约；

——性能测定结果准确度阐述。

自本标准实施之日起，代替 GB/T 228—1987《金属拉伸试验方法》、GB/T 3076—1982《金属薄板(带)拉伸试验方法》和 GB/T 6397—1986《金属拉伸试验试样》。

本标准的附录 A～D 都是标准的附录。

本标准的附录 E～L 都是提示的附录。

本标准由原国家冶金工业局提出。

本标准由全国钢标准化技术委员会归口。

本标准起草单位：钢铁研究总院、济南试金集团有限公司、宝山钢铁公司、冶金工业信息标准研究院。

本标准起草人：梁新邦、李久林、陶立英、李和平、高振英。

本标准于 1963 年 12 月首次发布，1976 年 9 月第 1 次修订，1987 年 2 月第 2 次修订。

ISO 前言

ISO(国际标准化组织)是由各国标准化团体(ISO 成员团体)组成的世界性的联合会。制定国际标准的工作通常由 ISO 的技术委员会完成,各成员团体若对某技术委员会已确立的项目感兴趣,均有权参加该技术委员会。与 ISO 保持联系的各国际组织(官方的或非官方的)也参加工作。在电工技术标准化方面 ISO 与国际电工委员会(IEC)保持密切合作关系。

由技术委员会通过的国际标准草案提交各成员团体表决,国际标准需要取得至少 75%参加投票表决的成员团体的同意才能正式发布。

国际标准 ISO 6892 由 ISO/TC164 金属力学性能试验技术委员会 SC1 单轴试验分委员会制定。

本第二版取代第一版(ISO 6892:1984)。

附录 A～D 都是标准的附录。

附录 E～L 都是提示的附录。

中华人民共和国国家标准

GB/T 228—2002
eqv ISO 6892:1998

金属材料　室温拉伸试验方法

Metallic materials—Tensile testing at ambient temperature

代替 GB/T 228—1987
GB/T 3076—1982
GB/T 6397—1986

1　范围

本标准规定了金属材料拉伸试验方法的原理、定义、符号和说明、试样及其尺寸测量、试验设备、试验要求、性能测定、测定结果数值修约和试验报告。

本标准适用于金属材料室温拉伸性能的测定。但对于小横截面尺寸的金属产品，例如金属箔，超细丝和毛细管等的拉伸试验需要协议。

2　引用标准

下列标准所包含的条文，通过在本标准中引用而构成为本标准的条文。本标准出版时，所示版本均为有效。所有标准都会被修订，使用本标准的各方应探讨使用下列标准最新版本的可能性。

GB/T 2975—1998　钢及钢产品　力学性能试验取样位置和试样制备(eqv ISO 377:1997)

GB/T 8170—1987　数值修约规则

GB/T 12160—2002　单轴试验用引伸计的标定(idt ISO 9513:1999)

GB/T 16825—1997　拉力试验机的检验(idt ISO 7500-1:1986)

GB/T 17600.1—1998　钢的伸长率换算　第1部分:碳素钢和低合金钢(eqv ISO 2566-1:1984)

GB/T 17600.2—1998　钢的伸长率换算　第2部分:奥氏体钢(eqv ISO 2566-2:1984)

3　原理

试验系用拉力拉伸试样，一般拉至断裂，测定第4章定义的一项或几项力学性能。

除非另有规定，试验一般在室温10℃～35℃范围内进行。对温度要求严格的试验，试验温度应为23℃±5℃。

4　定义

本标准采用下列定义。

4.1　标距　gauge length

测量伸长用的试样圆柱或棱柱部分的长度。

4.1.1　原始标距(L_o)　original gauge length

施力前的试样标距。

4.1.2　断后标距(L_u)　final gauge length

试样断裂后的标距。

4.2　平行长度(L_c)　parallel length

试样两头部或两夹持部分(不带头试样)之间平行部分的长度。

4.3　伸长　elongation

试验期间任一时刻原始标距(L_o)的增量。

中华人民共和国国家质量监督检验检疫总局2002-03-10批准　　2002-07-01实施

4.4 伸长率 percentage elongation

原始标距的伸长与原始标距(L_o)之比的百分率。

4.4.1 断后伸长率(A) percentage elongation after fracture

断后标距的残余伸长(L_u-L_o)与原始标距(L_o)之比的百分率(见图1)。对于比例试样,若原始标距不为$5.65\sqrt{S_o}$[1)](S_o为平行长度的原始横截面积),符号A应附以下脚注说明所使用的比例系数,例如,$A_{11.3}$表示原始标距(L_o)为$11.3\sqrt{S_o}$的断后伸长率。对于非比例试样,符号A应附以下脚注说明所使用的原始标距,以毫米(mm)表示,例如,$A_{80\ mm}$表示原始标距(L_o)为80 mm的断后伸长率。

4.4.2 断裂总伸长率(A_t) percentage total elongation at fracture

断裂时刻原始标距的总伸长(弹性伸长加塑性伸长)与原始标距(L_o)之比的百分率(见图1)。

4.4.3 最大力伸长率 percentage elongation at maximum force

最大力时原始标距的伸长与原始标距(L_o)之比的百分率。应区分最大力总伸长率(A_{gt})和最大力非比例伸长率(A_g)(见图1)。

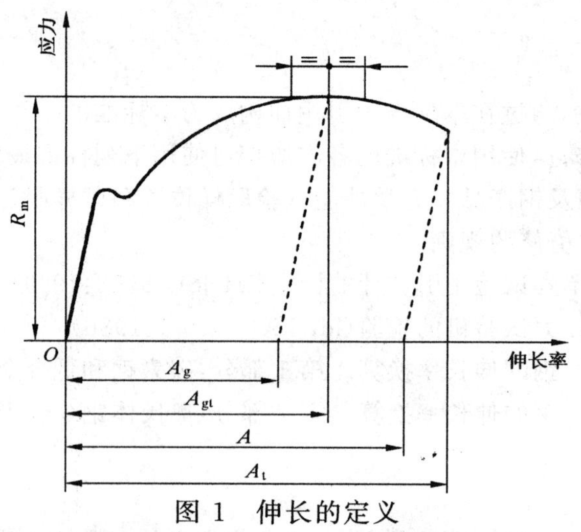

图1 伸长的定义

4.5 引伸计标距(L_e) extensometer gauge length

用引伸计测量试样延伸时所使用试样平行长度部分的长度。测定屈服强度和规定强度性能时推荐$L_e \geqslant L_o/2$。测定屈服点延伸率和最大力时或在最大力之后的性能,推荐L_e等于L_o或近似等于L_o。

4.6 延伸 extension

试验期间任一给定时刻引伸计标距(L_e)的增量。

4.6.1 残余延伸率 percentage permanent extension

试样施加并卸除应力后引伸计标距的延伸与引伸计标距(L_e)之比的百分率。

4.6.2 非比例延伸率 percentage non-proportional extension

试验中任一给定时刻引伸计标距的非比例延伸与引伸计标距(L_e)之比的百分率。

4.6.3 总延伸率 percentage total extension

试验中任一时刻引伸计标距的总延伸(弹性延伸加塑性延伸)与引伸计标距(L_e)之比的百分率。

4.6.4 屈服点延伸率(A_e) percentage yield point extension

呈现明显屈服(不连续屈服)现象的金属材料,屈服开始至均匀加工硬化开始之间引伸计标距的延伸与引伸计标距(L_e)之比的百分率。

4.7 断面收缩率(Z) percentage reduction of area

1) $5.65\sqrt{S_o}=5\sqrt{\frac{4S_o}{\pi}}$

断裂后试样横截面积的最大缩减量(S_o-S_u)与原始横截面积(S_o)之比的百分率。

4.8 最大力(F_m) maximum force

试样在屈服阶段之后所能抵抗的最大力。对于无明显屈服(连续屈服)的金属材料,为试验期间的最大力。

4.9 应力 stress

试验期间任一时刻的力除以试样原始横截面积(S_o)之商。

4.9.1 抗拉强度(R_m) tensile strength

相应最大力(F_m)的应力。

4.9.2 屈服强度 yield strength

当金属材料呈现屈服现象时,在试验期间达到塑性变形发生而力不增加的应力点,应区分上屈服强度和下屈服强度。

4.9.2.1 上屈服强度(R_{eH}) upper yield strength

试样发生屈服而力首次下降前的最高应力(见图2)。

4.9.2.2 下屈服强度(R_{eL}) lower yield strength

在屈服期间,不计初始瞬时效应时的最低应力(见图2)。

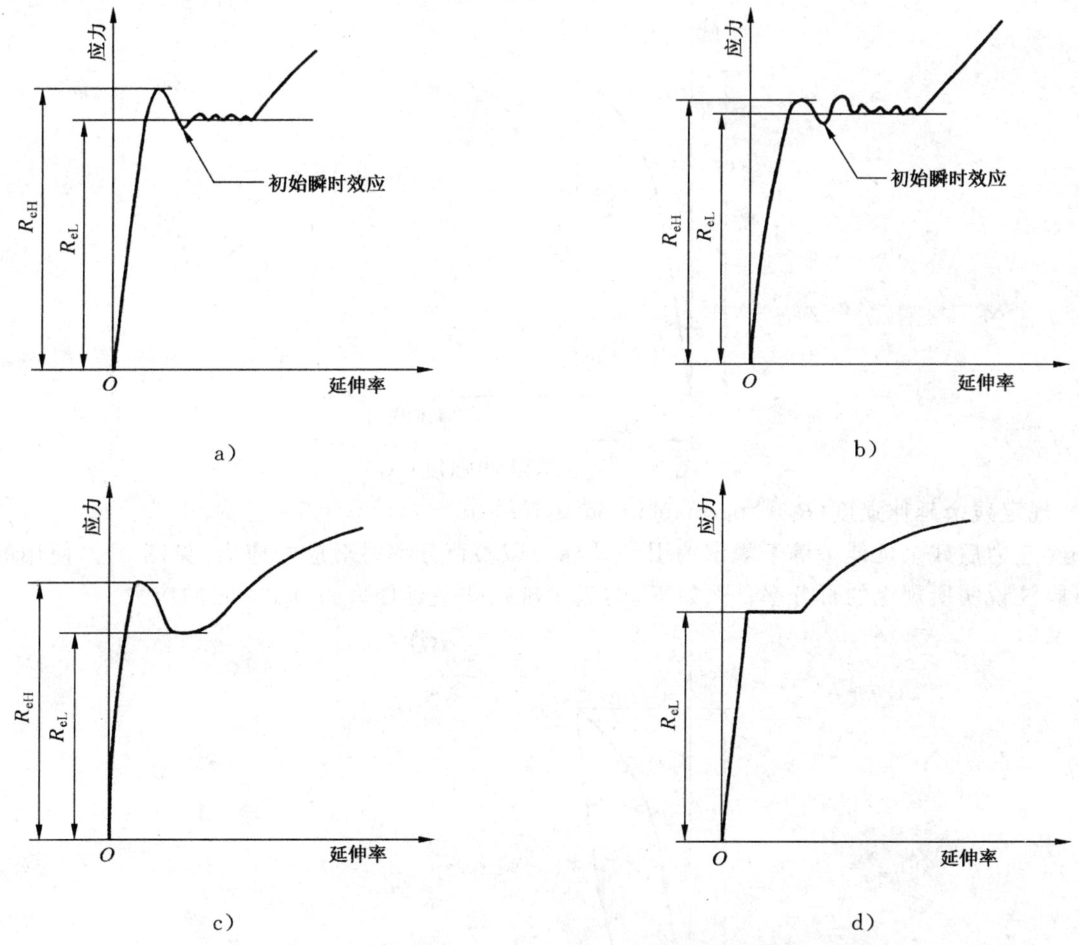

图2 不同类型曲线的上屈服强度和下屈服强度(R_{eH}和R_{eL})

4.9.3 规定非比例延伸强度(R_p) proof strength, non-proportional extension

非比例延伸率等于规定的引伸计标距百分率时的应力(见图3)。使用的符号应附以下脚注说明所规定的百分率,例如$R_{p0.2}$,表示规定非比例延伸率为0.2%时的应力。

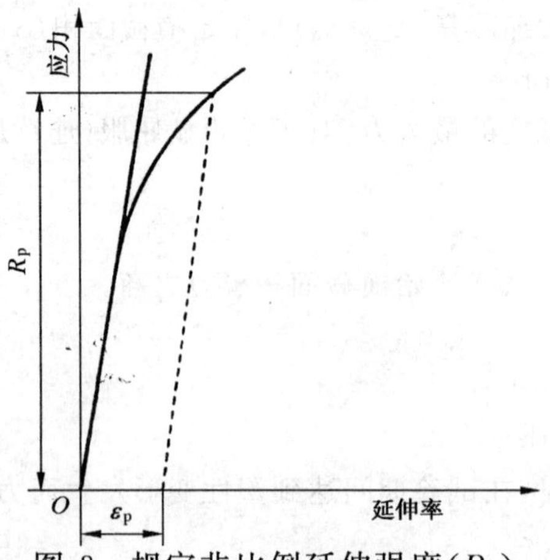

图 3　规定非比例延伸强度(R_p)

4.9.4　规定总延伸强度(R_t)　proof strength, total extension

总延伸率等于规定的引伸计标距百分率时的应力(见图 4)。使用的符号应附以下脚注说明所规定的百分率，例如 $R_{t0.5}$，表示规定总延伸率为 0.5%时的应力。

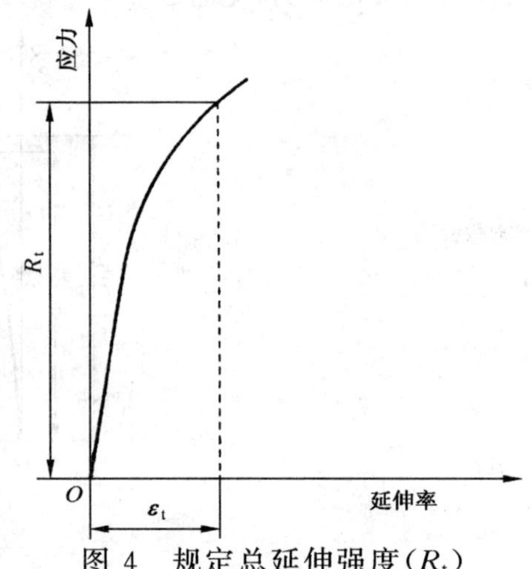

图 4　规定总延伸强度(R_t)

4.9.5　规定残余延伸强度(R_r)　permanent set strength

卸除应力后残余延伸率等于规定的引伸计标距(L_e)百分率时对应的应力(见图 5)。使用的符号应附以下脚注说明所规定的百分率。例如 $R_{r0.2}$，表示规定残余延伸率为 0.2%时的应力。

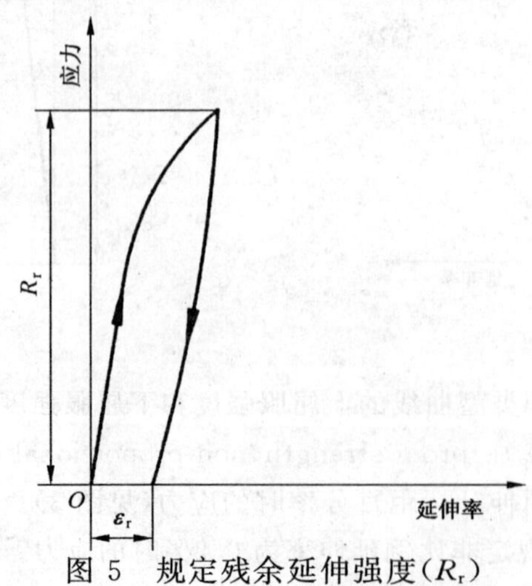

图 5　规定残余延伸强度(R_r)

5 符号和说明

本标准使用的符号和相应的说明见表1。

表1 符号和说明

符号	单位	说明
		试样
a	mm	矩形横截面试样厚度或管壁厚度
a_u	mm	矩形横截面试样断裂后缩颈处最小厚度
b	mm	矩形横截面试样平行长度的宽度或管的纵向剖条宽度或扁丝宽度
b_u	mm	矩形横截面试样断裂后缩颈处最大宽度
d	mm	圆形横截面试样平行长度的直径或圆丝直径
d_u	mm	圆形横截面试样断裂后缩颈处最小直径
D	mm	管外径
L_o	mm	原始标距
L'_o	mm	测定 A_g 的原始标距(见附录G)
L_c	mm	平行长度
L_e	mm	引伸计标距
L_t	mm	试样总长度
r	mm	过渡弧半径
L_u	mm	断后标距
L'_u	mm	测定 A_g 的断后标距(见附录G)
m	g	质量
ρ	g/cm^3	密度
S_o	mm^2	原始横截面积
S_u	mm^2	断后最小横截面积
π	—	圆周率(至少取4位有效数字)
k	—	比例系数
Z	%	断面收缩率：$\frac{S_o-S_u}{S_o}\times100$
		伸长
ΔL_m	mm	最大力(F_m)总延伸
—	mm	断后伸长(L_u-L_o)
A	%	断后伸长率：$\frac{L_u-L_o}{L_o}\times100$
A_t	%	断裂总伸长率
A_e	%	屈服点延伸率
A_g	%	最大力(F_m)非比例伸长率
A_{gt}	%	最大力(F_m)总伸长率

表 1(完)

符　号	单　位	说　　明
ε_p	%	规定非比例延伸率
ε_t	%	规定总延伸率
ε_r	%	规定残余延伸率
力		
F_m	N	最大力
屈服强度-规定强度-抗拉强度		
R_{eH}	N/mm^2	上屈服强度
R_{eL}	N/mm^2	下屈服强度
R_p	N/mm^2	规定非比例延伸强度
R_t	N/mm^2	规定总延伸强度
R_r	N/mm^2	规定残余延伸强度
R_m	N/mm^2	抗拉强度
E	N/mm^2	弹性模量
注：$1\ N/mm^2=1\ MPa$。		

6 试样

6.1 形状与尺寸

6.1.1 一般要求

试样的形状与尺寸取决于要被试验的金属产品的形状与尺寸。通常从产品、压制坯或铸锭切取样坯经机加工制成试样。但具有恒定横截面的产品(型材、棒材、线材等)和铸造试样(铸铁和铸造非铁合金)可以不经机加工而进行试验。

试样横截面可以为圆形、矩形、多边形、环形,特殊情况下可以为某些其他形状。

试样原始标距与原始横截面积有 $L_o=k\sqrt{S_o}$ 关系者称为比例试样。国际上使用的比例系数 k 的值为 5.65。原始标距应不小于 15 mm[1]。当试样横截面积太小,以致采用比例系数 k 为 5.65 的值不能符合这一最小标距要求时,可以采用较高的值(优先采用 11.3 的值)或采用非比例试样。非比例试样其原始标距(L_o)与其原始横截面积(S_o)无关。

试样的尺寸公差应符合相应的附录(见 6.2)。

6.1.2 机加工的试样

如试样的夹持端与平行长度的尺寸不相同,它们之间应以过渡弧连接(见图 10、图 11 和图 13)。此弧的过渡半径的尺寸可能很重要,如相应的附录(见 6.2)中对过渡半径未作规定时,建议,应在相关产品标准中规定。

试样夹持端的形状应适合试验机的夹头。试样轴线应与力的作用线重合。

试样平行长度(L_c)或试样不具有过渡弧时夹头间的自由长度应大于原始标距(L_o)。

6.1.3 不经机加工的试样

如试样为未经机加工的产品或试棒的一段长度(见图 12 和图 14),两夹头间的长度应足够,以使原

采用说明

1] 国际标准规定为“不小于 20 mm”。改成为“不小于 15 mm”以便扩宽到使用机加工的 3 mm 直径比例试样。

始标距的标记与夹头有合理的距离[见附录A～D(标准的附录)]。

铸造试样应在其夹持端和平行长度之间以过渡弧连接。此弧的过渡半径的尺寸可能很重要，建议在相关产品标准中规定。试样夹持端的形状应适合于试验机的夹头。平行长度(L_c)应大于原始标距(L_o)。

6.2 试样的类型

附录A～D(标准的附录)中按产品的形状规定了试样的主要类型，见表2。相关产品标准也可规定其他试样类型。

表2 试样的主要类型

产品类型		相应的附录
薄板-板材	线材 - 棒材 - 型材	
0.1 mm≤厚度<3 mm	—	A
厚度≥3 mm	直径或边长≥4 mm	B
—	直径或边长<4 mm	C
管材		D

6.3 试样的制备

应按照相关产品标准或GB/T 2975的要求切取样坯和制备试样。

7 原始横截面积(S_o)的测定

试样原始横截面积测定的方法和准确度应符合附录A～D(标准的附录)规定的要求。测量时建议按照表3选用量具或测量装置。应根据测量的试样原始尺寸计算原始横截面积，并至少保留4位有效数字。

表3 量具或测量装置的分辨力[2)] mm

试样横截面尺寸	分辨力 不大于
0.1～0.5	0.001
>0.5～2.0	0.005
>2.0～10.0	0.01
>10.0	0.05

8 原始标距(L_o)的标记

应用小标记、细划线或细墨线标记原始标距，但不得用引起过早断裂的缺口作标记。

对于比例试样，应将原始标距的计算值修约至最接近5 mm的倍数，中间数值向较大一方修约。原始标距的标记应准确到±1%。

如平行长度(L_c)比原始标距长许多，例如不经机加工的试样，可以标记一系列套叠的原始标距。有时，可以在试样表面划一条平行于试样纵轴的线，并在此线上标记原始标距。

9 试验设备的准确度

试验机应按照GB/T 16825进行检验，并应为1级或优于1级准确度。

引伸计的准确度级别应符合GB/T 12160的要求。测定上屈服强度、下屈服强度、屈服点延伸率、规定非比例延伸强度、规定总延伸强度、规定残余延伸强度，以及规定残余延伸强度的验证试验，应使用不

采用说明

2) 国际标准未规定此表的要求。增加此要求以保证试样原始横截面积的测定准确度符合规定的要求。

劣于1级准确度的引伸计；测定其他具有较大延伸率的性能，例如抗拉强度、最大力总延伸率和最大力非比例延伸率、断裂总伸长率，以及断后伸长率，应使用不劣于2级准确度的引伸计。

10 试验要求

10.1 试验速率

除非产品标准另有规定，试验速率取决于材料特性并应符合下列要求。

10.1.1 测定屈服强度和规定强度的试验速率

10.1.1.1 上屈服强度(R_{eH})

在弹性范围和直至上屈服强度，试验机夹头的分离速率应尽可能保持恒定并在表4规定的应力速率的范围内。

表4 应力速率

材料弹性模量 E/(N/mm²)	应力速率/(N/mm²)·s⁻¹	
	最 小	最 大
<150 000	2	20
≥150 000	6	60

10.1.1.2 下屈服强度(R_{eL})

若仅测定下屈服强度，在试样平行长度的屈服期间应变速率应在0.000 25/s～0.002 5/s之间。平行长度内的应变速率应尽可能保持恒定。如不能直接调节这一应变速率，应通过调节屈服即将开始前的应力速率来调整，在屈服完成之前不再调节试验机的控制。

任何情况下，弹性范围内的应力速率不得超过表4规定的最大速率。

10.1.1.3 上屈服强度和下屈服强度(R_{eH}和R_{eL})

如在同一试验中测定上屈服强度和下屈服强度，测定下屈服强度的条件应符合10.1.1.2的要求。

10.1.1.4 规定非比例延伸强度(R_p)、规定总延伸强度(R_t)和规定残余延伸强度(R_r)

应力速率应在表4规定的范围内。

在塑性范围和直至规定强度(规定非比例延伸强度、规定总延伸强度和规定残余延伸强度)应变速率不应超过0.002 5/s。

10.1.1.5 夹头分离速率

如试验机无能力测量或控制应变速率，直至屈服完成，应采用等效于表4规定的应力速率的试验机夹头分离速率。

10.1.2 测定抗拉强度(R_m)的试验速率

10.1.2.1 塑性范围

平行长度的应变速率不应超过0.008/s。

10.1.2.2 弹性范围

如试验不包括屈服强度或规定强度的测定，试验机的速率可以达到塑性范围内允许的最大速率。

10.2 夹持方法

应使用例如楔形夹头、螺纹夹头、套环夹头等合适的夹具夹持试样。

应尽最大努力确保夹持的试样受轴向拉力的作用。当试验脆性材料或测定规定非比例延伸强度、规定总延伸强度、规定残余延伸强度或屈服强度时尤为重要。

11 断后伸长率(A)和断裂总伸长率(A_t)的测定

11.1 应按照4.4.1的定义测定断后伸长率。

为了测定断后伸长率，应将试样断裂的部分仔细地配接在一起使其轴线处于同一直线上，并采取特别措施确保试样断裂部分适当接触后测量试样断后标距。这对小横截面试样和低伸长率试样尤为重要。

应使用分辨力优于0.1 mm的量具或测量装置测定断后标距(L_u),准确到±0.25 mm。如规定的最小断后伸长率小于5%,建议采用特殊方法进行测定[见附录E(提示的附录)]。

原则上只有断裂处与最接近的标距标记的距离不小于原始标距的三分之一情况方为有效。但断后伸长率大于或等于规定值,不管断裂位置处于何处测量均为有效。

11.2 能用引伸计测定断裂延伸的试验机,引伸计标距(L_e)应等于试样原始标距(L_o),无需标出试样原始标距的标记。以断裂时的总延伸作为伸长测量时,为了得到断后伸长率,应从总延伸中扣除弹性延伸部分。

原则上,断裂发生在引伸计标距以内方为有效,但断后伸长率等于或大于规定值,不管断裂位置处于何处测量均为有效。

注:如产品标准规定用一固定标距测定断后伸长率,引伸计标距应等于这一标距。

11.3 试验前通过协议,可以在一固定标距上测定断后伸长率,然后使用换算公式或换算表将其换算成比例标距的断后伸长率(例如可以使用GB/T 17600.1和GB/T 17600.2的换算方法)。

注:仅当标距或引伸计标距、横截面的形状和面积均为相同时,或当比例系数(k)相同时,断后伸长率才具有可比性。

11.4 为了避免因发生在11.1规定的范围以外的断裂而造成试样报废,可以采用附录F(提示的附录)的移位方法测定断后伸长率。

11.5 按照11.2测定的断裂总延伸除以试样原始标距得到断裂总伸长率(见图1)。

12 最大力总伸长率(A_{gt})和最大力非比例伸长率(A_g)的测定

在用引伸计得到的力-延伸曲线图上测定最大力时的总延伸(ΔL_m)。最大力总伸长率按照式(1)计算:

$$A_{gt} = \frac{\Delta L_m}{L_e} \times 100 \quad \cdots\cdots(1)$$

从最大力时的总延伸ΔL_m中扣除弹性延伸部分即得到最大力时的非比例延伸,将其除以引伸计标距得到最大力非比例伸长率(A_g)(见图1)。

有些材料在最大力时呈现一平台。当出现这种情况,取平台中点的最大力对应的总伸长率(见图1)。

试验报告中应报告引伸计标距。

如试验是在计算机控制的具有数据采集系统的试验机上进行,直接在最大力点测定总伸长率和相应的非比例伸长率,可以不绘制力-延伸曲线图。

附录G(提示的附录)提供了人工测定的方法。

13 屈服点延伸率(A_e)的测定[3]

按照定义4.6.4和根据力-延伸曲线图测定屈服点延伸率。试验时记录力-延伸曲线,直至达到均匀加工硬化阶段。在曲线图上,经过屈服阶段结束点划一条平行于曲线的弹性直线段的平行线,此平行线在曲线图的延伸轴上的截距即为屈服点延伸,屈服点延伸除以引伸计标距得到屈服点延伸率(见图6)。

可以使用自动装置(例如微处理机等)或自动测试系统测定屈服点延伸率,可以不绘制力-延伸曲线图。

试验报告中应报告引伸计标距。

采用说明

3] 国际标准未规定此条内容。为了按照定义4.6.4进行测定,补充此条规定。

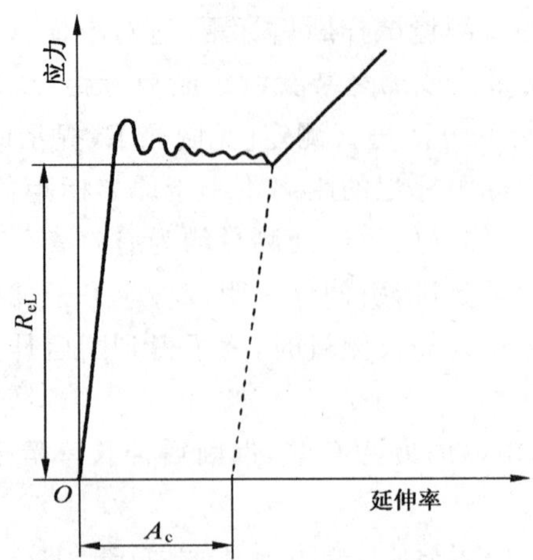

图 6　屈服点延伸率(A_e)

14　上屈服强度(R_{eH})和下屈服强度(R_{eL})的测定[4]

14.1　呈现明显屈服(不连续屈服)现象的金属材料，相关产品标准应规定测定上屈服强度或下屈服强度或两者。如未具体规定，应测定上屈服强度和下屈服强度，或下屈服强度[图 2d)情况]。按照定义4.9.2.1和 4.9.2.2 及采用下列方法测定上屈服强度和下屈服强度。

14.1.1　图解方法：试验时记录力-延伸曲线或力-位移曲线。从曲线图读取力首次下降前的最大力和不计初始瞬时效应时屈服阶段中的最小力或屈服平台的恒定力。将其分别除以试样原始横截面积(S_o)得到上屈服强度和下屈服强度(见图 2)。仲裁试验采用图解方法。

14.1.2　指针方法：试验时，读取测力度盘指针首次回转前指示的最大力和不计初始瞬时效应时屈服阶段中指示的最小力或首次停止转动指示的恒定力。将其分别除以试样原始横截面积(S_o)得到上屈服强度和下屈服强度。

14.1.3　可以使用自动装置(例如微处理机等)或自动测试系统测定上屈服强度和下屈服强度，可以不绘制拉伸曲线图。

15　规定非比例延伸强度(R_p)的测定

15.1　根据力-延伸曲线图测定规定非比例延伸强度。在曲线图上，划一条与曲线的弹性直线段部分平行，且在延伸轴上与此直线段的距离等效于规定非比例延伸率，例如 0.2%的直线。此平行线与曲线的交截点给出相应于所求规定非比例延伸强度的力。此力除以试样原始横截面积(S_o)得到规定非比例延伸强度(见图 3)。

准确绘制力-延伸曲线图十分重要。

如力-延伸曲线图的弹性直线部分不能明确地确定，以致不能以足够的准确度划出这一平行线，推荐采用如下方法(见图 7)。

试验时，当已超过预期的规定非比例延伸强度后，将力降至约为已达到的力的 10%。然后再施加力直至超过原已达到的力。为了测定规定非比例延伸强度，过滞后环划一直线。然后经过横轴上与曲线原点的距离等效于所规定的非比例延伸率的点，作平行于此直线的平行线。平行线与曲线的交截点给出相应于规定非比例延伸强度的力。此力除以试样原始横截面积(S_o)得到规定非比例延伸强度(见图 7)。

采用说明

4〕国际标准未规定此条内容。为了按照定义 4.9.2.1 和 4.9.2.2 进行测定，补充此条规定。

附录 H(提示的附录)提供了逐步逼近方法,可以采用。

注:可以用各种方法修正曲线的原点。一般使用如下方法:在曲线图上穿过其斜率最接近于滞后环斜率的弹性上升部分,划一条平行于滞后环所确定的直线的平行线,此平行线与延伸轴的交截点即为曲线的修正原点。

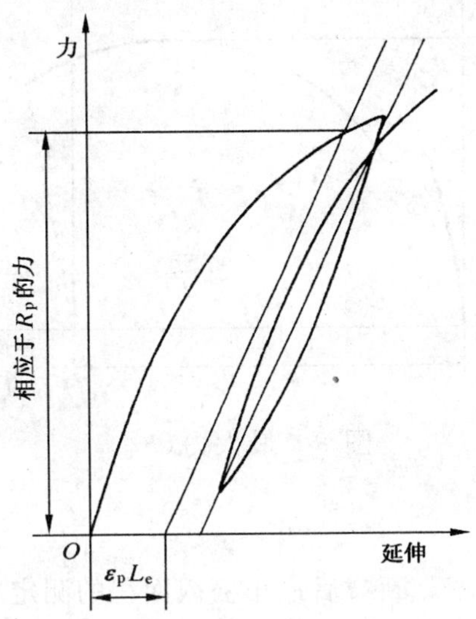

图 7 规定非比例延伸强度(R_p)(见 15.1)

15.2 可以使用自动装置(例如微处理机等)或自动测试系统测定规定非比例延伸强度,可以不绘制力-延伸曲线图。

15.3 日常一般试验允许采用绘制力-夹头位移曲线的方法测定规定非比例延伸率等于或大于 0.2% 的规定非比例延伸强度。仲裁试验不采用此方法。

16 规定总延伸强度(R_t)的测定

16.1 在力-延伸曲线图上,划一条平行于力轴并与该轴的距离等效于规定总延伸率的平行线,此平行线与曲线的交截点给出相应于规定总延伸强度的力,此力除以试样原始横截面积(S_o)得到规定总延伸强度(见图 4)。

16.2 可以使用自动装置(例如微处理机等)或自动测试系统测定规定总延伸强度,可以不绘制力-延伸曲线图。

17 规定残余延伸强度(R_r)的验证方法

试样施加相应于规定残余延伸强度的力,保持力 10 s~12 s,卸除力后验证残余延伸率未超过规定百分率(见图 5)。

如相关产品标准要求测定规定残余延伸强度,可以采用附录 I(提示的附录)提供的方法进行测定。

18 抗拉强度(R_m)的测定[5)]

按照定义 4.9.1 和采用图解方法或指针方法测定抗拉强度。

对于呈现明显屈服(不连续屈服)现象的金属材料,从记录的力-延伸或力-位移曲线图,或从测力度盘,读取过了屈服阶段之后的最大力(见图 8);对于呈现无明显屈服(连续屈服)现象的金属材料,从记录的力-延伸或力-位移曲线图,或从测力度盘,读取试验过程中的最大力。最大力除以试样原始横截面积(S_o)得到抗拉强度。

采用说明

5〕国际标准未规定此条内容。为了按照定义 4.9.1 进行具体测定,补充此条规定。

可以使用自动装置(例如微处理机等)或自动测试系统测定抗拉强度,可以不绘制拉伸曲线图。

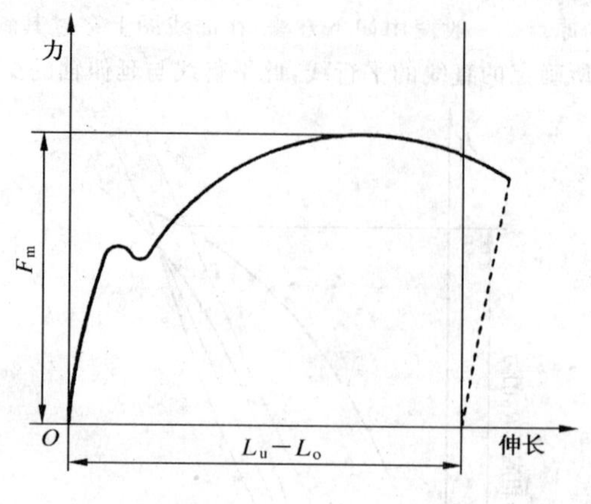

图 8 最大力(F_m)

19 断面收缩率(Z)的测定

19.1 按照定义 4.7 测定断面收缩率。断裂后最小横截面积的测定应准确到±2%。

19.2 测量时,如需要,将试样断裂部分仔细地配接在一起,使其轴线处于同一直线上。对于圆形横截面试样,在缩颈最小处相互垂直方向测量直径,取其算术平均值计算最小横截面积;对于矩形横截面试样,测量缩颈处的最大宽度和最小厚度(见图 9),两者之乘积为断后最小横截面积。

原始横截面积(S_o)与断后最小横截面积(S_u)之差除以原始横截面积的百分率得到断面收缩率。

19.3 薄板和薄带试样、管材全截面试样、圆管纵向弧形试样和其他复杂横截面试样及直径小于 3 mm 试样,一般不测定断面收缩率。如要求,应双方商定测定方法,断后最小横截面积的测定准确度亦应符合 19.1 的要求。

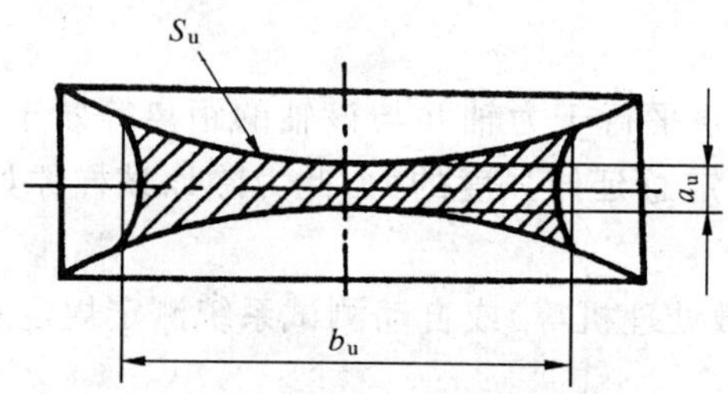

图 9 矩形横截面试样缩颈处最大宽度和最小厚度

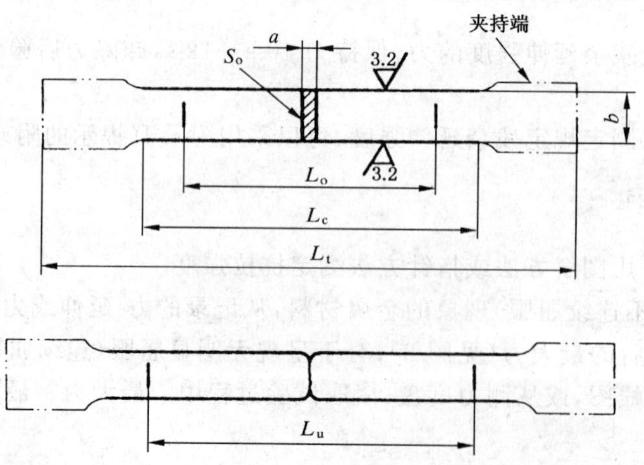

注:试样头部形状仅为示意性。

图 10 机加工的矩形横截面试样(见附录 A)

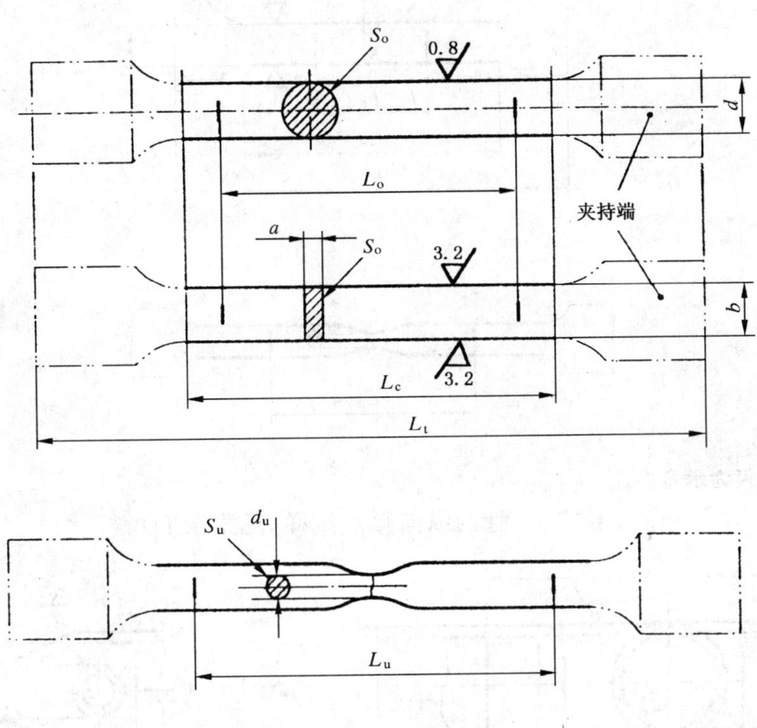

注

1　四面机加工的矩形横截面试样仲裁试验时其表面粗糙度应不劣于 0.8▽。

2　试样头部形状仅为示意性。

图 11　比例试样(见附录 B)

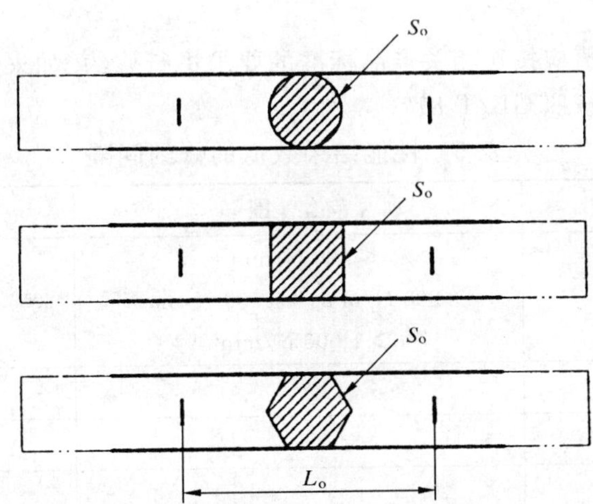

注：试样头部形状仅为示意性。

图 12　为产品一部分的不经机加工试样(见附录 C)

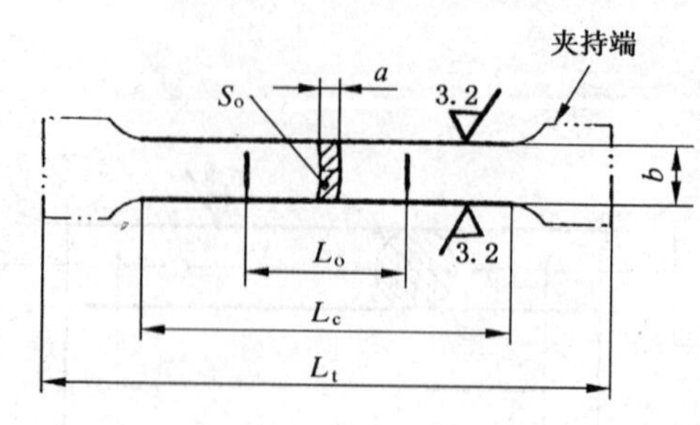

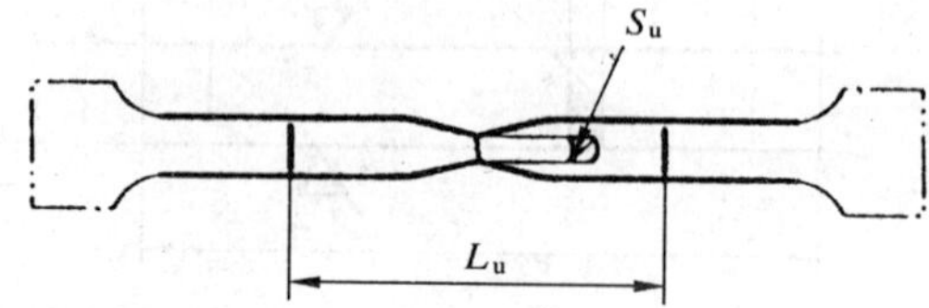

注：试样头部形状仅为示意性。

图 13 管的纵向弧形试样(见附录 D)

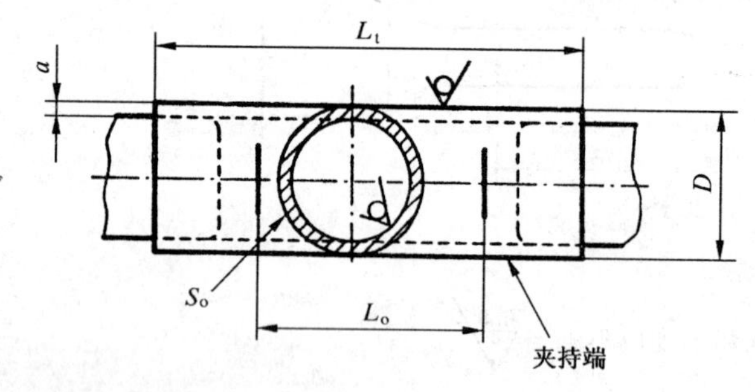

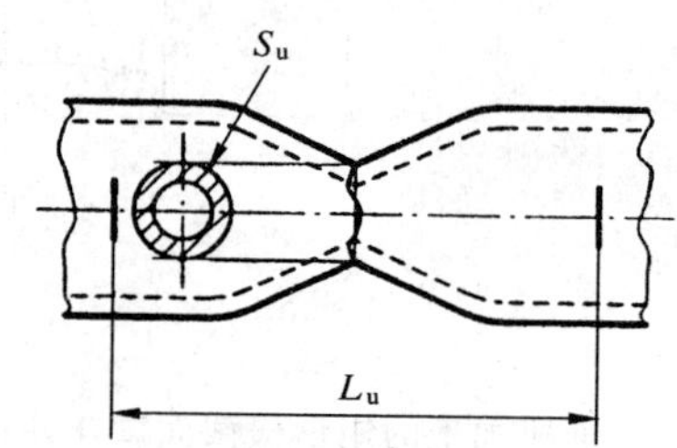

图 14 管段试样(见附录 D)

20 性能测定结果数值的修约[6]

试验测定的性能结果数值应按照相关产品标准的要求进行修约。如未规定具体要求，应按照表 5 的要求进行修约。修约的方法按照 GB/T 8170。

表 5 性能结果数值的修约间隔

性　　能	范　　围	修约间隔
$R_{eH}, R_{eL}, R_p, R_t, R_r, R_m$	≤200 N/mm² >200 N/mm²～1 000 N/mm² >1 000 N/mm²	1 N/mm² 5 N/mm² 10 N/mm²
A_e		0.05%
A, A_t, A_{gt}, A_g		0.5%
Z		0.5%

21 性能测定结果的准确度

性能测定结果的准确度取决于各种试验参数，分两类：

计量参数：例如试验机和引伸计的准确度级别，试样尺寸的测量准确度等。

采用说明

6〕国际标准仅对断后伸长率的测定结果数值规定修约间隔为 0.5%。补充规定其他性能测定结果数值的修约要求。

材料和试验参数：例如材料的特性，试样的几何形状和制备，试验速率，温度，数据采集和分析技术等。

在缺少各种材料类型的充分数据的情况下，目前还不能准确确定拉伸试验的各种性能的测定准确度值。

附录J（提示的附录）提供了与计量参数相关的不确定度指南。

附录K（提示的附录）提供了一组钢、铝合金和镍基合金通过实验室间试验得到的拉伸试验不确定度值。

22 试验结果处理[7]

22.1 试验出现下列情况之一其试验结果无效，应重做同样数量试样的试验。

a）试样断在标距外或断在机械刻划的标距标记上，而且断后伸长率小于规定最小值；

b）试验期间设备发生故障，影响了试验结果。

22.2 试验后试样出现两个或两个以上的缩颈以及显示出肉眼可见的冶金缺陷（例如分层、气泡、夹渣、缩孔等），应在试验记录和报告中注明。

23 试验报告

试验报告一般应包括下列内容：

a）本国家标准编号；

b）试样标识；

c）材料名称、牌号；

d）试样类型；

e）试样的取样方向和位置；

f）所测性能结果。

采用说明

7〕国际标准未规定此条内容。实际试验会有遇到这些情况，补充相应的规定。

附 录 A
（标准的附录）
厚度0.1 mm～<3 mm薄板和薄带使用的试样类型

A1 试样的形状

试样的夹持头部一般应比其平行长度部分宽。试样头部与平行长度（L_c）之间应有过渡半径至少为20 mm的过渡弧相连接（见图10）。头部宽度应至少为20 mm，但不超过40 mm。

通过协议，也可以使用不带头试样，对于这类试样，两夹头间的自由长度应等于L_o+3b。对于宽度等于或小于20 mm的产品，试样宽度可以相同于产品的宽度。

A2 试样的尺寸

平行长度应不小于$L_o+b/2$。仲裁试验，平行长度应为L_o+2b，除非材料尺寸不足够。

对于宽度等于或小于20 mm的不带头试样，除非产品标准中另有规定，原始标距（L_o）应等于50 mm。

表A1和表A2分别规定比例试样尺寸和非比例试样尺寸。

表A1 矩形横截面比例试样[8)]

b/mm	r/mm	k=5.65				k=11.3			
		L_o/mm	L_c/mm		试样编号	L_o/mm	L_c/mm		试样编号
			带头	不带头			带头	不带头	
10	≥20	$5.65\sqrt{S_o}$ ≥15	$\geq L_o+b/2$ 仲裁试验：L_o+2b	L_o+3b	P1	$11.3\sqrt{S_o}$ ≥15	$\geq L_o+b/2$ 仲裁试验：L_o+2b	L_o+3b	P01
12.5					P2				P02
15					P3				P03
20					P4				P04

注

1 优先采用比例系数k=5.65的比例试样。若比例标距小于15 mm，建议采用表A2的非比例试样。

2 如需要，厚度小于0.5 mm的试样在其平行长度上可以带小凸耳以便于装夹引伸计。上、下两凸耳宽度中心线间的距离为原始标距。

表A2 矩形横截面非比例试样

b/mm	r/mm	L_o/mm	L_c/mm		试样编号
			带 头	不带头	
12.5	≥20	50	75	87.5	P5
20		80	120	140	P6

注：如需要，厚度小于0.5 mm的试样在其平行长度上可带小凸耳以便于装夹引伸计。上、下两凸耳宽度中心线间的距离为原始标距。

采用说明

8) 国际标准未规定这些试样。表中增加的试样为产品标准常用试样。

A3 试样的制备

制备试样应不影响其力学性能，应通过机加工方法去除由于剪切或冲压而产生的加工硬化部分材料。

对于十分薄的材料，建议将其切割成等宽度薄片并叠成一叠，薄片之间用油纸隔开，每叠两侧夹以较厚薄片，然后将整叠机加工至试样尺寸。

机加工试样的尺寸公差和形状公差应符合表A3的要求。下面给出应用这些公差的例子：

a）尺寸公差

表A3中规定的值，例如对于标称宽度12.5 mm的试样，尺寸公差为±0.2 mm，表示试样的宽度不应超出下面两个值之间的尺寸范围：

$$12.5\ \text{mm}+0.2\ \text{mm}=12.7\ \text{mm} \qquad 12.5\ \text{mm}-0.2\ \text{mm}=12.3\ \text{mm}$$

b）形状公差

表3中规定的值表示，例如对于满足上述机加工条件的12.5 mm宽度的试样，沿其平行长度(L_c)测量的最大宽度与最小宽度之差不应超过0.04 mm（仲裁试验情况）。因此，如试样的最小宽度为12.40 mm，它的最大宽度不应超过：

$$12.4\ \text{mm}+0.04\ \text{mm}=12.44\ \text{mm}$$

表A3 试样宽度公差[9] mm

试样标称宽度	尺寸公差	形状公差	
		一般试验	仲裁试验
10	±0.2	0.1	0.04
12.5			
15			
20	±0.5	0.2	0.05

A4 原始横截面积(S_o)的测定

原始横截面积的测定应准确到±2%，当误差的主要部分是由于试样厚度的测量所引起的，宽度的测量误差不应超过±0.2%。应在试样标距的两端及中间三处测量宽度和厚度，取用三处测得的最小横截面积。按照式(A1)计算：

$$S_o = ab \qquad \text{(A1)}$$

附 录 B

（标准的附录）

厚度等于或大于3 mm板材和扁材以及直径或厚度等于或大于4 mm线材、棒材和型材使用的试样类型

B1 试样的形状

通常，试样进行机加工。平行长度和夹持头部之间应以过渡弧连接，试样头部形状应适合于试验机夹头的夹持（见图11）。夹持端和平行长度(L_c)之间的过渡弧的半径应为：

采用说明

9〕国际标准规定的形状公差精确到小数后三位数字。这些公差无需要求如此精确，保留到小数后两位数字。尺寸公差与国际标准的规定（以测量尺寸计算S_o情况）不同。国际标准规定±1 mm，过松。

圆形横截面试样：≥0.75d；

矩形横截面试样：≥12 mm。

试样原始横截面可以为圆形、方形、矩形或特殊情况时为其他形状。矩形横截面试样，推荐其宽厚比不超过 8∶1。机加工的圆形横截面试样其平行长度的直径一般不应小于 3 mm[10]。

如相关产品标准有规定，线材、型材、棒材等可以采用不经机加工的试样进行试验。

B2 试样的尺寸

B2.1 机加工试样的平行长度

对于圆形横截面试样：$L_c \geqslant L_o + d/2$。仲裁试验：$L_c = L_o + 2d$，除非材料尺寸不足够。

对于矩形横截面试样：$L_c \geqslant L_o + 1.5\sqrt{S_o}$。仲裁试验：$L_c = L_o + 2\sqrt{S_o}$，除非材料尺寸不足够。

B2.2 不经机加工试样的平行长度

试验机两夹头间的自由长度应足够，以使试样原始标距的标记与最接近夹头间的距离不小于 1.5d 或 1.5b。

B2.3 原始标距

B2.3.1 比例试样

使用比例试样时原始标距(L_o)与原始横截面积(S_o)应有以下关系：

$$L_o = k\sqrt{S_o} \qquad \cdots\cdots(B1)$$

式中比例系数 k 通常取值 5.65。但如相关产品标准规定，可以采用 11.3 的系数值。

圆形横截面比例试样和矩形横截面比例试样分别采用表 B1 和表 B2 的试样尺寸。相关产品标准可以规定其他试样尺寸。

表 B1 圆形横截面比例试样[11]

d/mm	r/mm	k=5.65			k=11.3		
		L_o/mm	L_c/mm	试样编号	L_o/mm	L_c/mm	试样编号
25	≥0.75d	5d	≥L_o+d/2 仲裁试验： L_o+2d	R1	10d	≥L_o+d/2 仲裁试验： L_o+2d	R01
20				R2			R02
15				R3			R03
10				R4			R04
8				R5			R05
6				R6			R06
5				R7			R07
3				R8			R08

注

1 如相关产品标准无具体规定，优先采用 R2、R4 或 R7 试样。

2 试样总长度取决于夹持方法，原则上 $L_t > L_c + 4d$。

采用说明

10〕国际标准规定为“不小于 4 mm”。改成为“不小于 3 mm”以便能使用机加工的 3 mm 直径试样。

11〕国际标准仅规定直径 20 mm、10 mm 和 5 mm 试样(R2、R4 和 R7 号试样)。表中增加的试样为产品标准常用的圆形横截面试样。

表 B2 矩形横截面比例试样[12]

<table>
<tr><th rowspan="2">b/mm</th><th rowspan="2">r/mm</th><th colspan="3">k=5.65</th><th colspan="3">k=11.3</th></tr>
<tr><th>L_o/mm</th><th>L_c/mm</th><th>试样编号</th><th>L_o/mm</th><th>L_c/mm</th><th>试样编号</th></tr>
<tr><td>12.5</td><td rowspan="5">≥12</td><td rowspan="5">$5.65\sqrt{S_o}$</td><td rowspan="5">$\geqslant L_o+1.5\sqrt{S_o}$
仲裁试验:
$L_o+2\sqrt{S_o}$</td><td>P7</td><td rowspan="5">$11.3\sqrt{S_o}$</td><td rowspan="5">$\geqslant L_o+1.5\sqrt{S_o}$
仲裁试验:
$L_o+2\sqrt{S_o}$</td><td>P07</td></tr>
<tr><td>15</td><td>P8</td><td>P08</td></tr>
<tr><td>20</td><td>P9</td><td>P09</td></tr>
<tr><td>25</td><td>P10</td><td>P010</td></tr>
<tr><td>30</td><td>P11</td><td>P011</td></tr>
<tr><td colspan="8">注:如相关产品标准无具体规定,优先采用比例系数 k=5.65 的比例试样。</td></tr>
</table>

B2.3.2 非比例试样

非比例试样的原始标距(L_o)与原始横截面积(S_o)无固定关系。矩形横截面非比例试样采用表 B3 的试样尺寸。如相关产品标准规定,可以使用其他非比例试样尺寸。

B2.4 如相关产品标准无规定具体试样类型,试验设备能力不足够时,经协议厚度大于 25 mm 产品可以机加工成圆形横截面或减薄成矩形横截面比例试样。

表 B3 矩形横截面非比例试样[13]

<table>
<tr><th>b/mm</th><th>r/mm</th><th>L_o/mm</th><th>L_c/mm</th><th>试样编号</th></tr>
<tr><td>12.5</td><td rowspan="5">≥12</td><td>50</td><td rowspan="5">$\geqslant L_o+1.5\sqrt{S_o}$
仲裁试验:
$L_o+2\sqrt{S_o}$</td><td>P12</td></tr>
<tr><td>20</td><td>80</td><td>P13</td></tr>
<tr><td>25</td><td>50</td><td>P14</td></tr>
<tr><td>38</td><td>50</td><td>P15</td></tr>
<tr><td>40</td><td>200</td><td>P16</td></tr>
</table>

B3 试样的制备

机加工试样的横向尺寸公差应符合表 B4 的规定要求。下面给出应用这些公差的例子:

a)尺寸公差

表 B4 中规定的值,例如标称直径 10 mm 的试样,尺寸公差为±0.07 mm,表示试样的直径不应超出下面两个值之间的尺寸范围:

$$10\ \text{mm}+0.07\ \text{mm}=10.07\ \text{mm} \qquad 10\ \text{mm}-0.07\ \text{mm}=9.93\ \text{mm}$$

b)形状公差

表 B4 中规定的值表示,例如对于满足上述机加工条件的 10 mm 直径的试样,沿其平行长度(L_c)的最大直径与最小直径之差不应超过 0.04 mm。因此,如试样的最小直径为 9.99 mm,它的最大直径不应超过:

$$9.99\ \text{mm}+0.04\ \text{mm}=10.03\ \text{mm}$$

采用说明

12〕国际标准未规定这些试样。表中增加的矩形横截面比例试样是产品标准常用的试样。

13〕国际标准未规定这些试样。表中增加的矩形横截面非比例试样是产品标准常用的试样。

表 B4　试样横向尺寸公差[14]　　mm

名　　称	标称横向尺寸	尺寸公差	形状公差
机加工的圆形横截面直径	3	±0.05	0.02
	>3～6	±0.06	0.03
	>6～10	±0.07	0.04
	>10～18	±0.09	0.04
	>18～30	±0.10	0.05
四面机加工的矩形横截面试样横向尺寸	相同于圆形横截面试样直径的公差		
相对两面机加工的矩形横截面试样横向尺寸	3	±0.1	0.05
	>3～6		
	>6～10	±0.2	0.1
	>10～18		
	>18～30	±0.5	0.2
	>30～50		

B4　原始横截面积(S_o)的测定

应根据测量的原始试样尺寸计算原始横截面积，测量每个尺寸应准确到±0.5%。

对于圆形横截面试样，应在标距的两端及中间三处两个相互垂直的方向测量直径，取其算术平均值，取用三处测得的最小横截面积，按照式(B2)计算：

$$S_o = \frac{1}{4}\pi d^2 \quad \cdots\cdots(B2)$$

对于矩形横截面试样，应在标距的两端及中间三处测量宽度和厚度，取用三处测得的最小横截面积。按照式(A1)计算。

对于恒定横截面试样，可以根据测量的试样长度、试样质量和材料密度确定其原始横截面积。试样长度的测量应准确到±0.5%，试样质量的测定应准确到±0.5%，密度应至少取3位有效数字。原始横截面积按照式(B3)计算：

$$S_o = \frac{m}{\rho L_t} \times 1\,000 \quad \cdots\cdots(B3)$$

附　录　C
(标准的附录)
直径或厚度小于4 mm线材、棒材和型材使用的试样类型

C1　试样的形状

试样通常为产品的一部分，不经机加工(见图12)。

采用说明

14〕国际标准对于圆形横截面试样的尺寸公差和形状公差要求精确到小数后三位数字。这些公差无需要求如此精确，保留到小数后两位。对于相对两面机加工的矩形横截面试样，增加了尺寸公差的要求，国际标准未规定具体要求。形状公差与国际标准不同，国际标准的规定偏大。

C2 试样的尺寸

原始标距(L_o)为 200 mm 和 100 mm。除小直径线材在两夹头间的自由长度可以等于L_o的情况外，其他情况，试验机两夹头间的自由长度应至少为L_o+50 mm。见表 C1。

如不测定断后伸长率，两夹头间的最小自由长度可以为 50 mm。

表 C1 非比例试样

d 或 a/mm	L_o/mm	L_c/mm	试样编号
≤4	100	≥150	R9
	200	≥250	R10

C3 试样的制备

如以盘卷交货的产品，应仔细进行矫直。

C4 原始横截面积(S_o)的测定

原始横截面积的测定应准确到±1%。应在试样标距的两端及中间三处测量，取用三处测得的最小横截面积：

对于圆形横截面的产品，应在两个相互垂直方向测量试样的直径，取其算术平均值计算横截面积，按照式(B2)计算。

对于矩形和方形横截面的产品，测量试样的宽度和厚度，按照式(A1)计算。

可以根据测量的试样长度、试样质量和材料密度确定其原始横截面积，按照式(B3)计算。

附 录 D
(标准的附录)
管材使用的试样类型

D1 试样的形状

试样可以为全壁厚纵向弧形试样(见图 13)，管段试样(见图 14)，全壁厚横向试样，或从管壁厚度机加工的圆形横截面试样。

通过协议，可以采用不带头的纵向弧形试样和不带头的横向试样。仲裁试验采用带头试样。

D2 试样的尺寸

D2.1 纵向弧形试样

纵向弧形试样采用表 D1 规定的试样尺寸。纵向弧形试样一般适用于管壁厚度大于 0.5 mm 的管材。

为了在试验机上夹持，可以压平纵向弧形试样的两头部，但不应将平行长度(L_c)部分压平。

不带头的试样，两夹头间的自由长度应足够，以使试样原始标距的标记与最接近的夹头间的距离不小于 1.5b。

表 D1　纵向弧形试样[15]

<table>
<tr><th rowspan="2">D/mm</th><th rowspan="2">b/mm</th><th rowspan="2">a/mm</th><th rowspan="2">r/mm</th><th colspan="3">k=5.65</th><th colspan="3">k=11.3</th></tr>
<tr><th>L_o/mm</th><th>L_c/mm</th><th>试样编号</th><th>L_o/mm</th><th>L_c/mm</th><th>试样编号</th></tr>
<tr><td>30～50</td><td>10</td><td rowspan="6">原壁厚</td><td rowspan="6">≥12</td><td rowspan="3">$5.65\sqrt{S_o}$</td><td rowspan="6">$\geq L_o+1.5\sqrt{S_o}$
仲裁试验：
$L_o+2\sqrt{S_o}$</td><td>S1</td><td rowspan="3">$11.3\sqrt{S_o}$</td><td rowspan="3">$\geq L_o+1.5\sqrt{S_o}$
仲裁试验：
$L_o+2\sqrt{S_o}$</td><td>S01</td></tr>
<tr><td>>50～70</td><td>15</td><td>S2</td><td>S02</td></tr>
<tr><td>>70</td><td>20</td><td>S3</td><td>S03</td></tr>
<tr><td>≤100</td><td>19</td><td rowspan="3">50</td><td>S4</td><td rowspan="3" colspan="3"></td></tr>
<tr><td>>100～200</td><td>25</td><td>S5</td></tr>
<tr><td>>200</td><td>38</td><td>S6</td></tr>
<tr><td colspan="10">注：采用比例试样时，优先采用比例系数 k=5.65 的比例试样。</td></tr>
</table>

D2.2　管段试样

管段试样采用表 D2 规定的试样尺寸。

管段试样应在其两端加以塞头。塞头至最接近的标距标记的距离不应小于 $D/4$（见图 D1），只要材料足够，仲裁试验时此距离为 D。塞头相对于试验机夹头在标距方向伸出的长度不应超过 D，而其形状应不妨碍标距内的变形。

允许压扁管段试样两夹持头部（见图 D2），加或不加扁块塞头后进行试验，但仲裁试验不压扁，应加配塞头。

表 D2　管段试样[16]

L_o/mm	L_c/mm	试 样 编 号
$5.65\sqrt{S_o}$	$\geq L_o+D/2$ 仲裁试验：L_o+2D	S7
50	≥100	S8

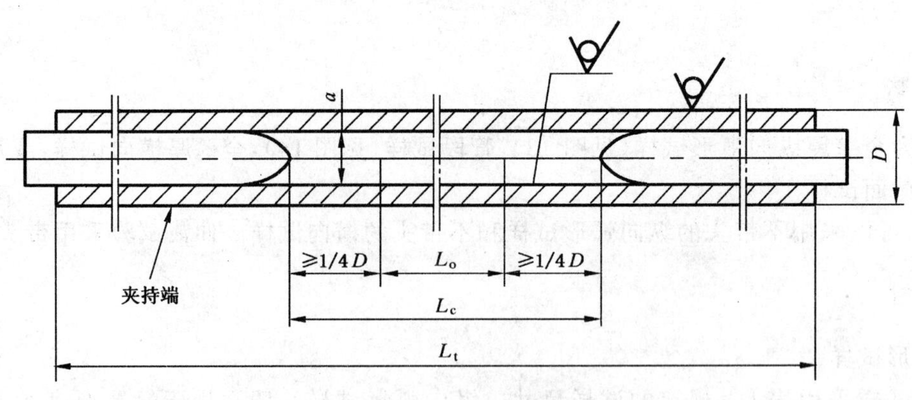

图 D1　管段试样的塞头位置

采用说明

15〕国际标准未具体规定这些试样。这些纵向弧形试样是产品标准常用的试样。

16〕国际标准未规定这些试样。增加的管段试样。

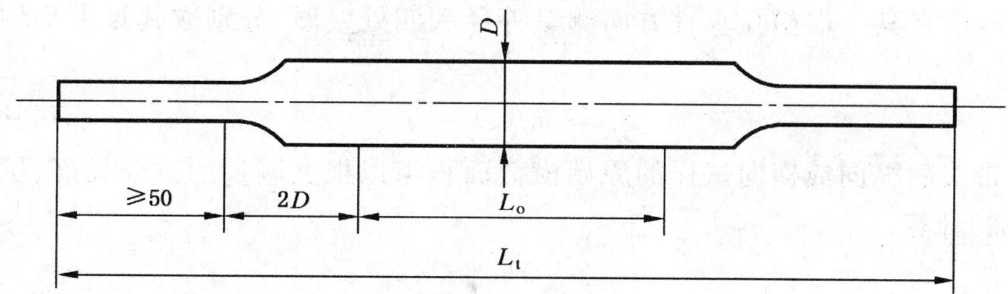

图 D2 管段试样的两夹持头部压扁

D2.3 机加工的横向试样

机加工的横向矩形横截面试样，管壁厚度小于 3 mm 时，采用附录 A(标准的附录)表 A1 或表 A2 规定的试样尺寸；管壁厚度大于或等于 3 mm 时，采用附录 B(标准的附录)表 B2 或表 B3 规定的试样尺寸。

相关产品标准可以规定不同于附录 A(标准的附录)和附录 B(标准的附录)的其他尺寸矩形横截面试样。

不带头的试样，两夹头间的自由长度应足够，以使试样原始标距的标记与最接近的夹头间的距离不小于 1.5 b。

应采用特别措施校直横向试样。

D2.4 管壁厚度机加工的纵向圆形横截面试样

机加工的纵向圆形横截面试样应采用附录 B(标准的附录)的表 B1 规定的试样尺寸。相关产品标准应根据管壁厚度规定机加工的圆形横截面试样尺寸。如无具体规定，按照表 D3 选定试样。

表 D3 管壁厚度机加工的纵向圆形横截面试样[17]

管壁厚度/mm	采用试样
8～13	R7 号
＞13～16	R5 号
＞16	R4 号

D3 原始横截面积(S_o)的测定

试样原始横截面积的测定应准确到±1%。

对于圆管纵向弧形试样，应在标距的两端及中间三处测量宽度和壁厚，取用三处测得的最小横截面积。按照式(D1)计算。计算时管外径取其标称值。

$$S_o = \frac{b}{4}(D^2 - b^2)^{1/2} + \frac{D^2}{4}\arcsin\left(\frac{b}{D}\right) - \frac{b}{4}[(D-2a)^2 - b^2]^{1/2} - \left(\frac{D-2a}{2}\right)^2 \arcsin\left(\frac{b}{D-2a}\right) \qquad \text{(D1)}$$

可以使用下列简化公式计算圆管纵向弧形试样的原始横截面积：

当 $b/D<0.25$ 时 $$S_o = ab\left[1 + \frac{b^2}{6D(D-2a)}\right] \qquad \text{(D2)}$$

当 $b/D<0.17$ 时 $$S_o = ab \qquad \text{(D3)}$$

对于圆管横向矩形横截面试样，应在标距的两端及中间三处测量宽度和厚度，取用三处测得的最小横截面积。按照式(A1)计算。

采用说明

17] 国际标准未具体规定。补充由管壁厚度机加工成圆形横截面试样的具体规定。

对于管段试样，应在其一端相互垂直方向测量外径和四处壁厚，分别取其算术平均值。按照式(D4)计算：

$$S_o = \pi a(D - a) \qquad \text{(D4)}$$

管段试样、不带头的纵向或横向试样的原始横截面积可以根据测量的试样长度、试样质量和材料密度确定，按照式(B3)计算。

附 录 E
（提示的附录）
断后伸长率规定值低于 5 %的测定方法

推荐的方法如下：

试验前在平行长度的一端处作一很小的标记。使用调节到标距的分规，以此标记为圆心划一圆弧。拉断后，将断裂的试样置于一装置上，最好借助螺丝施加轴向力，以使其在测量时牢固地对接在一起。以原圆心为圆心，以相同的半径划第二个圆弧。用工具显微境或其他合适的仪器测量两个圆弧之间的距离即为断后伸长，准确到±0.02 mm。为使划线清晰可见，试验前涂上一层染料。

另一种方法，可以采用 11.2 规定的引伸计方法。

附 录 F
（提示的附录）
移位方法测定断后伸长率

为了避免由于试样断裂置位不符合 11.1 所规定的条件而必须报废试样，可以使用如下方法：

a）试验前将原始标距(L_o)细分为 N 等分。

b）试验后，以符号 X 表示断裂后试样短段的标距标记，以符号 Y 表示断裂试样长段的等分标记，此标记与断裂处的距离最接近于断裂处至标距标记 X 的距离。

如 X 与 Y 之间的分格数为 n，按如下测定断后伸长率：

1）如 $N-n$ 为偶数[见图 F1a)]，测量 X 与 Y 之间的距离和测量从 Y 至距离为

$$\frac{1}{2}(N - n)$$

个分格的 Z 标记之间的距离。按照式(F1)计算断后伸长率：

$$A = \frac{XY + 2YZ - L_o}{L_o} \times 100 \qquad \text{(F1)}$$

2）如 $N-n$ 为奇数[见图 F1b)]，测量 X 与 Y 之间的距离，和测量从 Y 至距离分别为

$$\frac{1}{2}(N - n - 1) \text{和} \frac{1}{2}(N - n + 1)$$

个分格的 Z' 和 Z'' 标记之间的距离。按照式(F2)计算断后伸长率：

$$A = \frac{XY + YZ' + YZ'' - L_o}{L_o} \times 100 \qquad \text{(F2)}$$

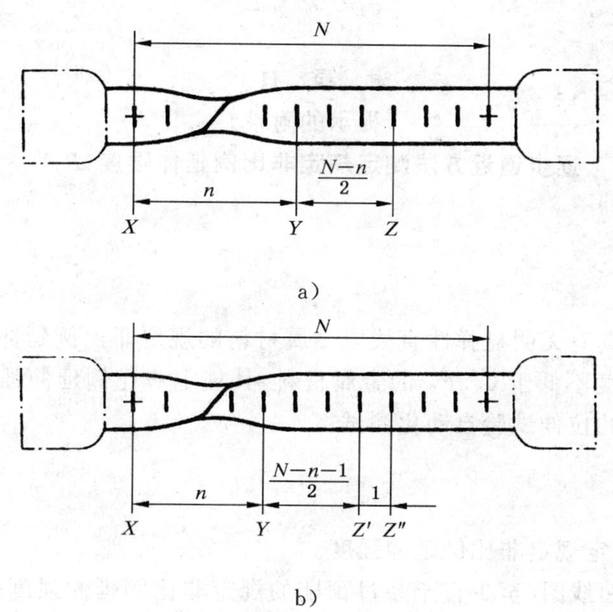

注：试样头部形状仅为示意性。

图 F1　移位方法的图示说明

附　录　G
（提示的附录）
人工方法测定棒材、线材和条材等长产品的最大力总伸长率

第 12 条中规定的引伸计方法可以用下列人工方法代替。仲裁试验应采用引伸计方法。

本附录方法是测量已拉伸试验过的试样最长部分在最大力时的非比例伸长，根据此伸长计算总伸长率。

试验前，在标距上标出等分格标记，连续两个等分格标记之间的距离等于原始标距（L'_o）的约数，原始标距（L'_o）的标记应准确到±0.5 mm 以内。为总伸长率值函数的这一长度（L'_o）应在产品标准中规定。断裂后，在试样的最长部分上测量断后标距（L'_u），准确到±0.5 mm。为使测量有效，应满足以下条件：

a）测量区的范围应处于距离断裂处至少 $5d$ 和距离夹头至少为 $2.5d$。

b）测量用的原始标距应至少等于产品标准中规定的值。

最大力非比例伸长率按照式(G1)计算：

$$A_g = \frac{L'_u - L'_o}{L'_o} \times 100 \qquad \cdots\cdots (G1)$$

最大力总伸长率按照式(G2)计算：

$$A_{gt} = A_g + \frac{R_m}{E} \times 100 \qquad \cdots\cdots (G2)$$

式中弹性模量 E 的值应由相关产品标准给定。

附 录 H[18]
（提示的附录）
逐步逼近方法测定规定非比例延伸强度(R_p)

H1 范围

逐步逼近方法适用于具有无明显弹性直线段金属材料的规定非比例延伸强度的测定。对于力-延伸曲线图具有弹性直线段高度不低于 $0.5F_m$ 的金属材料，其规定非比例延伸强度的测定亦适用。逐步逼近方法可应用于这种性能的拉伸试验自动化测试。

H2 方法

根据力-延伸曲线图测定规定非比例延伸强度。

试验时，记录力-延伸曲线图，至少直至超过预期的规定非比例延伸强度的范围。在力-延伸曲线上任意估取 A_0 点拟为规定非比例延伸率等于 0.2%时的力 $F_{p0.2}^0$，在曲线上分别确定力为 $0.1F_{p0.2}^0$ 和 $0.5F_{p0.2}^0$ 的 B_1 和 D_1 两点，作直线 B_1D_1。从曲线原点 0（必要时进行原点修正）起截取 OC 段（$OC=0.2\% L_e \cdot n$，式中 n 为延伸放大倍数），过 C 点作平行于 B_1D_1 的平行线 CA_1 交曲线于 A_1 点。如 A_1 与 A_0 重合，$F_{p0.2}^0$ 即为相应于规定非比例延伸率为 0.2%时的力。

如 A_1 点未与 A_0 点重合，需要按照上述步骤进行进一步逼近。此时，取 A_1 点的力 $F_{p0.2}^1$，在曲线上分别确定力为 $0.1F_{p0.2}^1$ 和 $0.5F_{p0.2}^1$ 的 B_2 和 D_2 两点，作直线 B_2D_2。过 C 点作平行于直线 B_2D_2 的平行线 CA_2 交曲线于 A_2 点，如此逐步逼近，直至最后一次得到的交点 A_n 与前一次的交点 A_{n-1} 重合（见图 H1）。A_n 的力即为规定非比例延伸率达 0.2%时的力。此力除以试样原始横截面积得到测定的规定非比例延伸强度 $R_{p0.2}$。

最终得到的直线 B_nD_n 的斜率，一般可以作为确定其他规定非比例延伸强度的基准斜率。

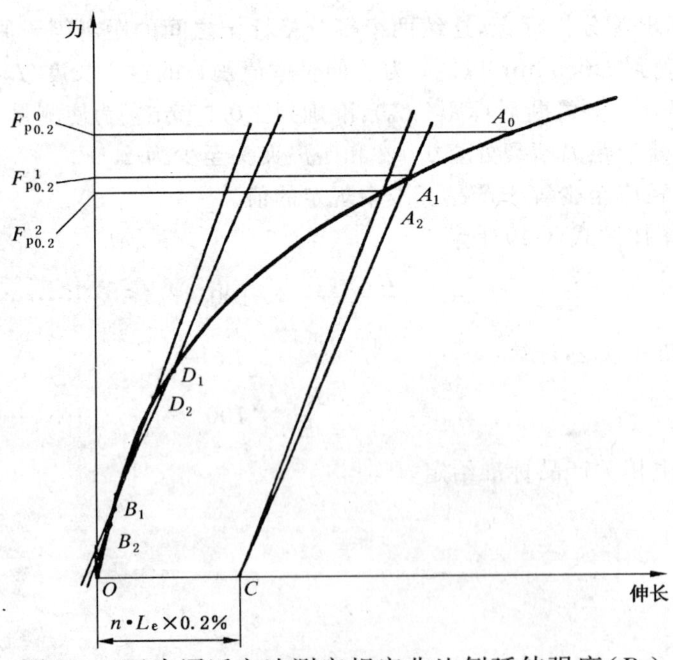

图 H1 逐步逼近方法测定规定非比例延伸强度(R_p)

采用说明

18〕国际标准未规定此附录内容。此附录的方法可应用于拉伸试验自动测试。

附 录 I[19]
（提示的附录）
卸力方法测定规定残余延伸强度($R_{r0.2}$)举例

试验材料:钢,预期的规定残余延伸强度 $R_{r0.2}\approx800\ \mathrm{N/mm^2}$;

试样尺寸:$d=10.00\ \mathrm{mm}$,$S_o=78.54\ \mathrm{mm^2}$;

引伸计:表式引伸计,1 级准确度,$L_e=50\ \mathrm{mm}$,每一分度值为 0.01 mm;

试验机:最大量程 200 kN,选用度盘为 100 kN;

试验速率:按照 10.1.1.4 的规定要求。

按照预期的规定残余延伸强度计算相应于应力值 10%的预拉力为:$F_o=R_{r0.2}\cdot S_o\times10\%=6\ 283.2\ \mathrm{N}$,化整后取 6 000 N。此时,引伸计的条件零点为 1 分度。

使用的引伸计标距为 50 mm,测定规定残余延伸强度 $R_{r0.2}$所要达到的残余延伸应为:$50\times0.2\%=0.1\ \mathrm{mm}$。将其折合成引伸计的分度数为:$0.1\div0.01=10$ 分度。

从 F_o起第一次施加力直至试样在引伸计标距的长度上产生总延伸(相应于引伸计的分度数)应为:$10+(1\sim2)=11\sim12$ 分度。由于条件零点为 1 分度,总计为 13 分度。保持力 10 s～12 s 后,将力降至 F_o,引伸计读数为 2.3 分度,即残余延伸为 1.3 分度。

第二次施加力直至引伸计达到读数应为:在上一次读数 13 分度的基础上,加上规定残余延伸 10 分度与已得残余延伸 1.3 分度之差,再加上 1～2 分度,即 $13+(10-1.3)+2=23.7$ 分度。保持力 10 s～12 s,将力降至 F_o后得到 7.3 分度的残余延伸读数。

第三次施加力直至引伸计达到的读数应为:$23.7+(10-7.3)+1=27.4$ 分度。

试验直至残余延伸读数达到或稍微超过 10 分度为止。试验记录见表 I1。

规定残余延伸强度 $R_{r0.2}$计算如下:

由表 I1 查出残余延伸读数最接近 10 分度的力值读数为 61 000 N,亦即测定的规定残余延伸力应在 61 000 N 和 62 000 N 之间。用线性内插法求得规定残余延伸力为:

$$F_{r0.2}=\frac{(10.5-10)\times61\ 000+(10-9.7)\times62\ 000}{(10.5-9.7)}=61\ 375\ \mathrm{N}$$

得到:

$$R_{r0.2}=\frac{61\ 375}{78.54}=781.45\ \mathrm{N/mm^2}$$

按照表 5 要求修约后结果为:$R_{r0.2}=780\ \mathrm{N/mm^2}$

表 I1　力-残余延伸数据记录

力/N	施加力引伸计读数 分度	预拉力引伸计读数 分度	残余延伸 分度
6 000	1.0	—	—
41 000	13.0	2.3	1.3
57 000	23.7	8.3	7.3
61 000	27.4	10.7	9.7
62 000	28.7	11.5	10.5

采用说明

19] 国际标准未规定此附录内容。增加此附录以提供测定规定残余延伸强度 $R_{r0.2}$的例子。

附 录 J
（提示的附录）
误差累积方法估计拉伸试验的测量不确定度

J1 引言

基于误差累积原理和利用试验方法标准及检定标准规定的测量误差要求，提出估计测量不确定度的方法要点。因为不同材料对于某些例如应变速率或应力速率等控制参数呈现不同的响应，所以不可能对所有材料计算出单一的不确定度值。此处提供的误差累积方法可以把它看成为按本标准进行试验（1级试验机和1级引伸计）的实验室的测量不确定度上限。

应当注意，当评定试验结果的总分散度时，测量的不确定度应看做包含由于材料的不均匀性而引起的固有分散度。附录K中给出的相互比较试验的分析统计方法，并不能分离出这两种分散度的影响源。估计实验室间分散度的其他有用的方法是，采用一种具有保证材料性能的持证标准材料（CRM）。已经选定供作室温拉伸试验使用的标准材料（CRM）为一种直径14 mm每批1 t的标准材料镍铬合金（Nimonic75），正在共同体标准物质局（BCR）监督认证程序之中。

J2 不确定度的估计

J2.1 与材料无关的参数

将各种误差源产生的误差累加在一起的方法已做相当详细的处理。最近，两个ISO文件（ISO 5725-2和测量不确定度的表达指南），对精密度和不确定度的估计给出了指导。

下面的分析采用了常规的方和根方法。表J1给出了各种拉伸性能试验参数的误差与不确定度的期望值。由于应力应变曲线的形状特点，有些拉伸性能原则上能以较高的精密度测定。例如，上屈服强度R_{eH}仅仅取决于力和横截面积的测量误差；而规定强度R_p却取决于力、变形（位移）、标距和横截面积的测量误差。对于断面收缩率Z，则需考虑试验前、后横截面积的测量误差。

表J1 确定拉伸试验数据的最大允许测量不确定度（使用方和根方法）

参数	拉伸性能误差/%					
	R_{eH}	R_{eL}	R_m	R_p	A	Z
力	1	1	1	1	—	—
应变[1)]（位移）	—	—	—	1	1	—
标距L_o[1)]	—	—	—	1	1	—
S_o	1	1	1	1	—	1
S_u	—	—	—	—	—	2
不确定度期望值	$\pm\sqrt{2}$	$\pm\sqrt{2}$	$\pm\sqrt{2}$	$\pm\sqrt{4}$	$\pm\sqrt{2}$	$\pm\sqrt{5}$

1）假定按照检定过的1级引伸计。

J2.2 与材料有关的参数

对于室温拉伸试验，材料受应变速率（或应力速率）控制参数影响明显的拉伸性能是R_{eH}、R_{eL}和R_p。抗拉强度R_m也与应变速率相关，但试验中，通常以比测定R_p高得多的应变速率进行试验测定，一般受应变速率的影响呈现较小的敏感性。

原则上，在计算累积误差之前需要测定应变速率对材料性能的影响（参见图J1和图J2）。有限的一些数据是可用的，而且也可以用下列例子估算一些材料的测量不确定度。

表J2和表J3给出了一组用以确定材料受本标准规定应变速率范围影响的典型数据例子。同时，表J2也给出了应变速率对几种材料的规定强度的影响。

表 J2 本标准允许的应变速率范围对室温规定强度 $R_{p0.2}$ 影响的例子

材 料	标称成分	$R_{p0.2}$ 平均值/(N/mm²)	应变速率对 $R_{p0.2}$ 的影响/%	等效误差/%
铁素体钢:管线钢 板钢(Fe430)	Cr-Mo-V-Fe(其余) C-Mn-Fe(其余)	680 315	0.1 1.8	±0.5 ±0.9
奥氏体钢:X5CrNiMo17-12-2	17Cr,11Ni-Fe(其余)	235	6.8	±3.4
镍基合金:NiCr20Ti NiCrCoTiAl25-20	18Cr,5Fe,2Co-Ni(其余) 24Cr,20Co,3Ti, 1.5Mo,1.5Al-Ni(其余)	325 790	2.8 1.9	±1.4 ±0.95

J2.3 总测量不确定度

将表 J1 中规定的与材料无关的参数,与表 J2 所给应变速率对规定强度影响的数据进行合成,即可给出所示各材料的测量不确定度总估计,见表 J3 所示。

为了进行合成总不确定度,将标准中允许的应变速率范围内对规定强度的影响值取其一半,表示为等效误差。例如 X5CrNiMo17-12-2 不锈钢,其规定强度 $R_{p0.2}$ 在允许的应变速率范围内受影响为 6.8%,取其一半的值等于±3.4%的误差。因此,对于 X5CrNiMo17-12-2 不锈钢,其总不确定度为:

$$\pm\sqrt{2^2+3.4^2}=\pm\sqrt{15.6}=\pm3.9\%$$

表 J3 按照本标准测定的室温规定强度的总不确定度期望值例子

材 料	$R_{p0.2}$ 平均值/(N/mm²)	取自表 J1 之值/%	取自表 J2 之值/%	总测量不确定度期望值/%
铁素体钢:				
管线钢	680	±2	±0.05	±2.0
板钢(Fe430)	315	±2	±0.9	±2.2
奥氏体钢:				
X5CrNiMo17-12-2	235	±2	±3.4	±3.9
镍基合金:				
NiCr20Ti	325	±2	±1.4	±2.4
NiCrCoTiAl25-20	790	±2	±0.95	±2.2

J3 结束语

对利用误差累积原理计算室温拉伸试验测量不确定度的方法提出要点,并给出一些材料对已知试验参数影响的例子。应注意,计算的不确定度可能需要修正,以便包含符合测量不确定度表达指南的加权因子。而当欧洲试验室和 ISO 工作部门最后决定他们要采纳推荐的最佳方法后,将着手这方面的工作。此外,还存在影响拉伸性能测定的其他因素,例如试样弯曲、试样夹持方法和试验控制模式,即引伸计控制模式或十字头控制模式。它们都可能影响拉伸性能的测定。但目前未有足够可用的定量性数据,所以不可能将其影响包括在累积误差之中。应该指出,这一误差累积方法仅仅给出由于测量技术所引起的不确定度的估计,而并非对归因于材料不均匀性而引起试验数据的固有分散性作出容限。

最后,应当知道,适合的标准材料成为可用之时,将对试验机,包括目前没有证明其合格的夹头、弯曲等影响的总测量不确定度提供一种有用的方法。

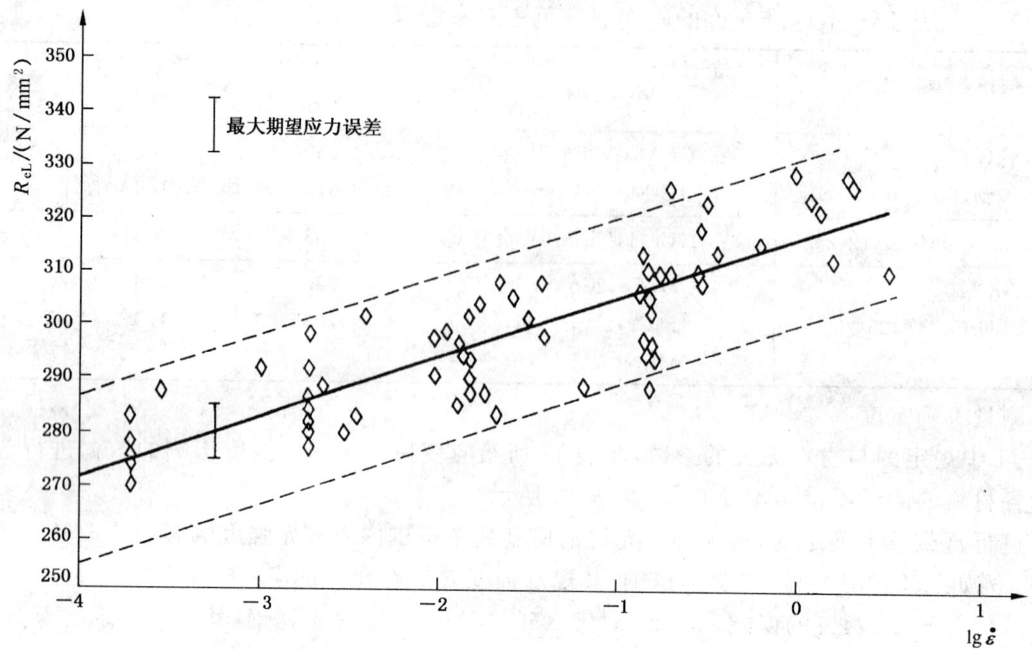

注：$\dot{\varepsilon}$＝塑性应变速率，单位为(mm/mm)·min^{-1}。

图 J1　板钢的下屈服强度 R_{eL}随应变速率的变化(室温)

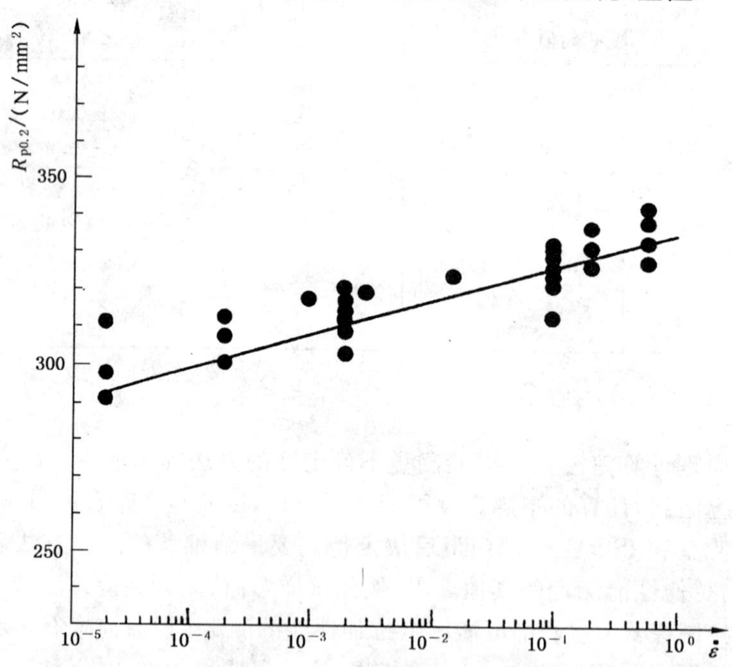

注：$\dot{\varepsilon}$＝塑性应变速率，单位为(mm/mm)·min^{-1}。

图 J2　NiCr20Ti 合金的规定强度 $R_{p0.2}$随应变速率的变化(22℃)

附　录　K
（提示的附录）
拉伸试验的精密度——根据实验室间试验方案的结果

K1　拉伸试验中不确定度的原因

拉伸试验结果的精密度受材料、试样、试验设备、试验程序和力学性能的计算方法等因素影响。具体地说，可以提出下列引起不确定度的原因：

——材料的不均匀度，它存在于同一炉材料的一个工艺批之内；

——试样的几何形状、制备方法和公差；

——夹持方法和施力的轴向性；

——拉伸试验机和辅助测量系统（刚度、驱动、控制、操作方法）；

——试样尺寸的测量、标距的标记、引伸计标距、力和伸长的测量；

——试验的各阶段中的试验温度和加载速率；

——人为的或与拉伸性能测定相联系的软件误差。

本国家标准的要求和公差并不可以考核这些因素的影响。可以通过实验室间的试验，测定接近工业试验条件下结果的不确定度，但并不可以从试验方法引起的误差中分离出与材料有关的影响。

K2　程序

实验室间试验方案（方案A、方案B和方案C）的结果给出了试验金属材料时得到的不确定度的典型例子。

列入试验方案的每一种材料，从料坯中随机选取固定数目的样坯，进行预先的研究，检查料坯的均匀性，提供关于料坯自身力学性能的固有分散度。样坯送至参加试验的各实验室，按各实验室正常使用的图纸要求机加工试样。仅仅要求试样和试验本身符合相关标准的要求。建议尽可能在短时间内由同一操作者和使用同一试验机完成试验。

表K1、表K2和表K3中用相对不确定度系数表示三类误差：

$$UC_r = \pm 2S_r/\overline{X}(\%) \quad \cdots\cdots(K1)$$

$$UC_L = \pm 2S_L/\overline{X}(\%) \quad \cdots\cdots(K2)$$

$$UC_R = \pm 2S_R/\overline{X}(\%) \quad \cdots\cdots(K3)$$

式中：$\overline{X}$——总平均；

S_r——估计的实验室内的重复性标准偏差；

S_L——估计的实验室间的变动度；

S_R——估计的试验方法的精密度：复现性标准偏差。

这些量均为接近 $\overline{X}$ 的95%置信区间。对每一种材料和每一种性能进行计算。

K3　方案A的试验结果（国际）

试验材料：铝、钢和镍合金。

参加试验室数：6个。

每个试验室试验每种材料的试样数：6个。

试样：采用圆形横截面试样，直径12.5 mm，原始标距62.5 mm（5倍试样直径）。

试验结果：列于表K1。不区分下屈服强度（R_{eL}）和0.2%规定强度（$R_{p0.2}$）。

K4 方案 B 的试验结果(国际)

试验材料:钢。

参加试验室数:18 个。

每个试验室试验每种材料的试样数:5 个。

试样:厚度 2.5 mm 的薄板,采用矩形横截面试样,宽度 20 mm,原始标距 80 mm。棒材采用圆形横截面试样,直径 10 mm,原始标距 50 mm(5 倍试样直径)。

试验结果:列于表 K2。不区分下屈服强度(R_{eL})和 0.2%规定强度($R_{p0.2}$)。

K5 方案 C 的试验结果(国内)

试验材料:铝合金和钢。

参加试验室数:14 个。

每个试验室试验每种材料的试样数:5 个。

试样:厚度等于小于 3 mm 的薄板,采用矩形横截面试样,宽度 12.5 mm,原始标距 50 mm。厚度大于 3 mm 的板材,采用矩形横截面试样,宽度 20 mm,原始标距为 $5.65\sqrt{S_o}$。盘圆材采用不经机加工试样,原始标距 50 mm。棒材采用圆形横截面试样,直径 10 mm,原始标距 50 mm(5 倍试样直径)。

试验结果:列于表 K3。

表 K1 试验方案 A 的实验室间拉伸试验结果(国际)

材　料	铝	铝	碳素钢	奥氏体不锈钢	镍合金	马氏体不锈钢
牌号	EC-H19	2024-T351	C22	X7CrNiMo17-12-2	NiCr15Fe8	X12Cr13
试样	圆形横截面	圆形横截面	圆形横截面	圆形横截面	圆形横截面	圆形横截面
$R_{p0.2}$/(N/mm²)						
总平均值	158.4	362.9	402.4	480.1	268.3	967.5
UC_r/%	4.12	2.82	2.84	2.74	1.86	1.84
UC_L/%	0.42	0.98	4.04	7.66	3.94	2.72
UC_R/%	4.14	2.98	4.94	8.14	4.36	3.28
R_m/(N/mm²)						
总平均值	179.9	491.3	596.9	694.6	695.9	1 253
UC_r/%	4.90	2.84	1.40	0.78	0.86	0.50
UC_L/%	—	1.00	2.40	2.28	1.16	1.16
UC_R/%	4.90	2.66	2.78	2.40	1.44	1.26
A/%						
总平均值	14.61	8.04	25.63	35.93	41.58	12.39
UC_r/%	8.14	6.94	6.00	3.93	3.22	7.22
UC_L/%	4.09	17.58	8.18	14.36	7.00	13.70
UC_R/%	9.10	18.90	10.12	14.90	7.72	15.48
Z/%						
总平均值	79.14	30.31	65.59	71.49	59.34	50.49
UC_r/%	4.86	13.80	2.56	2.78	2.28	7.38
UC_L/%	1.46	19.24	2.88	3.54	0.68	13.78
UC_R/%	5.08	23.66	3.84	4.50	2.38	15.62

表 K2 试验方案 B 的实验室间拉伸试验结果(国际)

材　　料	低碳钢	奥氏体不锈钢	结构钢	奥氏体不锈钢	高强钢
牌号	HR3(ISO)	X2CrNi18-10	Fe510C(ISO)	X2CrNiMo18-10	30NiCrMo-16
试样	矩形横截面	矩形横截面	圆形横截面	圆形横截面	圆形横截面

$R_{p0.2}$(或 R_{eL})/(N/mm²)

总平均值	228.6	303.8	367.4	353.3	1 039.9
UC_r/%	4.92	2.47	2.47	5.29	1.13
UC_L/%	6.53	6.06	4.42	5.77	1.64
UC_R/%	8.17	6.44	5.07	7.07	1.99

R_m/(N/mm²)

总平均值	335.2	594.0	552.4	622.5	1 167.8
UC_r/%	1.14	2.63	1.25	1.36	0.61
UC_L/%	4.86	2.88	1.42	2.71	1.32
UC_R/%	4.09	2.98	1.90	3.02	1.45

A/%

	L_o=80 mm		L_o=5d		
总平均值	38.41	52.47	31.44	51.86	16.69
UC_r/%	10.44	3.81	6.41	3.82	7.07
UC_L/%	7.97	12.00	12.46	12.04	11.20
UC_R/%	13.80	12.59	14.01	12.65	13.26

Z/%

总平均值			71.38	77.94	65.59
UC_r/%			2.05	1.99	2.45
UC_L/%			1.71	5.25	2.11
UC_R/%			2.68	5.62	3.23

表 K3 试验方案 C 的实验室间拉伸试验结果(国内)

材　　料	钢	铝合金	铝合金	钢	钢	钢	钢
牌号	st16	LF5M	LY12CZ	Q235A	Q235	B480	40Cr
试样	两面机加工矩形横截面	两面机加工矩形横截面	两面机加工矩形横截面	两面机加工矩形横截面	不经机加工圆形横截面	两面机加工矩形横截面	机加工圆形横截面(热处理)

$R_{p0.2}$/(N/mm²)

总平均值	145.59	166.28	325.18				984.32
UC_r/%	7.57	2.97	3.35				1.97
UC_L/%	14.06	3.62	4.57				—
UC_R/%	15.97	4.69	5.66				1.97

R_{eH}/(N/mm²)

总平均值				315.39		417.44	
UC_r/%				4.02		4.17	
UC_L/%				3.97		0.84	
UC_R/%				5.65		4.26	

R_{eL}/(N/mm²)

总平均值 UC_r/% UC_L/% UC_R/%				309.65 2.87 8.57 9.00	357.07 6.97 3.47 7.78	401.29 2.54 2.94 3.89	

R_m/(N/mm²)

总平均值 UC_r/% UC_L/% UC_R/%	287.94 2.37 3.43 4.16	301.01 1.15 3.61 3.79	451.67 3.16 2.79 4.22	456.96 1.85 6.07 6.33	513.23 4.87 2.87 5.66	527.22 1.88 1.76 2.58	1 082.69 6.10 — 6.10

A/%

总平均值 UC_r/% UC_L/% UC_R/%	46.06 7.36 13.52 15.40	25.03 10.64 6.40 12.42		33.50 9.51 6.31 11.41	29.88 11.38 13.59 18.01	33.53 10.64 7.86 13.23	15.59 14.17 7.89 16.22

Z/%

总平均值 UC_r/% UC_L/% UC_R/%							57.97 3.41 1.62 3.78

附 录 L[20]

（提示的附录）

新旧标准性能名称和符号对照

本标准采用的性能名称和符号与旧标准有所不同，为了便于对照，将其分别列于表L1和表L2。

L1 性能名称对照

性能名称对照见表L1。

表L1 性能名称对照

新标准			旧标准	
性能名称		符号	性能名称	符号
断面收缩率	percentage reduction of area	Z	断面收缩率	ψ
断后伸长率	percentage elongation after fracture	A $A_{11.3}$ A_{xmm}	断后伸长率	δ_5 δ_{10} δ_{xmm}
断裂总伸长率	percentage total elongation at fracture	A_t	—	—
最大力总伸长率	percentage elongation at maximum force	A_{gt}	最大力下的总伸长率	δ_{gt}

采用说明

20〕国际标准未规定此附录内容。

表 L1(完)

新标准			旧标准	
性能名称		符号	性能名称	符号
最大力非比例伸长率	percentage non-proportional elongation at maximum force	A_g	最大力下的非比例伸长率	δ_g
屈服点延伸率	percentage yield point extension	A_e	屈服点伸长率	δ_s
屈服强度	yield strength	—	屈服点	σ_s
上屈服强度	upper yield strength	R_{eH}	上屈服点	σ_{sU}
下屈服强度	lower yield strength	R_{eL}	下屈服点	σ_{sL}
规定非比例延伸强度	proof strength, non-proportional extension	R_p 例如 $R_{p0.2}$	规定非比例伸长应力	σ_p 例如 $\sigma_{p0.2}$
规定总延伸强度	proof strength, total extension	R_t 例如 $R_{t0.5}$	规定总伸长应力	σ_t 例如 $\sigma_{t0.5}$
规定残余延伸强度	permanent set strength	R_r 例如 $R_{r0.2}$	规定残余伸长应力	σ_r 例如 $\sigma_{r0.2}$
抗拉强度	tensile strength	R_m	抗拉强度	σ_b

L2 符号对照

符号对照见表 L2。

表 L2 符号对照

新标准	旧标准	新标准	旧标准
a	a_0	—	F_s, P_s
a_u	a_1	—	F_{sU}, P_{sU}
b	b_0	—	F_{sL}, P_{sL}
b_u	b_1	F_m	F_b, P_b
d	d_0	—	F_J
d_u	d_1	R_p	$\sigma_p, \sigma_\varepsilon$
D	D_0	R_t	σ_t
L_c	L_c, l	R_r	σ_r
L_o	L_0, l_0	—	σ_s
L_u	L_1	R_{eH}	σ_{sU}
L'_o	—	R_{eL}	σ_{sL}
L'_u	—	R_m	σ_b
L_e	L_e	A_e	δ_s
L_t	L	A_{gt}	δ_{gt}
S_o	S_0, F_0	A_g	δ_g
S_u	S_1	$A(A, A_{11.3}, A_{xmm})$	$\delta(\delta_5, \delta_{10}, \delta_{xmm})$
—	F_p, P_ε	ε_p	ε_p
—	F_t	ε_t	ε_t
—	F_r	ε_r	ε_r

表 L2(完)

新标准	旧标准	新标准	旧标准
Z	ψ	n	n
m	m,W	ΔL_m	—
ρ	ρ	E	—
π	π	r	r
k	k		

ICS 77.040.10
H 22

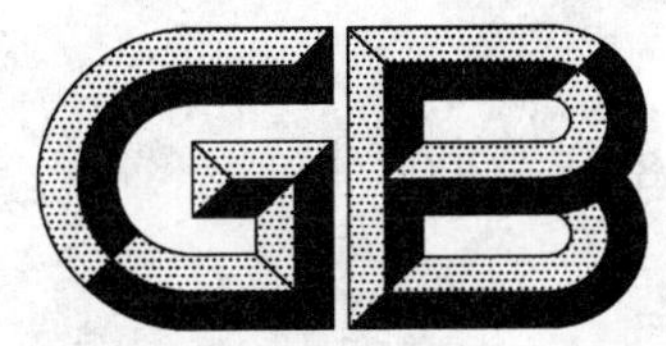

中华人民共和国国家标准

GB/T 8358—2006
代替 GB/T 8358—1987

钢丝绳破断拉伸试验方法

Method of breaking tensile test for steel wire ropes

(ISO 3108:1974 Steel wire ropes for general purposes—Determination of actual breaking load, NEQ)

2006-03-01 发布　　2006-09-01 实施

中华人民共和国国家质量监督检验检疫总局
中国国家标准化管理委员会　发布

前　言

本标准与 ISO 3108:1974《一般用途钢丝绳—实际破断荷载的测定》一致性程度为非等效。

本标准代替 GB/T 8358—1987《钢丝绳破断拉伸试验方法》,本标准与 GB/T 8358—1987 相比做了如下修改:

——增加了已使用过钢丝绳样截取方法;

——增加了"试验原理"一章;

——增加了套压法、缠绕法、直接夹持法三种方法;

——增加了初次断丝等检测项目;

——钢丝绳最小破断拉力计算公式符号有所改变;

——增加了附录 A"铝合金套管材料及尺寸";

——增加了附录 B"缠绕轮直径、槽径与钢丝绳关系";

——增加了附录 C"试验方法选择的推荐"。

本标准附录 A、附录 B、附录 C 为资料性附录。

本标准由中国钢铁工业协会提出。

本标准由全国钢标准化技术委员会归口。

本标准起草单位:郑州金属制品研究院、冶金工业信息标准研究院、湖北福星科技股份有限公司、贵州钢绳股份有限公司、南通市巨力钢绳有限公司。

本标准主要起草人:聂瑞华、董莉、夏木阳、杨红英、施聪。

本标准 1987 年首次发布。

钢丝绳破断拉伸试验方法

1 范围

本标准规定了钢丝绳破断拉伸试验方法的术语和定义、试验原理、试样制备、试验仪器、试验程序及试验报告等内容。

本标准适用于各种类型钢丝绳、钢绞线产品破断拉伸的测定。如有关产品标准另有规定，应按其规定执行。

2 规范性引用文件

下列文件中的条款通过本标准的引用而成为本标准的条款。凡是注日期的引用文件，其随后所有的修改单(不包括勘误的内容)或修订版均不适用于本标准，然而，鼓励根据本标准达成协议的各方研究是否可使用这些文件的最新版本。凡是不注日期的引用文件，其最新版本适用于本标准。

GB/T 6946 钢丝绳铝合金压制接头

GB/T 3191 铝及铝合金挤压棒材

GB/T 16825.1 静力单轴试验机的检验 第1部分：拉力和(或)压力试验机测力系统的检验与校准(idt ISO 7500-1：1999)

3 术语和定义

下列术语和定义适用于本标准。

3.1

最小破断拉力 minimum breaking force

F_{min}

根据规定方法测得的破断拉力(F_m)不得低于最小破断拉力的规定值 F_{min}，最小破断拉力是钢丝绳公称直径(d)的平方、公称强度及破断拉力系数的乘积，单位为千牛(kN)。

$$F_{min} = d^2 \cdot R_r \cdot K/1\,000 \qquad \cdots\cdots (1)$$

式中：

F_{min}——钢丝绳最小破断拉力，单位为千牛(kN)；

d——钢丝绳公称直径，单位为毫米(mm)；

R_r——钢丝绳公称抗拉强度，单位为牛顿每平方毫米(N/mm²)；

K——一定结构钢丝绳的最小破断拉力换算系数。

3.2

实测破断拉力 measured breaking force

F_m

用规定的方法测得的破断拉力，单位为 kN。

3.3

浇铸法 method of casting

将试样散头用熔融金属浇铸，冷却到常温后，夹持在试验机钳口座内进行拉伸试验的方法。

3.4

套压法 method of prssing pipe

将试样头用套管压紧，再夹持在试验机钳口内进行拉伸试验的方法。

3.5

缠绕法 method of winding on drum

将试样直接缠绕在卷轮上进行拉伸试验的方法。

3.6

直接夹持法 method of directly gripping

将试样直接夹持在试验机钳口内进行拉伸试验的方法。

4 试验原理

在常温下，对试样施加拉力，一般拉至出现断丝、断股或断绳，测定钢丝绳破断拉力或其他力学性能。

5 试样制备

5.1 通用要求

5.1.1 未经使用的钢丝绳，试样应从外观检查合格处截取。

5.1.2 在用或已用过的钢丝绳，试样应从被相关各方认可处截取。

5.1.3 试样两端应用软铁丝或其他材料牢固捆扎。

5.1.4 试样最小有效长度(夹头间的距离)应符合表1的规定。

表1 试样最小有效长度

单位为毫米

钢丝绳公称直径 d	试样最小有效长度 L
$d \leqslant 6$	300
$6 < d \leqslant 20$	600
$d > 20$	$30d$(一般不超过 2 000)
注：试样长度＝试样最小有效长度 L＋夹持长度，特殊情况应在报告中说明。	

5.2 浇铸法试样制备

5.2.1 在距试样两端一个夹持长度处用软铁丝等材料牢固捆扎，去掉端头捆扎丝，制成帚头状，在任何情况下不得对裸露的钢丝进行校直，但允许弯曲成钩型。

5.2.2 制成帚头状的钢丝绳试样应将纤维芯切至捆扎处。为了浇铸牢固，应清除帚头钢丝表面油污，可沾浸少量助镀剂，但不得损伤钢丝表面。

5.2.3 浸渍后的钢丝用铅锡合金或其他合金浇铸成圆锥体，但不得改变钢丝性能。加工后的钢丝绳试样如图1所示。

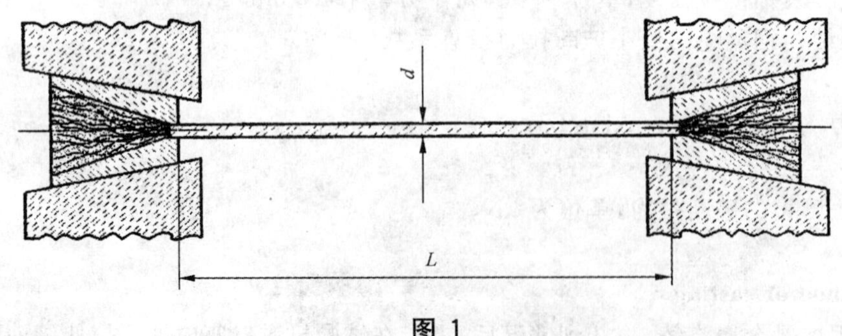

图1

5.3 套压法试样制备

5.3.1 先将试样段两端用铁丝捆扎再从钢丝绳上截取。

5.3.2 去掉捆扎丝将试样两端穿入用低碳钢、铝合金或相关材料制成的套管中，套管头内壁应倒角，再在压力机上压紧。铝合金材料套管相关技术要求可参见附录A。低碳钢可选用抗拉强度 $R_m \geqslant 520$ MPa、断面收缩率 $Z \geqslant 40\%$、断后伸长率 $A \geqslant 25\%$ 的奥氏体不锈钢、低碳合金钢、低碳结构钢等材料。

5.3.3 压紧过程中应避免压伤钢丝。

5.4 直接夹持法试样制备

5.4.1 先将试验段两端用铁丝捆扎再截取试样。

5.4.2 对于单股钢丝绳或钢绞线，端头钢丝可焊结在一起。

5.5 缠绕法试样制备

5.5.1 将试样直接从钢丝绳上截取，必要时两端用铁丝捆扎。

5.5.2 缠绕轮直径、槽径与绳径关系可参见附录B。

6 试验仪器

6.1 本试验可在任何一种拉力试验机上进行。

6.2 试验机应按照GB/T 16825.1进行检定，应为一级或优于一级。

6.3 试验机夹头间距离应符合表1的规定。

7 试验程序

7.1 一般情况下，试验应在10℃～35℃的室温下进行。如有特殊要求，试验温度应为23℃±5℃。

7.2 试验时应平稳拉伸，当施加的拉力不大于钢丝绳最小破断拉力的80%时，试验力可快速施加，而后应缓慢增加，其施加的应力速率约为10 MPa/s。

7.3 对于浇铸法，将浇铸好的试样置于钳口座中，即可进行拉伸试验。对于立式拉力试验机，让下钳口悬空，调整试样，使之与钳口座轴线重合，调整试验机零点后，再实施拉伸试验。

7.4 对于套压法，将压好套管的试样，直接夹于钳口中，即可实施拉伸试验。

7.5 对于直接夹持法，将试样两端直接夹持于钳口中，即可实施拉伸试验。

7.6 对于缠绕法，先将试样一端夹紧，再将试样绕于试验轮上，拉紧试样，最后夹紧另一端，即可实施拉伸试验。

7.7 在测定钢丝绳的破断拉力时，如需测定伸长率，建议采用浇铸法，根据协议也可测定初次断丝拉力或断股拉力、断裂特征等项目。

7.8 若试样在距夹头或切点 $1d$(30 mm)内破断，则该试验无效，当其实测破断拉力符合有关标准规定时，则该试验有效，否则该试验无效。

7.9 判定结果：试样断股(单股绳断丝)时的拉力，作为实测破断拉力。

7.10 对于仲裁试验，若产品标准中没有规定，则试验方法由争议各方确定。

8 试验报告

试验报告包括下列内容；

a) 本标准号及具体方法；

b) 试样标记；

c) 钢丝绳公称直径；

d) 试样状况(如已使用、未使用等)；

e) 试验条件(如试样长度、速度、温度等)；

f) 试验结果(如实测破断拉力、初次断丝拉力或断股数、断裂特征及伸长率等项目)；

g) 试验机名称及型号编号；

h) 试验条件、结果异常说明。

附　录　A
（资料性附录）
铝合金套管材料及尺寸

A.1　铝合金材料套管推荐采用GB/T 6946、GB/T 3191 中 LF2、LF21 铝合金材料制造。机械性能要求：抗拉强度大于 170 MPa，断后伸长率不小于 20%。

A.2　套管尺寸参数见表 A.1。

表 A.1　套管尺寸、压制力　　　单位为毫米

钢丝绳公称直径	套管内径	套管壁厚	套管长度	压制力/kN
6	6.6	2.5	25	300
7	7.8	2.9	30	350
8	8.8	3.3	34	400
9	9.9	3.7	38	450
10	10.9	4.1	42	500
11	12.1	4.5	47	600
12	13.2	4.9	50	700
13	14.2	5.4	55	800
14	15.3	5.8	59	1 000
16	17.5	6.7	67	1 200
18	19.6	7.6	76	1 400
20	21.7	8.4	84	1 600
22	24.3	9.2	92	1 800
24	26.4	10.0	101	2 000
26	28.5	10.9	109	2 250
28	31.0	11.7	118	2 550
30	33.1	12.5	126	2 950
32	35.2	13.4	134	3 400
34	37.8	14.2	143	3 800
36	39.8	15.0	152	4 300
38	41.9	15.8	160	4 800
40	44.0	16.6	168	5 300
44	48.6	18.2	184	6 200
48	52.2	19.8	200	7 300
52	57.3	21.4	216	8 600
56	61.5	23.0	232	10 000
60	66.0	24.6	248	12 000

附 录 B
（资料性附录）
缠绕轮直径、槽径与钢丝绳直径关系

B.1 缠绕轮直径与钢丝绳直径的比值按公式(B.1)计算

$$h = D_0/d_f + 1 \quad \cdots\cdots(B.1)$$

式中：

h——直径比值；

D_0——缠绕轮直径，单位为毫米(mm)；

d_f——钢丝绳公称直径，单位为毫米(mm)。

B.2 *h* 推荐值

h 值应不小于表 B.1 的推荐值。

表 B.1 *h* 推荐值

钢丝绳最小破断拉力/kN	<125	≥125
h	20	16

B.3 钢丝绳公称直径与绳槽半径应满足公式(B.2)的要求

$$d_f \leqslant (2R - 0.5) \quad \cdots\cdots(B.2)$$

式中：

R——绳槽半径，单位为毫米(mm)；

0.5——常数，单位为毫米(mm)。

附　录　C
（资料性附录）
试验方法选择的推荐

本标准四种方法都是等效的方法，为了更有效地使用本标准，特对试验方法做如下推荐：

——浇铸法：本方法一般适用于绳径大于 6 mm 或丝径大于 0.5 mm 的钢丝绳；

——套压法：本方法适用于金属芯类钢丝绳的破断拉伸，对于纤维芯钢丝绳，若用套压法，建议在套压处先去掉纤维芯，并以同股径的钢芯充实此段，再套压；

——缠绕法：本方法一般适用于绳径小于 30 mm 的钢丝绳，对于直径大于 30 mm 的钢丝绳，建议采用浇铸法；

——直接夹持法：本方法最适用于 1×3、1×7、1×19 等结构钢丝绳的检验。

中华人民共和国国家标准

UDC 669:539.32

金属杨氏模量、弦线模量、切线模量和泊松比试验方法(静态法)

GB 8653—88

Metallic materials— Determination of Young's modulus, chord modulus, tangent modulus and Poisson's ratio (statical method)

本标准适用于室温下用静态法测定金属材料弹性状态的杨氏模量、弦线模量、切线模量和泊松比。

1 原理

试样施加轴向力,在其弹性范围内测定相应的轴向变形和横向变形,以便测定本标准所定义的一项或几项力学性能。

注:轴向力:沿试样纵轴方向施加的拉伸力和压缩力。

轴向变形:在平面内平行于试样纵轴方向线长度的伸长和缩短。

横向变形:在平面内垂直于试样纵轴方向线长度的缩短和伸长。

2 定义

2.1 试样平行长度(L_c):试样两头部或两夹持部分(不带头试样)之间的平行长度。

2.2 试样原始标距(L_0):在试样上用以测量试样长度变化的两标记间原始长度。

2.3 引伸计标距:用引伸计测量试样变形时所使用试样部分的长度(此长度一般不应大于试样原始标距 L_0,但不小于试样直径 d_0 或宽度 b_0)。

2.3.1 轴向引伸计标距(L_{el}):测量试样轴向变形的引伸计标距。

2.3.2 横向引伸计标距(L_{et}):测量试样横向变形的引伸计标距。

2.4 应力(标称应力)(σ):试验时轴向力除以试样原始横截面积的商。

2.5 应变(标称线应变):试样在轴向力下其原始线性尺寸单位长度的变化。

2.5.1 轴向应变(ε_l):在平面内平行于试样纵轴方向的线应变。

2.5.2 横向应变(ε_t):在平面内垂直于试样纵轴方向的线应变。

2.6 杨氏模量(E):轴向应力与轴向应变成线性比例关系范围内的轴向应力与轴向应变之比。

有许多金属材料,其拉伸杨氏模量与压缩杨氏模量有差别,应注意区分。

2.6.1 拉伸杨氏模量(E_t):轴向拉伸应力与轴向拉伸应变成线性比例关系范围内的轴向拉伸应力与轴向拉伸应变之比。

2.6.2 压缩杨氏模量(E_c):轴向压缩应力与轴向压缩应变成线性比例关系范围内的轴向压缩应力与轴向压缩应变之比。

2.7 弦线模量(E_{ch}):在弹性范围内轴向应力-轴向应变曲线上任两规定点之间弦线的斜率。

2.8 切线模量(E_{tan}):在弹性范围内轴向应力-轴向应变曲线上任一规定应力或应变值处的斜率。

注:弦线模量和切线模量适用于呈非线弹性状态的金属材料。

2.9 泊松比(μ):轴向应力与轴向应变成线性比例关系范围内横向应变与轴向应变之比的绝对值。

中华人民共和国冶金工业部 1988-01-18 批准　　1989-02-01 实施

3 符号、名称和单位

符号、名称和单位列于表1：

表 1

序 号	符 号	名 称	单 位
1	a_0	矩形试样原始厚度	mm
2	b_0	矩形试样平行长度部分的原始宽度	
3	d_0	圆形试样平行长度部分的原始直径	
4	L_c	试样平行长度	
5	L_0	试样原始标距	
6	L_{el}	轴向引伸计标距	
7	L_{et}	横向引伸计标距	
8	ΔL_{el}	试样轴向变形	
9	ΔL_{et}	试样横向变形	
10	Δ_l	轴向变形增量	
11	Δ_t	横向变形增量	
12	S_0	试样平行长度部分的原始横截面积	mm^2
13	F	轴向力	N
14	ΔF	轴向力增量	
15	σ	轴向应力	N/mm^2
16	$\bar{\sigma}$	轴向应力的平均值	
17	E	杨氏模量	
18	E_t	拉伸杨氏模量	
19	E_c	压缩杨氏模量	
20	E_{ch}	弦线模量	
21	E_{tan}	切线模量	
22	ε_l	轴向应变	%
23	ε_t	横向应变	
24	$\bar{\varepsilon}_l$	轴向应变的平均值	
25	$\bar{\varepsilon}_t$	横向应变的平均值	
26	V_I	斜率变度系数	
27	μ	泊松比	
28	γ	相关系数	
29	k	数据对数目	
30	Σ	从1～k累加符号	

4 试样

4.1 试样形状和尺寸

4.1.1 圆形和矩形拉伸试样按GB 6397—86《金属拉伸试验试样》的规定。

4.1.2 圆形和矩形压缩试样按GB 7314—87《金属压缩试验方法》的规定。

4.1.3 通过协商可以采用其他类形的试样。

4.1.4 试样头部形状和尺寸应适合于试验机夹头的夹持。

4.1.5 头部带承载销孔的矩形拉伸试样，销孔中心与标距部分的宽度的中心线偏离应不大于标距部分宽度的0.005倍。

4.1.6 两面和四面机加工的矩形试样，其机加工面的表面粗糙度应不大于R_a1.6 μm。

4.2 样坯的切取与试样制备

4.2.1 样坯切取的部位、方向和数量应按有关标准或协议的规定。

4.2.2 切取样坯和机加工试样时，应防止因冷加工或受热而影响金属的力学性能。

4.2.3 完成最后机加工的试样，应平直、无毛刺、表面无划伤及其他人为或机械损伤。

4.2.4 从带卷切取的薄板试样，允许带有不影响性能测定的轻度弯曲。

4.2.5 对于薄板的矩形试样，可以在试样宽度两侧制备小凸耳（不允许制备小缺口）供装卡引伸计用。带凸耳的矩形试样，见 GB 3076— 82《金属薄板（带）拉伸试验方法》和 GB 7314— 87。引伸计装卡于同侧两凸耳的外侧或内侧，其引伸计标距应为两凸耳宽度中心线之间的距离。

4.3 试样贮存：试样应置于干燥无腐蚀介质的室温环境中存放，并防止贮存期间产生变形和表面损伤。

5 试样尺寸的测量

5.1 圆形试样应在标距两端及中间处相互垂直的方向上测量直径，各取其算术平均值，按公式(1)计算横截面积。将三处测得横截面积的算术平均值作为试样原始横截面积。

$$S_0 = \frac{1}{4}\pi d_0^2 \quad \cdots\cdots(1)$$

5.2 矩形试样应在标距两端及中间处测量厚度和宽度，按公式(2)计算横截面积。将三处测得横截面积的算术平均值作为试样原始横截面积。

$$S_0 = a_0 b_0 \quad \cdots\cdots(2)$$

注：带凸耳的试样，不应在靠近凸耳根部处测量其宽度。

5.3 测量试样原始横截面尺寸的量具应满足表 2 规定的要求。测量时应估读到量具最小刻度的半个刻度值。

表 2　　mm

横截面尺寸	量具最小刻度值，不大于
0.1～0.5	0.001
>0.5～2.0	0.002
>2.0～10.0	0.01
>10.0	0.05

5.4 测量试样尺寸的量具应由计量部门定期检定。

6 试验设备

6.1 试验机

6.1.1 各种类型的试验机均可使用，其误差应符合或优于 JJG 139— 83《拉力、压力和万能材料试验机检定规程》或 JJG 157— 83《小负荷材料试验机检定规程》的 1 级试验机要求。

6.1.2 试验机应备有调速指示装置，能在本标准规定的速度范围内灵活调节。

6.1.3 试验机应具有记录或显示装置，满足本标准测定力学性能的要求。

6.1.4 压缩试验用的试验机，除了要满足 6.1.1～6.1.3 条要求外，其他附助装置，例如调平台、力的导向装置和约束装置等的要求，按 GB 7314— 87 中第 3 章“试验设备”的规定。

6.2 引伸计

6.2.1 引伸计（包括记录器或指示器）应进行标定，标定时的工作状态应尽可能与试验时的工作状态相同。引伸计的标定与分级方法应按 GB 228— 87《金属拉伸试验方法》附录 A 进行。计算的标定系数保留 4 位有效数字，计算的应变示值误差保留两位有效数字。

6.2.2　经标定的引伸计，在日常试验前应注意检查，当发现异常，应重新进行标定。

6.2.3　用于测定杨氏模量、弦线模量、切线模量的轴向引伸计和用于测定泊松比的横向引伸计均应不低于B级。仲裁试验应达A级。横向引伸计的标定系数为轴向引伸计标定系数的½～⅓之间为宜。

6.2.4　测量试样轴向变形时，推荐使用能测量试样相对两侧平均变形的均值引伸计。

6.2.5　测量试样横向变形时，横向引伸计应装卡在试样标距范围内的直径(宽度)上。以此处的直径(宽度)尺寸作为横向引伸计标距。

7　试验条件

7.1　试验速度：为了避免发生绝热膨胀或绝热收缩的影响，并能够准确测定轴向力和相应的变形，试验速度不应过高，但为了避免蠕变影响，速度不应太低，一般对于拉伸试验，弹性应力增加速率应在1～20 $N/mm^2 \cdot s^{-1}$ 范围内；对于压缩试验，弹性应力增加速率应在1～10 $N/mm^2 \cdot s^{-1}$ 范围内，速度应尽可能保持恒定。

7.2　力的同轴度：试验机和夹持装置应能使试样承受轴向力，在初轴向力与终轴向力之间，在试样相对两侧测定的应变增量与其平均值之差不应大于3%。

7.2.1　两头部带承载销孔的薄板矩形拉伸试样，销孔中心与标距部分宽度中心线的偏离满足4.1.5条要求时，则可达到7.2条规定的力的同轴度要求。

7.2.2　压缩试验，使用GB 7314—87中规定的调平台和力的导向装置以及约束装置，则可达到7.2条规定的力的同轴度要求。

7.3　压缩试验的其他试验条件均按GB 7314—87执行。

7.4　试验应在室温(10～35 ℃)下进行。

8　性能测定

8.1　杨氏模量的测定

8.1.1　图解法：试验时，用自动记录方法绘制轴向力-轴向变形曲线，见图1。绘制曲线时，力轴比例的选择应使轴向力-轴向变形曲线的弹性直线段的高度超过力轴量程的⅗以上。变形放大倍数的选择应使轴向力-轴向变形曲线的弹性直线段与力轴的夹角不小于40°为宜。在记录的轴向力-轴向变形曲线上，确定弹性直线段，在该直线段上读取相距尽量远的 A、B 两点之间的轴向力增量和相应的轴向变形增量，按公式(3)计算杨氏模量。

$$E = \left(\frac{\Delta F}{S_0}\right) / \left(\frac{\Delta_1}{L_{el}}\right) \qquad \cdots\cdots (3)$$

注：可以借助于直尺将弹性直线段延长，在相距较远的两点之间读取轴向力增量和相应的轴向变形增量。

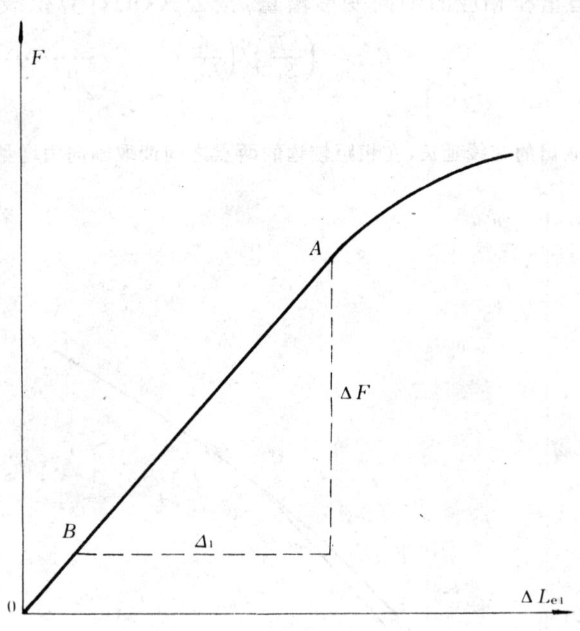

图 1

8.1.2　拟合法：试验时，在弹性范围内记录轴向力和与其相应的轴向变形的一组数字数据对。数据对的数目一般不少于 8 对。用最小二乘法将数据对拟合轴向应力 - 轴向应变直线，拟合直线的斜率即为杨氏模量，按公式(4)计算。

$$E = [\Sigma(\varepsilon_1\sigma) - k\bar{\varepsilon}_1\bar{\sigma}]/(\Sigma\varepsilon_1^2 - k\bar{\varepsilon}_1^2) \quad \cdots\cdots(4)$$

式中：$\varepsilon_1 = \dfrac{\Delta L_{e1}}{L_{e1}}$

$\bar{\varepsilon}_1 = \dfrac{\Sigma\varepsilon_1}{k}$

$\sigma = \dfrac{F}{S_0}$

$\bar{\sigma} = \dfrac{\Sigma\sigma}{k}$

8.1.2.1　按公式(5)计算拟合直线的斜率变度系数，其值在 2% 以内，所得杨氏模量值为有效。

$$V_1 = [(\frac{1}{\gamma^2} - 1)/(k-2)]^{\frac{1}{2}} \times 100 \quad \cdots\cdots(5)$$

式中：

$$\gamma^2 = [\Sigma(\varepsilon_1\sigma) - \frac{\Sigma\varepsilon_1\Sigma\sigma}{k}]^2/\{[\Sigma\varepsilon_1^2 - \frac{(\Sigma\varepsilon_1)^2}{k}]\cdot[\Sigma\sigma^2 - \frac{(\Sigma\sigma)^2}{k}]\}$$

8.1.3　有关标准或协议在规定杨氏模量时，应说明拉伸杨氏模量或压缩杨氏模量，分别用 E_t 和 E_c 表示。如无说明，一般采用拉伸方法测定，报告为 E 值。

8.2　弦线模量的测定

8.2.1　图解法：试验时，用自动记录方法绘制轴向力 - 轴向变形曲线，见图 2。绘制曲线时，力轴比例的选择应使所画弦线的上应力点对应的力处于力轴量程的⅗以上。变形放大倍数的选择应使所画的弦线与力轴夹角不小于 40° 为宜。在记录的轴向力 - 轴向变形曲线上，通过与所规定的上、下两应力点(例如规定非比例伸长应力 $\sigma_{p0.2}$ 的 10% 和 50% 两应力点）或两应变点相对应的 A、B 两点画弦线，在所画出的弦线上读取轴向力增量和相应的轴向变形增量，按公式(6)计算弦线模量。

$$E_{ch}=\left(\frac{\Delta F}{S_0}\right)/\left(\frac{\Delta_1}{L_{e1}}\right) \quad \cdots\cdots (6)$$

注：可以借助于直尺将所画出的弦线延长，在相距较远的两点之间读取轴向力增量和相应的轴向变形增量。

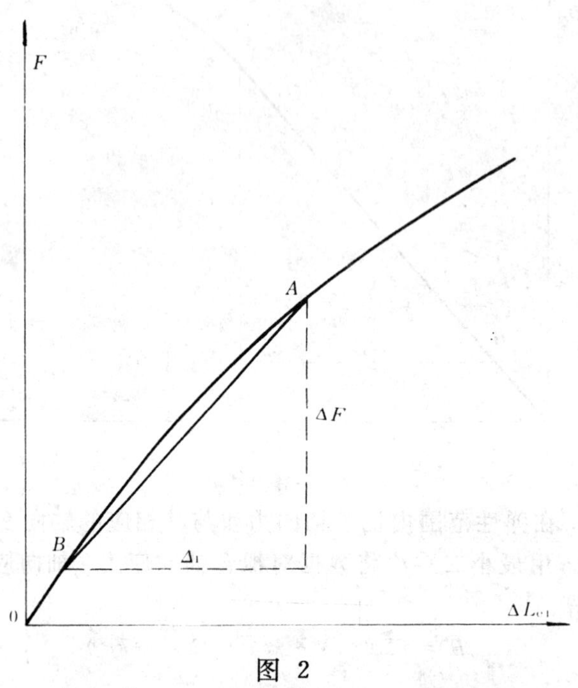

图 2

8.2.2 拟合法：试验时，在弹性范围内记录轴向力和相应的轴向变形的一组数字数据对。将该组数据对拟合一数学表达式（例如多项式），得到拟合的轴向应力 - 轴向应变曲线。在拟合的轴向应力 - 轴向应变曲线的弹性范围内计算两规定应力或应变值之间所对应弦线的斜率，即为弦线模量。

注：对于非线弹性金属材料，有关标准或协议在规定弦线模量时，应说明确定弦线的上、下两点的应力或应变值。

8.3 切线模量的测定

8.3.1 图解法：试验时，用自动记录方法绘制轴向力 - 轴向变形曲线，见图 3。绘制曲线时，力轴比例的选择应使所规定应力点对应的轴向力处于力轴量程的⅖以上。变形放大倍数的选择应使所画的切线与力轴的夹角不小于 40°为宜。在记录的轴向力 - 轴向变形曲线上，通过规定应力或应变值对应的 R 点作曲线的切线。在所画出的切线上读取相距尽量远的 A、B 两点之间的轴向力增量和相应的轴向变形增量。按公式(7)计算切线模量。

$$E_{tan}=\left(\frac{\Delta F}{S_0}\right)/\left(\frac{\Delta_1}{L_{e1}}\right) \quad \cdots\cdots (7)$$

8.3.2 拟合法：试验时，在弹性范围内记录轴向力和相应的轴向变形的一组数字数据对，将该组数据对拟合一数学表达式（例如多项式），得到拟合的轴向应力 - 轴向应变曲线。在拟合的轴向应力 - 轴向应变曲线的弹性范围内计算曲线在规定应力或应变值处的斜率，即为切线模量。

注：对于非线弹性金属材料，有关标准或协议在规定切线模量时，应说明切点的应力或应变值。

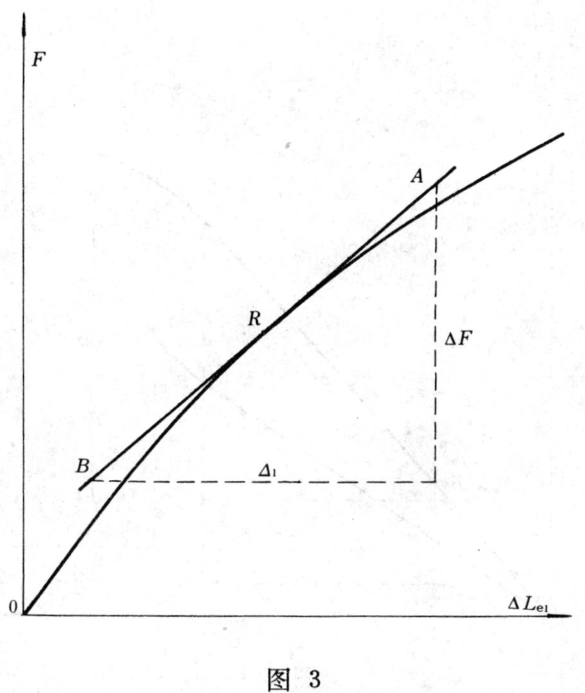

图 3

8.4 泊松比的测定

8.4.1 图解法 1：试验时，用自动记录方法绘制横向变形 - 轴向变形曲线，见图 4。在记录的横向变形 - 轴向变形曲线上，确定弹性直线段，在直线段上读取相距尽量远的 C、D 两点之间的横向变形增量和相应的轴向变形增量。按公式(8)计算泊松比。

$$\mu = \left(\frac{\Delta_t}{L_{et}}\right) / \left(\frac{\Delta_l}{L_{el}}\right) \quad \cdots\cdots (8)$$

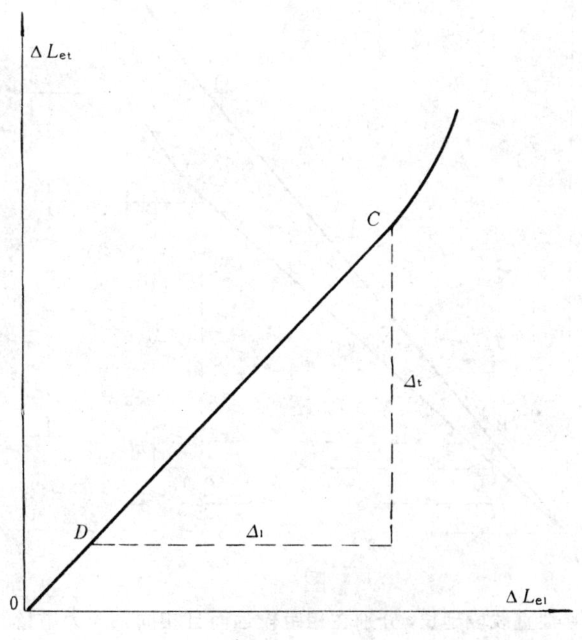

图 4

当在同一试验中，泊松比与杨氏模量一道进行测定时，推荐同时绘制轴向力 - 轴向变形曲线和横向变形 - 轴向变形曲线，见图 5。

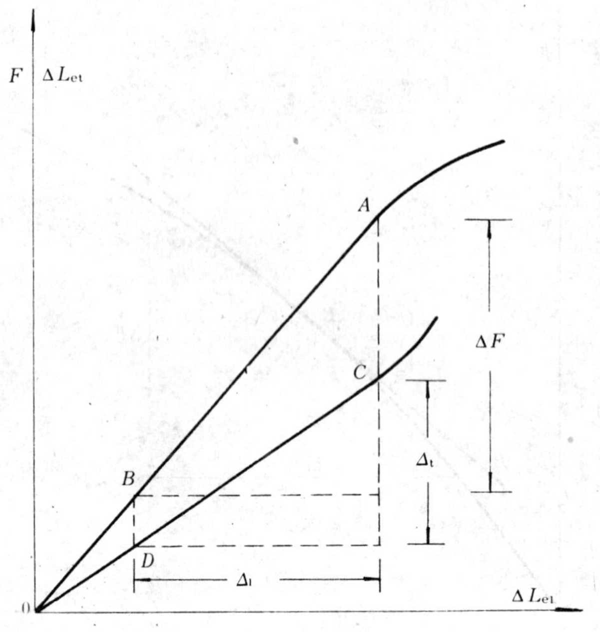

图 5

注：可以借助于直尺将弹性直线段延长，在相距较远的两点之间读取横向变形增量和相应的轴向变形增量。

8.4.2 图解法 2：试验时，用自动记录方法同时绘制横向变形－轴向力曲线和轴向变形－轴向力曲线，见图 6。在横向变形－轴向力曲线和轴向变形－轴向力曲线的弹性直线段上，分别读取相距尽量远而且相同轴向力增量的 C 、D 两点之间的横向变形增量，和 A 、B 两点之间的轴向变形增量。按公式(8)计算泊松比。

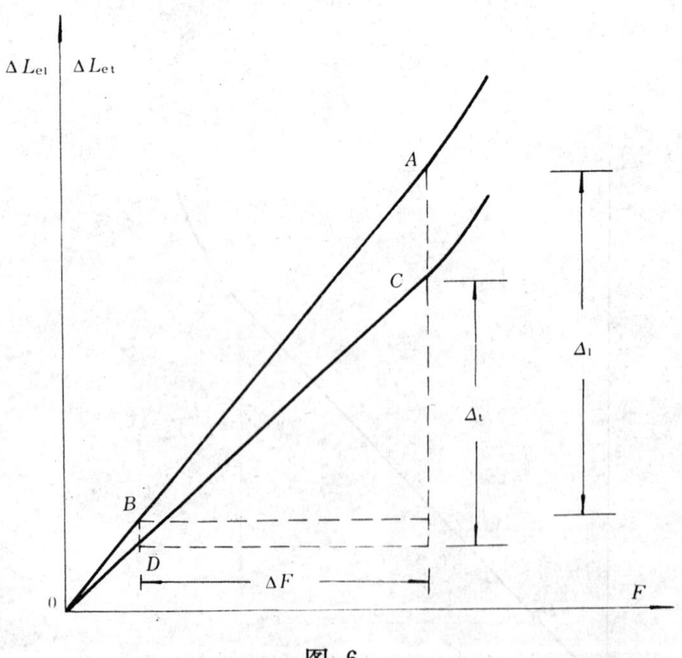

图 6

注：① 可以借助于直尺将弹性直线段延长，分别在相距较远而且相同轴向力增量的两点之间读取横向变形增量和轴向变形增量。

② 如分别在不同轴向力增量上读取横向变形增量和轴向变形增量，则不能直接使用公式(8)计算。可分别计算出横向应变增量与轴向应力增量之比和轴向应变增量与轴向应力增量之比。然后计算前者比值与后者比值之比，即为泊松比。

8.4.3 拟合法：试验时，在弹性范围内，在同一轴向力下记录横向变形和轴向变形的一组数字数据对。数据对的数目一般不小于8对。用最小二乘法将该组数据对拟合横向应变-轴向应变直线，直线的斜率即为泊松比。按公式(9)计算。

$$\mu = [\Sigma(\varepsilon_l \varepsilon_t) - k\bar{\varepsilon}_l \bar{\varepsilon}_t]/(\Sigma \varepsilon_l^2 - k\bar{\varepsilon}_l^2) \quad \cdots\cdots(9)$$

式中：$\varepsilon_l = \dfrac{\Delta L_{el}}{L_{el}}$

$\bar{\varepsilon}_l = \dfrac{\Sigma \varepsilon_l}{k}$

$\varepsilon_t = \dfrac{\Delta L_{et}}{L_{et}}$

$\bar{\varepsilon}_t = \dfrac{\Sigma \varepsilon_t}{k}$

注：如果分别记录横向变形-轴向力和轴向变形-轴向力的两组数字数据对，则应用最小二乘法将每组数据对拟合横向应变-轴向应力和轴向应变-轴向应力直线，并计算拟合直线斜率。前者斜率与后者斜率之比即为泊松比。

8.4.4 按公式(5)计算拟合直线斜率变度系数，其值在2%以内，所得泊松比为有效。

8.5 测定杨氏模量、弦线模量、切线模量和泊松比，在弹性范围内进行三次测定，报告三次测定的平均值。如用一次施力与其他力学性能一道进行测定，应注明。

9 测定性能数值的修约

杨氏模量、弦线模量、切线模量和泊松比，一般保留3位有效数字，其余数位的数字应进行修约，修约的方法按GB 8170—87《数字修约规则》执行。

附加说明：

本标准由冶金工业部钢铁研究总院起草。

本标准主要起草人梁新邦。

中华人民共和国国家标准

UDC 669.2/.8 :620.175

GB 10128—88

金属室温扭转试验方法

Metallic materials—Torsion test at room temperature

1 主题内容与适用范围

本标准规定了金属室温扭转试验方法的术语、符号、原理、试样、试验设备、试验条件、性能测定、测得性能数值的修约和试验报告。

本标准适用于金属材料，在室温下测定其扭转力学性能。

2 引用标准

GB 6397 金属拉伸试验试样

GB 8170 数值修约规则

3 原理

对试样施加扭矩，测量扭矩及其相应的扭角，一般扭至断裂，以便测定本标准定义的一项或几项扭转力学性能。

4 术语、符号

4.1 术语

4.1.1 试样平行长度：试样两头部或两夹持部分（不带头试样）之间的平行长度。

4.1.2 试样标距：试样上用以测量扭角的两标记间距离的长度。

4.1.3 扭转计标距：用扭转计测量试样扭角所使用试样部分的长度。

4.1.4 切变模量：切应力与切应变成线性比例关系范围内切应力与切应变之比。

4.1.5 规定非比例扭转应力：扭转试验中，试样标距部分外表面上的非比例切应变达到规定数值时，按弹性扭转公式计算的切应力。

注：表示此应力的符号应附以角注说明，例如$\tau_{P0.015}$、$\tau_{P0.3}$等，分别表示规定的非比例切应变达到0.015%和0.3%时的切应力。

4.1.6 屈服点：扭转试验中，扭角增加而扭矩不增加（保持恒定）时，按弹性扭转公式计算的切应力。如扭矩发生下降，则应区分上屈服点和下屈服点。

4.1.6.1 上屈服点：扭转试验中，以首次发生下降前的最大扭矩，按弹性扭转公式计算的切应力。

4.1.6.2 下屈服点：以屈服阶段中的最小扭矩，按弹性扭转公式计算的切应力。

4.1.7 抗扭强度：试样在扭断前承受的最大扭矩，按弹性扭转公式计算的切应力。

4.1.8 最大非比例切应变：试样扭断时其外表面上的最大非比例切应变。

4.2 符号

符号、名称和单位列于表1。

中华人民共和国冶金工业部1988-12-01批准　　1990-01-01实施

表 1

符　　号	名　　　　称	单　位
d_0	圆形试样和管形试样平行长度部分的外直径	mm
a_0	管形试样平行长度部分的管壁厚度	
L_c	试样平行长度	
L_0	试样标距	
L_e	扭转计标距	
L	试样总长度	
R	试样头部过渡半径	
T	扭矩	N·mm
T_p	规定非比例扭矩（试验记录或报告中应附以所测应力的角注，例如$T_{p0.015}$、$T_{p0.3}$等）	
T_s	屈服扭矩	
T_{su}	上屈服扭矩	
T_{sl}	下屈服扭矩	
T_b	最大扭矩	
ΔT	扭矩增量	
φ	扭角	rad
φ_{max}	最大非比例扭角	
$\Delta\varphi$	扭角增量	
I_p	极惯性矩	mm^4
W	截面系数	mm^3
G	切变模量	N/mm^2
τ_p	规定非比例扭转应力	
τ_s	屈服点	
τ_{su}	上屈服点	
τ_{sl}	下屈服点	
τ_b	抗扭强度	
γ_p	非比例切应变	%
γ_{max}	最大非比例切应变	
n	扭角轴放大倍数	
π	圆周率	

5 试样

5.1 试样形状和尺寸

5.1.1 圆形试样的形状和尺寸见图1。试样头部形状和尺寸应适合试验机夹头夹持。推荐采用直径为10mm，标距分别为50mm和100mm，平行长度分别为70mm和120mm的试样。如采用其他直径的试样，其平行长度应为标距加上两倍直径。

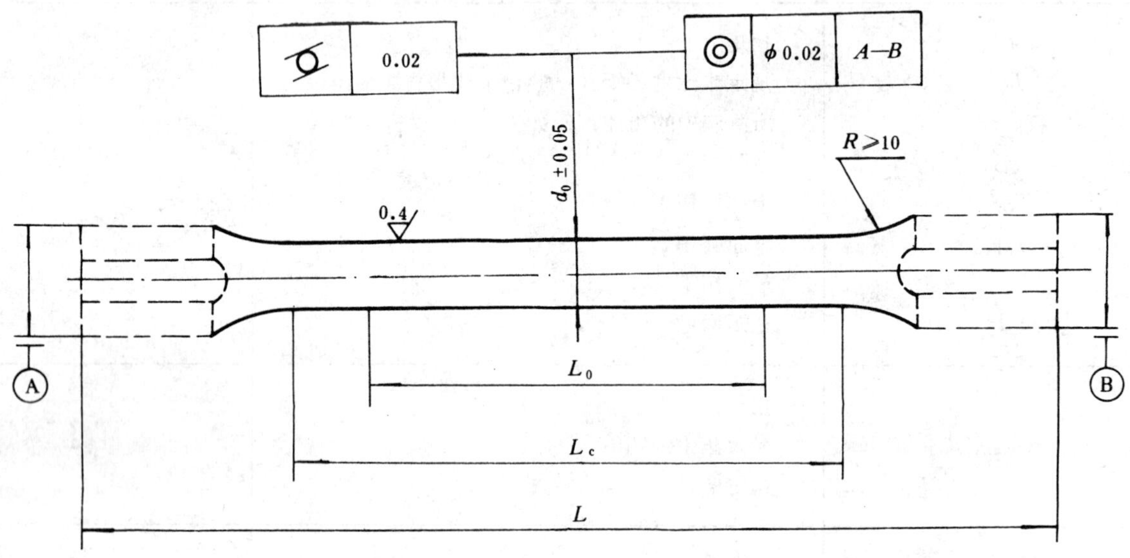

图 1 圆形试样

5.1.2 管形试样的平行长度应为标距加上两倍外直径。其外直径和管壁厚度的尺寸公差及内外表面粗糙度应符合有关标准或协议要求。试样应平直。试样两端应间隙配合塞头，塞头不应伸进其平行长度内。塞头的形状和尺寸可参照GB 6397中3.6.3.2的图3（b）。

5.2 试样尺寸测量

5.2.1 圆形试样应在标距两端及其中间处两个相互垂直的方向上各测一次直径，并取其算术平均值，取用三处测得直径的算术平均值计算试样的极惯性矩；取用三处测得直径的算术平均值中的最小值计算试样的截面系数。

5.2.2 管形试样应在其一端两个相互垂直的方向上各测一次外直径，取其算术平均值。在同一端两个相互垂直的方向上测量四处管壁厚度，取其算术平均值。取用测得的平均外直径和平均管壁厚度计算管形试样的极惯性矩和截面系数。

5.2.3 按表2选用量具。量具应由计量部门定期进行检定。

表 2 mm

试　样　尺　寸		量具的最小分度值　不大于
直径		0.01
壁厚	<1 ≥1	0.002 0.01
标距		0.05

5.2.4 测量时应估读到量具最小分度的半个分度值。

6 试验设备

6.1 试验机

6.1.1 试验机扭矩示值相对误差应不大于±1%。

6.1.2 试验时，试验机两夹头中之一应能沿轴向自由移动，对试样无附加轴向力，两夹头保持同轴。

6.1.3 试验机应能对试样连续施加扭矩，无冲击和震动。

6.1.4 应具有良好的读数稳定性，在30s内保持扭矩恒定。

6.1.5 试验机应由计量部门定期进行检定。

6.2 扭转计

允许使用不同类型的扭转计测量扭角，推荐使用电子型扭转计，但均必须满足如下要求：

6.2.1 扭转计标距偏差应不大于±0.5%，并能牢固地装卡在试样上，试验过程中不发生滑移。

6.2.2 扭转计示值线性误差应不大于±1%。

6.2.3 扭转计应进行标定。

7 试验条件

7.1 试验在室温（10～35℃）下进行。

7.2 扭转速度：屈服前应在6°～30°/min范围内，屈服后不大于360°/min。速度的改变应无冲击。

8 性能测定

8.1 切变模量的测定

8.1.1 图解法：试验时，用自动记录方法记录扭矩－扭角曲线。扭矩轴比例的选择应使扭矩－扭角曲线的弹性直线段的高度超过扭矩轴量程的1/2以上。扭角轴放大倍数的选择应使扭矩－扭角曲线的弹性直线段与扭矩轴夹角不小于40°为宜。在所记录曲线的弹性直线段上，读取扭矩增量和相应的扭角增量，见图2。按公式（1）计算切变模量。

$$G=\frac{\Delta T\cdot L_e}{\Delta\varphi\cdot I_p}\quad\cdots\cdots(1)$$

式中I_p为：

圆形试样：

$$I_p=\frac{\pi d_0^4}{32}\quad\cdots\cdots(2)$$

管形试样：

$$I_p = \frac{\pi d_0^3 a_0}{4}\left[1 - \frac{3a_0}{d_0} + \frac{4a_0^2}{d_0^2} - \frac{2a_0^3}{d_0^3}\right] \quad \cdots\cdots\cdots\cdots\cdots\cdots (3)$$

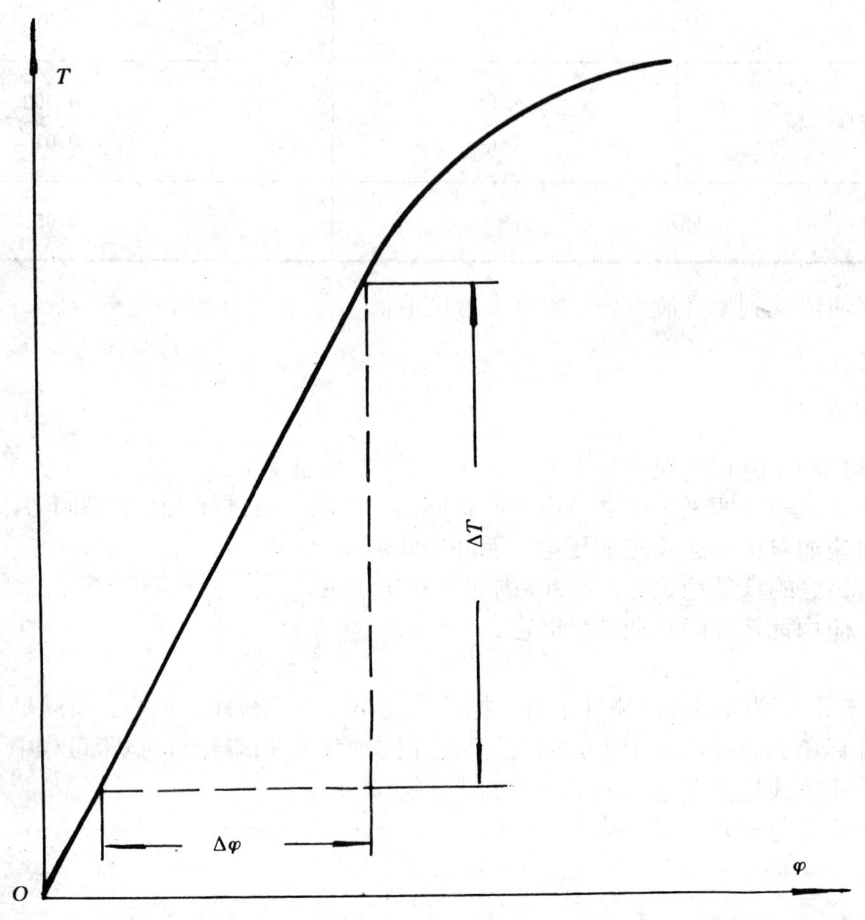

图 2

8.1.2 逐级加载法：试验时，对试样施加预扭矩，预扭矩一般不超过相应预期规定非比例扭转应力 $\tau_{P0.015}$ 的10%。装上扭转计并调整其零点。在弹性直线段范围内，用不少于 5 级等扭矩对试样加载。记录每级扭矩和相应的扭角，读取每对数据对的时间以不超过10 s为宜。计算出平均每级扭角增量。按公式（1）计算切变模量。测定举例见附录B。

注：允许用最小二乘法将数据对拟合直线计算切变模量。

8.2 规定非比例扭转应力的测定

8.2.1 图解法：试验时，用自动记录方法记录扭矩－扭角曲线，见图3。应选择适当的扭矩轴比例，使所要测定的应力对应的扭矩处于扭矩轴量程的1/2以上。选择扭角轴的放大倍数应使图3中的$\overline{OC}$段大于 5 mm。在记录得的曲线上延长弹性直线段交扭角轴于O点，截取$\overline{OC}$（$\overline{OC} = 2nL_e\gamma_p/d_0$）段，过$C$点作弹性直线段的平行线$CA$交曲线于$A$点，$A$点对应的扭矩为所求扭矩$T_p$。按公式（4）计算规定非比例扭转应力。

$$\tau_p = \frac{T_p}{W} \quad \cdots\cdots\cdots\cdots\cdots\cdots (4)$$

式中W为：

圆形试样：

$$W = \frac{\pi d_0^3}{16} \qquad \cdots\cdots (5)$$

管形试样：

$$W = \frac{\pi d_0^2 a_0}{2} \left[1 - \frac{3a_0}{d_0} + \frac{4a_0^2}{d_0^2} - \frac{2a_0^3}{d_0^3}\right] \qquad \cdots\cdots (6)$$

注：图解法测定真实规定非比例扭转应力按附录A（补充件）进行。

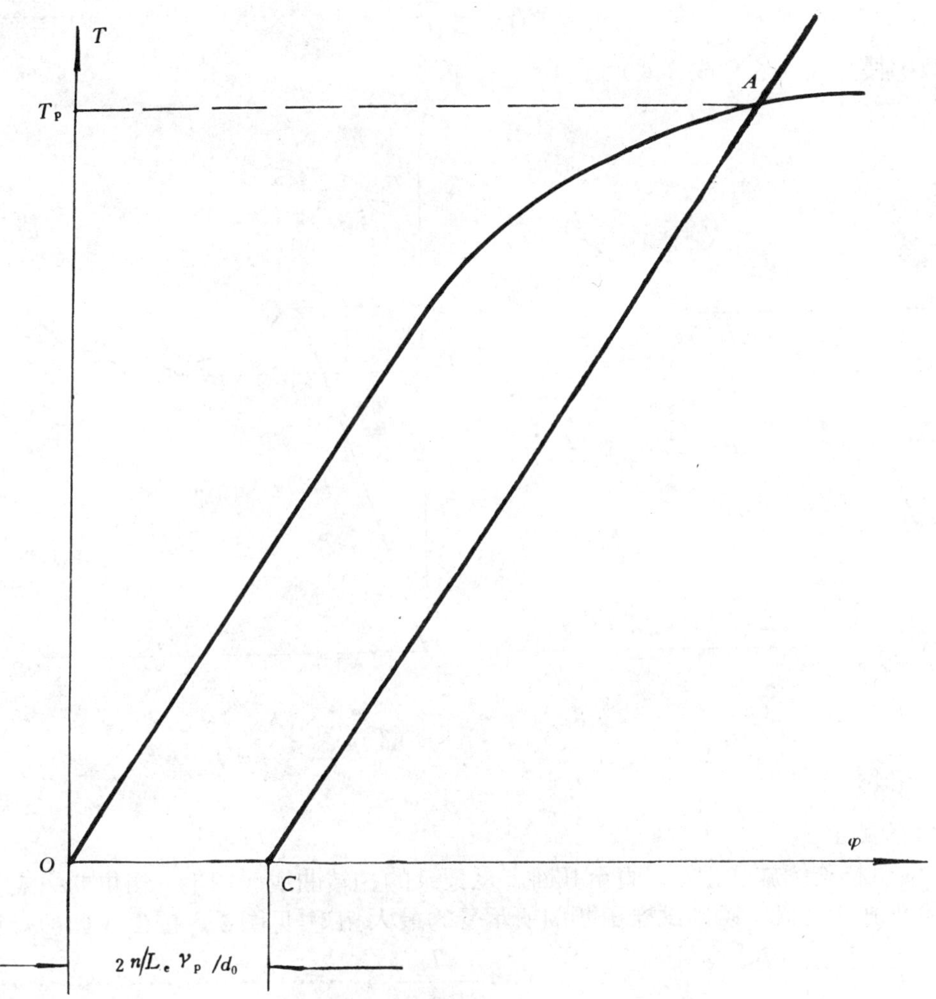

图 3

8.2.2 逐级加载法：试验时，按8.1.2对试样施加预扭矩后，装卡扭转计并调整零点。在相当于规定非比例扭转应力 $\tau_{P0.015}$ 的70％～80％以前，施加大等级扭矩，以后施加小等级扭矩，小等级扭矩应相当于不大于10N/mm²的切应力增量。读取各级扭矩和相应的扭角。读取每对数据对的时间以不超过10s为宜。

从各级扭矩下的扭角读数中减去计算得的弹性部分扭角，即得非比例部分扭角。施加扭矩直至得到非比例扭角等于或稍大于所规定的数值为止。用内插法求出精确的扭矩，按公式（4）计算规定非比例扭转应力。测定举例见附录C。

8.3 屈服点、上屈服点和下屈服点的测定

采用图解法或指针法进行测定（仲裁试验采用图解法）。试验时用自动记录方法记录扭转曲线（扭矩－扭角曲线或扭矩－夹头转角曲线），或直接观测试验机扭矩度盘指针的指示。当首次扭角增加而扭

矩不增加（保持恒定）时的扭矩为屈服扭矩；首次下降前的最大扭矩为上屈服扭矩；屈服阶段中最小扭矩为下屈服扭矩。见图 4 。分别按公式（ 7 ）、（ 8 ）和（ 9 ）计算屈服点、上屈服点和下屈服点。

$$\tau_s = \frac{T_s}{W} \quad \cdots\cdots (7)$$

$$\tau_{su} = \frac{T_{su}}{W} \quad \cdots\cdots (8)$$

$$\tau_{sl} = \frac{T_{sl}}{W} \quad \cdots\cdots (9)$$

式中截面系数W按公式（ 5 ）或（ 6 ）计算。

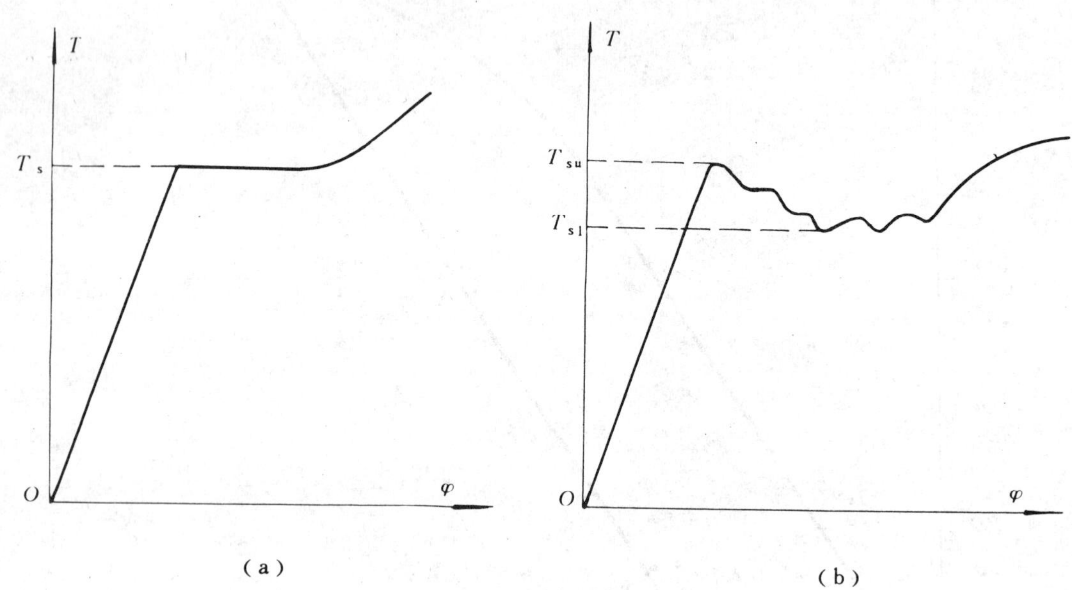

图 4

8.4 抗扭强度的测定

试验时，对试样连续施加扭矩，直至扭断。从记录的扭转曲线（扭矩－扭角曲线或扭矩－夹头转角曲线）或试验机扭矩度盘上读出试样扭断前所承受的最大扭矩。见图 5 。按公式(10)计算抗扭强度。

$$\tau_b = \frac{T_b}{W} \quad \cdots\cdots (10)$$

式中截面系数W按公式（ 5 ）或（ 6 ）计算。

注：图解法测定真实抗扭强度按附录 A（补充件）进行。

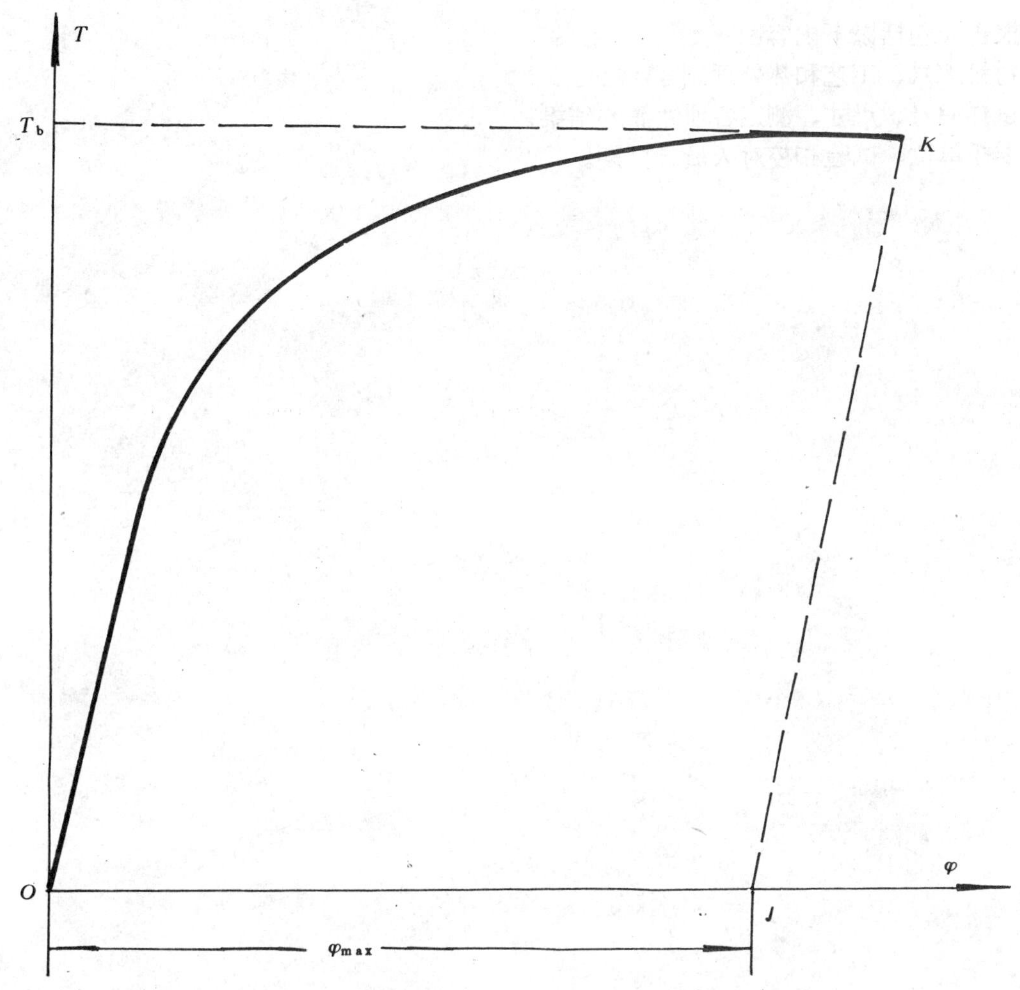

图 5

8.5 最大非比例切应变的测定

试验时，对试样连续施加扭矩，记录扭矩－扭角曲线，直至扭断。过断裂点K作曲线的弹性直线段的平行线KJ交扭角轴于J点，$\overline{OJ}$即为最大非比例扭角，见图 5 。按公式（11）计算最大非比例切应变。

$$\gamma_{max}(\%) = \mathrm{arctg}\left(\frac{\varphi_{max} \cdot d_0}{2L_e}\right) \times 100 \quad \cdots\cdots (11)$$

9 测得性能数值的修约

测得性能数值按表 3 的规定修约，修约的方法按GB 8170执行。

表 3

扭转性能	修约到
G	100 N/ mm²
τ_p、τ_s、τ_{su}、τ_{sl}、τ_b	1 N/ mm²
γ_{max}	0.5 %

10 试验报告

试验报告应包括以下内容：

a. 材料牌号、工艺和热处理制度；

b. 试样编号、尺寸、测定各项性能的结果；

c. 委托单位、试验和校对人员、日期。

附 录 A
真实规定非比例扭转应力与真实抗扭强度的测定方法
（补充件）

本附录仅当有关标准或协议提出此项测定要求时才执行。

A 1 适用范围

本附录适用于金属材料圆形试样的真实规定非比例扭转应力和真实抗扭强度的测定。

A 2 术语、符号

A 2.1 真实规定非比例扭转应力τ_{tp}：扭转试验中，圆形试样标距部分外表面上的非比例切应变达到规定数值时，按刘德维克－卡曼公式计算的切应力。

注：表示此应力的符号应附以角注说明，例如$\tau_{tp0.015}$、$\tau_{tp0.3}$分别表示规定非比例切应变达到0.015％和0.3％时的真实切应力。

A 2.2 真实抗扭强度τ_{tb}：扭转试验中，圆形试样扭断时，按刘德维克－卡曼公式计算的最大切应力。

A 3 试样、试验设备和试验条件

对试样、试验设备和试验条件的要求，分别与本标准中第5、6、7章的要求相同。

A 4 测定方法

A 4.1 图解法测定真实规定非比例扭转应力

试验时，按8.2.1记录扭矩－扭角曲线和作平行线图解确定交点A后，以A点为切点，过A点作曲线的切线AT_1交扭矩轴于T_1，见图A 1。读取A点扭矩T_A和扭矩T_1。按公式（A1）计算真实规定非比例扭转应力。

$$\tau_{tp}=\frac{4}{\pi d_0^3}\left[3T_A+\theta_A\left(\frac{dT}{d\theta}\right)_A\right]=\frac{4}{\pi d_0^3}\left[4T_A-T_1\right] \qquad \text{(A1)}$$

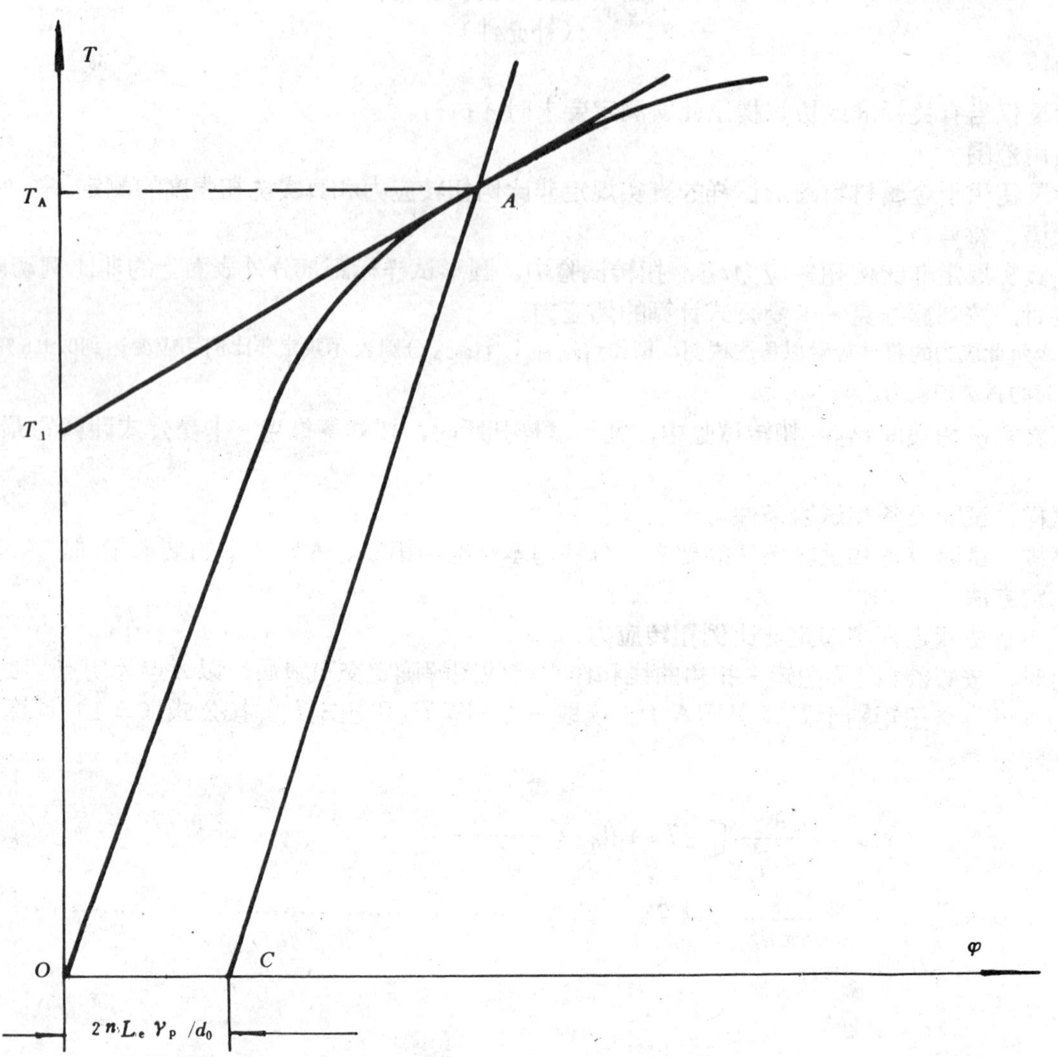

图 A 1

A 4.2 图解法测定真实抗扭强度

试验时，用自动记录方法记录扭矩－扭角曲线，直至试样扭断。以曲线上断裂点K为切点，过K点作曲线的切线KT_B交扭矩轴于T_B，见图A 2。读取K点的扭矩T_K和扭矩T_B。按公式（A 2）计算真实抗扭强度。

$$\tau_{tb} = \frac{4}{\pi d_0^3}\left[3T_K + \theta_K\left(\frac{dT}{d\theta}\right)_K\right] = \frac{4}{\pi d_0^3}\left[4T_K - T_B\right] \quad \cdots\cdots (A\,2)$$

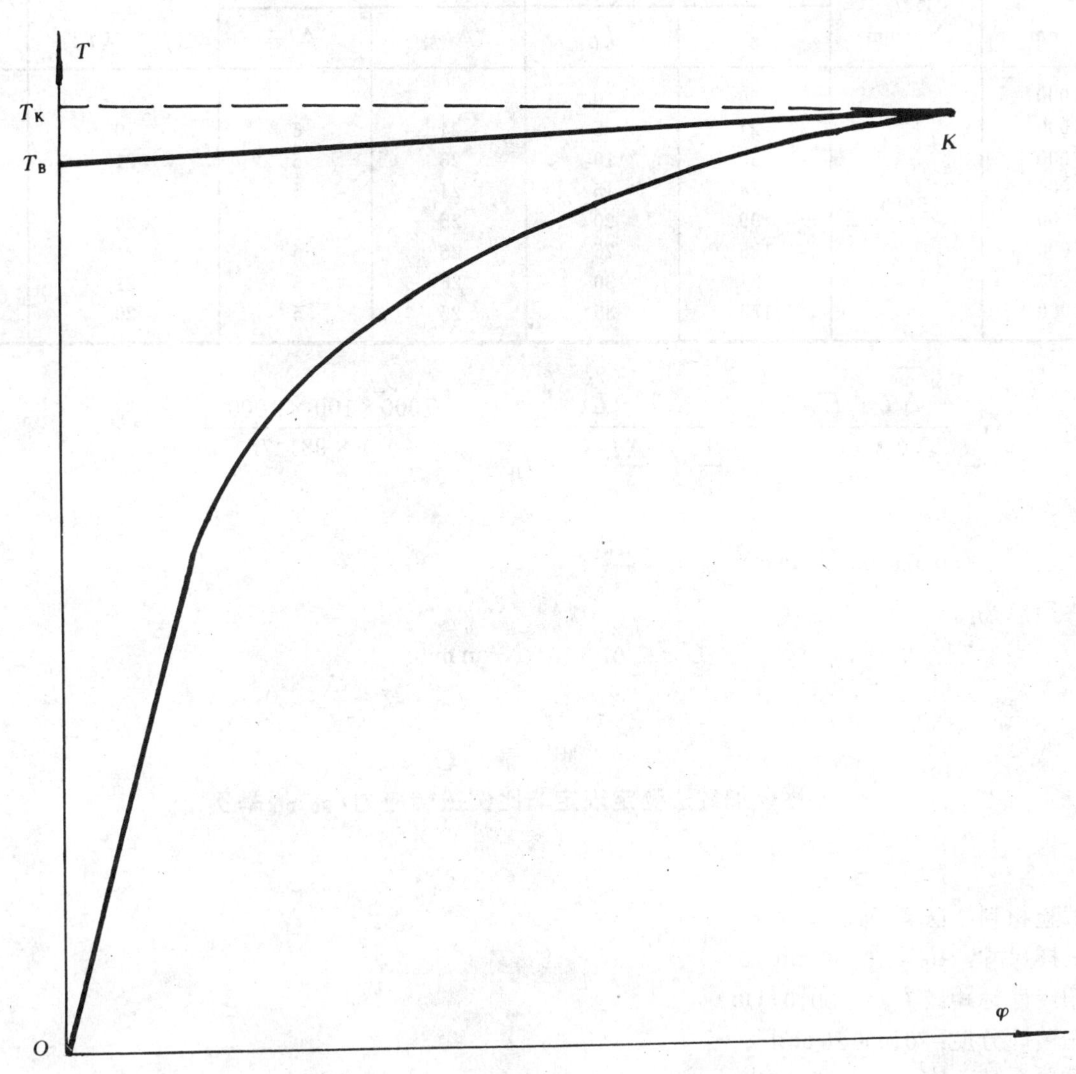

图 A2

A 5 真实规定非比例扭转应力 τ_{tp} 和真实抗扭强度 τ_{tb} 的测定结果数值修约到 1 N/mm²。

附 录 B
逐级加载法测定切变模量举例
（参考件）

试验材料：钛合金　　　　委托单位：

试样尺寸：$d_0 = 10.00$ mm　　　　试样编号：

扭转计标距：$L_e = 100.0$ mm　　　　扭转计类型：镜式仪

镜面至标尺距离：$s = 1\,000$ mm

极惯性矩：$I_P = 981.75$ mm⁴

表 B1

扭 矩 T N·mm	扭矩增量 ΔT N·mm	标尺读数，mm		读数增量，mm		读数差 mm	读数差平均值，mm
		$l_{左}$	$l_{右}$	$\Delta l_{左}$	$\Delta l_{右}$	$\Delta l_{左}-\Delta l_{右}$	Δl
10 000	5 000	0	0				20.1
15 000		24	5	24	5	19	
20 000		50	10	26	5	21	
25 000		74	15	24	5	19	
30 000		99	20	25	5	20	
35 000		125	25	26	5	21	
40 000		151	30	26	5	21	
45 000		176	35	25	5	20	

$$G=\frac{\Delta T\cdot L_e}{\Delta\varphi\cdot I_p}=\frac{\Delta T\cdot L_e}{\frac{1}{2}\left(\frac{\Delta l}{s}\right)\cdot I_p}=\frac{5\,000\times100\times2\,000}{20.1\times981.75}$$

$=50\,676.08\ \mathrm{N/mm^2}$

修约后为：

$$G=5.07\times10^4\ \mathrm{N/mm^2}$$

附 录 C
逐级加载法测定规定非比例扭转应力$\tau_{P0.015}$举例
（参考件）

试验材料：碳素钢

试样尺寸：$d_0=10.00$ mm

扭转计标距：$L_e=100.0$ mm

扭转计分度：0.000 25 rad

截面系数：$W=196.35\ \mathrm{mm^3}$

预期规定非比例扭转应力$\tau_{P0.015}=250\ \mathrm{N/mm^2}$

取初始预应力$\tau_0=10\%\tau_{P0.015}=25\ \mathrm{N/mm^2}$，相当于预扭矩$T_0=\tau_0\cdot W=4\,908$ N·mm，整取$T_0=5\,000$ N·mm。

相当于预期规定非比例扭转应力的80％的扭矩为：

$$T=80\%\tau_{P0.015}W=80\times250\times196.35/100=39\,270\ \mathrm{N\cdot mm}$$

整取$T=39\,000$ N·mm。

在预期规定非比例扭转应力的80％以前施加大等级扭矩，以后施加小等级扭矩。大等级扭矩取3级，每级为：

$$\Delta T=\frac{T-T_0}{3}=\frac{39\,000-5\,000}{3}=11\,333\ \mathrm{N\cdot mm}$$

整取$\Delta T=11\,000$ N·mm。

小等级扭矩取$\Delta T_1=2\,000$ N·mm。

试验记录见表C 1。

表 C1

扭矩 T N·mm	扭转计读数 分度	读数增量 分度	计算的比例扭角读数 分度	计算的非比例扭角读数 分度
5 000	0	0		
16 000	53	53		
27 000	109	56		
38 000	165	56		
40 000	174	9	$\Delta A_{2000}=10.3$	
42 000	186	12		
44 000	197	11		
46 000	207	10		
48 000	219	12		
50 000	232	13		
52 000	249	17	242.3	6.7
54 000	270	21	252.6	17.4
56 000	296	26	262.9	33.1

在线性比例范围内计算得的小等级扭矩的扭角平均增量为：

$$\Delta A_{2\,000}=\frac{232-0}{50\,000-5\,000}\times 2\,000=10.3\text{分度}$$

从总扭角读数中减去按每2 000 N·mm对应的比例扭角为10.3分度这样计算的比例扭角部分，即可得非比例扭角部分。

由于要测定的规定非比例扭转应力$\tau_{P0.015}$，其规定的非比例切应变为0.015%，所对应的扭转计分度数为：

$$\left(2\times 0.015\%\times\frac{L_e}{d_0}\right)/0.000\,25=\left(2\times\frac{0.015}{100}\times\frac{100.0}{10.00}\right)/0.000\,25=12\text{分度}$$

从表C1中读出最接近非比例扭角为12分度时对应的扭矩为52 000 N·mm，用内插法求出精确的扭矩值为：

$$T_{P0.015}=52\,000+\left(\frac{54\,000-52\,000}{17.4-6.7}\right)\times(12-6.7)=52\,990.65\,\text{N·mm}$$

则得：

$$\tau_{P0.015}=\frac{T_{P0.015}}{W}=\frac{52990.65}{196.35}=269.879\,\text{N/mm}^2$$

修约后为：

$$\tau_{P0.015}=270\,\text{N/mm}^2$$

附加说明：

本标准由冶金工业部情报标准研究总所提出。

本标准由冶金工业部钢铁研究总院、有色金属总公司有色金属研究总院负责起草。

本标准主要起草人梁新邦、邹林瑛、高舜芝、周瑞君、刘如珊。

前　言

本标准等效采用国际标准 ISO 2566-1:1984《钢的伸长率换算—碳素钢和低合金钢》。

本标准与 ISO 2566-1:1984 标准在伸长率换算的适用范围和换算公式等方面完全相同，因此换算结果完全一致，在技术上等效。

本标准与 ISO 标准有下列差异：

1. 本标准给出了换算的基本公式及各种条件下的具体换算公式，ISO 标准只给出了两种条件下的具体换算公式。

2. 本标准给出的换算公式包含了 ISO 标准中全部换算表的计算公式，因此，将 ISO 标准中的 21 个换算表删减至 4 个。

3. 本标准采用的符号与 GB/T 228—1987《金属拉伸试验方法》和 GB/T 10623—1989《金属力学性能试验术语》保持一致，与 ISO 标准略有不同。

4. 本标准换算因子表中个别数值的尾数与 ISO 标准略有出入，本标准按照 GB/T 8170—1987《数值修约规则》修约。

GB/T 17600 在《钢的伸长率换算》的总标题下，分为两个部分：

GB/T 17600.1—1998　第 1 部分：碳素钢和低合金钢

GB/T 17600.2—1998　第 2 部分：奥氏体钢

自本标准实施之日起 YB 4080—1992《钢的伸长率换算(碳钢和低合金钢)》作废。

本标准由中华人民共和国原冶金工业部提出。

本标准由全国钢标准化技术委员会归口。

本标准起草单位：昆明钢铁总公司、冶金部信息标准研究院。

本标准主要起草人：于小飞、姜清梅、罗学兰、殷国强、周　燕。

ISO 前言

ISO(国际标准化组织)是世界性国家标准机构(ISO 成员)的联合组织。通过由 ISO 技术委员会制修订国际标准。对已经成立技术委员会的学科感兴趣的成员有权参加那个委员会。与 ISO 协作的政府和非政府的国际组织也参与工作。被技术委员会采纳的国际标准草案作为国际标准被 ISO 委员会认可前将发给成员国进行投票表决。国际标准 ISO 2566-1 由 ISO/TC17 钢委员会归口,并在 1983 年 4 月发给各成员国表决。

投赞成票的成员国有:

澳大利亚	奥地利	比利时	保加利亚	加拿大	中国	捷克	芬兰
法国	德国	匈牙利	印度	伊朗	意大利	肯尼亚	朝鲜
韩国	墨西哥	荷兰	挪威	波兰	罗马尼亚	南非	泰国
坦桑尼亚	西班牙	土耳其	英国	苏联			

由于技术上的原因投反对票的成员国有:

瑞典

中华人民共和国国家标准

钢的伸长率换算 第1部分:碳素钢和低合金钢

GB/T 17600.1—1998
eqv ISO 2566-1:1984

Steel—Conversion of elongation values—
Part 1:Carbon and low alloy steels

1 范围

本标准规定了室温下不同标距断后伸长率之间的换算方法。它包括伸长率的换算公式和换算因子表以及进行这类换算的曲线图。

本标准适用于抗拉强度在300～700 MPa范围内的热轧、热轧和正火或退火状态、回火或无回火的碳素钢和低合金钢。

本标准不适用于冷轧(拔)状态钢、淬火回火钢和奥氏体钢。

本标准也不适用于试样的原始标距长度超过25 $\sqrt{S_0}$或宽厚比超过20的试样。

当板状试样厚度小于4 mm时,本标准公式(1)中的指数 n 随厚度的减小而增加,伸长率的换算值必须经过供需双方商定。

本标准的换算方法是国际统一采用的,在本标准范围内的换算是可靠的,但由于影响伸长率测定的因素很多,因此是否采用本标准换算应由有关标准或协议决定。

如有争议或仲裁时,应按有关标准或协议规定的标距实际测定伸长率值。

2 引用标准

下列标准所包含的条文,通过在本标准中引用而构成为本标准的条文。本标准出版时,所示版本均为有效。所有标准都会被修订,使用本标准的各方应探讨使用下列标准最新版本的可能性。

GB/T 228—1987　金属拉伸试验方法

GB/T 8170—1987　数值修约规则

3 定义

本标准采用下列定义。

3.1　试样标距　拉伸试验过程中用以测量试样伸长的两标记之间的长度。试验前的标距称原始标距,试样拉断后的标距称断后标距。

3.2　比例标距　与试样横截面积的平方根成比例关系的试样原始标距,可表示为 $L_0=K\sqrt{S_0}$(符号见表1)。例如:$L_0=5.65\sqrt{S_0}$、$11.3\sqrt{S_0}$以及 $4d_0$。

3.3　定标距　通常不规定原始标距长度与试样横截面积的平方根之间的比例关系,而是以给定的尺寸表示标距长度。例如:L_0=50 mm、80 mm、100 mm和200 mm。

国家质量技术监督局1998-12-07批准　　　　1999-07-01实施

4 符号

本标准采用的符号见表1。

表1 符号

符号	说明
δ	实测断后伸长率
δ_r	断后伸长率
d_0	圆形试样平行长度部分的原始直径
L_0	试样的原始标距
L_{0r}	δ_r 所对应试样的原始标距
S_0	试样原始横截面积
S_{0r}	δ_r 所对应试样的原始横截面积
K	拉伸试样的比例系数，$K=L_0/\sqrt{S_0}$
K_r	δ_r 所对应试样的比例系数，$K_r=L_{0r}/\sqrt{S_{0r}}$
n	近似材料常数，在本标准适用范围内 $n=0.4$
λ	不同比例标距之间伸长率的换算因子
α	不同定标距之间伸长率的换算因子
β	标距 $5.65\sqrt{S_0}$ 的伸长率与不同定标距伸长率之间的换算因子
γ	标距 $4\sqrt{S_0}$ 的伸长率与不同定标距伸长率之间的换算因子

5 伸长率的换算

5.1 基本公式

伸长率的换算以 Oliver 公式为基础，用于换算的基本公式可表示为：

$$\delta_r = (L_0/\sqrt{S_0})^n \cdot (\sqrt{S_{0r}}/L_{0r})^n \cdot \delta \qquad \cdots\cdots(1)$$

或

$$\delta_r = (K/K_r)^n \cdot \delta \qquad \cdots\cdots(2)$$

为便于使用，本标准给出了由基本公式导出的，在不同条件下使用的简化公式及换算因子；根据公式绘制了曲线图，可从图形上直接查出伸长率的换算值。

注：本标准中伸长率的换算值按 GB/T 228 和 GB/T 8170 的相应条款进行修约。

5.2 由已知比例标距的伸长率换算到另一个比例标距的伸长率

根据公式(2)计算出常用比例试样的 $(K/K_r)^{0.4}$ 值，称换算因子 λ，列于表2，则 $\delta_r=\lambda\cdot\delta$。

例：已知标距 $5.65\sqrt{S_0}$ 的伸长率为 25%，换算成标距 $11.3\sqrt{S_0}$ 的伸长率。查表2，$\lambda=0.758$，则 $\delta_r=0.758\times25\%=18.95\%$，修约到 19%。

5.3 横截面积相等的试样，从一个定标距伸长率换算到另一个定标距的伸长率

将基本公式(1)简化：

$$\delta_r = (L_0/L_{0r})^{0.4} \cdot \delta \qquad \cdots\cdots(3)$$

计算出常用定标距试样的 $(L_0/L_{0r})^{0.4}$ 值，称换算因子 α，列于表3，则 $\delta_r=\alpha\cdot\delta$。

例：已知定标距为 200 mm 试样的实测伸长率为 20%，换算到相同横截面积下，定标距为 100 mm 的伸长率值，查表3，得知 $\alpha=1.320$，则 $\delta_r=1.320\times20\%=26.40\%$，修约到 26%。

5.4 由比例标距伸长率换算定标距的伸长率

将基本公式简化成：

$$\delta_r = K^{0.4} \cdot (\sqrt{S_{0r}}/L_{0r})^{0.4} \cdot \delta \qquad \cdots\cdots(4)$$

如果已知标距为 $5.65\sqrt{S_0}$ 的伸长率，需换算成其他定标距试样的伸长率，则：

$$\delta_r = 2(\sqrt{S_{0r}}/L_{0r})^{0.4} \cdot \delta \quad \cdots\cdots (5)$$

计算出 $2(\sqrt{S_{0r}}/L_{0r})^{0.4}$值，称换算因子 β，列于表 4，则 $\delta_r=\beta \cdot \delta$。

如果已知标距 $4\sqrt{S_0}$的伸长率，需换算其他定标距试样的伸长率，则：

$$\delta_r = 1.74(\sqrt{S_{0r}}/L_{0r})^{0.4} \cdot \delta \quad \cdots\cdots (6)$$

计算出 $1.74(\sqrt{S_{0r}}/L_{0r})^{0.4}$值，称换算因子 γ，列于表 5，则 $\delta_r=\gamma \cdot \delta$。

其他比例标距也可通过表 2 的换算因子先换算到 $5.65\sqrt{S_0}$的伸长率，再按式(5)换算成定标距伸长率。

如反向换算，即将定标距的伸长率换算成比例标距的伸长率时，则采用换算因子的倒数。

例 1：标距 $5.65\sqrt{S_0}$的伸长率为 20%，换算成宽为 25 mm，厚为 6 mm，标距为 50 mm 试样的伸长率，根据表 4 换算为 δ_r=20%×1.139=22.78%，修约到 23%。

例 2：40 mm×10 mm，标距 200 mm 的试样，伸长率为 25%，换算成标距为 $5.65\sqrt{S_0}$的伸长率，根据表 4 换算为 δ_r=25%×1/0.796=31.41%，修约到 31%。

表 2　不同比例标距之间伸长率的换算因子 λ

实测伸长率试样的原始标距 L_0	换算到下列比例标距的换算因子 λ					
	$4\sqrt{S_0}$	$5.65\sqrt{S_0}$	$8.16\sqrt{S_0}$	$11.3\sqrt{S_0}$	$4d_0$	$8d_0$
$4\sqrt{S_0}$	1.000	0.871	0.752	0.660	0.952	0.722
$5.65\sqrt{S_0}$	1.148	1.000	0.863	0.758	1.093	0.829
$8.16\sqrt{S_0}$	1.330	1.158	1.000	0.878	1.267	0.960
$11.3\sqrt{S_0}$	1.515	1.320	1.139	1.000	1.443	1.093
$4d_0$	1.050	0.915	0.790	0.693	1.000	0.758
$8d_0$	1.386	1.207	1.042	0.915	1.320	1.000
注：原始标距 $5d_0=5.65\sqrt{S_0}$；$10d_0=11.3\sqrt{S_0}$。						

表 3　不同定标距之间伸长率的换算因子 α(横截面积相同)

实测伸长率试样的原始标距 L_0	换算到下列定标距的换算因子 α			
	50 mm	80 mm	100 mm	200 mm
50 mm	1.000	0.829	0.758	0.574
80 mm	1.207	1.000	0.915	0.693
100 mm	1.320	1.093	1.000	0.758
200 mm	1.741	1.443	1.320	1.000

5.5　横截面积不等的试样，由一个定标距伸长率换算另一个定标距的伸长率

按式(1)换算。也可利用表 4 或表 5 分两步进行换算，首先将已知定标距的伸长率换算到比例标距的伸长率，如 $5.65\sqrt{S_{0r}}$或 $4\sqrt{S_{0r}}$，再换算成欲求定标距的伸长率。

例：40 mm×15 mm，标距 200 mm 试样的伸长率为 24%，换算成 30 mm×10 mm 试样，标距为 200 mm，100 mm 和 50 mm 的伸长率。

首先根据表 4 换算到 $5.65\sqrt{S_0}$标距的伸长率即 24%×1/0.863=27.81%；

换算到 30 mm×10 mm，200 mm 标距的伸长率，即 δ_r=27.81%×0.752=20.91%（见表 4），修约到 21%；

换算到 30 mm×10 mm，100 mm 标距的伸长率，δ_r=27.81%×0.992=27.58%，修约到 28%；

换算到 30 mm×10 mm，50 mm 标距的伸长率，δ_r=27.81%×1.309=36.40%，修约到 36%。

其他比例标距的伸长率可根据表 2 给出的换算因子换算。

6 曲线图的应用

6.1 曲线图 1～图 5 是伸长率换算的另一种快速方法。

6.2 图 1 和图 2 是根据式(5)在等式两边取对数而得到的，图 1 用于标距 $5.65\sqrt{S_0}$和 50 mm 之间的伸长率换算，图 2 用于标距 $5.65\sqrt{S_0}$和 200 mm 之间的伸长率换算。

例：25 mm×12.5 mm，横截面积为 312.5 mm²，标距为 200 mm 的试样，伸长率 21%，求标距 $5.65\sqrt{S_0}$的伸长率。

从图 2 的横坐标上找到 312.5 mm² 和纵坐标上找到 21，其交点通过的斜线所对应的值为 27.7%，修约到 28%；即欲求的 $5.65\sqrt{S_0}$标距的伸长率值。

6.3 图 3 和图 4 是根据式(6)在等式两边取对数而得到的，分别用于 $4\sqrt{S_0}$与 50 mm 及 $4\sqrt{S_0}$与 200 mm之间的伸长率换算，应用方法同 6.2。

6.4 图 5 是根据式(2)的换算因子 $\lambda=(K/K_r)^{0.4}$取对数得到的，即：

$$\lg\lambda = 0.4\lg K - 0.4\lg K_r \quad \cdots\cdots(7)$$

用于获得各种类型试样的换算因子 λ，应用中需按下述步骤进行：

a）计算出两个试样的比例系数，$K=L_0/\sqrt{S_0}$、$K_r=L_{0r}/\sqrt{S_{0r}}$；

b）从图 5 上读出换算因子 λ，即横坐标上找到 K，纵坐标上找到 K_r，其交点通过的斜线所对应的值为 λ 值；

c）求得的伸长率为：$\delta_r=\lambda\cdot\delta$。

例：14 mm×30 mm 板状试样，横截面积为 420 mm²，定标距 L_0=200 mm 的实测伸长率为 20%，需换算同样横截面积下 L_{0r}=100 mm 时的伸长率。

首先求出 $K=200/\sqrt{420}=9.76$，$K_r=100/\sqrt{420}=4.88$。

再从图 5 的横坐标找到 9.76，纵坐标找到 4.88，其交点处于斜线 1.30 与 1.35 之间，λ=1.32。

最后 δ_r=1.32×20%=26.4%，修约到 26%。

表 4 标距 $5.65\sqrt{S_0}$的伸长率与不同定标距伸长率的换算因子 β

欲求伸长率试样的横截面积 S_{0r} mm²	由标距 $5.65\sqrt{S_0}$换算到下列定标距的换算因子 β			
	200 mm	100 mm	80 mm	50 mm
5	0.331	0.437	0.478	0.577
10	0.381	0.502	0.549	0.663
15	0.413	0.545	0.596	0.719
20	0.437	0.577	0.631	0.761
25	0.457	0.603	0.660	0.796
30	0.474	0.626	0.684	0.826
35	0.489	0.645	0.706	0.852

表 4(续)

欲求伸长率试样的横截面积 S_{0r} mm²	由标距 5.65 $\sqrt{S_0}$ 换算到下列定标距的换算因子 β			
	200 mm	100 mm	80 mm	50 mm
40	0.502	0.663	0.725	0.875
45	0.514	0.679	0.742	0.896
50	0.525	0.693	0.758	0.915
55	0.535	0.706	0.772	0.932
60	0.545	0.719	0.786	0.949
70	0.562	0.741	0.811	0.978
80	0.577	0.761	0.833	1.005
90	0.591	0.780	0.852	1.029
100	0.603	0.796	0.871	1.051
110	0.615	0.812	0.887	1.071
120	0.626	0.826	0.903	1.090
130	0.636	0.839	0.917	1.107
140	0.645	0.852	0.931	1.124
150	0.654	0.863	0.944	1.139
160	0.663	0.875	0.956	1.154
170	0.671	0.885	0.968	1.168
180	0.679	0.896	0.979	1.182
190	0.686	0.905	0.990	1.195
200	0.693	0.915	1.000	1.207
210	0.700	0.924	1.010	1.219
220	0.706	0.932	1.019	1.230
230	0.713	0.941	1.028	1.241
240	0.719	0.949	1.037	1.252
250	0.725	0.956	1.046	1.262
260	0.730	0.964	1.054	1.272
270	0.736	0.971	1.062	1.281
280	0.741	0.978	1.070	1.291
290	0.747	0.985	1.077	1.300
300	0.752	0.992	1.084	1.309
310	0.757	0.998	1.092	1.317
320	0.761	1.005	1.099	1.326
330	0.766	1.011	1.105	1.334
340	0.771	1.017	1.112	1.342
350	0.775	1.023	1.118	1.350
360	0.780	1.029	1.125	1.357
370	0.784	1.034	1.131	1.365
380	0.788	1.040	1.137	1.372
390	0.792	1.045	1.143	1.379
400	0.796	1.051	1.149	1.386
410	0.800	1.056	1.154	1.393
420	0.804	1.061	1.160	1.400
430	0.808	1.066	1.165	1.406

表 4(续)

欲求伸长率试样的横截面积 S_{0r} mm²	由标距 5.65 $\sqrt{S_0}$ 换算到下列定标距的换算因子 β			
	200 mm	100 mm	80 mm	50 mm
440	0.812	1.071	1.171	1.413
450	0.815	1.076	1.176	1.419
460	0.819	1.080	1.181	1.426
470	0.822	1.085	1.186	1.432
480	0.826	1.090	1.191	1.438
490	0.829	1.094	1.196	1.444
500	0.833	1.099	1.201	1.450
550	0.849	1.120	1.224	1.477
600	0.863	1.139	1.246	1.503
650	0.877	1.158	1.266	1.528
700	0.891	1.175	1.285	1.550
750	0.903	1.191	1.303	1.572
800	0.915	1.207	1.320	1.592
850	0.926	1.222	1.336	1.612
900	0.936	1.236	1.351	1.630
950	0.947	1.249	1.366	1.648
1 000	0.956	1.262	1.380	1.665
1 050	0.966	1.274	1.393	1.681
1 100	0.975	1.286	1.406	1.697
1 150	0.983	1.298	1.419	1.712
1 200	0.992	1.309	1.431	1.727
1 250	1.000	1.320	1.443	1.741
1 300	1.008	1.330	1.454	1.755
1 350	1.016	1.340	1.465	1.768
1 400	1.023	1.350	1.476	1.781
1 450	1.030	1.359	1.486	1.794
1 500	1.037	1.369	1.496	1.806
1 550	1.044	1.378	1.506	1.818
1 600	1.051	1.386	1.516	1.829
1 650	1.057	1.395	1.525	1.841
1 700	1.063	1.403	1.534	1.852
1 750	1.070	1.411	1.543	1.862
1 800	1.076	1.419	1.552	1.873
1 850	1.082	1.427	1.560	1.883
1 900	1.087	1.435	1.569	1.893
1 950	1.093	1.442	1.577	1.903
2 000	1.099	1.450	1.585	1.913
2 050	1.104	1.457	1.593	1.922
2 100	1.109	1.464	1.600	1.931
2 150	1.115	1.471	1.608	1.941
2 200	1.120	1.477	1.615	1.950
2 250	1.125	1.484	1.623	1.958

表 4(完)

欲求伸长率试样的横截面积 S_{0r} mm²	由标距 5.65 $\sqrt{S_0}$ 换算到下列定标距的换算因子 β			
	200 mm	100 mm	80 mm	50 mm
2 300	1.130	1.491	1.630	1.967
2 350	1.135	1.497	1.637	1.975
2 400	1.139	1.503	1.644	1.984
2 450	1.144	1.510	1.651	1.992
2 500	1.149	1.516	1.657	2.000
2 550	1.153	1.522	1.664	2.008
2 600	1.158	1.528	1.670	2.016
2 650	1.162	1.533	1.677	2.023
2 700	1.167	1.539	1.683	2.031
2 750	1.171	1.545	1.689	2.038
2 800	1.175	1.550	1.695	2.046
2 850	1.179	1.556	1.701	2.053
2 900	1.183	1.561	1.707	2.060
2 950	1.187	1.567	1.713	2.067
3 000	1.191	1.572	1.719	2.074

表 5　标距 4 $\sqrt{S_0}$的伸长率与不同定标距伸长率的换算因子 γ

欲求伸长率试样的横截面积 S_{0r} mm²	由比例标距 4 $\sqrt{S_0}$ 换算到下列定标距的换算因子 γ			
	200 mm	100 mm	80 mm	50 mm
5	0.288	0.380	0.416	0.502
10	0.331	0.437	0.478	0.577
15	0.359	0.474	0.518	0.625
20	0.380	0.502	0.549	0.662
25	0.398	0.525	0.574	0.693
30	0.413	0.544	0.595	0.718
35	0.426	0.562	0.614	0.741
40	0.437	0.577	0.631	0.761
45	0.447	0.590	0.646	0.779
50	0.457	0.603	0.659	0.796
55	0.466	0.615	0.672	0.811
60	0.474	0.625	0.684	0.825
70	0.489	0.645	0.705	0.851
80	0.502	0.662	0.724	0.874
90	0.514	0.678	0.742	0.895
100	0.525	0.693	0.757	0.914
110	0.535	0.706	0.772	0.932
120	0.544	0.718	0.786	0.948
130	0.553	0.730	0.798	0.963
140	0.562	0.741	0.810	0.978
150	0.569	0.751	0.821	0.991
160	0.577	0.761	0.832	1.004

表 5(续)

欲求伸长率试样的横截面积 S_{0r} mm^2	由比例标距 4 $\sqrt{S_0}$ 换算到下列定标距的换算因子 γ			
	200 mm	100 mm	80 mm	50 mm
170	0.584	0.770	0.842	1.016
180	0.590	0.779	0.852	1.028
190	0.597	0.788	0.861	1.039
200	0.603	0.796	0.870	1.050
210	0.609	0.804	0.879	1.060
220	0.615	0.811	0.887	1.070
230	0.620	0.818	0.895	1.080
240	0.625	0.825	0.902	1.089
250	0.631	0.832	0.910	1.098
260	0.636	0.839	0.917	1.107
270	0.640	0.845	0.924	1.115
280	0.645	0.851	0.931	1.123
290	0.650	0.857	0.937	1.131
300	0.654	0.863	0.943	1.139
310	0.658	0.869	0.950	1.146
320	0.662	0.874	0.956	1.153
330	0.667	0.880	0.962	1.161
340	0.671	0.885	0.967	1.168
350	0.674	0.890	0.973	1.174
360	0.678	0.895	0.979	1.181
370	0.682	0.900	0.984	1.187
380	0.686	0.905	0.989	1.194
390	0.689	0.909	0.994	1.200
400	0.693	0.914	0.999	1.206
410	0.696	0.919	1.004	1.212
420	0.699	0.923	1.009	1.218
430	0.703	0.927	1.014	1.224
440	0.706	0.932	1.019	1.229
450	0.709	0.936	1.023	1.235
460	0.712	0.940	1.028	1.240
470	0.715	0.944	1.032	1.246
480	0.718	0.948	1.036	1.251
490	0.721	0.952	1.041	1.256
500	0.724	0.956	1.045	1.261
550	0.738	0.974	1.065	1.285
600	0.751	0.991	1.084	1.308
650	0.763	1.007	1.101	1.329
700	0.775	1.022	1.118	1.349
750	0.786	1.036	1.133	1.368
800	0.796	1.050	1.148	1.385
850	0.805	1.063	1.162	1.402
900	0.815	1.075	1.175	1.418

表 5(完)

欲求伸长率试样的横截面积 S_{0r} mm²	由比例标距 4 $\sqrt{S_0}$ 换算到下列定标距的换算因子 γ			
	200 mm	100 mm	80 mm	50 mm
950	0.824	1.087	1.188	1.434
1 000	0.832	1.098	1.200	1.449
1 050	0.840	1.109	1.212	1.463
1 100	0.848	1.119	1.223	1.477
1 150	0.856	1.129	1.234	1.490
1 200	0.863	1.139	1.245	1.502
1 250	0.870	1.148	1.255	1.515
1 300	0.877	1.157	1.265	1.527
1 350	0.883	1.166	1.275	1.538
1 400	0.890	1.174	1.284	1.549
1 450	0.896	1.183	1.293	1.560
1 500	0.902	1.191	1.302	1.571
1 550	0.908	1.198	1.310	1.581
1 600	0.914	1.206	1.319	1.591
1 650	0.920	1.214	1.327	1.601
1 700	0.925	1.221	1.335	1.611
1 750	0.931	1.228	1.343	1.620
1 800	0.936	1.235	1.350	1.629
1 850	0.941	1.242	1.358	1.638
1 900	0.946	1.248	1.365	1.647
1 950	0.951	1.255	1.372	1.656
2 000	0.956	1.261	1.379	1.664
2 050	0.960	1.267	1.386	1.672
2 100	0.965	1.273	1.392	1.680
2 150	0.970	1.279	1.399	1.688
2 200	0.974	1.285	1.405	1.696
2 250	0.979	1.291	1.412	1.704
2 300	0.983	1.297	1.418	1.711
2 350	0.987	1.302	1.424	1.719
2 400	0.991	1.308	1.430	1.726
2 450	0.995	1.313	1.436	1.733
2 500	0.999	1.319	1.442	1.740
2 550	1.003	1.324	1.448	1.747
2 600	1.007	1.329	1.453	1.754
2 650	1.011	1.334	1.459	1.760
2 700	1.015	1.339	1.464	1.767
2 750	1.019	1.344	1.470	1.773
2 800	1.022	1.349	1.475	1.780
2 850	1.026	1.354	1.480	1.786
2 900	1.029	1.358	1.485	1.792
2 950	1.033	1.363	1.490	1.799
3 000	1.036	1.368	1.495	1.805

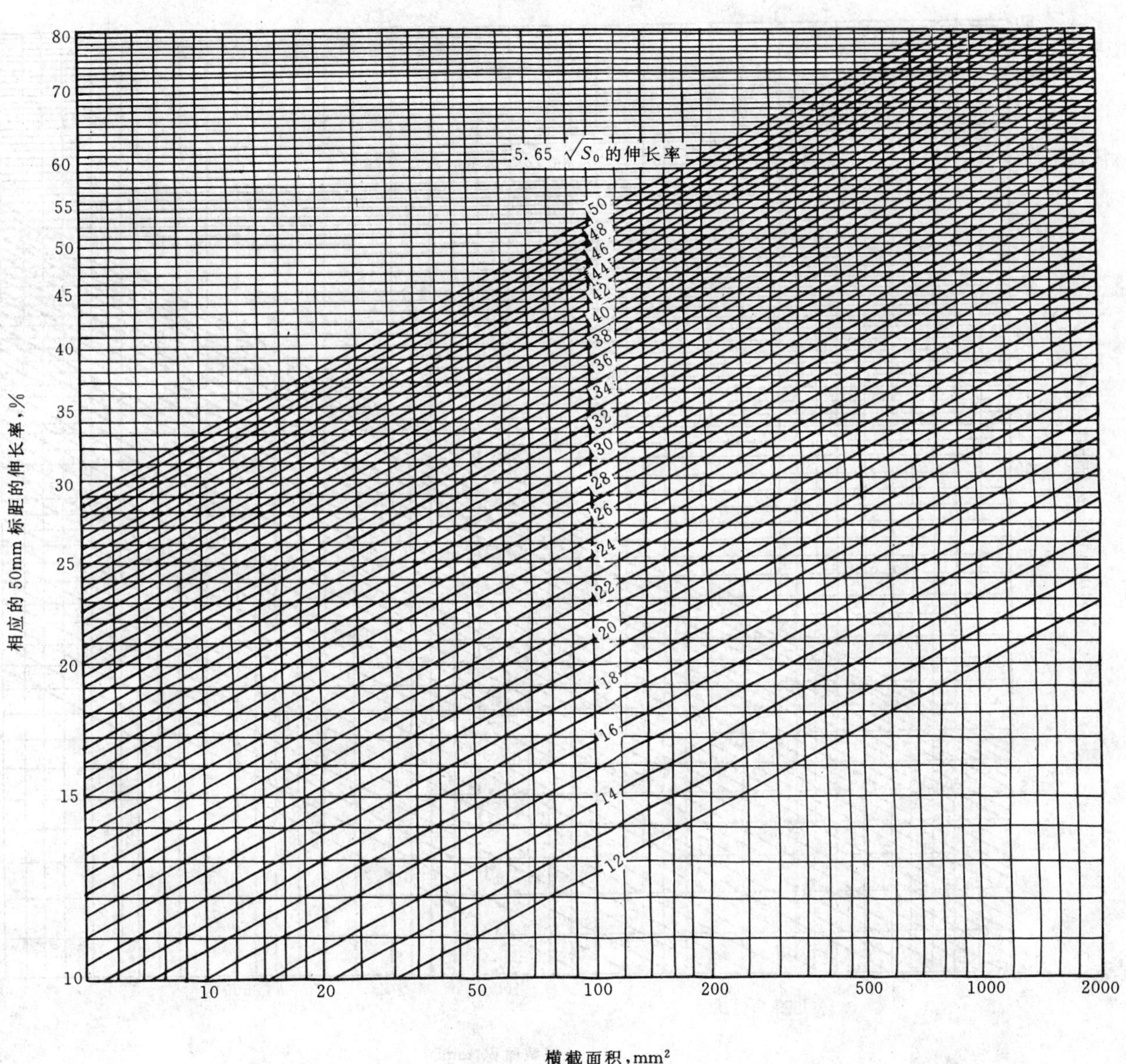

图1 5.65 $\sqrt{S_0}$与 50 mm 定标距的伸长率的换算

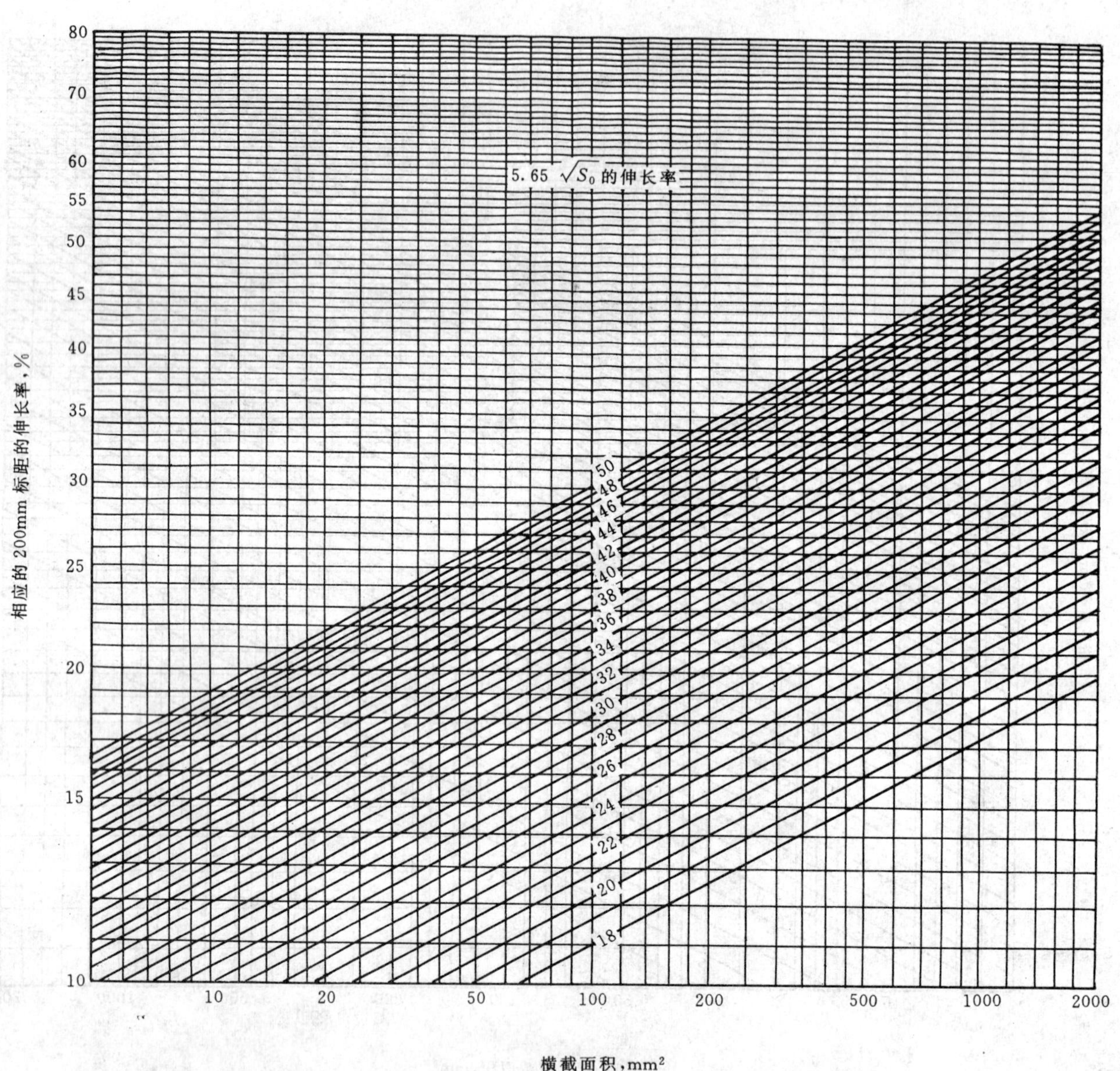

图 2　5.65 $\sqrt{S_0}$ 与 200 mm 标距的伸长率的换算

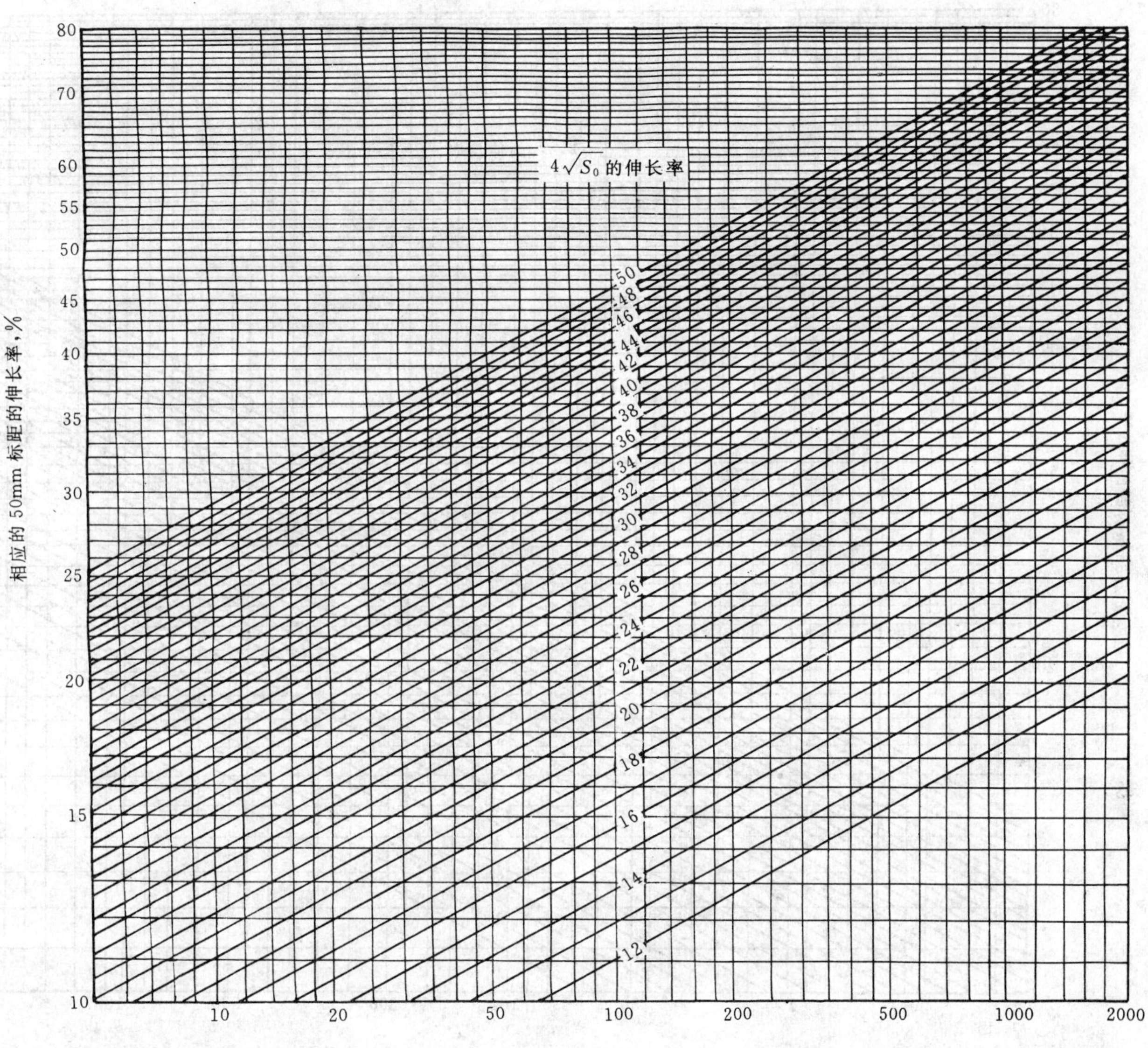

图 3　$4\sqrt{S_0}$与 50 mm 定标距的伸长率的换算

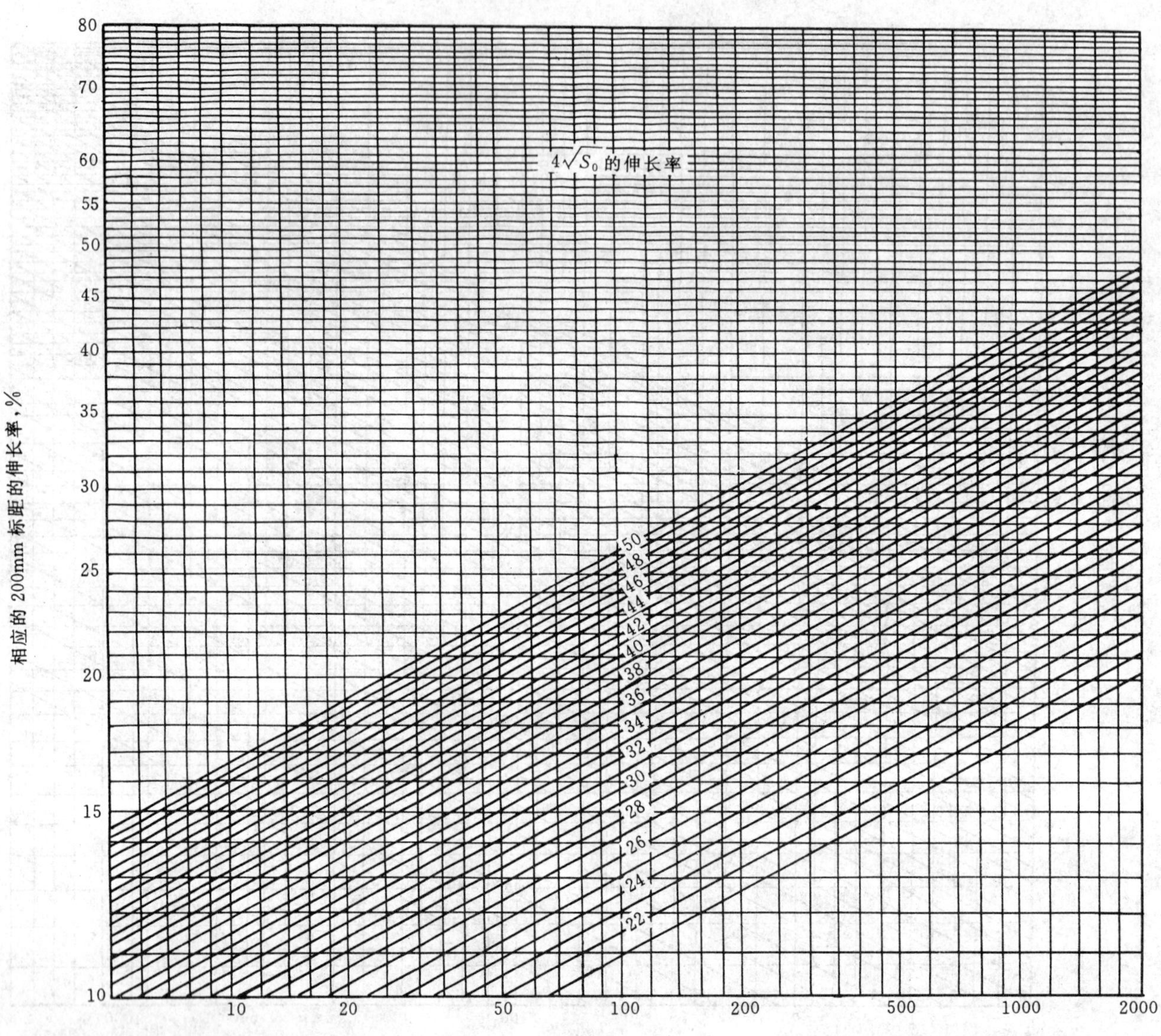

图 4　$4\sqrt{S_0}$与 200 mm 定标距的伸长率的换算

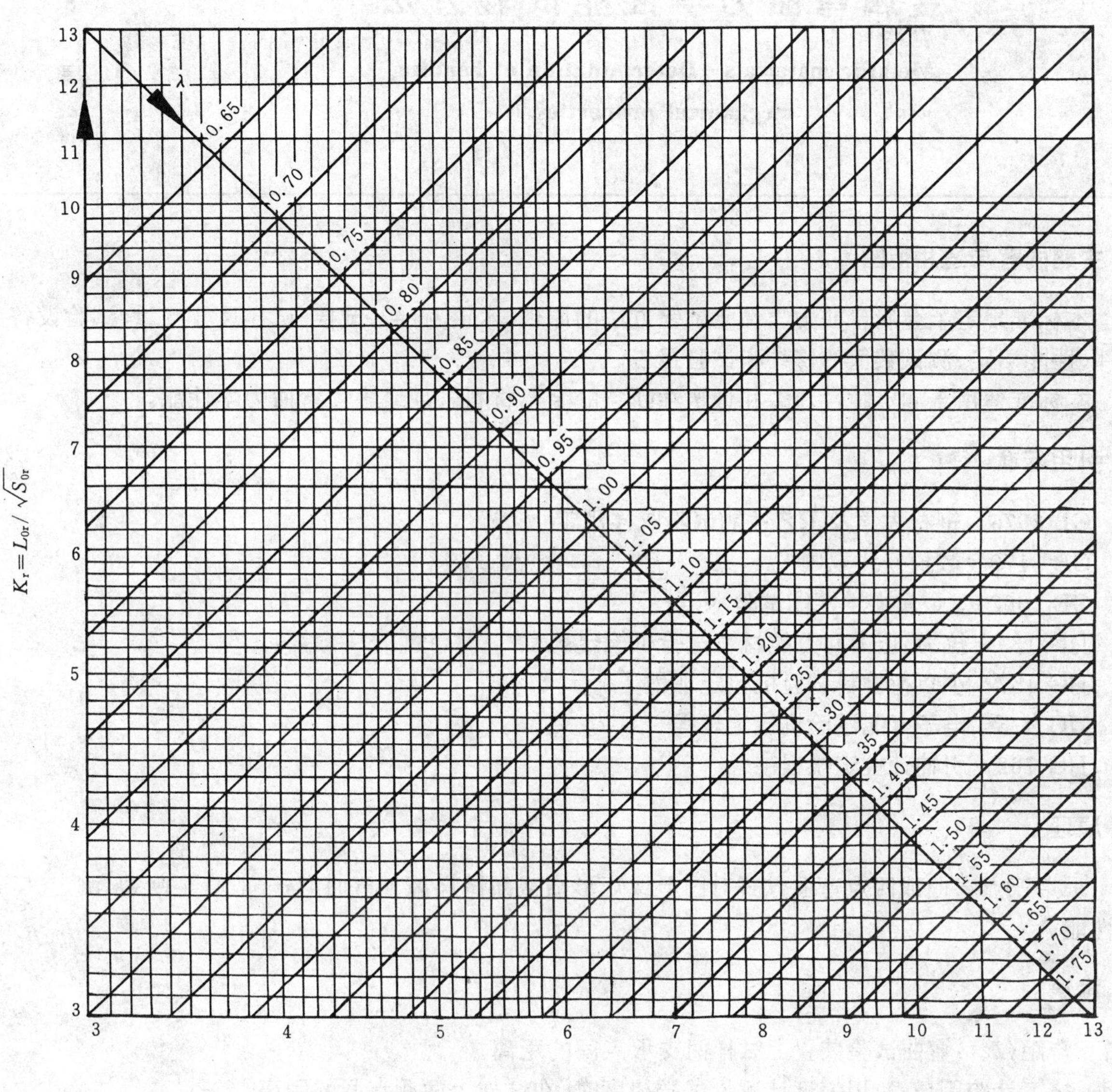

图 5　各类型试样的比例系数 K、K_r 与换算因子 λ 的关系

中华人民共和国国家标准

GB/T 14452—93

金属弯曲力学性能试验方法

Metallic materials—Determination of bending mechanical properties

1 主题内容与适用范围

本标准规定了金属弯曲力学性能试验方法的原理、术语、符号、试样、试样尺寸测量、试验设备、试验条件、性能测定、测试数值的修约和试验报告。

本标准适用于测定脆性断裂和低塑性断裂的金属材料一项或多项弯曲力学性能。

2 引用标准

GB 2975 钢材力学及工艺性能试验取样规定

GB 8170 数值修约规则

GB 10623 金属力学性能试验术语

JJG 139 拉力、压力和万能材料试验机检定规程

JJG 157 小负荷材料试验机检定规程

JJG 475 电子万能试验机检定规程

JJG 762 引伸计检定规程

3 原理

采用三点弯曲或四点弯曲方式对圆形或矩形横截面试样施加弯曲力，一般直至断裂，测定其弯曲力学性能。

4 术语

4.1 跨距(L_s)：弯曲试验装置上试样两支承点间的距离。

4.2 挠度计跨距(L_e)：用挠度计测量试样挠度时，在试样上两测点间的距离。

4.3 力臂(l)：四点弯曲试验中弯曲力作用平面或作用线与最近支承点间的距离。

4.4 弯曲力(F 或 $F/2$)：垂直于试样两支承点间连线的横向集中力。

4.5 最大弯曲应力：弯曲力在试样弯曲外表面产生的最大正应力。

4.6 最大弯曲应变：弯曲力在试样弯曲外表面产生的最大拉应变。

4.7 弯曲弹性模量(E_b)：弯曲应力与弯曲应变呈线性比例关系范围内的弯曲应力与弯曲应变之比。

4.8 规定非比例弯曲应力(σ_{pb})：弯曲试验中，试样弯曲外表面上的非比例弯曲应变达到规定值时，按弹性弯曲应力公式计算的最大弯曲应力。

注：表示此应力的符号应附以角注说明，例如 $\sigma_{pb0.01}$、$\sigma_{pb0.05}$ 和 $\sigma_{pb0.2}$ 等分别表示规定非比例弯曲应变达到 0.01%、0.05%和 0.2%时的最大弯曲应力。

4.9 规定残余弯曲应力(σ_{rb})：对试样施加弯曲力和卸除此力后，试样弯曲外表面上的残余弯曲应变达到规定值时，按弹性弯曲应力公式计算的最大弯曲应力。

国家技术监督局1993-06-01批准　　1993-01-01实施

注：表示此应力的符号应附以角注说明，例如 $\sigma_{rb0.01}$、$\sigma_{rb0.05}$和 $\sigma_{rb0.2}$等分别表示规定残余弯曲应变达到 0.01%、0.05%和 0.2%时的最大弯曲应力。

4.10 抗弯强度(σ_{bb})：试样弯曲至断裂，断裂前所达到的最大弯曲力，按弹性弯曲应力公式计算的最大弯曲应力。

4.11 挠度(f)：试样弯曲时，其中性线偏离原始位置的最大距离。

4.11.1 断裂挠度(f_{bb})：试样弯曲断裂时的挠度。

4.12 弯曲断裂能量(U)：试样弯曲至断裂所需的能量。

4.13 其他相关术语按照 GB 10623 的规定。

5 符号、名称和单位

本标准所采用的符号、名称和单位列于表 1。

表 1

符　　号	名　　称	单　　位
d	试样直径	mm
D_s	支承滚柱直径	
D_a	施力滚柱直径	
R	刀刃半径	
b	试样宽度	
h	试样高度	
L	试样长度	
t	矩形横截面试样 45°角倒棱的宽度	
L_s	跨距	
L_e	挠度计跨距	
l	力臂	
l_t	实际力臂	
f	挠度	
Δf	挠度增量	
f_{bb}	断裂挠度	
f_n	最后一次施力并将其卸除后的残余挠度	
f_{n-1}	最后前一次施力并将其卸除后的残余挠度	
f_{rb}	达到规定残余弯曲应变时的残余挠度	
y	试样弯曲时中性面至弯曲外表面的最大距离	

续表 1

符号	名称	单位
F	弯曲力	N
ΔF	弯曲力增量	
F_o	预弯曲力	
F_{pb}	规定非比例弯曲力	
F_{rb}	规定残余弯曲力	
F_{bb}	最大弯曲力	
F_n	最后一次施加的弯曲力	
F_{n-1}	最后前一次施加的弯曲力	
Z	力轴每毫米代表的力值	N/mm
S	弯曲试验曲线下包围的面积	mm^2
W	试样截面系数	mm^3
I	试样截面惯性矩	mm^4
E_b	弯曲弹性模量	MPa
σ_{pb}	规定非比例弯曲应力	
σ_{rb}	规定残余弯曲应力	
σ_{bb}	抗弯强度	
U	弯曲断裂能量	J
ε_{pb}	规定非比例弯曲应变	%
ε_{rb}	规定残余弯曲应变	
m	弯曲力、挠度数据对的数目	
n	挠度放大倍数	
π	圆周率(取四位有效数字)	
α	倒棱修正系数	

6 试样

6.1 试样形状和尺寸

6.1.1 采用圆形横截面试样和矩形横截面试样。试样的形状、尺寸、公差及表面要求应按有关标准或协议的规定。如无规定,可根据材料和产品尺寸从表 2 或 3 中选用合适的试样尺寸。

表 2 mm

<table>
<tr><th rowspan="2">试样</th><th rowspan="2">d</th><th rowspan="2">$h\times b$</th><th colspan="2">三点弯曲</th><th colspan="2">四点弯曲</th><th rowspan="2">D_s,D_a</th></tr>
<tr><th>L_s</th><th>L</th><th>L_s</th><th>L</th></tr>
<tr><td rowspan="6">圆形横截面</td><td>5</td><td rowspan="6"></td><td rowspan="6">$\geqslant 16\ d$</td><td rowspan="3">L_s+20</td><td rowspan="6"></td><td rowspan="6"></td><td rowspan="3">10</td></tr>
<tr><td>10</td></tr>
<tr><td>13</td></tr>
<tr><td>20</td><td rowspan="3">L_s+d</td><td>20 或 30</td></tr>
<tr><td>30</td><td rowspan="2">30</td></tr>
<tr><td>45</td></tr>
<tr><td rowspan="2">矩形横截面
(硬金属用)</td><td rowspan="2"></td><td>5×5</td><td>30</td><td>35</td><td rowspan="2"></td><td rowspan="2"></td><td rowspan="2">5</td></tr>
<tr><td>5.25×6.5</td><td>14.5</td><td>20</td></tr>
<tr><td rowspan="10">矩形横截面</td><td rowspan="10"></td><td>5×5</td><td rowspan="10">$\geqslant 16\ h$</td><td rowspan="6">L_s+20</td><td rowspan="10">$\geqslant 16\ h$</td><td rowspan="6">L_s+20</td><td rowspan="6">10</td></tr>
<tr><td>5×7.5</td></tr>
<tr><td>10×10</td></tr>
<tr><td>10×15</td></tr>
<tr><td>13×13</td></tr>
<tr><td>13×19.5</td></tr>
<tr><td>20×20</td><td rowspan="4">L_s+h</td><td rowspan="4">L_s+h</td><td rowspan="2">20 或 30</td></tr>
<tr><td>20×30</td></tr>
<tr><td>30×30</td><td rowspan="2">30</td></tr>
<tr><td>30×40</td></tr>
</table>

表 3 mm

<table>
<tr><th colspan="2">薄板试样横截面尺寸</th><th rowspan="3">h</th><th rowspan="3">L_s</th><th rowspan="3">L</th><th rowspan="3">R</th></tr>
<tr><th colspan="2">产品宽度</th></tr>
<tr><th>≤10</th><th>>10</th></tr>
<tr><td rowspan="3">$b\times h$</td><td rowspan="3">$10\times h$</td><td>0.25～0.5</td><td>$100h$～$150h$</td><td>$250h$</td><td rowspan="2">0.10～0.15</td></tr>
<tr><td>>0.5～1.5</td><td>$50h$～$100h$</td><td>$160h$</td></tr>
<tr><td>>1.5～<5</td><td>80～120</td><td>110～150</td><td>2.5</td></tr>
</table>

6.1.2 进行对比试验时，试样横截面形状、尺寸和跨距应相同。

6.2 样坯的切取与试样的制备

6.2.1 样坯切取的方向和部位应按有关标准或GB 2975规定执行。切取样坯和机加工试样的方法不应改变材料的弯曲力学性能。

6.2.2 有关标准或协议如无规定时，机加工试样的尺寸公差和形状公差按表4的规定。形状公差为跨距范围内同一横截面尺寸的最大值与最小值之差。

表 4

mm

试样横截面尺寸范围	非机加工试样		机加工试样	
	尺寸公差	形状公差	尺寸公差	形状公差
>3～5	±0.5	标称尺寸的3%	±0.05	0.03
>5～10	±1.0		±0.10	0.05
>10～20	±1.5		±0.15	0.08
>20～45	±2.0		±0.20	0.10

6.2.3 铸造试样需要机加工与否应由有关标准或协议规定。如需要机加工，其表面粗糙度 *R*a 值应不大于3.2 μm。

6.2.4 硬金属试样的四个相邻侧面的表面粗糙度 *R*a 值应不大于0.4 μm。四条长棱应进行45°角倒棱，倒棱宽度不应超过0.5 mm。倒棱磨削机加工方向与试样长度方向相同。

6.2.5 薄板试样的两个宽面应保留原表面，两窄面的机加工表面粗糙度 *R*a 值一般不大于6.3 μm。应去除试样棱边的毛刺。

6.2.6 其他类型试样在其长度范围内的机加工表面粗糙度 *R*a 值应不大于0.8 μm，除非有关标准或协议另作规定。

6.2.7 试样应平直。从盘卷切取的薄板试样允许稍有弯曲，但曲率半径与厚度之比应大于500。不允许对试样进行矫直或矫平。

6.3 试样数量

6.3.1 薄板试样：至少试验6个试样，试验时，拱面向上和向下各试验3个试样。圆形、矩形横截面试样：一般每个试验点需试验3个试样。

7 试样尺寸测量

7.1 圆形横截面试样应在跨距两端和中间处两个相互垂直的方向测量其直径。计算弯曲弹性模量时，取用三处直径测量值的算术平均值；计算弯曲应力时，取用中间处直径测量值的算术平均值。

7.2 矩形横截面试样应在跨距的两端和中间处分别测量其高度和宽度。计算弯曲弹性模量时，取用三处高度测量值的算术平均值和三处宽度测量值的算术平均值。计算弯曲应力时，取用中间处测量的高度和宽度。对于薄板试样，高度测量值超过其平均值2%的试样不应用于试验。

7.3 按表5要求选用测量工具。测量尺寸时，应估读到最小分度的半个分度值。

表 5

mm

尺寸范围	测量工具最小分度值不大于
0.25～1.0	0.002
>1.0～20	0.01
>20	0.02

8 试验设备

8.1 试验机

8.1.1 各类万能试验机和压力试验机均可使用。试验机精确度为一级或优于一级。

8.1.2 试验机应能在本标准规定的速度范围内控制试验速度，加卸力应平稳、无振动、无冲击。

8.1.3 试验机应有三点弯曲和四点弯曲试验装置。施力时弯曲试验装置不应发生相对移动和转动。

8.1.4 试验机应配备记录弯曲力-挠度曲线的装置。

8.1.5 试验机应定期按 JJG 139、JJG 157 或 JJG 475 检定规程进行校验。

8.2 弯曲试验装置

8.2.1 三点弯曲试验装置

8.2.1.1 两支承滚柱的直径应相同，施力滚柱的直径一般与支承滚柱的直径相同，按表 2 选用。滚柱的长度应大于试样直径或宽度。

8.2.1.2 两支承滚柱的轴线应平行，施力滚柱的轴线应与支承滚柱的轴线平行。

8.2.1.3 施力滚柱的轴线至两支承滚柱的轴线的距离应相等，偏差不大于±0.5%。见图 1(a)。试验时，力的作用方向应垂直于两支承滚柱的轴线所在平面。

8.2.1.4 试验时，滚柱应能绕其轴线转动(有关标准另作规定除外)，但不发生相对位移。两支承滚柱间的距离应可调节。应带有指示距离的标记。跨距应精确到±0.5%。

8.2.1.5 滚柱的硬度应不低于试样的硬度，其表面粗糙度 Ra 值应不大于 0.8 μm。

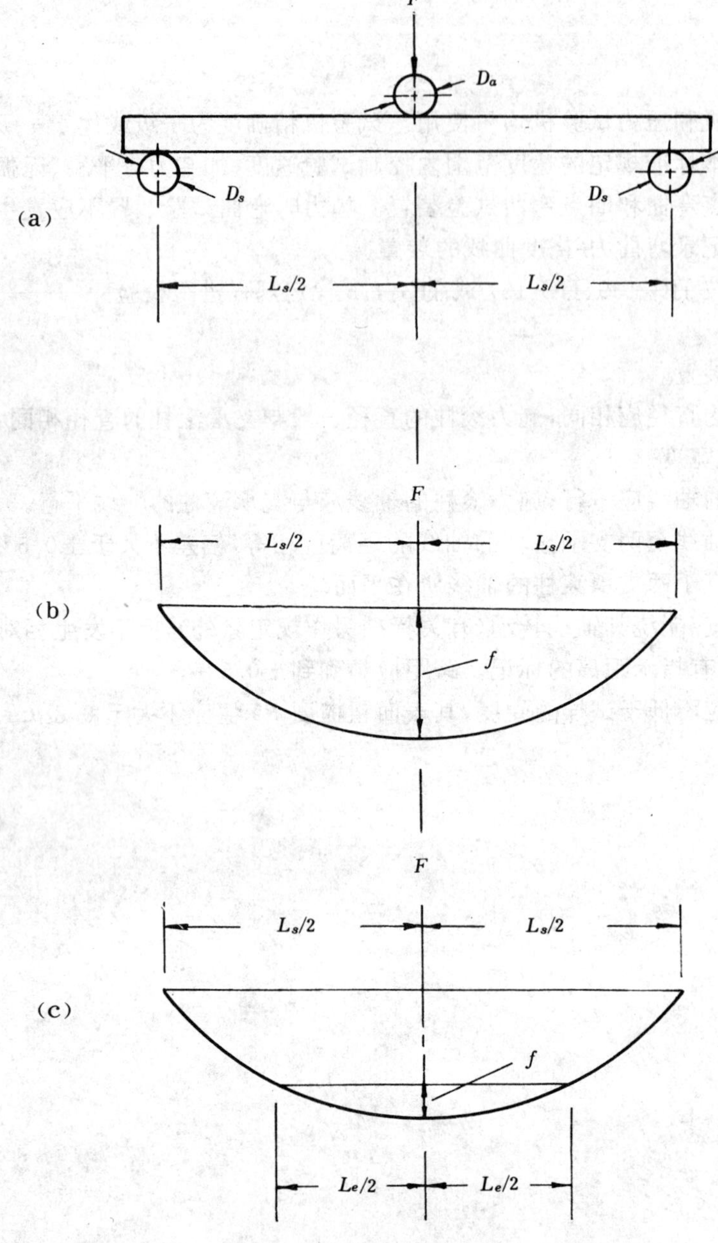

图 1　三点弯曲试验示意图

8.2.2　四点弯曲试验装置

8.2.2.1　两支承滚柱和两施力滚柱的直径应分别相同，前者与后者的直径一般相同，按表 2 选用。滚柱的长度应大于试样的直径或宽度。

8.2.2.2　两支承滚柱的轴线和两施力滚柱的轴线应相互平行，前两者所在平面应与后两者所在平面平行。

8.2.2.3　两力臂应相等，且一般不小于跨距的 1/4。力臂应精确到±0.5%。试验时，施力滚柱的力作用方向应垂直于支承滚柱的轴线所在平面。

8.2.2.4　试验时，滚柱应能绕其轴线转动，但不应发生相对位移。两支承滚柱间和两施力滚柱间的距离应分别可调节。应带有指示距离的标记。跨距应精确到±0.5%。

8.2.2.5　滚柱的硬度和表面粗糙度要求同 8.2.1.5。

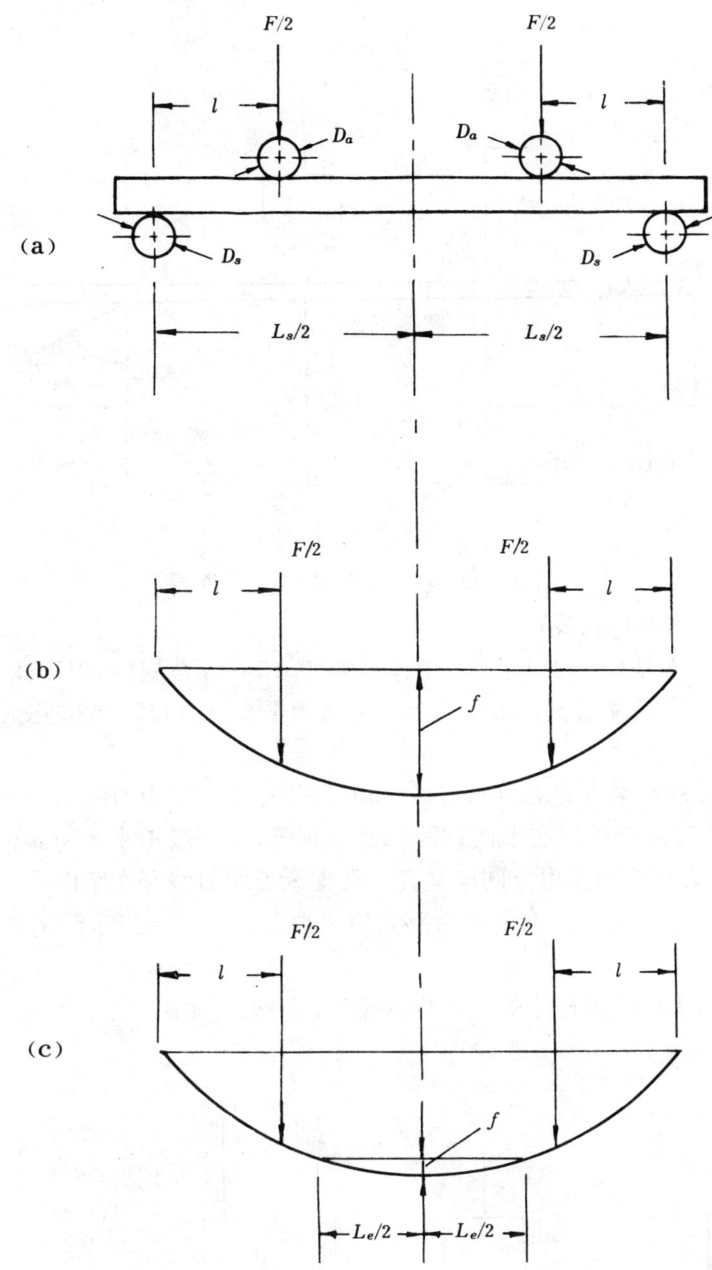

图 2　四点弯曲试验示意图

8.2.3　薄板试样用三点弯曲试验装置

8.2.3.1　支承刀和施力刀的刀刃半径应在 0.10～0.15 mm 范围内，刀刃角度为 60°±2°。其中一个支承刀刃和施力刀刃均为平直刀刃，刀刃长度应大于试样宽度。另一支承刀刃呈圆拱形，其半径为 13±1 mm。见图 3。

8.2.3.2　施力刀的刃线应平行于支承刀的刃线、及支承刀的刃线与另一支承点所在平面。施力刀刃的力作用方向应垂直于支承刀的刃线与另一支承点所在平面。

8.2.3.3　施力刀刃应位于两支承刀刃间的中点，偏差不大于±0.5%。两支承刀刃之间的距离应可调节，应带有指示距离的标记。跨距应精确到±0.5%。

8.2.3.4 支承刀和施力刀的硬度应不低于试样的硬度。刀刃表面应光滑。

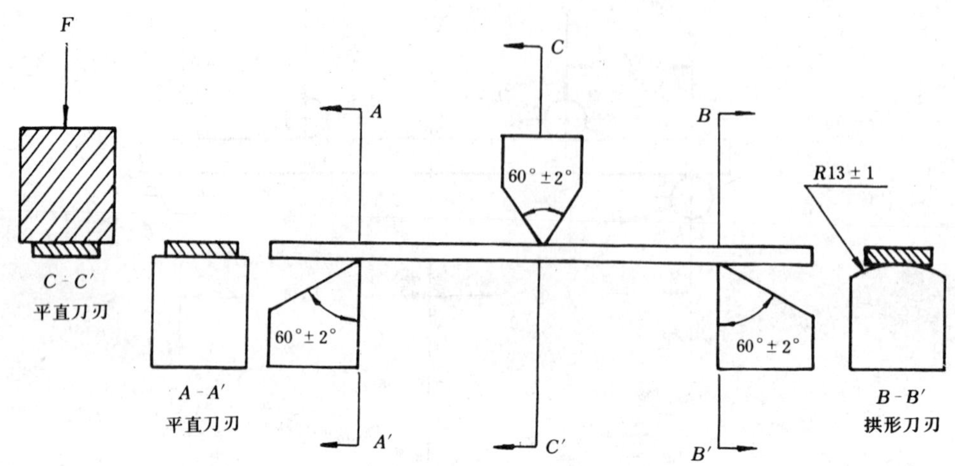

图 3 薄板三点弯曲试验示意图

8.2.4 薄板试样用四点弯曲试验装置

8.2.4.1 两支承刀和两施力刀的刀刃半径应在 0.10～0.15 mm 范围内，刀刃角度为 60°±2°。其中一施力刀刃呈圆拱形，其半径应为 13±1 mm，其余刀刃均为平直刀刃，其刃线的长度应大于试样宽度。见图 4。

8.2.4.2 两支承刀的刃线和平直施力刀的刃线应相互平行。平直施力刀的刃线和拱形刀刃的施力点所在平面应平行于两支承刀的刃线所在平面。两力臂应相等，且一般不小于跨距的 1/6。力臂应精确到±0.5%。试验时，施力刀刃的力作用方向应垂直于两支承刀的刃线所在平面。

8.2.4.3 两施力刀刃间和两支承刀刃间的距离均应可调节。应带有指示距离的标记。跨距应精确到±0.5%。

8.2.4.4 支承刀和施力刀的硬度应不低于试样的硬度。刀刃表面应光滑。

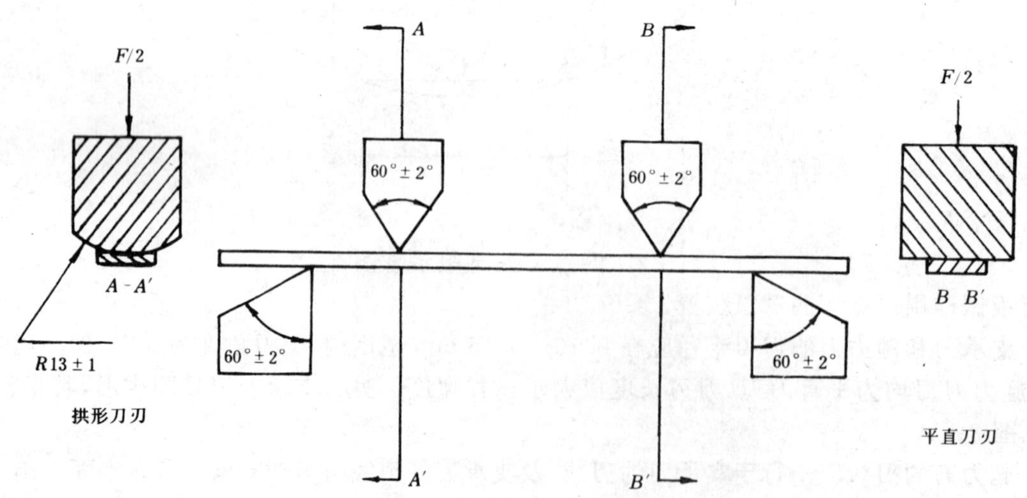

图 4 薄板四点弯曲试验示意图

8.3 挠度计

8.3.1 应根据所测性能按表6选用挠度计。

表 6

性能	规定非比例弯曲应变,%	允许挠度计位移示值相对误差,%
E_b		±0.3
σ_{pb},σ_{rb}	<0.05	±0.3
	≥0.05~0.2	±0.5
	>0.2	±1.0
U,f_{bb}		±1.0

8.3.2 挠度计跨距与其标称值之差应不大于±0.5%。

8.3.3 挠度计应定期参照JJG 762进行检定,检定时的工作状态应尽可能与试验时的工作状态相同。

8.3.4 采用挠度计测量试样挠度时,挠度计对试样产生的附加弯曲力应尽可能小,一般不大于试验中所施加弯曲力的0.05%。

8.4 安全防护罩

试验时应在弯曲试验装置周围装设安全防护罩,以防试样断裂碎片飞出伤害试验人员。

9 试验条件

9.1 试验应在室温10~35℃下进行。

9.2 试验时,弯曲应力增加速率应控制在3~30 MPa/s范围内某个尽量恒定的值。

10 性能测定

10.1 弯曲弹性模量的测定

10.1.1 人工记录方法

10.1.1.1 将挠度计装于测量位置上、试样对称地安放于弯曲试验装置,对试样施加相当于$\sigma_{pb0.01}$(或$\sigma_{rb0.01}$)10%以下的预弯曲力F_o,并记录此力和跨距中点处的挠度,然后对试样连续施加弯曲力,直至相应于$\sigma_{pb0.01}$(或$\sigma_{rb0.01}$)的50%。记录弯曲力的增量和相应挠度的增量。按式(1)或(2)计算弯曲弹性模量:

三点弯曲试验,采用图1(b)的测量方式时:

$$E_b = \frac{L_s^3}{48\,I}\left(\frac{\Delta F}{\Delta f}\right) \qquad \cdots\cdots(1)$$

四点弯曲试验,采用图2(b)的测量方式时:

$$E_b = \frac{l(3L_s^2 - 4l^2)}{48\,I}\left(\frac{\Delta F}{\Delta f}\right) \qquad \cdots\cdots(2)$$

式中的I按式(3)或(4)计算:

圆形横截面试样

$$I = \frac{1}{64}\pi d^4 \qquad \cdots\cdots(3)$$

矩形横截面试样

$$I = \frac{1}{12}bh^3 \qquad \cdots\cdots(4)$$

10.1.1.2 分级施加弯曲力(包括使用砝码施力)时,按10.1.1.1施加预弯曲力F_o,从F_o至相应于

$\sigma_{pb0.01}$(或 $\sigma_{rb0.01}$)的 50%的弯曲力范围内测定 m($m\geqslant5$)对力和挠度的数据,且测点应尽量均匀分布。如使用砝码施力,操作时应避免瞬时过载。用最小二乘法将弯曲力和相应的挠度数据拟合直线。按式(5)计算该直线的斜率 $\Delta F/\Delta f$,将其代入式(1)或(2)计算弯曲弹性模量:

$$\frac{\Delta F}{\Delta f}=\frac{\sum_{1}^{m}(\Delta F)\sum_{1}^{m}(\overline{\Delta f})-m\sum_{1}^{m}(\Delta F)(\overline{\Delta f})}{\left[\sum_{1}^{m}(\Delta F)\right]^{2}-m\sum_{1}^{m}(\Delta f)^{2}} \qquad \cdots\cdots(5)$$

10.1.2 图解法

10.1.2.1 将挠度计装于测量位置上,挠度计跨距的端点与最邻近支承点或施力点的距离应不小于试样的高度或直径。试样对称地安放于弯曲试验装置上,对试样连续施加弯曲力,同时采用自动方法连续记录弯曲力-挠度曲线,直至超过相应于 $\sigma_{pb0.01}$(或 $\sigma_{rb0.01}$)的弯曲力。记录时,建议力轴比例和挠度轴放大倍数的选择,宜使曲线弹性直线段与力轴的夹角不小于 40°,弹性直线段的高度应超过力轴量程的3/5。在记录的曲线图上,借助于直尺的直边确定最佳弹性直线段。读取该直线段的弯曲力增量和相应的挠度增量,见图 5。按式(6)或(7)计算弯曲弹性模量:

三点弯曲试验,采用图 1(c)的测量方式时:

$$E_b=\frac{L_e^2(3L_s-L_e)}{96I}\left(\frac{\Delta F}{\Delta f}\right) \qquad \cdots\cdots(6)$$

四点弯曲试验,采用图 2(c)的测量方式时:

$$E_b=\frac{lL_e^2}{16I}\left(\frac{\Delta F}{\Delta f}\right) \qquad \cdots\cdots(7)$$

注:可以延长最佳弹性直线段,在较大增量范围内,读取弯曲力增量和相应的挠度增量。

10.1.2.2 采用图 1(b)或图 2(b)的测量方式,自动记录弯曲力-挠度曲线。在曲线上读取弹性直线段的弯曲力增量和相应的挠度增量,分别按式(1)和(2)计算弯曲弹性模量。

注:也可以用应变计方法测定弯曲弹性模量。

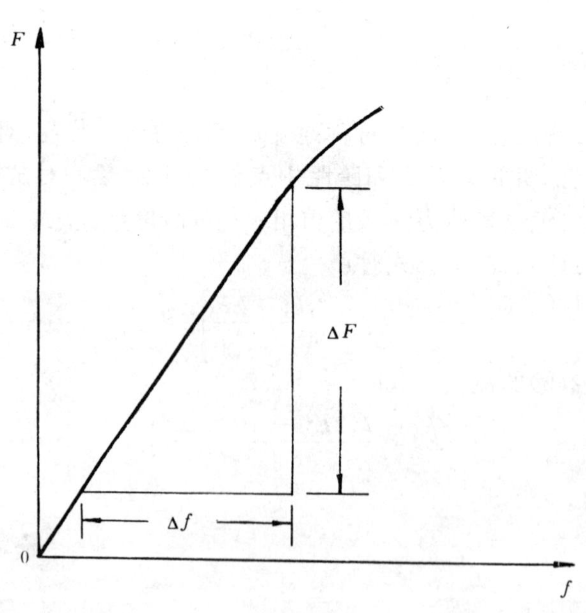

图 5 图解法测定弯曲弹性模量

10.2 规定非比例弯曲应力的测定

10.2.1 图解法

10.2.1.1 按 10.1.2.1 的要求安装挠度计,将试样对称地安放于弯曲试验装置上。对试样连续施加弯曲力，采用自动方法连续记录弯曲力-挠度曲线。记录时，力轴每毫米所代表的应力应不大于 15 MPa，并使曲线上所测 F_{pb} 处于力轴量程的 1/2 以上为宜。挠度放大倍数的选择应使图 6 曲线图上的 $\overline{OC}$ 段长度不小于 15 mm。在记录的曲线图上，自弹性直线段与挠度轴的交点 O 起，截取相应于规定非比例弯曲应变的 $\overline{OC}$ 段。根据所采用的测量方式，$\overline{OC}$ 段长度按式(8)、(9)、(11)或(12)计算。过 C 点作弹性直线段的平行线 CA 交曲线于 A 点，A 点所对应的力为所测规定非比例弯曲力 F_{pb}，见图 6。规定非比例弯曲应力按式(10)或(13)计算：

三点弯曲试验：

采用图 1(b)的测量方式时

$$\overline{OC}=\frac{nL_s^2}{12Y}\varepsilon_{pb} \qquad (8)$$

采用图 1(c)的测量方式时

$$\overline{OC}=\frac{nL_e^2(3L_s-L_e)}{24L_sY}\varepsilon_{pb} \qquad (9)$$

$$\sigma_{pb}=\frac{F_{pb}L_s}{4W} \qquad (10)$$

四点弯曲试验：

采用图 2(b)的测量方式时

$$\overline{OC}=\frac{n(3L_s^2-4l^2)}{24Y}\varepsilon_{pb} \qquad (11)$$

采用图 2(c)的测量方式时

$$\overline{OC}=\frac{nL_e^2}{8Y}\varepsilon_{pb} \qquad (12)$$

$$\sigma_{pb}=\frac{F_{pb}l}{2W} \qquad (13)$$

式(8)～(13)中的 Y 和 W：

对于圆形横截面试样

$$Y=\frac{1}{2}d \qquad (14)$$

$$W=\frac{1}{32}\pi d^3 \qquad (15)$$

对于矩形横截面试样

$$Y=\frac{1}{2}h \qquad (16)$$

$$W=\frac{1}{6}bh^2 \qquad (17)$$

注：(1) 用此法测定的规定非比例弯曲应力值与用拉伸试验方法测定的规定非比例伸长应力值不一定相等。

(2) 如需要测定真实规定非比例弯曲应力可按附录 A 进行。

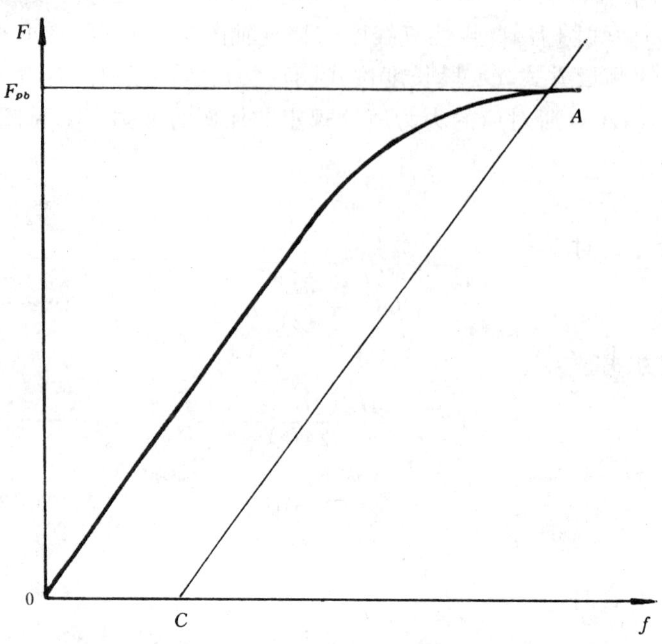

图 6　图解法测定规定非比例弯曲应力

10.3　规定残余弯曲应力的测定

10.3.1　将试样对称地安放于弯曲试验装置上，并对其施加相应于预期 $\sigma_{rb0.01}$ 的 10%的预弯曲力 F_o，测量跨距中点的挠度，记取此时挠度计的读数作为零点。对试样连续或分级施加弯曲力，并将其卸除至预弯曲力 F_o，测量残余挠度。反复递增施力和卸力，直至测量的残余挠度达到或稍超过规定残余弯曲应变相应的挠度。用线性内插法按式(18)求出相应于规定残余弯曲应变的弯曲力 F_{rb}。

$$F_{rb} = F_{n-1} + \left(\frac{F_n - F_{n-1}}{f_n - f_{n-1}}\right)(f_{rb} - f_{n-1}) \quad \cdots\cdots (18)$$

式中的残余挠度 f_{rb} 按式(19)或(20)计算：

三点弯曲试验，采用图 1(b)的测量方式时

$$f_{rb} = \frac{L_s^2}{12Y}\varepsilon_{rb} \quad \cdots\cdots (19)$$

四点弯曲试验，采用图 2(b)的测量方式时

$$f_{rb} = \frac{(3L_s^2 - 4l^2)}{24Y}\varepsilon_{rb} \quad \cdots\cdots (20)$$

规定残余弯曲应力按式(21)或(22)计算：

三点弯曲试验

$$\sigma_{rb} = \frac{F_{rb}L_s}{4W} \quad \cdots\cdots (21)$$

四点弯曲试验

$$\sigma_{rb} = \frac{F_{rb}l}{2W} \quad \cdots\cdots (22)$$

注：用此方法测定的规定残余弯曲应力值与用拉伸试验方法测定的规定残余伸长应力值不一定相等。

10.4　抗弯强度的测定

10.4.1　将试样对称地安放于弯曲试验装置上，对试样连续施加弯曲力，直至试样断裂。从试验机测力度盘上或从记录的弯曲力-挠度曲线上读取最大弯曲力 F_{bb}，按式(23)或(24)计算抗弯强度：

三点弯曲试验

$$\sigma_{bb}=\frac{F_{bb}L_s}{4W} \qquad \cdots\cdots(23)$$

四点弯曲试验

$$\sigma_{bb}=\frac{F_{bb}l}{2W} \qquad \cdots\cdots(24)$$

注：如需要测定真实抗弯强度可按附录 A 进行。

10.5 断裂挠度的测定

10.5.1 将试样对称地安放于弯曲试验装置上，按图 1(b)或图 2(b)方式，对试样连续施加弯曲力，直至试样断裂，测量试样断裂瞬间跨距中点的挠度，此挠度即为断裂挠度 f_{bb}。此方法用于仲裁试验。

注：对比试验时应采用同一试验方式。

10.5.2 测定断裂挠度一般可与测定抗弯强度在同一试验中进行。可以利用试验机横梁位移来测定断裂挠度，但应修正试验机柔性等因素的影响。

10.6 弯曲断裂能量的测定

10.6.1 将试样对称地安放于弯曲试验装置上，按图 1(b)方式对试样连续施加弯曲力，测量试样在跨距中点的挠度，用自动方法连续记录弯曲力-挠度曲线，直至试样断裂。见图 7。

10.6.2 在记录的曲线图上，用面积仪或其他方法求得弯曲力-挠度曲线下的面积 S，精确到±2%。按式(25)计算弯曲断裂能量：

$$U=\frac{ZS}{n}\times 10^{-3} \qquad \cdots\cdots(25)$$

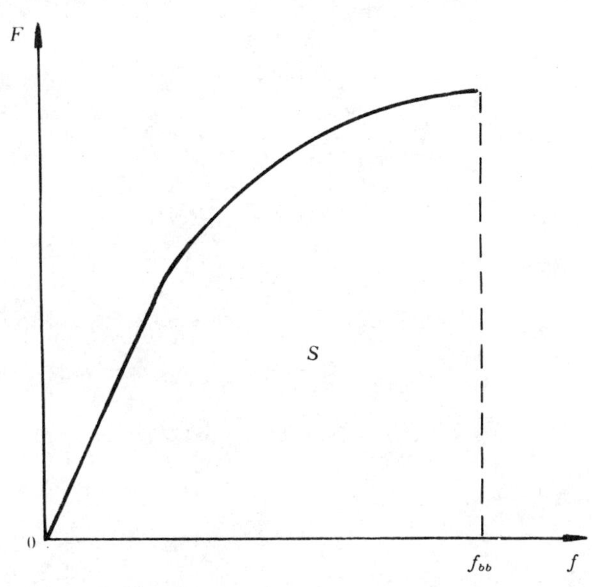

图 7 图解法测定弯曲断裂能量

10.7 倒棱的修正

硬金属试样按 6.2.4 倒棱后，测定的弯曲弹性模量和抗弯强度应按附录 B 进行修正。

10.8 弯曲力学性能自动测定装置的使用

可以使用自动装置，例如微处理机等自动测定标准中所规定的一项或几项弯曲力学性能而无需绘出弯曲力-挠度曲线。

11 测试结果数值的修约

测试结果的数值应按表 7 进行修约，修约的方法按 GB 8170 执行。

表 7

性　　能	范　　围	修约到
E_b	≤150 000 MPa	500 MPa
	>150 000 MPa	1 000 MPa
σ_{pb}，σ_{rb}，σ_{bb}	≤200 MPa	1 MPa
	>200～1 000 MPa	5 MPa
	>1 000 MPa	10 MPa
f_{bb}		0.1 mm
U	<10 J	0.05 J
	≥10 J	0.1 J

12　试验报告

试验报告应包括以下内容：

a.　标准号；

b.　材料牌号；

c.　试样类型；

d.　试样状态；

e.　弯曲试验方式；

f.　跨距；

g.　弯曲力学性能。

附 录 A
真实规定非比例弯曲应力
和真实抗弯强度的测定
（补充件）

本附录在有关标准或协议提出要求时才执行。

A1 适用范围

本附录的方法仅适用于脆性断裂和低塑性断裂金属材料矩形横截面试样，在四点弯曲试验中测定真实规定非比例弯曲应力和真实抗弯强度。

A2 术语及符号

A2.1 真实规定非比例弯曲应力 σ_{tpb}：四点弯曲试验中，矩形横截面试样在跨距中间段弯曲外表面上的非比例弯曲应变达到规定数值时按纳达依（Nádai）表达式计算的最大弯曲应力。

注：表示此应力的符号应附以角注说明，例如 $\sigma_{tp0.01}$、$\sigma_{tpb0.05}$和 $\sigma_{tpb0.2}$等分别表示规定非比例弯曲应变达到 0.01％、0.05％和 0.2％时的真实弯曲应力。

A2.2 真实抗弯强度 σ_{tbb}：四点弯曲试验中，矩形横截面试样断裂时，按纳达依表达式计算的抗弯强度。

A3 试样、试样尺寸测量、试验设备和试验条件

试样、试样尺寸测量、试验设备和试验条件的要求分别同 6、7、8 和 9 中的相应规定。

A4 测定方法

A4.1 图解法测定真实规定非比例弯曲应力

试验时，采用图 2(b)或(c)的测量方式，自动记录弯曲力-挠度曲线。在曲线图上截取相应于规定非比例弯曲应变的$\overline{OC}$段，其长度按式(11)或(12)计算。过 C 点作曲线的弹性直线段的平行线 CA 交曲线于 A 点，以 A 点为切点，过 A 点作曲线的切线 AF_1 并将其延长交力轴于 F_1，见图 A1。读取弯曲力 F_1 和 A 点对应的弯曲力 F_A，按式(A1)计算真实规定非比例弯曲应力：

$$\sigma_{tpb} = \frac{l}{bh^2}(3F_A - F_1) \qquad \cdots\cdots\cdots\cdots(A1)$$

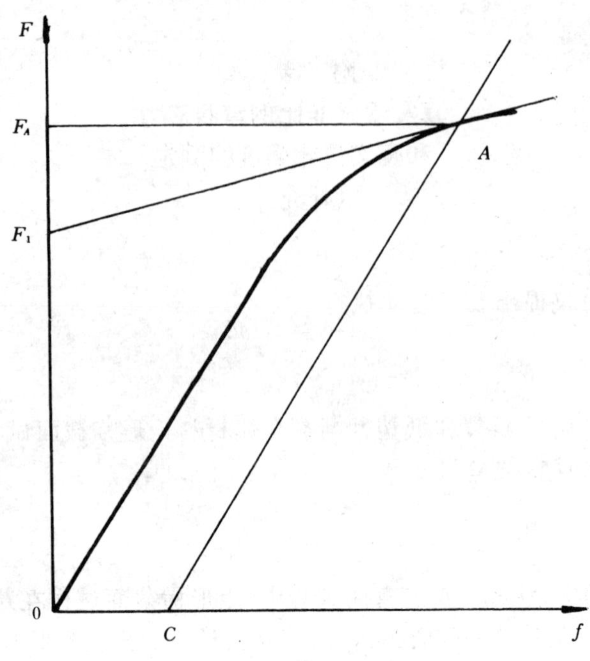

图 A1 图解法测定真实规定非比例弯曲应力

A4.2 图解法测定真实抗弯强度

试验时，采用图 2(b)或(c)的测量方式，自动记录弯曲力-挠度曲线，直至试样断裂。在曲线图上，以断裂前的最高点 K 为切点作曲线的切线 KF_B 并将其延长交力轴于 F_B，见图 A2。读取弯曲力 F_B 和 K 点对应的弯曲力 F_K，按式(A2)计算真实抗弯曲强度：

$$\sigma_{tbb} = \frac{l}{bh^2}(3F_K - F_B) \qquad \cdots\cdots(A2)$$

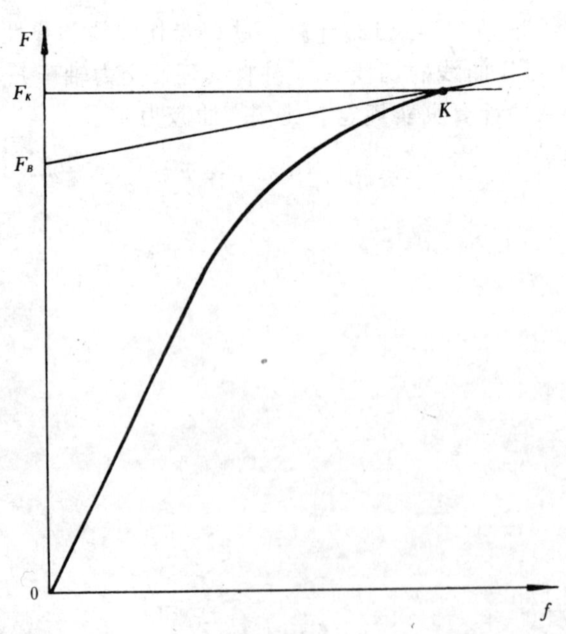

图 A2 图解法测定真实抗弯强度

A4.3 力臂的修正

如需要更精确计算真实规定非比例弯曲应力和真实抗弯强度时，按附录C进行力臂的修正。

A4.4 真实规定非比例弯曲应力和真实抗弯强度的自动测定装置的使用。

可以使用自动装置，例如微处理机等自动测定真实规定非比例弯曲应力和真实抗弯强度，而无需绘出弯曲力-挠度曲线。

A5 测试结果数值的修约

测试结果数值的修约要求与11中表7对规定非比例弯曲应力和抗弯强度的修约规定相同。

附 录 B
倒棱修正系数
（补充件）

矩形横截面试样的四条长棱经45°角倒棱后，用试样倒棱前标称横截面尺寸计算弯曲弹性模量和弯曲应力（包括抗弯强度）等性能时，其值偏小，应进行修正。修正的方法是将式(B1)计算得的修正系数乘以用标称横截面尺寸计算的性能值。

$$\alpha=\frac{1}{1-\left\{\frac{3}{4}\left(\frac{h}{b}\right)-\left[\left(\frac{h}{b}\right)-\sqrt{2}\left(\frac{t}{b}\right)\right]+\frac{1}{4}\left(\frac{h}{b}\right)\left[1-\sqrt{2}\left(\frac{t}{h}\right)\right]^{4}\right\}} \quad \cdots\cdots(\mathrm{B1})$$

附 录 C
四点弯曲试验中力臂修正的计算
（补充件）

四点弯曲试验中实际力臂可按式(C1)进行计算：

$$l_t=l-\left\{\frac{\frac{1}{2}D_s}{\sqrt{1+\left[\frac{4E_bI}{Fl(L_s-l)}\right]^2}}+\frac{\frac{1}{2}D_a}{\sqrt{1+\left[\frac{4E_bI}{Fl(L_s-2l)}\right]^2}}\right\} \quad \cdots\cdots\cdots\cdots\cdots(\mathrm{C1})$$

附加说明：

本标准由中华人民共和国冶金工业部提出。

本标准由冶金工业部钢铁研究总院起草。

本标准主要起草人梁新邦、高舜之。

三、金属硬度试验

ICS 77.040.10
H 22

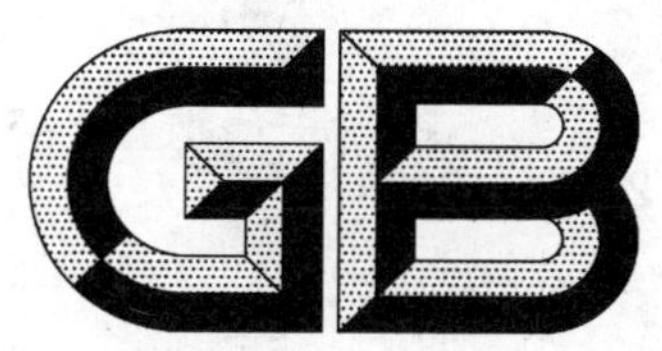

中华人民共和国国家标准

GB/T 230.1—2004
代替 GB/T 230—1991、GB/T 1818—1994

金属洛氏硬度试验 第1部分:试验方法 (A、B、C、D、E、F、G、H、K、N、T标尺)

Metallic Rockwell hardness test—Part 1:Test method (scales A、B、C、D、E、F、G、H、K、N、T)

〔ISO 6508-1:1999 Metallic materials—Rockwell hardness test—Part 1:Test method(scales A、B、C、D、E、F、G、H、K、N、T),MOD〕

2004-05-09 发布 2004-10-01 实施

中华人民共和国国家质量监督检验检疫总局
中国国家标准化管理委员会 发布

前 言

GB/T 230《金属洛氏硬度试验》分为如下 3 个部分：

——第 1 部分：试验方法(A、B、C、D、E、F、G、H、K、N、T 标尺)；

——第 2 部分：硬度计(A、B、C、D、E、F、G、H、K、N、T 标尺)的检验与校准；

——第 3 部分：标准硬度块(A、B、C、D、E、F、G、H、K、N、T 标尺)的标定。

本部分为 GB/T 230 的第 1 部分。

本部分修改采用国际标准 ISO 6508-1:1999:《金属材料　洛氏硬度试验　第 1 部分：试验方法(A、B、C、D、E、F、G、H、K、N、T 标尺)》。

本部分是根据 ISO 6508-1:1999 重新起草的，在本文结构和技术内容方面与 ISO 6508-1:1999 一致，但根据我国具体情况做了如下修改：

——用“GB/T 230 的本部分”代替了“ISO 6508 的本部分”；

——用小数点符号“.”代替小数点“,”；

——为与我国相关硬度标准统一，改变了标准名称，合并了引导要素和主体要素，统称为“金属洛氏硬度试验”；

——删除了 ISO 6508-1:1999 的前言；

——在第 2 章“规范性引用文件”中直接引用了与 ISO 6508-1:1999 中引用的国际标准相对应的我国国家标准；

——增加了对试样表面粗糙度的建议；

——增加了试验力保持时间的规定；

——增加了试验结果有效位数的规定。

本部分代替 GB/T 230—1991《金属洛氏硬度试验方法》和 GB/T 1818—1994《金属表面洛氏硬度试验方法》。

本部分合并了 GB/T 230—1991 和 GB/T 1818—1994 两个独立的国家标准，并对它们做了如下技术修改：

——修改了名称；

——调整了标准结构，合并了技术要素，使其与国际标准的技术内容保持一致：

——增加了前言和引言；

——增加了用硬质合金球的试验；

——改变了计算洛氏硬度的符号；

——对洛氏硬度计的要求按 GB/T 230.2—2002 实施；

——修改了对试样最小厚度的要求；

——修改了试验力施加及保持时间的规定；

——修改了对两相邻压痕中心之间距离和任一压痕距试样边缘的距离要求；

——删除了硬度换算采用相应国家标准的规定；

——增加了对薄产品 HR30Tm 的试验规范；

——增加了附录 F 关于金刚石压头的说明。

——本部分的附录 A、附录 B、附录 C 和附录 D 是规范性附录；附录 E 和附录 F 是资料性附录。

本部分由中国钢铁工业协会提出。

本部分由全国钢标准化技术委员会归口。

本部分负责起草单位：钢铁研究总院。

本部分参加起草单位：武汉钢铁股份有限公司、时代集团公司。

本部分主要起草人：李久林、单凯军、何明文、马炜。

本部分所代替标准的历次版本发布情况：

——GB/T 230—1983、GB/T 230—1991；

——GB/T 1818—1979、GB/T 1818—1994。

引　言

GB/T 230本部分中的力值(N)是根据公斤力(kgf)值换算而来的，这些力值都是在采用国际单位制(SI)以前引用的。GB/T 230本部分决定与国际标准一致，仍保留这些基于旧单位建立的力值。国际标准在下一次修订时将要考虑引用试验力整数值(整数牛顿值)的益处和由此对相关各硬度标尺所产生的影响。届时，随着国际标准的变化，本部分也做相应的修订。

试验时要注意，GB/T 230本部分中采用硬质合金球作为压头与使用钢球是等效的，但是，需要指出的是使用两种类型的球进行硬度测试会得出不同的结果。

金属洛氏硬度试验　第1部分：试验方法
（A、B、C、D、E、F、G、H、K、N、T 标尺）

1　范围

本部分规定了金属材料洛氏硬度和表面洛氏硬度试验的原理、符号、硬度计、试样、试验方法及试验报告。

本部分使用的洛氏硬度标尺及适用范围见表1。

表1　洛氏硬度标尺

洛氏硬度标尺	硬度符号[a]	压头类型	初试验力 F_0/N	主试验 F_1/N	总试验力 F/N	适用范围
A	HRA	金刚石圆锥	98.07	490.3	588.4	20 HRA～88 HRA
B	HRB	直径 1.587 5 mm 球	98.07	882.6	980.7	20 HRB～100 HRB
C	HRC	金刚石圆锥	98.07	1 373	1 471	20 HRC～70 HRC
D	HRD	金刚石圆锥	98.07	882.6	980.7	40 HRD～77 HRD
E	HRE	直径 3.175 mm 球	98.07	882.6	980.7	70 HRE～100 HRE
F	HRF	直径 1.587 5 mm 球	98.07	490.3	588.4	60 HRF～100 HRF
G	HRG	直径 1.587 5 mm 球	98.07	1 373	1 471	30 HRG～94 HRG
H	HRH	直径 3.175 mm 球	98.07	490.3	588.4	80 HRH～100 HRH
K	HRK	直径 3.175 mm 球	98.07	1 373	1 471	40 HRK～100 HRK
15 N	HR15N	金刚石圆锥	29.42	117.7	147.1	70HR15N～94HR15N
30 N	HR30N	金刚石圆锥	29.42	264.8	294.2	42HR30N～86HR30N
45 N	HR45N	金刚石圆锥	29.42	411.9	441.3	20HR45N～77HR45N
15 T	HR15T	直径 1.587 5 mm 球	29.42	117.7	147.1	67HR15T～93HR15T
30 T	HR30T	直径 1.587 5 mm 球	29.42	264.8	294.2	29HR30T～82HR30T
45 T	HR45T	直径 1.587 5 mm 球	29.42	411.9	441.3	10HR45T～72HR45T

[a] 使用钢球压头的标尺，硬度符号后面加"S"。使用硬质合金球压头的标尺，硬度符号后面加"W"。

2　规范性引用文件

下列文件中的条款通过本部分的引用而成为本部分的条款。凡是注日期的引用文件，其后所有的修改单（不包括勘误的内容）或修订版均不适用于本部分，然而，鼓励根据本部分达成协议的各方研究是否可以使用这些文件的最新版本。凡是不注日期的引用文件，其最新版本适用于本部分。

GB/T 230.2　金属洛氏硬度试验　第2部分：硬度计（A、B、C、D、E、F、G、H、K、N、T 标尺）的检验与校准〔GB/T 230.2—2002，ISO 6508-2：1999，Metallic materials—Rockwell hardness test—Part 2：Verification and calibration of testing machines(scales A、B、C、D、E、F、G、H、K、N、T)，MOD〕。

3　原理

将压头（金刚石圆锥、钢球或硬质合金球）按图1分两个步骤压入试样表面，经规定保持时间后，卸除主试验力，测量在初试验力下的残余压痕深度 h。

根据 h 值及常数 N 和 S（见表2），用式(1)计算洛氏硬度：

$$洛氏硬度 = N - \frac{h}{S} \quad \cdots\cdots (1)$$

4 符号

本部分使用的符号及说明见表1、表2及图1。

表2 符号及名称

符号	名称	单位
F_0	初试验力	N
F_1	主试验力	N
F	总试验力	N
S	给定标尺的单位	mm
N	给定标尺的硬度数	
h	卸除主试验力后，在初试验力下压痕残留的深度(残余压痕深度)	mm
HRA HRC HRD	洛氏硬度$=100-\frac{h}{0.002}$	
HRB HRE HRF HRG HRH HRK	洛氏硬度$=130-\frac{h}{0.002}$	
HRN HRT	表面洛氏硬度$=100-\frac{h}{0.001}$	

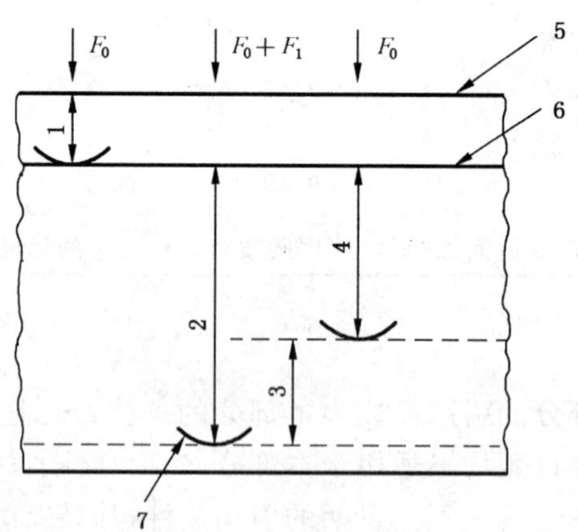

1——在初试验力 F_0 下的压入深度；

2——由主试验力 F_1 引起的压入深度；

3——卸除主试验力 F_1 后的弹性回复深度；

4——残余压入深度 h；

5——试样表面；

6——测量基准面；

7——压头位置。

图1 洛氏硬度试验原理图

4.1 A、C和D标尺洛氏硬度用硬度值、符号HR和使用的标尺字母表示。

示例：59HRC表示用C标尺测得的洛氏硬度值为59。

4.2 B、E、F、G、H和K标尺洛氏硬度用硬度值、符号HR、使用的标尺和球压头代号(钢球为S,硬质合金球为W)表示。

示例：60HRBW表示用硬质合金球压头在B标尺上测得的洛氏硬度值为60。

4.3 N标尺表面洛氏硬度用硬度值、符号HR、试验力数值(总试验力)和使用的标尺表示。

示例：70HR30N表示用总试验力为294.2 N的30 N标尺测得的表面洛氏硬度值为70。

4.4 T标尺表面洛氏硬度用硬度值、符号HR、试验力数值(总试验力)、使用的标尺和压头代号表示。

示例：40HR30TS表示用钢球压头在总试验力为294.2 N的30 T标尺测得的表面洛氏硬度值为40。

5 硬度计

5.1 硬度计应能按表1施加预定的试验力,并符合GB/T 230.2要求。

5.2 金刚石圆锥压头锥角为120°,顶部曲率半径为0.2 mm,并符合GB/T 230.2的要求。

5.3 钢球或硬质合金球压头的直径为1.587 5 mm或3.175 mm,并符合GB/T 230.2的要求。

5.4 压痕深度测量装置应符合GB/T 230.2的要求。

6 试样

6.1 试样表面应光滑平坦,无氧化皮及外来污物,尤其不应有油脂,建议试样表面粗糙度Ra不大于0.8 μm,产品或材料标准另有规定除外。

6.2 试样的制备应使受热或冷加工等因素对表面硬度的影响减至最小。

6.3 试验后试样背面不应出现可见变形。

对于用金刚石圆锥压头进行的试验,试样或试验层厚度应不小于残余压痕深度的10倍;对于用球压头进行的试验,试样或试验层的厚度应不小于残余压痕深度的15倍。附录B给出了洛氏硬度—试样最小厚度关系图。对HR30Tm的试验按附录A进行。

6.4 附录C(表C.1、表C.2、表C.3和表C.4)给出了在凸圆柱面上试验时的洛氏硬度修正值;附录D(表D.1)给出了在凸球面上试验时的洛氏硬度修正值。

注：未规定在凹面上试验的修正值,在凹面上试验时,应经专门协商。

7 试验方法

7.1 试验一般在10℃～35℃室温进行。对于温度要求严格的试验,应控制在(23±5)℃之内。

7.2 试样应平稳地放在刚性支承物上,并使压头轴线与试样表面垂直,以避免试样产生位移。

应对圆柱形试样作适当支承,例如放置在洛氏硬度值不低于60 HRC的带有V型槽的钢支座上。尤其应注意使压头、试样、V型槽与硬度计支座中心对中。

7.3 使压头与试样表面接触,无冲击和振动地施加初试验力 F_0,初试验力保持时间不应超过3 s。

7.4 无冲击和振动地将测量装置调整至基准位置,从初试验力 F_0 施加至总试验力 F 的时间应不小于1 s且不大于8 s。

7.5 总试验力 F 保持时间为4 s±2 s。然后卸除主试验力 F_1,保持初试验力 F_0,经短时间稳定后,进行读数。

注：对于低硬度材料,经协商试验力保持时间可以延长,允许偏差±2 s。

7.6 洛氏硬度值用表2中给出的公式由残余压痕深度 h 计算出,通常从测量装置中直接读数,图1中说明了洛氏硬度值的求出过程。

7.7 试验过程中,硬度计应避免受到冲击和振动。

7.8 在大量试验前或距前一试验超过 24 h,以及压头或支承台移动或重新安装后,均应检查压头和支座安装的正确性,上述调整后的两个试验结果不作为正式数据。

注:在附录 E 中给出了周期性检查的推荐方法,并见附录 F 中对金刚石压头的说明。

7.9 两相邻压痕中心之间的距离至少应为压痕直径的 4 倍,并且不应小于 2 mm;

任一压痕中心距试样边缘的距离至少应为压痕直径的 2.5 倍,并且不应小于 1 mm。

7.10 如无其他规定,每个试样上的试验点数不少于 4 点,第 1 点不计。

8 结果的不确定度

结果的不确定度与很多参数有关,可分为如下两类:

a) 与洛氏硬度计相关的参数(包括硬度计校准的不确定度和标准块标定的不确定度)。

b) 与试验方法相关的不确定度(各种操作条件变量)。

注:在置信水平为 95%时得到的不确定度指示值相当于在 GB/T 230.2 中表 5 的最大允许误差。

9 试验报告

试验报告应包括如下内容:

a) 本国家标准号;

b) 与试样相关的资料;

c) 不在(23±5)℃范围的试验温度;

d) 试验结果;洛氏硬度值至少应精确至 0.5HR;

e) 本部分规定以外的操作;

f) 各种可能影响试验结果的细节。

注 1:没有普遍适用的方法将洛氏硬度值精确地换算成其他硬度或抗拉强度,因此应避免这种换算,除非通过对比试验得到可比较的换算基础。

注 2:资料表明,某些材料可能对应变速率较敏感,应变速率的改变可能引起屈服应力值轻微变化,压痕形成的时间对硬度值的改变有相应影响。

附 录 A
（规范性附录）
薄产品 HR30Tm 试验规范

A.1 一般要求

本试验与 GB/T 230.1 中规定的 HR30T 试验条件相似，但经协议允许在试样背面出现变形痕迹（这在 HRT 试验中不允许）。

本试验可用于厚度小于 0.6 mm 至产品标准中给出的最小厚度的产品。可对硬度在 80HR30T 以下的薄试件进行试验。产品标准规定 HR30Tm 硬度时，可按此方法试验。

除按 GB/T 230.1 试验外，还应满足 A.2～A.4 要求。

A.2 试样支座

试样支座应使用直径约 4.5 mm 的金刚石平板。支座面应与压头轴线垂直，支座轴线应与主轴同轴，并能稳固精确地安装于硬度计试台上。

A.3 试样制备

如有必要减薄试样，要对试样上下两面进行加工，加工中应避免如发热或冷变形等对金属基体性能的影响。基体金属不应薄于最小允许厚度。

A.4 压痕距离

如无其他规定，两相邻压痕中心间距离或任一压痕中心距试样边缘距离应不小于 5 mm。

附 录 B
（规范性附录）
洛氏硬度—试样最小厚度关系图

图 B.1、图 B.2 和图 B.3 给出了试样或试验层最小厚度。

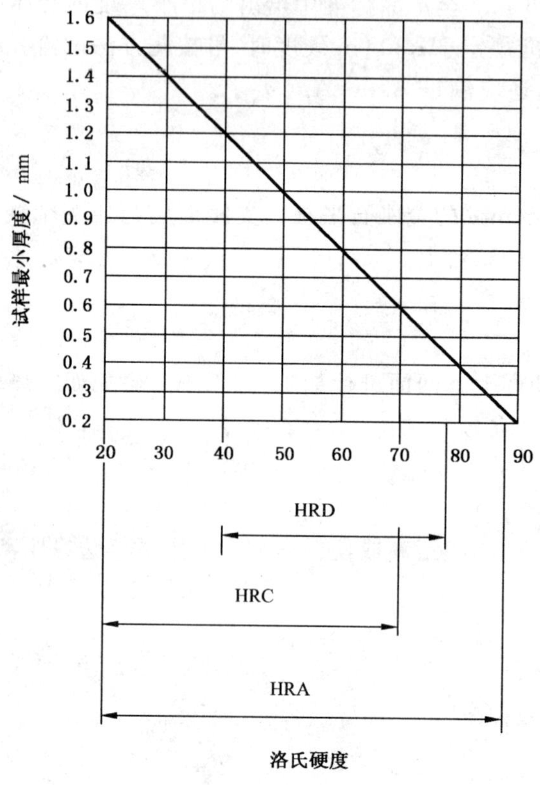

图 B.1 用金刚石圆锥压头试验（A、C 和 D 标尺）

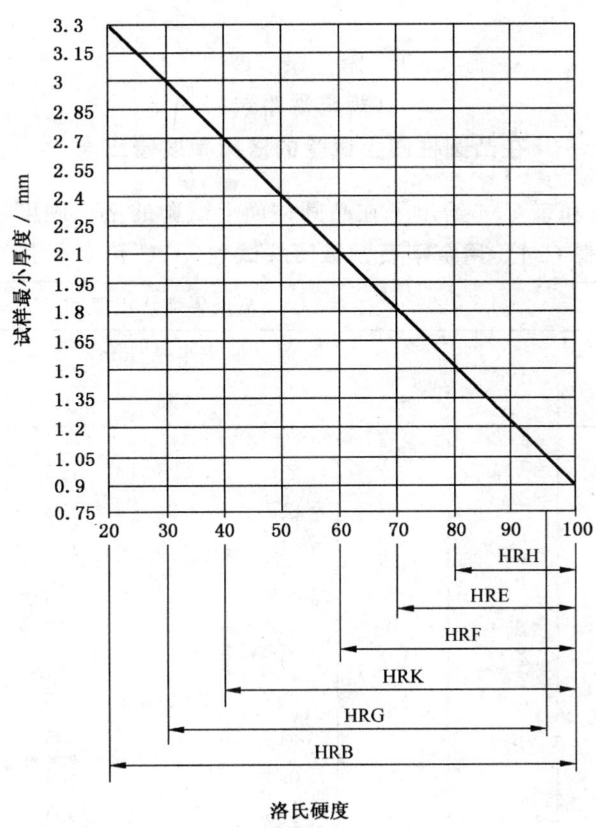

图 B.2 用球压头试验(B、E、F、G、H 和 K 标尺)

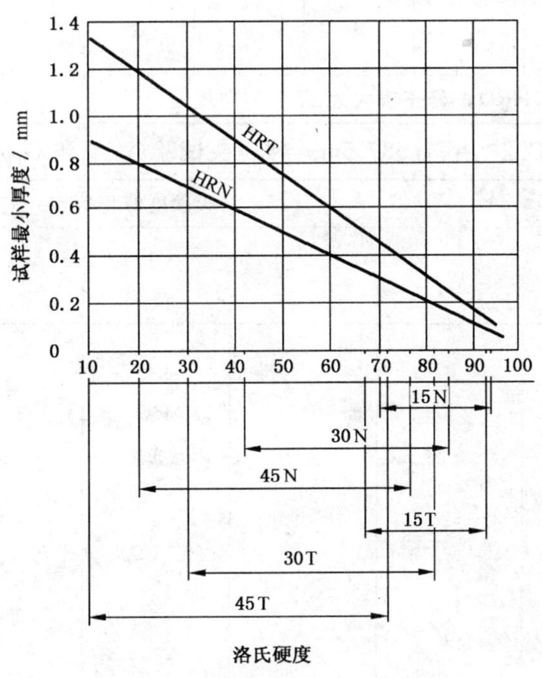

图 B.3 表面洛氏硬度试验(N 和 T 标尺)

附　录　C
（规范性附录）
在凸圆柱面上试验的洛氏硬度修正表

表 C.1、表 C.2、表 C.3 和表 C.4 给出了在凸圆柱面上试验的洛氏硬度修正值。

表 C.1　用金刚石圆锥压头试验（A、C 和 D 标尺）

洛氏硬度读数	洛氏硬度修正值								
	曲率半径/mm								
	3	5	6.5	8	9.5	11	12.5	16	19
20				2.5	2	1.5	1.5	1	1
25			3	2.5	2	1.5	1	1	1
30			2.5	2	1.5	1.5	1	1	0.5
35		3	2	1.5	1.5	1	1	0.5	0.5
40		2.5	2	1.5	1	1	1	0.5	0.5
45	3	2	1.5	1	1	1	0.5	0.5	0.5
50	2.5	2	1.5	1	1	0.5	0.5	0.5	0.5
55	2	1.5	1	1	0.5	0.5	0.5	0.5	0
60	1.5	1	1	0.5	0.5	0.5	0.5	0	0
65	1.5	1	1	0.5	0.5	0.5	0.5	0	0
70	1	1	0.5	0.5	0.5	0.5	0.5	0	0
75	1	0.5	0.5	0.5	0.5	0.5	0	0	0
80	0.5	0.5	0.5	0.5	0.5	0	0	0	0
85	0.5	0.5	0.5	0	0	0	0	0	0
90	0.5	0	0	0	0	0	0	0	0
注：大于 3HRA、3HRC 和 3HRD 的修正值太大，不在表中规定。									

表 C.2　用 1.587 5mm 球压头试验（B、F 和 G 标尺）

洛氏硬度读数	洛氏硬度修正值						
	曲率半径/mm						
	3	5	6.5	8	9.5	11	12.5
20				4.5	4	3.5	3
30			5	4.5	3.5	3	2.5
40			4.5	4	3	2.5	2.5
50			4	3.5	3	2.5	2
60		5	3.5	3	2.5	2	2
70		4	3	2.5	2	2	1.5
80	5	3.5	2.5	2	1.5	1.5	1.5
90	4	3	2	1.5	1.5	1.5	1
100	3.5	2.5	1.5	1.5	1	1	0.5
注：大于 5HRB、5HRF 和 5HRG 的修正值太大，不在表中规定。							

表 C.3 表面洛氏硬度试验(N 标尺)[a,b]

表面洛氏硬度读数	表面洛氏硬度修正值					
	曲率半径[c]/mm					
	1.6	3.2	5	6.5	9.5	12.5
20	(6)[d]	3	2	1.5	1.5	1.5
25	(5.5)[d]	3	2	1.5	1.5	1
30	(5.5)[d]	3	2	1.5	1	1
35	(5)[d]	2.5	2	1.5	1	1
40	(4.5)[d]	2.5	1.5	1.5	1	1
45	(4)[d]	2	1.5	1	1	1
50	(3.5)[d]	2	1.5	1	1	1
55	(3.5)[d]	2	1.5	1	0.5	0.5
60	3	1.5	1	1	0.5	0.5
65	2.5	1.5	1	0.5	0.5	0.5
70	2	1	1	0.5	0.5	0.5
75	1.5	1	0.5	0.5	0.5	0
80	1	0.5	0.5	0.5	0	0
85	0.5	0.5	0.5	0.5	0	0
90	0	0	0	0	0	0

a 修正值仅为近似值,代表从表中给出曲面上实测平均值。精确至 0.5 个表面洛氏硬度单位。

b 圆柱面的试验结果受主轴及 V 型试台与压头同轴度、试样表面粗糙度及圆柱面平直度综合影响。

c 对表中其他半径的修正值,可用线性内插法求得。

d 括号中的修正值经协商后方可使用。

表 C.4 表面洛氏硬度试验(T 标尺)[a,b]

表面洛氏硬度读数	表面洛氏硬度修正值						
	曲率半径[c]/mm						
	1.6	3.2	5	6.5	8	9.5	12.5
20	(13)[d]	(9)[d]	(6)[d]	(4.5)[d]	(3.5)[d]	3	2
30	(11.5)[d]	(7.5)[d]	(5)[d]	(4)[d]	(3.5)[d]	2.5	2
40	(10)[d]	(6.5)[d]	(4.5)[d]	(3.5)[d]	3	2.5	2
50	(8.5)[d]	(5.5)[d]	(4)[d]	3	2.5	2	1.5
60	(6.5)[d]	(4.5)[d]	3	2.5	2	1.5	1.5
70	(5)[d]	(3.5)[d]	2.5	2	1.5	1	1
80	3	2	1.5	1.5	1	1	0.5
90	1.5	1	1	0.5	0.5	0.5	0.5

a 修正值仅为近似值,代表从表中给出曲面上实测平均值。精确至 0.5 个表面洛氏硬度单位。

b 圆柱面的试验结果受主轴及 V 型试台与压头同轴度、试样表面粗糙度及圆柱面平直度综合影响。

c 对表中其他半径的修正值,可用线性内插法求得。

d 括号中的修正值经协商后方可使用。

附　录　D
（规范性附录）
在凸球面上试验C标尺洛氏硬度修正表

表D.1中给出了在凸球面上试验的洛氏硬度修正值。

表D.1

洛氏硬度读数	洛氏硬度修正值								
	凸球面直径 d/mm								
	4	6.5	8	9.5	11	12.5	15	20	25
55HRC	6.4	3.9	3.2	2.7	2.3	2	1.7	1.3	1.0
60HRC	5.8	3.6	2.9	2.4	2.1	1.8	1.5	1.2	0.9
65HRC	5.2	3.2	2.6	2.2	1.9	1.7	1.4	1.0	0.8

在表D.1中给出的加于洛氏硬度C标尺的修正值 ΔH 由下式计算出：

$$\Delta H = 59 \times \frac{\left(1 - \frac{H}{160}\right)^2}{d}$$

式中：

H——洛氏硬度读数；

d——球直径，单位为毫米(mm)。

附 录 E
（资料性附录）
操作者对硬度计定期检查的方法

在日常检查中，对硬度计的直接检验太耗费时间且费用太高。建议采用如下方法：

在使用中每日对硬度计至少做一次定期检查。

检查之前，应预先打两个压痕以保证试样、压头及支座处于正常状态。这两个压痕不作为试验数据。

在与试验材料硬度值相近的标准硬度块上至少打三个压痕，如果硬度读数平均值与标准块硬度值之差在GB/T 230.2表5规定范围内，则认为硬度计合格，否则应进行直接检验。

附 录 F
（资料性附录）
关于金刚石压头的说明

经验表明，许多良好的压头在使用一段时间后出现缺陷，这是由于表面的小裂纹、斑痕或缺陷所致。如果能及时检查出这些缺陷并修复，许多压头仍能继续使用，否则任何小缺陷都会很快恶化，导致压头报废。

为此，对压头的表面在首次使用和以后的使用中要用光学装置（显微镜、放大镜等）经常检查，当发现压头表面有缺陷后则认为压头失效，压头经修复后，应按 GB/T 230.2 中第 4.3.1 款要求对重新研磨或修复的压头再校验。

前　言

本标准等效采用国际标准 ISO 6506-1:1999《金属材料　布氏硬度试验　第1部分:试验方法》。本标准除了对试样表面质量要求比国际标准规定明确外,技术内容与 ISO 6506-1 完全相同。

本标准此次修订对下列技术内容进行了修改:

——取消了用钢球压头进行试验的规定;

——对布氏硬度计的要求完全按 GB/T 231.2 执行;

——将"试样厚度至少应为压痕深度的 10 倍"改为"试样厚度至少应为压痕深度的 8 倍";

——取消了用直径 2 mm 球压头进行试验的规定;

——钢类的 $0.102F/D^2$ 仅用 30 的比率;

——将"两相邻压痕中心距离不应小于压痕平均直径的 4 倍"改为"两相邻压痕中心距离至少为压痕平均直径的 3 倍";

——增加了附录 C 使用者对布氏硬度计的日常检查方法。

GB/T 231《金属布氏硬度试验》分为如下三部分:

——第 1 部分:试验方法

——第 2 部分:硬度计的检验

——第 3 部分:标准块的标定

本标准的附录 A、附录 B 是标准的附录,附录 C 是提示的附录。

本标准自实施之日起,代替 GB/T 231—1984《金属布氏硬度试验方法》。

本标准由原国家冶金工业局提出。

本标准由全国钢标准化技术委员会归口。

本标准起草单位:钢铁研究总院、首都钢铁公司、上海宝钢集团公司。

本标准主要起草人:李久林、王萍、郭雁行、钱建樑。

本标准于 1962 年 12 月首次发布,1984 年 4 月第 1 次修订。

ISO 前言

ISO(国际标准化组织)是由各国标准化团体(ISO 成员团体)组成的世界性的联合会。制定国际标准的工作通常由 ISO 的技术委员会完成,各成员团体若对某技术委员会已确立的项目感兴趣,均有权参加该技术委员会。与 ISO 保持联系的各国组织(官方的或非官方的)也可参加工作。在电工技术标准化方面,ISO 与国际电工委员会(IEC)保持密切合作关系。

本国际标准按照 ISO/IEC 导则第 3 部分的规定进行起草。

由技术委员会通过的国际标准草案提交各成员团体表决,国际标准需要取得至少 75%参加投票表决的成员团体的同意才能正式发布。

国际标准 ISO 6506-1 由 ISO/TC 164 金属力学性能试验技术委员会 SC 3 硬度试验分委员会制定。

ISO 6506-1 第一版取代 ISO 6506:1981 和 ISO 410:1982,技术内容变化如下:

——取消了钢球压头;

——将平面布氏硬度值表(ISO 410:1982)合并在 ISO 6506-1 标准附录 C 中;

——取消了直径 2 mm 的球压头;

——增加了附录 A:用户对硬度计的日常检查方法。

ISO 6506《金属材料　布氏硬度试验》分三部分:

——第 1 部分:试验方法

——第 2 部分:硬度计的检验与校准

——第 3 部分:标准块的校准

附录 B 和 C 是 ISO 6506 标准的附录,附录 A 是提示的附录。

中华人民共和国国家标准

金属布氏硬度试验　第1部分:试验方法

GB/T 231.1—2002
eqv ISO 6506-1:1999

代替 GB/T 231—1984

Metallic materials—Brinell hardness test—Part 1:Test method

1　范围

本标准规定了金属布氏硬度试验的原理、符号、硬度计、试样、试验方法及试验报告。

本标准规定的布氏硬度试验范围上限为650 HBW。

特殊材料或产品布氏硬度的试验,应在相关标准中规定。

2　引用标准

下列标准所包含的条文,通过在本标准中引用而构成为本标准的条文。本标准出版时,所示版本均为有效。所有标准都会被修订,使用本标准的各方应探讨使用下列标准最新版本的可能性。

GB/T 231.2—2002　金属布氏硬度试验　第2部分:硬度计的检验

3　原理

对一定直径的硬质合金球施加试验力压入试样表面,经规定保持时间后,卸除试验力,测量试样表面压痕的直径,见图1。

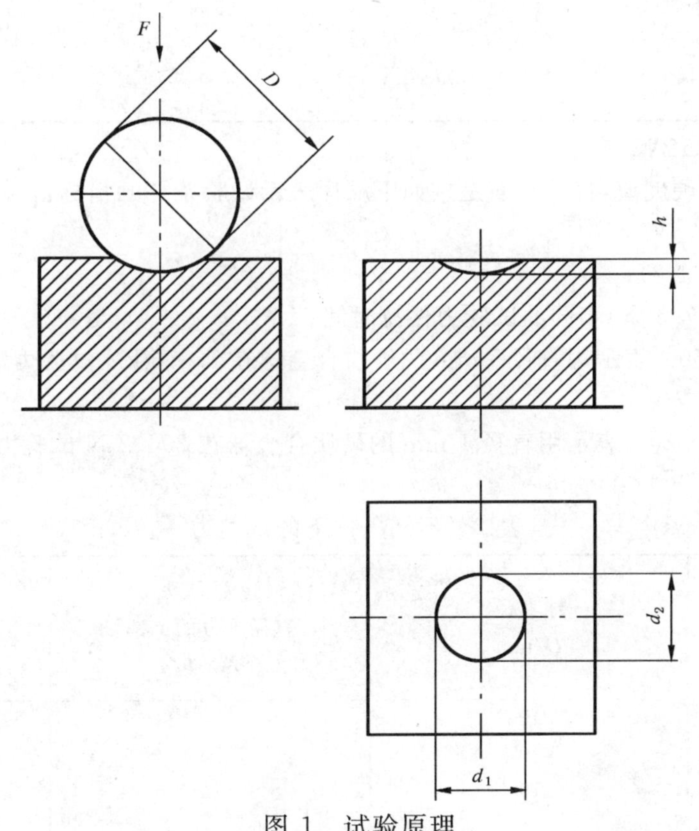

图1　试验原理

中华人民共和国国家质量监督检验检疫总局 2002-12-31 批准　　2003-06-01 实施

布氏硬度与试验力除以压痕表面积的商成正比。压痕被看作是具有一定半径的球形，其半径是压头球直径的二分之一。

4 符号及说明

4.1 符号及说明(见图1和表1)。

表1 符号及说明

符号	说明	单位
D	球直径	mm
F	试验力	N
d	压痕平均直径 $\left(d=\frac{d_1+d_2}{2}\right)$	mm
d_1，d_2	在两相互垂直方向测量的压痕直径	mm
h	压痕深度$=\frac{D-\sqrt{D^2-d^2}}{2}$	mm
HBW	布氏硬度$=$常数$\times\frac{\text{试验力}}{\text{压痕表面积}}$ $=0.102\times\frac{2F}{\pi D(D-\sqrt{D^2-d^2})}$	
$0.102\times F/D^2$	试验力-球直径平方的比率	

注

常数$=\frac{1}{g_n}=\frac{1}{9.806\ 65}=0.102$

g_n——标准重力加速度

4.2 布氏硬度用符号 HBW 表示。

符号 HBW 前面为硬度值，符号后面是按如下顺序表示试验条件的指标：

a) 球直径，mm；

b) 试验力数字(见表2)；

c) 与规定时间(见7.5条)不同的试验力保持时间。

例1：350HBW5/750 表示用直径5 mm的硬质合金球在7.355 kN试验力下保持10 s～15 s测定的布氏硬度值为350。

例2：600HBW1/30/20 表示用直径1 mm的硬质合金球在294.2 N试验力下保持20 s测定的布氏硬度值为600。

表2 不同条件下的试验力

硬度符号	球直径 D/mm	试验力-压头球直径平方的比率 $0.102\times F/D^2$	试验力 F/N
HBW 10/3 000	10	30	29 420
HBW 10/1 500	10	15	14 710
HBW 10/1 000	10	10	9 807
HBW 10/500	10	5	4 903
HBW 10/250	10	2.5	2 452
HBW 10/100	10	1	980.7

表 2 （完）

硬度符号	球直径 D/mm	试验力-压头球 直径平方的比率 $0.102\times F/D^2$	试验力 F/N
HBW 5/750	5	30	7 355
HBW 5/250	5	10	2 452
HBW 5/125	5	5	1 226
HBW 5/62.5	5	2.5	612.9
HBW 5/25	5	1	245.2
HBW 2.5/187.5	2.5	30	1 839
HBW 2.5/62.5	2.5	10	612.9
HBW 2.5/31.25	2.5	5	306.5
HBW 2.5/15.625	2.5	2.5	153.2
HBW 2.5/6.25	2.5	1	61.29
HBW 1/30	1	30	294.2
HBW 1/10	1	10	98.07
HBW 1/5	1	5	49.03
HBW 1/2.5	1	2.5	24.52
HBW 1/1	1	1	9.807

5 硬度计

5.1 硬度计应符合 GB/T 231.2 的规定，能施加预定试验力或 9.807 N～29.42 kN 范围内的试验力。

5.2 压头：硬质合金球压头应符合 GB/T 231.2 的要求。

5.3 压痕测量装置应符合 GB/T 231.2 的规定。

注：附录 C（提示的附录）给出了使用者对硬度计的日常检查方法。

6 试样

6.1 试样表面应光滑和平坦，并且不应有氧化皮及外界污物，尤其不应有油脂。试样表面应能保证压痕直径的精确测量，表面粗糙度参数 Ra 一般不大于 1.6 μm。

6.2 制备试样时，应使过热或冷加工等因素对表面性能的影响减至最小。

6.3 试样厚度至少应为压痕深度的 8 倍。试样最小厚度与压痕平均直径的关系见附录 A。

试验后，试样背后如出现可见变形，则表明试样太薄。

7 试验方法

7.1 试验一般在 10℃～35℃室温进行。对于温度要求严格的试验，温度为 23℃±5℃。

7.2 本标准使用表 2 中各级试验力。

7.3 试验力的选择应保证压痕直径在 0.24D～0.6D 之间。

试验力-压头球直径平方的比率（$0.102F/D^2$ 比值）应根据材料和硬度值选择，见表 3。

表 3　不同材料的试验力-压头球直径平方的比率

材料	布氏硬度 HBW	试验力-压头球直径 平方的比率 $0.102F/D^2$
钢、镍合金、钛合金		30
铸铁[1]	<140	10
	≥140	30
铜及铜合金	<35	5
	35～200	10
	>200	30
轻金属及合金	<35	2.5
	35～80	5 10 15
	>80	10 15
铅、锡		1
1) 对于铸铁的试验，压头球直径一般为 2.5 mm，5 mm 和 10 mm。		

当试样尺寸允许时，应优先选用直径 10 mm 的球压头进行试验。

7.4　试样应稳固地放置于刚性支承物上。试样背面和支承物之间应清洁和无外界污物（氧化皮、油、灰尘等）。

7.5　使压头与试样表面接触，无冲击和震动地垂直于试样表面施加试验力，直至达到规定试验力值。从加力开始至施加完全部试验力的时间应在 2 s～8 s 之间。试验力保持时间为 10 s～15 s。对于要求试验力保持时间较长的材料，试验力保持时间允许误差为±2 s。

7.6　在整个试验期间，硬度计不应受到影响试验结果的冲击和震动。

7.7　任一压痕中心距试样边缘的距离至少为压痕平均直径的 2.5 倍。

两相邻压痕中心间距离至少为压痕平均直径的 3 倍。

7.8　应在两相互垂直方向测量压痕直径。用两个读数的平均值计算布氏硬度，或按照附录 B（标准的附录）查得布氏硬度值。

注：对于一些硬度计，可采用如下值计算布氏硬度：

——多次对称测量数值的平均值；

——材料表面压痕投影面积数值。

8　试验报告

试验报告应包括如下内容：

a) 本国家标准编号；

b) 有关试样的详细资料；

c) 试验温度；

d) 试验结果；

e) 不在本标准规定之内的各种操作；

f) 影响试验结果的各种细节。

注 1：没有普遍适用的精确方法将布氏硬度值换算成其他硬度或抗拉强度。除非通过对比试验得到相关的换算依据，或产品标准另有规定，否则应避免这些换算。

注 2：应注意材料的各向异性，例如经过大变形量冷加工，这样压痕直径在不同方向可能有较大差异。产品技术条件应规定这个差异的极限。

附　录　A
（标准的附录）
压痕平均直径与试样最小厚度关系表

表 A1　　mm

压痕平均直径 *d*	试样最小厚度			
	球直径			
	D=1	*D*=2.5	*D*=5	*D*=10
0.2	0.08			
0.3	0.18			
0.4	0.33			
0.5	0.54			
0.6	0.8	0.29		
0.7		0.4		
0.8		0.53		
0.9		0.67		
1		0.83		
1.1		1.02		
1.2		1.23	0.58	
1.3		1.46	0.69	
1.4		1.72	0.8	
1.5		2	0.92	
1.6			1.05	
1.7			1.19	
1.8			1.34	
1.9			1.5	
2			1.67	
2.2			2.04	
2.4			2.46	1.17
2.6			2.92	1.38
2.8			3.43	1.6
3			4	1.84
3.2				2.1
3.4				2.38
3.6				2.68
3.8				3
4				3.34
4.2				3.7
4.4				4.08
4.6				4.48
4.8				4.91
5				5.36
5.2				5.83
5.4				6.33
5.6				6.86
5.8				7.42
6				8

附 录 B
(标准的附录)
平面布氏硬度值计算表

表 B1

球直径 D/mm				试验力-压头球直径平方的比率 $0.102\times F/D^2$					
				30	15	10	5	2.5	1
				试验力 F/N					
10				29 420	14 710	9 807	4 903	2 452	980.7
	5			7 355	—	2 452	1 226	612.9	245.2
		2.5		1 839	—	612.9	306.5	153.2	61.29
			1	294.2	—	98.07	49.03	24.52	9.807
压痕平均直径 d/mm				布氏硬度 HBW					
2.40	1.200	0.600 0	0.240	653	327	218	109	54.5	21.8
2.41	1.205	0.602 4	0.241	648	324	216	108	54.0	21.6
2.42	1.210	0.605 0	0.242	643	321	214	107	53.5	21.4
2.43	1.215	0.607 5	0.243	637	319	212	106	53.1	21.2
2.44	1.220	0.610 0	0.244	632	316	211	105	52.7	21.1
2.45	1.225	0.612 5	0.245	627	313	209	104	52.2	20.9
2.46	1.230	0.615 0	0.246	621	311	207	104	51.8	20.7
2.47	1.235	0.617 5	0.247	616	308	205	103	51.4	20.5
2.48	1.240	0.620 0	0.248	611	306	204	102	50.9	20.4
2.49	1.245	0.622 5	0.249	606	303	202	101	50.5	20.2
2.50	1.250	0.625 0	0.250	601	301	200	100	50.1	20.0
2.51	1.255	0.627 5	0.251	597	298	199	99.4	49.7	19.9
2.52	1.260	0.630 0	0.252	592	296	197	98.6	49.3	19.7
2.53	1.265	0.632 5	0.253	587	294	196	97.8	48.9	19.6
2.54	1.270	0.635 0	0.254	582	291	194	97.1	48.5	19.4
2.55	1.275	0.637 5	0.255	578	289	193	96.3	48.1	19.3
2.56	1.280	0.640 0	0.256	573	287	191	95.5	47.8	19.1
2.57	1.285	0.642 5	0.257	569	284	190	94.8	47.4	19.0
2.58	1.290	0.645 0	0.258	564	282	188	94.0	47.0	18.8
2.59	1.295	0.647 5	0.259	560	280	187	93.3	46.6	18.7
2.60	1.300	0.650 0	0.260	555	278	185	92.6	46.3	18.5
2.61	1.305	0.652 5	0.261	551	276	184	91.8	45.9	18.4
2.62	1.310	0.655 0	0.262	547	273	182	91.1	45.6	18.2
2.63	1.315	0.657 5	0.263	543	271	181	90.4	45.2	18.1
2.64	1.320	0.660 0	0.264	538	269	179	89.7	44.9	17.9
2.65	1.325	0.662 5	0.265	534	267	178	89.0	44.5	17.8
2.66	1.330	0.665 0	0.266	530	265	177	88.4	44.2	17.7
2.67	1.335	0.667 5	0.267	526	263	175	87.7	43.8	17.5
2.68	1.340	0.670 0	0.268	522	261	174	87.0	43.5	17.4

表 B1(续)

球直径 D/mm				试验力-压头球直径平方的比率 0.102×F/D²					
				30	15	10	5	2.5	1
				试验力 F/N					
10				29 420	14 710	9 807	4 903	2 452	980.7
	5			7 355	—	2 452	1 226	612.9	245.2
		2.5		1 839	—	612.9	306.5	153.2	61.29
			1	294.2	—	98.07	49.03	24.52	9.807
压痕平均直径 d/mm				布氏硬度 HBW					
2.69	1.345	0.672 5	0.269	518	259	173	86.4	43.2	17.3
2.70	1.350	0.675 0	0.270	514	257	171	85.7	42.9	17.1
2.71	1.355	0.677 5	0.271	510	255	170	85.1	42.5	17.0
2.72	1.360	0.680 0	0.272	507	253	169	84.4	42.2	16.9
2.73	1.365	0.682 5	0.273	503	251	168	83.8	41.9	16.8
2.74	1.370	0.685 0	0.274	499	250	166	83.2	41.6	16.6
2.75	1.375	0.687 5	0.275	495	248	165	82.6	41.3	16.5
2.76	1.380	0.690 0	0.276	492	246	164	81.9	41.0	16.4
2.77	1.385	0.692 5	0.277	488	244	163	81.3	40.7	16.3
2.78	1.390	0.695 0	0.278	485	242	162	80.8	40.4	16.2
2.79	1.395	0.697 5	0.279	481	240	160	80.2	40.1	16.0
2.80	1.400	0.700 0	0.280	477	239	159	79.6	39.8	15.9
2.81	1.405	0.702 5	0.281	474	237	158	79.0	39.5	15.8
2.82	1.410	0.705 0	0.282	471	235	157	78.4	39.2	15.7
2.83	1.415	0.707 5	0.283	467	234	156	77.9	38.9	15.6
2.84	1.420	0.710 0	0.284	464	232	155	77.3	38.7	15.5
2.85	1.425	0.712 5	0.285	461	230	154	76.8	38.4	15.4
2.86	1.430	0.715 0	0.286	457	229	152	76.2	38.1	15.2
2.87	1.435	0.717 5	0.287	454	227	151	75.7	37.8	15.1
2.88	1.440	0.720 0	0.288	451	225	150	75.1	37.6	15.0
2.89	1.445	0.722 5	0.289	448	224	149	74.6	37.3	14.9
2.90	1.450	0.725 0	0.290	444	222	148	74.1	37.0	14.8
2.91	1.455	0.727 5	0.291	441	221	147	73.6	36.8	14.7
2.92	1.460	0.730 0	0.292	438	219	146	73.0	36.5	14.6
2.93	1.465	0.732 5	0.293	435	218	145	72.5	36.3	14.5
2.94	1.470	0.735 0	0.294	432	216	144	72.0	36.0	14.4
2.95	1.475	0.737 5	0.295	429	215	143	71.5	35.8	14.3
2.96	1.480	0.740 0	0.296	426	213	142	71.0	35.5	14.2
2.97	1.485	0.742 5	0.297	423	212	141	70.5	35.3	14.1
2.98	1.490	0.745 0	0.298	420	210	140	70.1	35.0	14.0
2.99	1.495	0.747 5	0.299	417	209	139	69.6	34.8	13.9
3.00	1.500	0.750 0	0.300	415	207	138	69.1	34.6	13.8
3.01	1.505	0.752 5	0.301	412	206	137	68.6	34.3	13.7
3.02	1.510	0.755 0	0.302	409	205	136	68.2	34.1	13.6

表 B1(续)

球直径 D/mm				试验力-压头球直径平方的比率 $0.102\times F/D^2$					
				30	15	10	5	2.5	1
				试验力 F/N					
10				29 420	14 710	9 807	4 903	2 452	980.7
	5			7 355	—	2 452	1 226	612.9	245.2
		2.5		1 839	—	612.9	306.5	153.2	61.29
			1	294.2	—	98.07	49.03	24.52	9.807
压痕平均直径 d/mm				布氏硬度 HBW					
3.03	1.515	0.757 5	0.303	406	203	135	67.7	33.9	13.5
3.04	1.520	0.760 0	0.304	404	202	135	67.3	33.6	13.5
3.05	1.525	0.762 5	0.305	401	200	134	66.8	33.4	13.4
3.06	1.530	0.765 0	0.306	398	199	133	66.4	33.2	13.3
3.07	1.535	0.767 5	0.307	395	198	132	65.9	33.0	13.2
3.08	1.540	0.770 0	0.308	393	196	131	65.5	32.7	13.1
3.09	1.545	0.772 5	0.309	390	195	130	65.0	32.5	13.0
3.10	1.550	0.775 0	0.310	388	194	129	64.6	32.3	12.9
3.11	1.555	0.777 5	0.311	385	193	128	64.2	32.1	12.8
3.12	1.560	0.780 0	0.312	383	191	128	63.8	31.9	12.8
3.13	1.565	0.782 5	0.313	380	190	127	63.3	31.7	12.7
3.14	1.570	0.787 0	0.314	378	189	126	62.9	31.5	12.6
3.15	1.575	0.787 5	0.315	375	188	125	62.5	31.3	12.5
3.16	1.580	0.790 0	0.316	373	186	124	62.1	31.1	12.4
3.17	1.585	0.792 5	0.317	370	185	123	61.7	30.9	12.3
3.18	1.590	0.795 0	0.318	368	184	123	61.3	30.7	12.3
3.19	1.595	0.797 5	0.319	366	183	122	60.9	30.5	12.2
3.20	1.600	0.800 0	0.320	363	182	121	60.5	30.3	12.1
3.21	1.605	0.802 5	0.321	361	180	120	60.1	30.1	12.0
3.22	1.610	0.805 0	0.322	359	179	120	59.8	29.9	12.0
3.23	1.615	0.807 5	0.323	356	178	119	59.4	29.7	11.9
3.24	1.620	0.810 0	0.324	354	177	118	59.0	29.5	11.8
3.25	1.625	0.812 5	0.325	352	176	117	58.6	29.3	11.7
3.26	1.630	0.815 0	0.326	350	175	117	58.3	29.1	11.7
3.27	1.635	0.817 5	0.327	347	174	116	57.9	29.0	11.6
3.28	1.640	0.820 0	0.328	345	173	115	57.5	28.8	11.5
3.29	1.645	0.822 5	0.329	343	172	114	57.2	28.6	11.4
3.30	1.650	0.825 0	0.330	341	170	114	56.8	28.4	11.4
3.31	1.655	0.827 5	0.331	339	169	113	56.5	28.2	11.3
3.32	1.660	0.830 0	0.332	337	168	112	56.1	28.1	11.2
3.33	1.665	0.832 5	0.333	335	167	112	55.8	27.9	11.2
3.34	1.670	0.835 0	0.334	333	166	111	55.4	27.7	11.1
3.35	1.675	0.837 5	0.335	331	165	110	55.1	27.5	11.0
3.36	1.680	0.840 0	0.336	329	164	110	54.8	27.4	11.0

表 B1(续)

球直径 D/mm				试验力-压头球直径平方的比率 $0.102\times F/D^2$					
				30	15	10	5	2.5	1
				试验力 F/N					
10				29 420	14 710	9 807	4 903	2 452	980.7
	5			7 355	—	2 452	1 226	612.9	245.2
		2.5		1 839	—	612.9	306.5	153.2	61.29
			1	294.2	—	98.07	49.03	24.52	9.807
压痕平均直径 d/mm				布氏硬度 HBW					
3.37	1.685	0.842 5	0.337	326	163	109	54.4	27.2	10.9
3.38	1.690	0.845 0	0.338	325	162	108	54.1	27.0	10.8
3.39	1.695	0.847 5	0.339	323	161	108	53.8	26.9	10.8
3.40	1.700	0.850 0	0.340	321	160	107	53.4	26.7	10.7
3.41	1.705	0.852 5	0.341	319	159	106	53.1	26.6	10.6
3.42	1.710	0.855 0	0.342	317	158	106	52.8	26.4	10.6
3.43	1.715	0.857 5	0.343	315	157	105	52.5	26.2	10.5
3.44	1.720	0.860 0	0.344	313	156	104	52.2	26.1	10.4
3.45	1.725	0.862 5	0.345	311	156	104	51.8	25.9	10.4
3.46	1.730	0.865 0	0.346	309	155	103	51.5	25.8	10.3
3.47	1.735	0.867 5	0.347	307	154	102	51.2	25.6	10.2
3.48	1.740	0.870 0	0.348	306	153	102	50.9	25.5	10.2
3.49	1.745	0.872 5	0.349	304	152	101	50.6	25.3	10.1
3.50	1.750	0.875 0	0.350	302	151	101	50.3	25.2	10.1
3.51	1.755	0.877 5	0.351	300	150	100	50.0	25.0	10.0
3.52	1.760	0.880 0	0.352	298	149	99.5	49.7	24.9	9.95
3.53	1.765	0.882 5	0.353	297	148	98.9	49.4	24.7	9.89
3.54	1.770	0.885 0	0.354	295	147	98.3	49.2	24.6	9.83
3.55	1.775	0.887 5	0.355	293	147	97.7	48.9	24.4	9.77
3.56	1.780	0.890 0	0.356	292	146	97.2	48.6	24.3	9.72
3.57	1.785	0.892 5	0.357	290	145	96.6	48.3	24.2	9.66
3.58	1.790	0.895 0	0.358	288	144	96.1	48.0	24.0	9.61
3.59	1.795	0.897 5	0.359	286	143	95.5	47.7	23.9	9.55
3.60	1.800	0.900 0	0.360	285	142	95.0	47.5	23.7	9.50
3.61	1.805	0.902 5	0.361	283	142	94.4	47.2	23.6	9.44
3.62	1.810	0.905 0	0.362	282	141	93.9	46.9	23.5	9.39
3.63	1.815	0.907 5	0.363	280	140	93.3	46.7	23.3	9.33
3.64	1.820	0.910 0	0.364	278	139	92.8	46.4	23.2	9.28
3.65	1.825	0.912 5	0.365	277	138	92.3	46.1	23.1	9.23
3.66	1.830	0.915 0	0.366	275	138	91.8	45.9	22.9	9.18
3.67	1.835	0.917 5	0.367	274	137	91.2	45.6	22.8	9.12
3.68	1.840	0.920 0	0.368	272	136	90.7	45.4	22.7	9.07
3.69	1.845	0.922 5	0.369	271	135	90.2	45.1	22.6	9.02
3.70	1.850	0.925 0	0.370	269	135	89.7	44.9	22.4	8.97

表 B1(续)

球直径 D/mm				试验力-压头球直径平方的比率 $0.102\times F/D^2$					
				30	15	10	5	2.5	1
				试验力 F/N					
10				29 420	14 710	9 807	4 903	2 452	980.7
	5			7 355	—	2 452	1 226	612.9	245.2
		2.5		1 839	—	612.9	306.5	153.2	61.29
			1	294.2	—	98.07	49.03	24.52	9.807
压痕平均直径 d/mm				布氏硬度 HBW					
3.71	1.855	0.927 5	0.371	268	134	89.2	44.6	22.3	8.92
3.72	1.860	0.930 0	0.372	266	133	88.7	44.4	22.2	8.87
3.73	1.865	0.932 5	0.373	265	132	88.2	44.1	22.1	8.82
3.74	1.870	0.935 0	0.374	263	132	87.7	43.9	21.9	8.77
3.75	1.875	0.937 5	0.375	262	131	87.2	43.6	21.8	8.72
3.76	1.880	0.940 0	0.376	260	130	86.8	43.4	21.7	8.68
3.77	1.885	0.942 5	0.377	259	129	86.3	43.1	21.6	8.63
3.78	1.890	0.945 0	0.378	257	129	85.8	42.9	21.5	8.58
3.79	1.895	0.947 5	0.379	256	128	85.3	42.7	21.3	8.53
3.80	1.900	0.950 0	0.380	255	127	84.9	42.4	21.2	8.49
3.81	1.905	0.952 5	0.381	253	127	84.4	42.2	21.1	8.44
3.82	1.910	0.955 0	0.382	252	126	83.9	42.0	21.0	8.39
3.83	1.915	0.957 5	0.383	250	125	83.5	41.7	20.9	8.35
3.84	1.920	0.960 0	0.384	249	125	83.0	41.5	20.8	8.30
3.85	1.925	0.962 5	0.385	248	124	82.6	41.3	20.6	8.26
3.86	1.930	0.965 0	0.386	246	123	82.1	41.1	20.5	8.21
3.87	1.935	0.967 5	0.387	245	123	81.7	40.9	20.4	8.17
3.88	1.940	0.970 0	0.388	244	122	81.3	40.6	20.3	8.13
3.89	1.945	0.972 5	0.389	242	121	80.8	40.4	20.2	8.08
3.90	1.950	0.975 0	0.390	241	121	80.4	40.2	20.1	8.04
3.91	1.955	0.977 5	0.391	240	120	80.0	40.0	20.0	8.00
3.92	1.960	0.980 0	0.392	239	119	79.5	39.8	19.9	7.95
3.93	1.965	0.982 5	0.393	237	119	79.1	39.6	19.8	7.91
3.94	1.970	0.985 0	0.394	236	118	78.7	39.4	19.7	7.87
3.95	1.975	0.987 5	0.395	235	117	78.3	39.1	19.6	7.83
3.96	1.980	0.990 0	0.396	234	117	77.9	38.9	19.5	7.79
3.97	1.985	0.992 5	0.397	232	116	77.5	38.7	19.4	7.75
3.98	1.990	0.995 0	0.398	231	116	77.1	38.5	19.3	7.71
3.99	1.995	0.997 5	0.399	230	115	76.7	38.3	19.2	7.67
4.00	2.000	1.000 0	0.400	229	114	76.3	38.1	19.1	7.63
4.01	2.005	1.002 5	0.401	228	114	75.9	37.9	19.0	7.59
4.02	2.010	1.005 0	0.402	226	113	75.5	37.7	18.9	7.55
4.03	2.015	1.007 5	0.403	225	113	75.1	37.5	18.8	7.51
4.04	2.020	1.010 0	0.404	224	112	74.7	37.3	18.7	7.47

表 B1(续)

球直径 D/mm				试验力-压头球直径平方的比率 $0.102\times F/D^2$					
				30	15	10	5	2.5	1
				试验力 F/N					
10				29 420	14 710	9 807	4 903	2 452	980.7
	5			7 355	—	2 452	1 226	612.9	245.2
		2.5		1 839	—	612.9	306.5	153.2	61.29
			1	294.2	—	98.07	49.03	24.52	9.807
压痕平均直径 d/mm				布氏硬度 HBW					
4.05	2.025	1.012 5	0.405	223	111	74.3	37.1	18.6	7.43
4.06	2.030	1.015 0	0.406	222	111	73.9	37.0	18.5	7.39
4.07	2.035	1.017 5	0.407	221	110	73.5	36.8	18.4	7.35
4.08	2.040	1.020 0	0.408	219	110	73.2	36.6	18.3	7.32
4.09	2.045	1.022 5	0.409	218	109	72.8	36.4	18.2	7.28
4.10	2.050	1.025 0	0.410	217	109	72.4	36.2	18.1	7.24
4.11	2.055	1.027 5	0.411	216	108	72.0	36.0	18.0	7.20
4.12	2.060	1.030 0	0.412	215	108	71.7	35.8	17.9	7.17
4.13	2.065	1.032 5	0.413	214	107	71.3	35.7	17.8	7.13
4.14	2.070	1.035 0	0.414	213	106	71.0	35.5	17.7	7.10
4.15	2.075	1.037 5	0.415	212	106	70.6	35.3	17.6	7.06
4.16	2.080	1.040 0	0.416	211	105	70.2	35.1	17.6	7.02
4.17	2.085	1.042 5	0.417	210	105	69.9	34.9	17.5	6.99
4.18	2.090	1.045 0	0.418	209	104	69.5	34.8	17.4	6.95
4.19	2.095	1.047 5	0.419	208	104	69.2	34.6	17.3	6.92
4.20	2.100	1.050 0	0.420	207	103	68.8	34.4	17.2	6.88
4.21	2.105	1.052 5	0.421	205	103	68.5	34.2	17.1	6.85
4.22	2.110	1.055 0	0.422	204	102	68.2	34.1	17.0	6.82
4.23	2.115	1.057 5	0.423	203	102	67.8	33.9	17.0	6.78
4.24	2.120	1.060 0	0.424	202	101	67.5	33.7	16.9	6.75
4.25	2.125	1.062 5	0.425	201	101	67.1	33.6	16.8	6.71
4.26	2.130	1.065 0	0.426	200	100	66.8	33.4	16.7	6.68
4.27	2.135	1.067 5	0.427	199	99.7	66.5	33.2	16.6	6.65
4.28	2.140	1.070 0	0.428	198	99.2	66.2	33.1	16.5	6.62
4.29	2.145	1.072 5	0.429	198	98.8	65.8	32.9	16.5	6.58
4.30	2.150	1.075 0	0.430	197	98.3	65.5	32.8	16.4	6.55
4.31	2.155	1.077 5	0.431	196	97.8	65.2	32.6	16.3	6.52
4.32	2.160	1.080 0	0.432	195	97.3	64.9	32.4	16.2	6.49
4.33	2.165	1.082 5	0.433	194	96.8	64.6	32.3	16.1	6.46
4.34	2.170	1.085 0	0.434	193	96.4	64.2	32.1	16.1	6.42
4.35	2.175	1.087 5	0.435	192	95.9	63.9	32.0	16.0	6.39
4.36	2.180	1.090 0	0.436	191	95.4	63.6	31.8	15.9	6.36
4.37	2.185	1.092 5	0.437	190	95.0	63.3	31.7	15.8	6.33
4.38	2.190	1.095 0	0.438	189	94.5	63.0	31.5	15.8	6.30

表 B1(续)

球直径 D/mm				试验力-压头球直径平方的比率 0.102×F/D^2					
				30	15	10	5	2.5	1
				试验力 F/N					
10				29 420	14 710	9 807	4 903	2 452	980.7
	5			7 355	—	2 452	1 226	612.9	245.2
		2.5		1 839	—	612.9	306.5	153.2	61.29
			1	294.2	—	98.07	49.03	24.52	9.807
压痕平均直径 d/mm				布氏硬度 HBW					
4.39	2.195	1.097 5	0.439	188	94.1	62.7	31.4	15.7	6.27
4.40	2.200	1.100 0	0.440	187	93.6	62.4	31.2	15.6	6.24
4.41	2.205	1.102 5	0.441	186	93.2	62.1	31.1	15.5	6.21
4.42	2.210	1.105 0	0.442	185	92.7	61.8	30.9	15.5	6.18
4.43	2.215	1.107 5	0.443	185	92.3	61.5	30.8	15.4	6.15
4.44	2.220	1.110 0	0.444	184	91.8	61.2	30.6	15.3	6.12
4.45	2.225	1.112 5	0.445	183	91.4	60.9	30.5	15.2	6.09
4.46	2.230	1.115 0	0.446	182	91.0	60.6	30.3	15.2	6.06
4.47	2.235	1.117 5	0.447	181	90.5	60.4	30.2	15.1	6.04
4.48	2.240	1.120 0	0.448	180	90.1	60.1	30.0	15.0	6.01
4.49	2.245	1.122 5	0.449	179	89.7	59.8	29.9	14.9	5.98
4.50	2.250	1.125 0	0.450	179	89.3	59.5	29.8	14.9	5.95
4.51	2.255	1.127 5	0.451	178	88.9	59.2	29.6	14.8	5.92
4.52	2.260	1.130 0	0.452	177	88.4	59.0	29.5	14.7	5.90
4.53	2.265	1.132 5	0.453	176	88.0	58.7	29.3	14.7	5.87
4.54	2.270	1.135 0	0.454	175	87.6	58.4	29.2	14.6	5.84
4.55	2.275	1.137 5	0.455	174	87.2	58.1	29.1	14.5	5.81
4.56	2.280	1.140 0	0.456	174	86.8	57.9	28.9	14.5	5.79
4.57	2.285	1.142 5	0.457	173	86.4	57.6	28.8	14.4	5.76
4.58	2.290	1.145 0	0.458	172	86.0	57.3	28.7	14.3	5.73
4.59	2.295	1.147 5	0.459	171	85.6	57.1	28.5	14.3	5.71
4.60	2.300	1.150 0	0.460	170	85.2	56.8	28.4	14.2	5.68
4.61	2.305	1.152 5	0.461	170	84.8	56.5	28.3	14.1	5.65
4.62	2.310	1.155 0	0.462	169	84.4	56.3	28.1	14.1	5.63
4.63	2.315	1.157 5	0.463	168	84.0	56.0	28.0	14.0	5.60
4.64	2.320	1.160 0	0.464	167	83.6	55.8	27.9	13.9	5.58
4.65	2.325	1.162 5	0.465	167	83.3	55.5	27.8	13.9	5.55
4.66	2.330	1.165 0	0.466	166	82.9	55.3	27.6	13.8	5.53
4.67	2.335	1.167 5	0.467	165	82.5	55.0	27.5	13.8	5.50
4.68	2.340	1.170 0	0.468	164	82.1	54.8	27.4	13.7	5.48
4.69	2.345	1.172 5	0.469	164	81.8	54.5	27.3	13.6	5.45
4.70	2.350	1.175 0	0.470	163	81.4	54.3	27.1	13.6	5.43
4.71	2.355	1.177 5	0.471	162	81.0	54.0	27.0	13.5	5.40
4.72	2.360	1.180 0	0.472	161	80.7	53.8	26.9	13.4	5.38

表 B1(续)

球直径 D/mm				试验力-压头球直径平方的比率 0.102×F/D²					
				30	15	10	5	2.5	1
				试验力 F/N					
10				29 420	14 710	9 807	4 903	2 452	980.7
	5			7 355	—	2 452	1 226	612.9	245.2
		2.5		1 839	—	612.9	306.5	153.2	61.29
			1	294.2	—	98.07	49.03	24.52	9.807
压痕平均直径 d/mm				布氏硬度 HBW					
4.73	2.365	1.182 5	0.473	161	80.3	53.5	26.8	13.4	5.35
4.74	2.370	1.185 0	0.474	160	79.9	53.3	26.6	13.3	5.33
4.75	2.375	1.187 5	0.475	159	79.6	53.0	26.5	13.3	5.30
4.76	2.380	1.190 0	0.476	158	79.2	52.8	26.4	13.2	5.28
4.77	2.385	1.192 5	0.477	158	78.9	52.6	26.3	13.1	5.26
4.78	2.390	1.195 0	0.478	157	78.5	52.3	26.2	13.1	5.23
4.79	2.395	1.197 5	0.479	156	78.2	52.1	26.1	13.0	5.21
4.80	2.400	1.200 0	0.480	156	77.8	51.9	25.9	13.0	5.19
4.81	2.405	1.202 5	0.481	155	77.5	51.6	25.8	12.9	5.16
4.82	2.410	1.205 0	0.482	154	77.1	51.4	25.7	12.9	5.14
4.83	2.415	1.207 5	0.483	154	76.8	51.2	25.6	12.8	5.12
4.84	2.420	1.210 0	0.484	153	76.4	51.0	25.5	12.7	5.10
4.85	2.425	1.212 5	0.485	152	76.1	50.7	25.4	12.7	5.07
4.86	2.430	1.215 0	0.486	152	75.8	50.5	25.3	12.6	5.05
4.87	2.435	1.217 5	0.487	151	75.4	50.3	25.1	12.6	5.03
4.88	2.440	1.220 0	0.488	150	75.1	50.1	25.0	12.5	5.01
4.89	2.445	1.222 5	0.489	150	74.8	49.8	24.9	12.5	4.98
4.90	2.450	1.225 0	0.490	149	74.4	49.6	24.8	12.4	4.96
4.91	2.455	1.227 5	0.491	148	74.1	49.4	24.7	12.4	4.94
4.92	2.460	1.230 0	0.492	148	73.8	49.2	24.6	12.3	4.92
4.93	2.465	1.232 5	0.493	147	73.5	49.0	24.5	12.2	4.90
4.94	2.470	1.235 0	0.494	146	73.2	48.8	24.4	12.2	4.88
4.95	2.475	1.237 5	0.495	146	72.8	48.6	24.3	12.1	4.86
4.96	2.480	1.240 0	0.496	145	72.5	48.3	24.2	12.1	4.83
4.97	2.485	1.242 5	0.497	144	72.2	48.1	24.1	12.0	4.81
4.98	2.490	1.245 0	0.498	144	71.9	47.9	24.0	12.0	4.79
4.99	2.495	1.247 5	0.499	143	71.6	47.7	23.9	11.9	4.77
5.00	2.500	1.250 0	0.500	143	71.3	47.5	23.8	11.9	4.75
5.01	2.505	1.252 5	0.501	142	71.0	47.3	23.7	11.8	4.73
5.02	2.510	1.255 0	0.502	141	70.7	47.1	23.6	11.8	4.71
5.03	2.515	1.257 5	0.503	141	70.4	46.9	23.5	11.7	4.69
5.04	2.520	1.260 0	0.504	140	70.1	46.7	23.4	11.7	4.67
5.05	2.525	1.262 5	0.505	140	69.8	46.5	23.3	11.6	4.65
5.06	2.530	1.265 0	0.506	139	69.5	46.3	23.2	11.6	4.63

表 B1(续)

球直径 D/mm				试验力-压头球直径平方的比率 0.102×F/D^2					
				30	15	10	5	2.5	1
				试验力 F/N					
10				29 420	14 710	9 807	4 903	2 452	980.7
	5			7 355	—	2 452	1 226	612.9	245.2
		2.5		1 839	—	612.9	306.5	153.2	61.29
			1	294.2	—	98.07	49.03	24.52	9.807
压痕平均直径 d/mm				布氏硬度 HBW					
5.07	2.535	1.267 5	0.507	138	69.2	46.1	23.1	11.5	4.61
5.08	2.540	1.270 0	0.508	138	68.9	45.9	23.0	11.5	4.59
5.09	2.545	1.272 5	0.509	137	68.6	45.7	22.9	11.4	4.57
5.10	2.550	1.275 0	0.510	137	68.3	45.5	22.8	11.4	4.55
5.11	2.555	1.277 5	0.511	136	68.0	45.3	22.7	11.3	4.53
5.12	2.560	1.280 0	0.512	135	67.7	45.1	22.6	11.3	4.51
5.13	2.565	1.282 5	0.513	135	67.4	45.0	22.5	11.2	4.50
5.14	2.570	1.285 0	0.514	134	67.1	44.8	22.4	11.2	4.48
5.15	2.575	1.287 5	0.515	134	66.9	44.6	22.3	11.1	4.46
5.16	2.580	1.290 0	0.516	133	66.6	44.4	22.2	11.1	4.44
5.17	2.585	1.292 5	0.517	133	66.3	44.2	22.1	11.1	4.42
5.18	2.590	1.295 0	0.518	132	66.0	44.0	22.0	11.0	4.40
5.19	2.595	1.297 5	0.519	132	65.8	43.8	21.9	11.0	4.38
5.20	2.600	1.300 0	0.520	131	65.5	43.7	21.8	10.9	4.37
5.21	2.605	1.302 5	0.521	130	65.2	43.5	21.7	10.9	4.35
5.22	2.610	1.305 0	0.522	130	64.9	43.3	21.6	10.8	4.33
5.23	2.615	1.307 5	0.523	129	64.7	43.1	21.6	10.8	4.31
5.24	2.620	1.310 0	0.524	129	64.4	42.9	21.5	10.7	4.29
5.25	2.625	1.312 5	0.525	128	64.1	42.8	21.4	10.7	4.28
5.26	2.630	1.315 0	0.526	128	63.9	42.6	21.3	10.6	4.26
5.27	2.635	1.317 5	0.527	127	63.6	42.4	21.2	10.6	4.24
5.28	2.640	1.320 0	0.528	127	63.3	42.2	21.1	10.6	4.22
5.29	2.645	1.322 5	0.529	126	63.1	42.1	21.0	10.5	4.21
5.30	2.650	1.325 0	0.530	126	62.8	41.9	20.9	10.5	4.19
5.31	2.655	1.327 5	0.531	125	62.6	41.7	20.9	10.4	4.17
5.32	2.660	1.330 0	0.532	125	62.3	41.5	20.8	10.4	4.15
5.33	2.665	1.332 5	0.533	124	62.1	41.4	20.7	10.3	4.14
5.34	2.670	1.335 0	0.534	124	61.8	41.2	20.6	10.3	4.12
5.35	2.675	1.337 5	0.535	123	61.5	41.0	20.5	10.3	4.10
5.36	2.680	1.340 0	0.536	123	61.3	40.9	20.4	10.2	4.09
5.37	2.685	1.342 5	0.537	122	61.0	40.7	20.3	10.2	4.07
5.38	2.690	1.345 0	0.538	122	60.8	40.5	20.3	10.1	4.05
5.39	2.695	1.347 5	0.539	121	60.6	40.4	20.2	10.1	4.04
5.40	2.700	1.350 0	0.540	121	60.3	40.2	20.1	10.1	4.02

表 B1(续)

球直径 D/mm				试验力-压头球直径平方的比率 0.102×F/D^2					
				30	15	10	5	2.5	1
				试验力 F/N					
10				29 420	14 710	9 807	4 903	2 452	980.7
	5			7 355	—	2 452	1 226	612.9	245.2
		2.5		1 839	—	612.9	306.5	153.2	61.29
			1	294.2	—	98.07	49.03	24.52	9.807
压痕平均直径 d/mm				布氏硬度 HBW					
5.41	2.705	1.352 5	0.541	120	60.1	40.0	20.0	10.0	4.00
5.42	2.710	1.355 0	0.542	120	59.8	39.9	19.9	9.97	3.99
5.43	2.715	1.357 5	0.543	119	59.6	39.7	19.9	9.93	3.97
5.44	2.720	1.360 0	0.544	119	59.3	39.6	19.8	9.89	3.96
5.45	2.725	1.362 5	0.545	118	59.1	39.4	19.7	9.85	3.94
5.46	2.730	1.365 0	0.546	118	58.9	39.2	19.6	9.81	3.92
5.47	2.735	1.367 5	0.547	117	58.6	39.1	19.5	9.77	3.91
5.48	2.740	1.370 0	0.548	117	58.4	38.9	19.5	9.73	3.89
5.49	2.745	1.372 5	0.549	116	58.2	38.8	19.4	9.69	3.88
5.50	2.750	1.375 0	0.550	116	57.9	38.6	19.3	9.66	3.86
5.51	2.755	1.377 5	0.551	115	57.7	38.5	19.2	9.62	3.85
5.52	2.760	1.380 0	0.552	115	57.5	38.3	19.2	9.58	3.83
5.53	2.765	1.382 5	0.553	114	57.2	38.2	19.1	9.54	3.82
5.54	2.770	1.385 0	0.554	114	57.0	38.0	19.0	9.50	3.80
5.55	2.775	1.387 5	0.555	114	56.8	37.9	18.9	9.47	3.79
5.56	2.780	1.390 0	0.556	113	56.6	37.7	18.9	9.43	3.77
5.57	2.785	1.392 5	0.557	113	56.3	37.6	18.8	9.39	3.76
5.58	2.790	1.395 0	0.558	112	56.1	37.4	18.7	9.35	3.74
5.59	2.795	1.397 5	0.559	112	55.9	37.3	18.6	9.32	3.73
5.60	2.800	1.400 0	0.560	111	55.7	37.1	18.6	9.28	3.71
5.61	2.805	1.402 5	0.561	111	55.5	37.0	18.5	9.24	3.70
5.62	2.810	1.405 0	0.562	110	55.2	36.8	18.4	9.21	3.68
5.63	2.815	1.407 5	0.563	110	55.0	36.7	18.3	9.17	3.67
5.64	2.820	1.410 0	0.564	110	54.8	36.5	18.3	9.14	3.65
5.65	2.825	1.412 5	0.565	109	54.6	36.4	18.2	9.10	3.64
5.66	2.830	1.415 0	0.566	109	54.4	36.3	18.1	9.06	3.63
5.67	2.835	1.417 5	0.567	108	54.2	36.1	18.1	9.03	3.61
5.68	2.840	1.420 0	0.568	108	54.0	36.0	18.0	8.99	3.60
5.69	2.845	1.422 5	0.569	107	53.7	35.8	17.9	8.96	3.58
5.70	2.850	1.425 0	0.570	107	53.5	35.7	17.8	8.92	3.57
5.71	2.855	1.427 5	0.571	107	53.3	35.6	17.8	8.89	3.56
5.72	2.860	1.430 0	0.572	106	53.1	35.4	17.7	8.85	3.54
5.73	2.865	1.432 5	0.573	106	52.9	35.3	17.6	8.82	3.53
5.74	2.870	1.435 0	0.574	105	52.7	35.1	17.6	8.79	3.51

表 B1(完)

球直径 D/mm				试验力-压头球直径平方的比率 $0.102\times F/D^2$					
				30	15	10	5	2.5	1
				试验力 F/N					
10				29 420	14 710	9 807	4 903	2 452	980.7
	5			7 355	—	2 452	1 226	612.9	245.2
		2.5		1 839	—	612.9	306.5	153.2	61.29
			1	294.2	—	98.07	49.03	24.52	9.807
压痕平均直径 d/mm				布氏硬度 HBW					
5.75	2.875	1.437 5	0.575	105	52.5	35.0	17.5	8.75	3.50
5.76	2.880	1.440 0	0.576	105	52.3	34.9	17.4	8.72	3.49
5.77	2.885	1.442 5	0.577	104	52.1	34.7	17.4	8.68	3.47
5.78	2.890	1.445 0	0.578	104	51.9	34.6	17.3	8.65	3.46
5.79	2.895	1.447 5	0.579	103	51.7	34.5	17.2	8.62	3.45
5.80	2.900	1.450 0	0.580	103	51.5	34.3	17.2	8.59	3.43
5.81	2.905	1.452 5	0.581	103	51.3	34.2	17.1	8.55	3.42
5.82	2.910	1.455 0	0.582	102	51.1	34.1	17.0	8.52	3.41
5.83	2.915	1.457 5	0.583	102	50.9	33.9	17.0	8.49	3.39
5.84	2.920	1.460 0	0.584	101	50.7	33.8	16.9	8.45	3.38
5.85	2.925	1.462 5	0.585	101	50.5	33.7	16.8	8.42	3.37
5.86	2.930	1.465 0	0.586	101	50.3	33.6	16.8	8.39	3.36
5.87	2.935	1.467 5	0.587	100	50.2	33.4	16.7	8.36	3.34
5.88	2.940	1.470 0	0.588	99.9	50.0	33.3	16.7	8.33	3.33
5.89	2.945	1.472 5	0.589	99.5	49.8	33.2	16.6	8.30	3.32
5.90	2.950	1.475 0	0.590	99.2	49.6	33.1	16.5	8.26	3.31
5.91	2.955	1.477 5	0.591	98.8	49.4	32.9	16.5	8.23	3.29
5.92	2.960	1.480 0	0.592	98.4	49.2	32.8	16.4	8.20	3.28
5.93	2.965	1.482 5	0.593	98.0	49.0	32.7	16.3	8.17	3.27
5.94	2.970	1.485 0	0.594	97.7	48.8	32.6	16.3	8.14	3.26
5.95	2.975	1.487 5	0.595	97.3	48.7	32.4	16.2	8.11	3.24
5.96	2.980	1.490 0	0.596	96.9	48.5	32.3	16.2	8.08	3.23
5.97	2.985	1.492 5	0.597	96.6	48.3	32.2	16.1	8.05	3.22
5.98	2.990	1.495 0	0.598	96.2	48.1	32.1	16.0	8.02	3.21
5.99	2.995	1.497 5	0.599	95.9	47.9	32.0	16.0	7.99	3.20
6.00	3.000	1.500 0	0.600	95.5	47.7	31.8	15.9	7.96	3.18

附 录 C
（提示的附录）
使用者对布氏硬度计的日常检查方法

直接检验方法对于日常检查会消耗很多时间和财力，建议采用如下方法检查布氏硬度计。

每天试验前对硬度计至少进行一次检查。

检查之前，至少预压两个压痕以保证试样和压头处于稳定状态。预测的数据不应使用。

在标准硬度块上至少压出一个压痕。选择的标准块硬度值应与试验材料的硬度接近，如果硬度读数的平均值与标准块硬度值之差在GB/T 231.2表2中规定的范围之内时，则认为硬度计合格，如果超差，应进行直接检验。

四、金属韧性、延性试验

中华人民共和国国家标准

金属夏比冲击断口测定方法

GB/T 12778—91

Metallic materials—Determination of Charpy impact fracture surface

1 主题内容与适用范围

本标准规定了金属材料夏比冲击试样断口晶状面积和侧膨胀值的测定方法。

本标准适用于测定金属材料夏比试样（10mm×10mm×55mm，缺口深2mm）断口，对其它类型的冲击试样断口，也可参照使用。

2 引用标准

GB 229 金属夏比（U型缺口）冲击试验方法
GB 2106 金属夏比（V型缺口）冲击试验方法
GB 4159 金属低温夏比冲击试验方法
GB 8170 数值修约规则

3 术语

3.1 冲击试样断口 fracture surface of impact specimen

冲击试样冲断后的断裂表面。其宏观外貌一般呈晶状、纤维状（含剪切唇）或混合状。

3.2 晶状断口 crystalline fracture surface

断裂表面一般呈现金属光泽的晶状颗粒，无明显塑性变形的齐平断口。

3.3 晶状断面率 percentage of crystallinity

断口中晶状区的总面积与缺口下方原始横截面积的百分比。

3.4 纤维状断口 fibrous fracture surface

断裂表面一般呈现无金属光泽的纤维形貌，有明显塑性变形的断口。

3.5 纤维断面率 percentage of fibrousity

断口中纤维区的总面积与缺口下方原始横截面积的百分比。

3.6 侧膨胀值 lateral expansion

断裂试样缺口背面每侧宽度较大增加量之和，单位为mm。

4 试样

4.1 按GB 229、GB 2106或GB 4159的规定进行试验，冲断后的试样即为本标准的测试试样。

4.2 测定晶状面积的试样断口表面不得污染、锈蚀和碰伤。

4.3 测定侧膨胀值的试样应作如下准备：

a. 在垂直于缺口的侧面上，作同侧标记；

b. 检查垂直于缺口的两个侧面有无毛刺，毛刺必须清除；

c. 检查膨胀部位，不得有碰伤痕迹。

国家技术监督局1991-05-11批准　　　　1992-01-01实施

5 晶状面积的测定

5.1 对比法

将冲击试样断口与冲击试样断口纤维断面率图谱（图1）或纤维断面率示意图（图2）进行比较，估算出纤维断面率。

图 1 冲击试样断口纤维断面率图谱

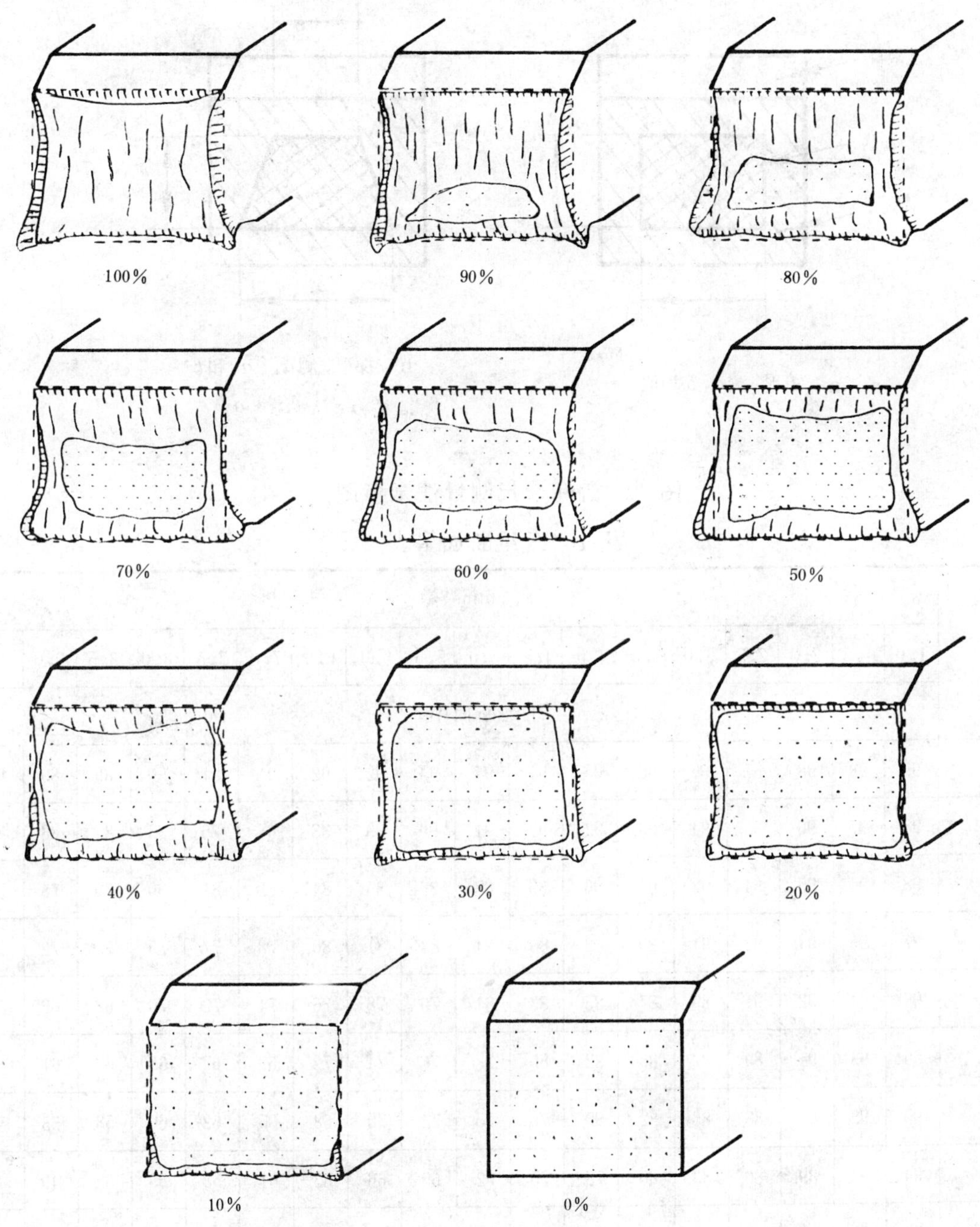

图 2 冲击试样断口纤维断面率示意图

5.2 游标卡尺测量法

按断口上晶状区的形状，若能归类成矩形、梯形时（图3），可用游标卡尺测出相应尺寸，直接查表1。

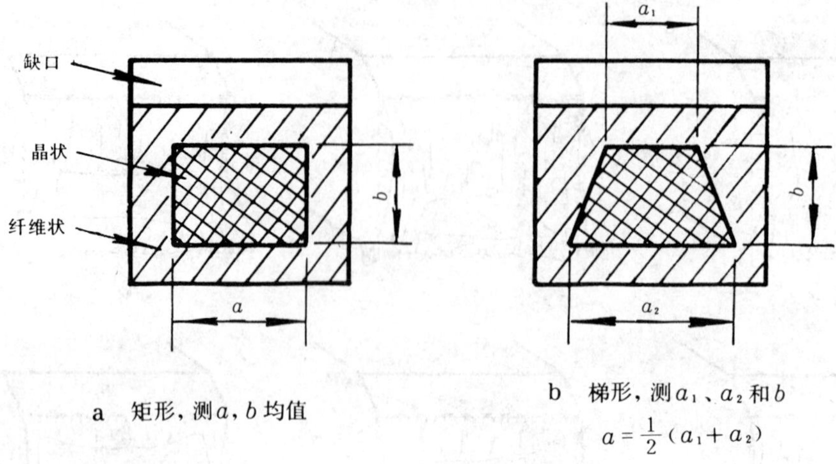

a　矩形，测 a，b 均值

b　梯形，测 a_1、a_2 和 b

$$a=\frac{1}{2}(a_1+a_2)$$

图 3　游标卡尺测量法示意图

表 1　纤维断面率表

b mm	a，mm																		
	1.0	1.5	2.0	2.5	3.0	3.5	4.0	4.5	5.0	5.5	6.0	6.5	7.0	7.5	8.0	8.5	9.0	9.5	10
	纤维断面率，%																		
1.0	99	98	98	97	96	96	95	94	94	93	92	92	91	91	90	89	89	88	88
1.5	98	97	96	95	94	93	92	92	91	90	89	88	87	86	85	84	83	82	81
2.0	98	96	95	94	92	91	90	89	88	86	85	84	82	81	80	79	78	76	75
2.5	97	95	94	92	91	89	88	86	84	83	81	80	78	77	75	73	72	70	69
3.0	96	94	92	91	89	87	85	83	81	79	78	76	74	72	70	68	66	64	62
3.5	96	93	91	89	87	85	82	80	78	76	74	72	69	67	65	63	61	58	56
4.0	95	92	90	88	85	82	80	78	75	72	70	68	65	62	60	58	55	52	50
4.5	94	92	89	86	83	80	78	75	72	69	66	63	61	58	55	52	49	47	44
5.0	94	91	88	85	81	78	75	72	69	66	62	59	56	53	50	47	44	41	38
5.5	93	90	86	83	79	76	72	69	66	62	59	55	52	48	45	42	38	35	31
6.0	92	89	85	81	78	74	70	66	62	59	55	51	48	44	40	36	32	29	25
6.5	92	88	84	80	76	72	68	63	59	55	51	47	43	39	35	31	27	23	19
7.0	91	87	82	78	74	69	65	61	56	52	48	43	39	34	30	26	21	17	12
7.5	91	86	81	77	72	67	62	58	53	48	44	39	34	30	25	20	16	11	6
8.0	90	85	80	75	70	65	60	55	50	45	40	35	30	25	20	15	10	5	0

5.3 放大测量法

5.3.1 把试样断口拍成放大照片，用求积仪测量晶状区面积。

5.3.2 利用低倍显微镜等光学仪器测量晶状区面积。

5.4 卡片测量法

用透明塑料薄膜制成10mm×10mm的方孔卡片（图4a）或网格卡片（图4b），测量晶状区面积。

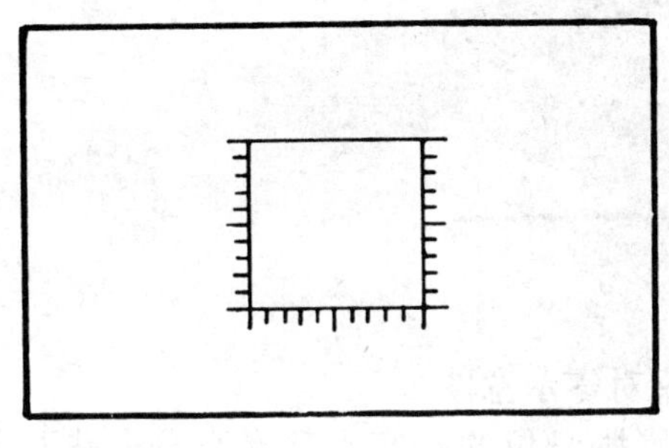

a 方孔卡片

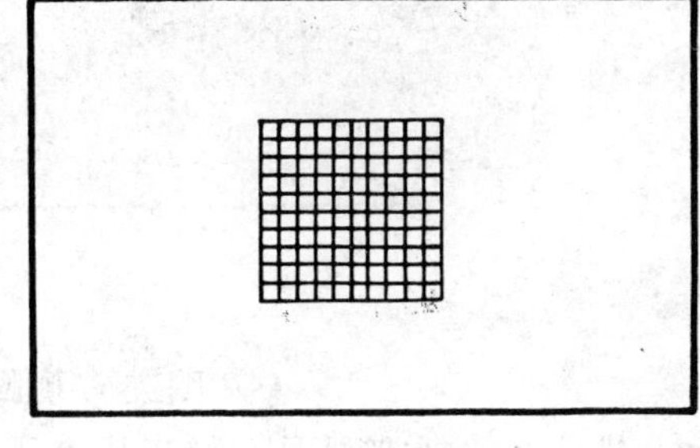

b 网格卡片

图 4 测量晶状面积用卡片

5.5 断面率计算

根据测得的晶状区总面积，按公式（1）或公式（2）计算冲击试样断口晶状断面率或纤维断面率。

$$CA=\frac{A_c}{A_0}\times 100\% \qquad (1)$$

$$FA=\frac{A_0-A_c}{A_0}\times 100\% \qquad (2)$$

式中：A_c —— 断口中晶状区的总面积，mm^2；

A_0 —— 原始横截面积，mm^2；

CA —— 晶状断面率；

FA —— 纤维断面率。

6 侧膨胀值的测量

6.1 侧膨胀仪测量法

6.1.1 校正侧膨胀仪零位（见图5）。

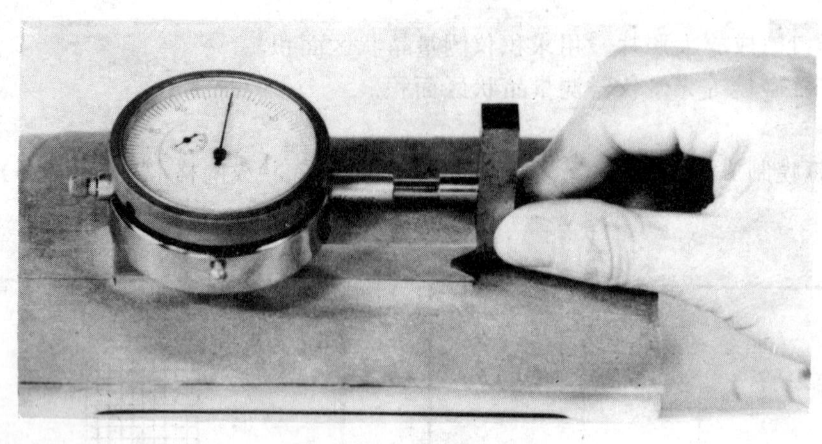

图 5　侧膨胀仪对零示意图

6.1.2　先取一截试样，把被测面紧贴在基准座上，膨胀部位的最高点顶在百分表砧面上，记下读数；然后，取另一截试样，在同一侧重复上述步骤，所测两个值中的较大者即为试样该侧的膨胀量。

6.1.3　重复上述步骤，测出该试样另一侧的膨胀量。

6.1.4　将两侧的膨胀量相加，即为该试样的侧膨胀值。

6.2　投影仪测量法

6.2.1　取一截试样，使其缺口朝下，放在光学投影仪的移动平台上。以试样原始宽度的一个棱边对准投影仪屏幕上的基准线，记录横向测微头上的读数b_0，再旋转横向测微头，使基准线对准试样侧向膨胀部位的最高点，调整焦距，记录读数b_1，计算两个数值之差（b_1-b_0）。取另一截试样，对同侧重复上述步骤。两个差值中的较大者即为试样该侧的膨胀量。

6.2.2　重复上述步骤，测出该试样另一侧的膨胀量。

6.2.3　将两侧的膨胀量相加，即为该试样的侧膨胀值。

6.3　游标卡尺测量法

6.3.1　测量试样原始宽度W_0。

6.3.2　把冲断的两截试样的缺口背面相重合，并使侧面位于同一平面上（图6）。

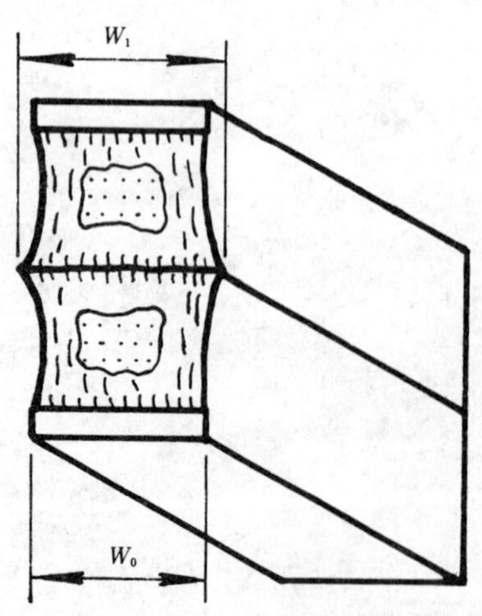

图 6　侧膨胀值测量示意图

6.3.3　压紧两截试样，使游标卡尺的测量面平行于试样的侧面，测量断口侧向膨胀最高点间的距离W_1。

6.3.4 若断裂的两截试样连在一起，可直接用游标卡尺测量W_1。

6.3.5 所测两数值之差（W_1-W_0）即为该试样的侧膨胀值。

7 测定结果的修约

测定结果按GB 8170进行修约：

a. 纤维（或晶状）断面率修约到百分之一；

b. 侧膨胀值保留二位有效数字。

8 试验报告

试验报告应包括如下内容：

a. 产品名称、材料、炉批号和试样编号；

b. 试样类型和尺寸；

c. 试验温度；

d. 纤维（或晶状）断面率；

e. 侧膨胀值。

附加说明：

本标准由中国船舶工业总公司提出。

本标准由中国船舶工业总公司洛阳船舶材料研究所、江南造船厂和大连造船厂负责起草，沪东造船厂、武昌造船厂、金州重型机器厂和上海第三钢铁厂参加起草。

本标准主要起草人毕传堂、奚芳菲、华鹤。

本标准参照采用美国ASTM E 23—88《金属材料缺口试样冲击试验标准方法》和英国标准BS 131《缺口试样冲击试验方法》第5部分“晶状面积测量方法”。

前　　言

本标准等效采用国际标准 ISO 7438:1985《金属材料—弯曲试验》。在主要技术内容上与 ISO 7438:1985 等效。

本标准此次修订对下列重要技术内容作了修改和补充:修改试验原理的阐述,增加 V 形模具式和翻板式弯曲装置的弯曲方法,删去附录 A。

本标准自实施之日起,代替 GB/T 232—1988《金属弯曲试验方法》。

本标准由国家冶金工业局提出。

本标准由全国钢标准化技术委员会归口。

本标准起草单位:冶金钢铁研究总院、重庆钢铁研究所、鞍山钢铁公司、冶金信息标准研究院。

本标准主要起草人:梁新邦、李久林、孙良金、董恩龙、高振英。

本标准 1963 年 9 月首次发布,1982 年 7 月第一次修订,1988 年 9 月第二次修订。

ISO 前言

ISO(国际标准化组织)是由各国标准化团体(ISO成员团体)组成的世界性的联合会。制定国际标准的工作通常由ISO的技术委员会完成,各成员团体若对某技术委员会已确立的项目感兴趣,均有权参加该技术委员会的工作。与ISO保持联系的各国际组织(官方的或非官方的)也参加有关工作。

由技术委员会通过的国际标准草案提交各成员团体表决,需取得至少75%参加投票表决的成员团体的同意,才能作为国际标准正式发布。

国际标准ISO7438由ISO/TC164金属力学性能试验技术委员会制定。

本版本取消和代替ISO推荐标准ISO/R85:1959、ISO/R87:1959、ISO/R398:1964和ISO/R954:1969。

中华人民共和国国家标准

金属材料　弯曲试验方法

Metallic materials—Bend test

GB/T 232—1999
eqv ISO 7438:1985
代替 GB/T 232—1988

1 范围

本标准规定了弯曲试验方法的原理、符号、试验设备、试样、试验程序、试验结果评定和试验报告。

本标准适用于金属材料相关产品标准规定试样的弯曲试验，测定其弯曲塑性变形能力。但不适用于金属管材和金属焊接接头的弯曲试验。

2 引用标准[1]

下列标准所包含的条文，通过在本标准中引用而构成为本标准的条文。本标准出版时，所示版本均为有效。所有标准都会被修订，使用本标准的各方应探讨使用下列标准最新版本的可能性。

GB/T 2975—1998　钢和钢产品　力学性能试验取样位置及试样制备

3 原理

弯曲试验是以圆形、方形、矩形或多边形横截面试样在弯曲装置上经受弯曲塑性变形，不改变加力方向，直至达到规定的弯曲角度。

弯曲试验时，试样两臂的轴线保持在垂直于弯曲轴的平面内。如为弯曲180°角的弯曲试验，按照相关产品标准的要求，将试样弯曲至两臂相距规定距离且相互平行或两臂直接接触。

4 符号

本标准使用的符号及其说明见表1和图1～图4。

表 1

符　号	说　明	单　位
a	试样厚度或直径或多边形横截面内切圆直径	mm
b	试样宽度	mm
L	试样长度	mm
l	支辊间或翻板间距离	mm
d	弯曲压头或弯心直径	mm
α	弯曲角度	(°)

采用说明：

1〕本章内容在国际标准 ISO 7438:1985 中无规定。引用的国家标准 GB/T 2975—1998 为等效采用国际标准 ISO 377:1997《钢和钢产品—力学性能试验取样位置及试样制备》。

国家质量技术监督局 1999-11-01 批准　　2000-08-01 实施

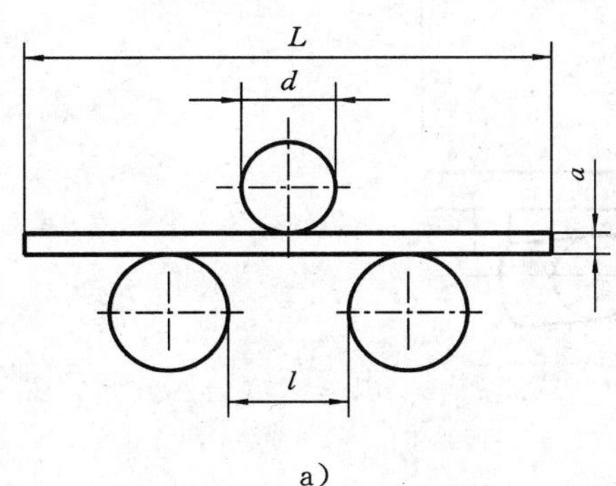

a)

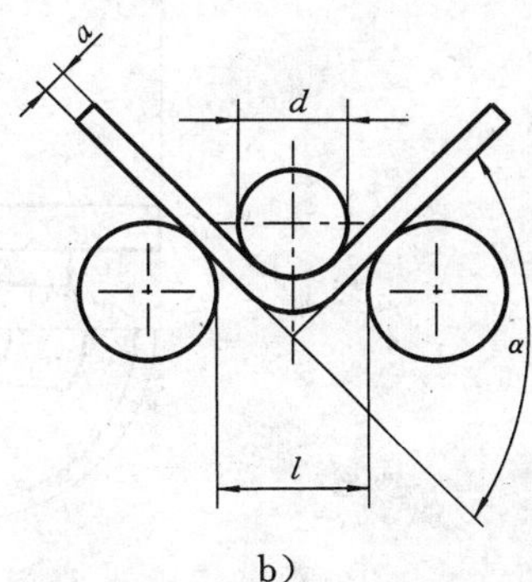

b)

图 1　支辊式弯曲装置

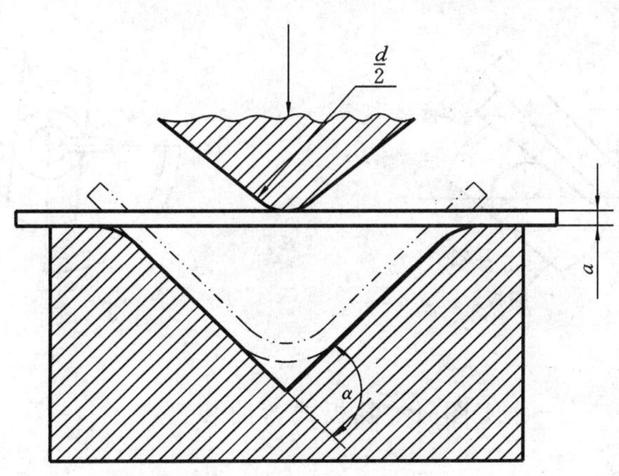

图 2　V 形模具式弯曲装置

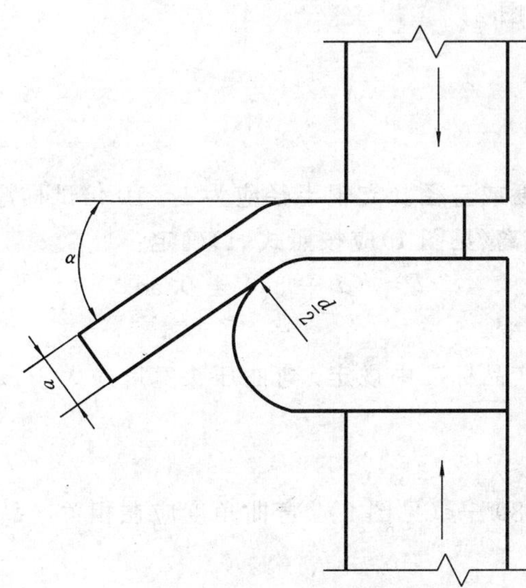

图 3　虎钳式弯曲装置

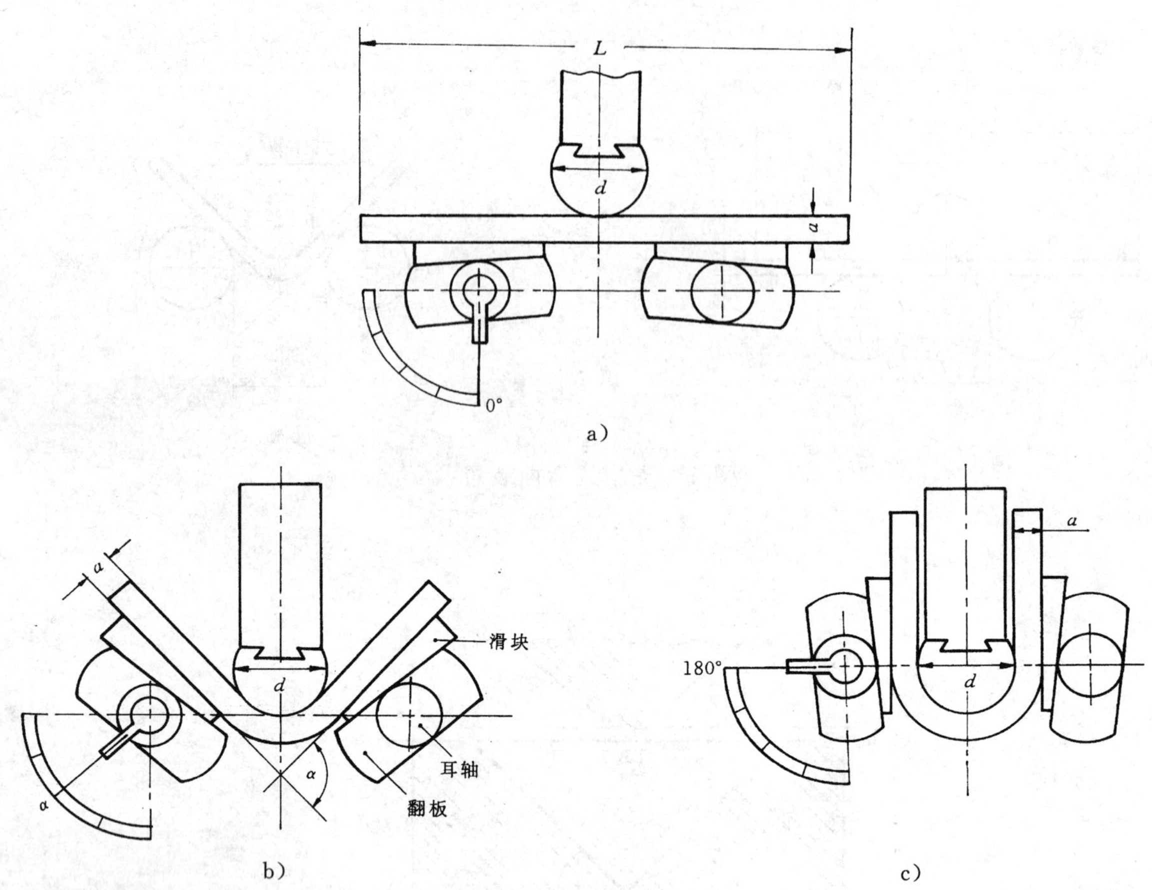

图 4 翻板式弯曲装置

5 试验设备

应在配备下列弯曲装置之一的试验机或压力机上完成试验。

a）支辊式弯曲装置，见图 1；

b）V 形模具式弯曲装置，见图 2；

c）虎钳式弯曲装置，见图 3；

d）翻板式弯曲装置，见图 4。

5.1 支辊式弯曲装置

5.1.1 支辊长度应大于试样宽度或直径。支辊半径应为 1～10 倍试样厚度。支辊应具有足够的硬度。

5.1.2 除非另有规定，支辊间距离（见图 1）应按照式（1）确定：

$$l = (d + 3a) \pm 0.5a \qquad \cdots\cdots(1)$$

此距离在试验期间应保持不变。

5.1.3 弯曲压头直径应在相关产品标准中规定。弯曲压头宽度应大于试样宽度或直径。弯曲压头应具有足够的硬度。

5.2 V 形模具式弯曲装置

模具的 V 形槽其角度应为 180°－α（见图 2）。弯曲角度应在相关产品标准中规定。弯曲压头的圆角半径为 $d/2$。

模具的支承棱边应倒圆，其倒圆半径应为 1～10 倍试样厚度。模具和弯曲压头宽度应大于试样宽度或直径。弯曲压头应具有足够的硬度。

5.3 虎钳式弯曲装置

装置由虎钳配备足够硬度的弯心组成（见图 3）。可以配置加力杠杆。弯心直径应按照相关产品标准要求，弯心宽度应大于试样宽度或直径。

5.4 翻板式弯曲装置[1]

5.4.1 翻板带有楔形滑块，滑块宽度应大于试样宽度或直径。滑块应具有足够的硬度。翻板固定在耳轴上，试验时能绕耳轴轴线转动。耳轴连接弯曲角度指示器，指示0°～180°的弯曲角度。

5.4.2 翻板间距离应为两翻板的试样支承面同时垂直于水平轴线时两支承面间的距离［见图4c)］。按照式(2)确定：

$$l = (d + 2a) + e \qquad \cdots\cdots(2)$$

式中：e可取值2～6 mm。

5.4.3 弯曲压头直径应在相关产品标准中规定。弯曲压头宽度应大于试样宽度或直径。弯曲压头的压杆其厚度应略小于弯曲压头直径，见图4。弯曲压头应具有足够的硬度。

6 试样

6.1 试验使用圆形、方形、矩形或多边形横截面的试样。样坯的切取位置和方向应按照相关产品标准的要求。如未具体规定，对于钢产品，应按照GB/T 2975的要求。试样应通过机加工去除由于剪切或火焰切割等影响了材料性能的部分。

6.2 试样表面不得有划痕和损伤。方形、矩形和多边形横截面试样的棱边应倒圆，倒圆半径不超过试样厚度的1/10。棱边倒圆时不应形成影响试验结果的横向毛刺、伤痕或刻痕。

6.3 试样宽度应按照相关产品标准的要求。如未具体规定，试样宽度应按照如下要求：

a) 当产品宽度不大于20 mm时，试样宽度为原产品宽度；

b) 当产品宽度大于20 mm，厚度小于3 mm时，试样宽度为20 mm±5 mm；厚度不小于3 mm时，试样宽度在20～50 mm之间。

6.4 试样厚度或直径应按照相关产品标准的要求，如未具体规定，应按照以下要求。

6.4.1 对于板材、带材和型材，产品厚度不大于25 mm时，试样厚度应为原产品的厚度；产品厚度大于25 mm时，试样厚度可以机加工减薄至不小于25 mm，并应保留一侧原表面。弯曲试验时试样保留的原表面应位于受拉变形一侧。

6.4.2 直径或多边形横截面内切圆直径不大于50 mm的产品，其试样横截面应为产品的横截面。如试验设备能力不足，对于直径或多边形横截面内切圆直径超过30～50 mm的产品，可以按照图5将其机加工成横截面内切圆直径为不小于25 mm的试样。直径或多边形横截面内切圆直径大于50 mm的产品，应按照图5将其机加工成横截面内切圆直径为不小于25 mm的试样。试验时，试样未经机加工的原表面应置于受拉变形的一侧。除非另有规定，钢筋类产品均以其全截面进行试验。

6.5 锻材、铸材和半成品，其试样尺寸应在交货要求或协议中规定。

6.6 非仲裁试验，经协议可以用大于6.3条和6.4条规定的宽度和厚度的试样进行试验。

6.7 试样长度应根据试样厚度和所使用的试验设备确定。采用图1和图4的方法时，可以按照式(3)确定：

$$L = 0.5\pi(d + a) + 140 \text{ mm} \qquad \cdots\cdots(3)$$

式中：π为圆周率，其值取3.1。

采用说明：

1〕本条内容在国际标准ISO 7438:1985中无规定。翻板式弯曲装置按照第3章中规定的试验原理进行弯曲试验。与国际标准规定的原则要求无差异。

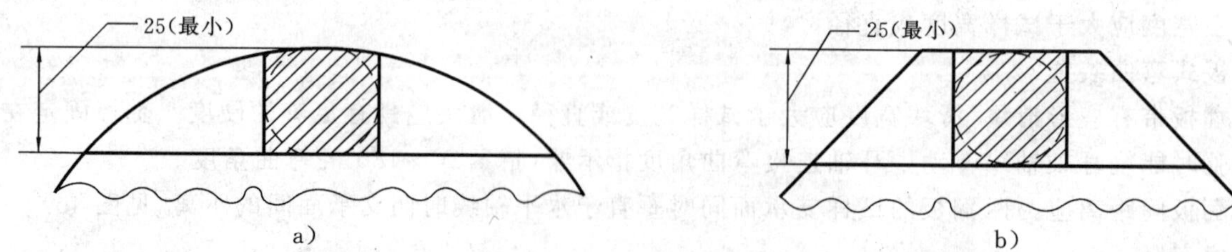

图 5 减薄试样横截面形状与尺寸

7 试验程序

7.1 试验一般在 10～35℃的室温范围内进行。对温度要求严格的试验,试验温度应为 23℃±5℃。

7.2 由相关产品标准规定,采用下列方法之一完成试验。

a) 试样在图 1、图 2、图 3 或图 4 所给定的条件和在力作用下弯曲至规定的弯曲角度;

b) 试样在力作用下弯曲至两臂相距规定距离且相互平行[见图 4c)和图 7];

c) 试样在力作用下弯曲至两臂直接接触(见图 8)。

7.3 试样弯曲至规定弯曲角度的试验,应将试样放于两支辊[见图 1a]或 V 形模具(见图 2)或两水平翻板[见图 4a)]上,试样轴线应与弯曲压头轴线垂直,弯曲压头在两支座之间的中点处对试样连续施加力使其弯曲,直至达到规定的弯曲角度。

如不能直接达到规定的弯曲角度,应将试样置于两平行压板之间(见图 6),连续施加力压其两端使进一步弯曲,直至达到规定的弯曲角度。

7.4 试样弯曲至 180°角两臂相距规定距离且相互平行的试验,采用图 1 的方法时,首先对试样进行初步弯曲(弯曲角度应尽可能大),然后将试样置于两平行压板之间(见图 6)连续施加力压其两端使进一步弯曲,直至两臂平行(见图 7)。试验时可以加或不加垫块。除非产品标准中另有规定,垫块厚度等于规定的弯曲压头直径;采用图 4 的方法时,在力作用下不改变力的方向,弯曲直至达到 180°角[见图 4c)]。

7.5 试样弯曲至两臂直接接触的试验,应首先将试样进行初步弯曲(弯曲角度应尽可能大),然后将其置于两平行压板之间(见图 6),连续施加力压其两端使进一步弯曲,直至两臂直接接触(见图 8)。

7.6 可以采用图 3 所示的方法进行弯曲试验。试样一端固定,绕弯心进行弯曲,直至达到规定的弯曲角度。

7.7 弯曲试验时,应缓慢施加弯曲力。

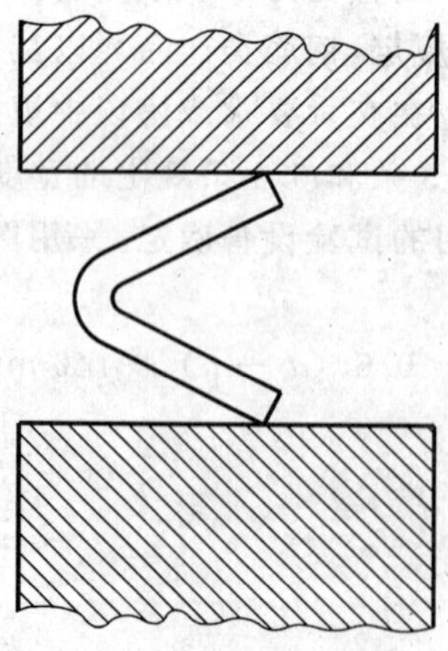

图 6 试样置于两平行压板之间

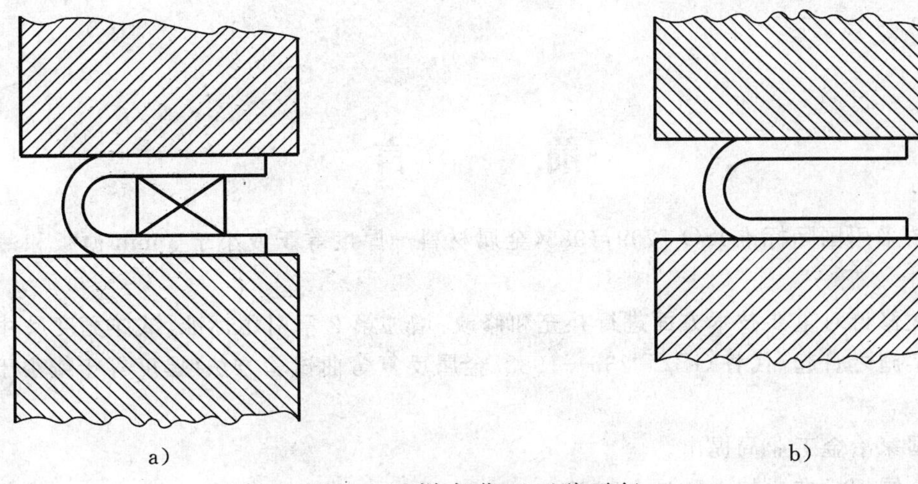

图 7　试样弯曲至两臂平行

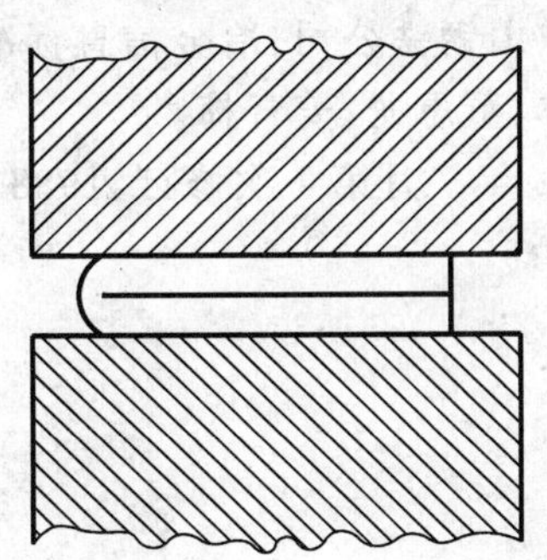

图 8　试样弯曲至两臂直接接触

8　试验结果评定

8.1　应按照相关产品标准的要求评定弯曲试验结果。如未规定具体要求，弯曲试验后试样弯曲外表面无肉眼可见裂纹应评定为合格。

8.2　相关产品标准规定的弯曲角度认作为最小值；规定的弯曲半径认作为最大值。

9　试验报告

试验报告至少应包括下列内容：

a）本国家标准编号；

b）试样标识（材料牌号，炉号，取样方向等）；

c）试样形状和尺寸；

d）试验条件（弯曲压头直径或弯心直径，弯曲角度）；

e）试验结果。

前　　言

本标准等效采用国际标准 ISO 7799:1985《金属材料—厚度等于或小于 3 mm 薄板和薄带—反复弯曲试验》。

本标准此次修订对重要技术方面进行补充和修改:增加第 2 章引用标准,试样宽度尺寸作了修改。

本标准自实施之日起,代替 GB/T 235—1988《金属反复弯曲试验方法(厚度等于或小于 3 mm 薄板及带材)》。

本标准由国家冶金工业局提出。

本标准由全国钢标准化技术委员会归口。

本标准起草单位:钢铁研究总院、鞍山钢铁公司、冶金信息标准研究院。

本标准主要起草人:梁新邦、李久林、董恩龙、姜青梅。

本标准 1963 年 9 月首次发布,1982 年 7 月第 1 次修订,1988 年 9 月第 2 次修订。

ISO 前言

ISO(国际标准化组织)是由各国标准化团体(ISO 成员团体)组成的世界性的联合会。制定国际标准的工作通常由 ISO 技术委员会完成,各成员团体若对某技术委员会确立的项目感兴趣,均有权参加该技术委员会的工作。与 ISO 保持联系的各国际组织(官方的与非官方的)也参加有关工作。

由技术委员会通过的国际标准草案提交各成员团体表决,需取得至少 75%参加投票表决的成员团体的同意,才能作为国际标准正式发布。

国际标准 ISO 7799 系由 ISO/TC164 力学性能试验技术委员会制定。

ISO 7799 取消和代替 ISO/R88:1959。

中华人民共和国国家标准

金属材料　厚度等于或小于 3 mm 薄板和薄带　反复弯曲试验方法

GB/T 235—1999
eqv ISO 7799:1985
代替 GB/T 235—1988

Metallic materials—Sheet and strip 3 mm thick or less—Reverse bend test

1　范围

本标准规定了金属材料反复弯曲试验方法的原理、符号、试验设备、试样、试验程序和试验报告。

本标准适用于厚度等于或小于 3 mm 的金属薄板和薄带反复弯曲塑性变形能力的测定。

2　引用标准[1)]

下列标准所包含的条文，通过在本标准中引用而构成为本标准的条文。本标准出版时，所示版本均为有效。所有标准都会被修订，使用本标准的各方应探讨使用下列标准最新版本的可能性。

GB/T 2975—1998　钢和钢产品　力学性能试验取样位置及试样制备

3　原理

反复弯曲试验是将矩形横截面试样的一端固定，绕规定半径的圆柱支座弯曲 90°，再沿相反方向弯曲的重复弯曲试验。

4　符号

本标准使用的符号及其说明见表 1 和图 1。

表 1

符　号	说　明	单　位
a	试样厚度	mm
r	圆柱支座半径	mm
h	圆柱支座顶部至拨杆底部的距离	mm
y	两圆柱支座轴线所在平面至最近的夹块与试样接触点的距离	mm
N_b	反复弯曲次数	—

采用说明：

1〕本章内容在国际标准 ISO 7799:1985 中无规定。引用的国家标准 GB/T 2975—1998 为等效采用国际标准 ISO 377:1997《钢和钢产品—力学性能试验取样位置及试样制备》。

国家质量技术监督局 1999-11-01 批准　　　　2000-08-01 实施

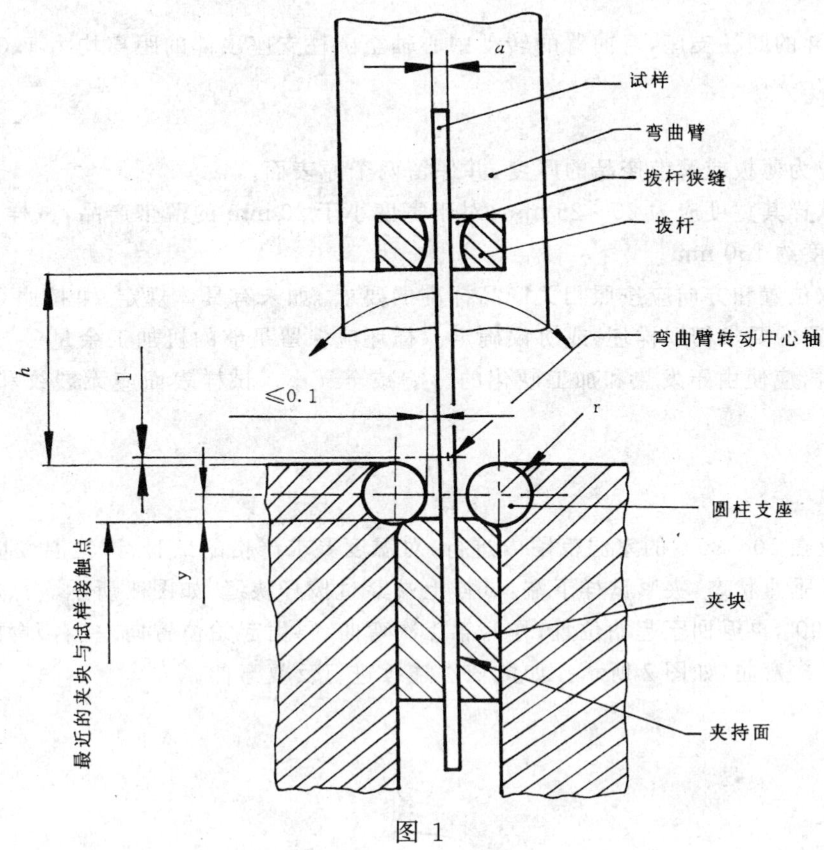

图 1

5 试验设备

5.1 一般要求

反复弯曲试验使用的弯折试验机应符合图1所示的原理，并应配备弯曲次数计数器。

5.2 圆柱支座和夹块

5.2.1 圆柱支座和夹块应具有足够的硬度。圆柱支座应可更换。

5.2.2 圆柱支座半径应符合相关产品标准的要求。如未规定具体要求，圆柱支座半径应按照表2规定的要求。

表 2 mm

试样厚度 a	圆柱支座半径 r
$a \leqslant 0.3$	1.0±0.1
$0.3 < a \leqslant 0.5$	2.5±0.1
$0.5 < a \leqslant 1.0$	5.0±0.1
$1.0 < a \leqslant 1.5$	7.5±0.2
$1.5 < a \leqslant 3.0$	10.0±0.2

5.2.3 圆柱支座轴线应垂直于弯曲平面并相互平行，而且在同一水平面内，偏差不超过0.1 mm。

5.2.4 夹块的夹持面应稍微凸出于圆柱支座，但不超过0.1 mm，即测量两圆柱支座的曲率中心连线上试样与圆柱支座间的间隙不大于0.1 mm。

5.2.5 夹块的顶面应低于两圆柱支座曲率中心连线。当圆柱支座半径不大于2.5 mm时，y 值为1.5 mm；当圆柱支座半径大于2.5 mm时，y 值为3.0 mm，见图1。

5.2.6 圆柱支座顶部至拨杆底部的距离应在25～50 mm之间。

5.3　弯曲臂

对于各种尺寸的圆柱支座，弯曲臂的转动中心轴至圆柱支座顶部的距离均为 1.0 mm。

6　试样

6.1　试样厚度应为薄板或薄带产品的厚度，并保留两个原表面。

6.2　机加工的试样其宽度应为 20～25 mm；对于宽度小于 20 mm 的薄带产品，试样宽度应为原产品的全宽度。试样长度约 150 mm。

6.3　样坯的切取位置和方向应按照相关产品标准的要求。如未有具体规定，可按照 GB/T 2975 规定的弯曲试样取样位置的要求切取样坯，或协议确定。样坯应保留足够的机加工余量。

6.4　制备试样时，应使由于发热和加工硬化的影响减至最小。试样表面应无裂纹和伤痕，棱边应无毛刺。

7　试验程序

7.1　试验一般应在 10～35℃的室温范围内进行，对温度要求严格的试验，试验温度应为 23℃±5℃。

7.2　弯曲臂处于垂直状态，夹紧试样下端，试样上端穿过拨杆狭缝，如图 1 所示。然后将试样从起始位置向右(左)弯曲 90°，再返回至起始位置，作为第 1 次弯曲。再由起始位置向左(右)弯曲 90°，再返回至起始位置，作为第 2 次弯曲，如图 2 所示。如此依次连续进行反复弯曲。

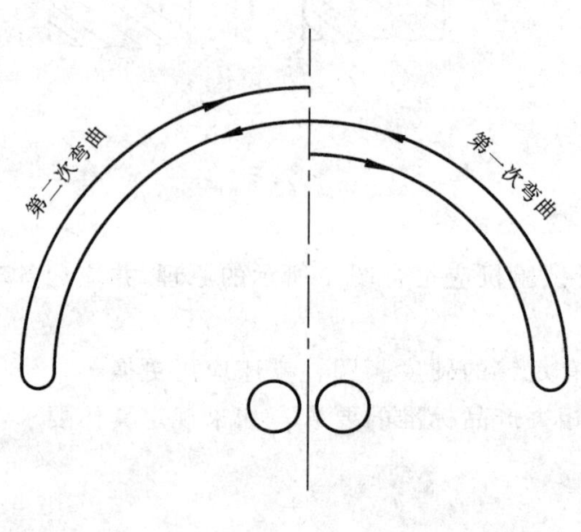

图 2

7.3　弯曲试验应以每秒不超过 1 次的均匀速率进行，弯曲时应平稳无冲击。必要时，应降低弯曲速率以确保试样产生的热不致影响试验结果。

7.4　为了确保试验时试样与圆柱支座的圆弧面连续接触，应对试样施加一定的拉紧力。除非相关产品标准另有规定，施加的拉紧力不应使试样所受拉应力超过材料标称抗拉强度的 2%。

7.5　试验连续进行，直至达到相关产品标准规定的反复弯曲次数，或出现肉眼可见的裂纹为止。如相关产品标准有规定，试验直至试样完全断裂。

7.6　试样断裂的最后一次弯曲不计入弯曲次数 N_b。

8　试验报告

试验报告应至少包括下列内容：

a）本国家标准编号；

b）试样标识（材料牌号，炉号，取样方向等）；

c）试样尺寸；

d）试验条件（圆柱支座半径 r，距离 h，施加的拉紧力）；

e）终止试验的判据；

f）试验结果。

前　言

本标准等同采用国际标准 ISO 7801:1984《金属材料　线材　反复弯曲试验方法》。

本标准自实施之日起,代替 GB/T 238—1984《金属线材反复弯曲试验方法》。

本标准此次修订,取消了对试样取样部位、试样长度、弯曲圆柱和夹持面硬度及光洁度的规定,增加了终止试验的判据内容。

本标准由原国家冶金工业局提出。

本标准由全国钢标准化技术委员会归口。

本标准起草单位:国家金属制品质量监督检验中心。

本标准主要起草人:张平萍、刘桂森、聂瑞华、李桂芹。

本标准 1955 年首次发布,1963 年第 1 次修订,1982 年第 2 次修订,1984 年第 3 次修订。

ISO 前言

ISO(国际标准化组织)是由各国标准化团体(ISO 成员团体)组成的世界性的联合会。制定国际标准的工作通常由技术委员会完成,各成员团体若对某技术委员会确立的项目感兴趣,均有权参加该技术委员会的工作。与 ISO 保持联系的各国际组织(官方的或非官方的)也参加有关工作。

由技术委员会通过的国际标准草案提交各成员团体表决同意后,才能作为国际标准正式发布。

国际标准 ISO 7801 系由 ISO/TC 164 力学性能试验技术委员会制定,1983 年 1 月提交给各成员团体。

下述团体成员国家同意该国际标准:澳大利亚,奥地利,比利时,加拿大,中国,捷克斯洛伐克,丹麦,法国,联邦德国,匈牙利,日本,意大利,朝鲜,墨西哥,荷兰,挪威,波兰,罗马尼亚,南非,西班牙,瑞典,瑞士,美国,苏联。

英国对该标准从技术的角度上提出了反对。

国际标准 ISO 7801 取消并代替了 ISO 144:1973 和 ISO 2625:1973。

中华人民共和国国家标准

GB/T 238—2002
idt ISO 7801:1984
代替 GB/T 238—1984

金属材料　线材　反复弯曲试验方法

Metallic materials—Wire—Reverse bend test

1　范围

本标准规定了直径或厚度为 0.3 mm～10 mm(包括 10 mm)的金属线材，在反复弯曲中承受塑性变形能力的测定方法。本标准所列直径或厚度范围可能在相关产品标准中给出了更具体的规定。

2　原理

反复弯曲试验是将试样一端固定，绕规定半径的圆柱支座弯曲 90°，再沿相反方向弯曲的重复弯曲试验。

3　符号

线材反复弯曲试验所用符号及其说明见表 1 和图 1。

表 1

符号	说　　明	单位
d	圆金属线材直径	mm
a	装在两平行夹具间的非圆截面试样最小厚度(图 2)	mm
r	圆柱支座半径	mm
h	圆柱支座顶部至拨杆底部距离	mm
d_g	拨杆孔直径	mm
y	两圆柱支座轴线所在平面与试样最近接触点的距离	mm
N_b	反复弯曲次数	次

中华人民共和国国家质量监督检验检疫总局 2002-07-15 批准　　2002-12-01 实施

4 试验设备

4.1 一般要求

试验机应按照图1所示的原理和表2列出的基本尺寸制造。

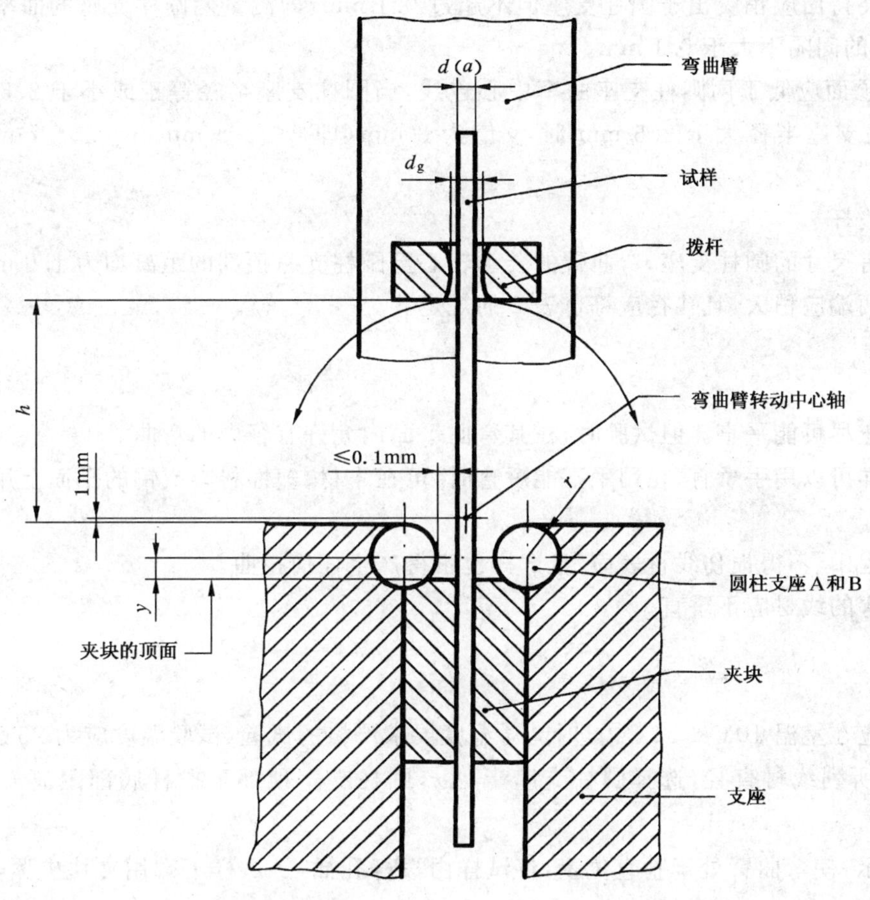

图 1

表 2

mm

线材公称直径或厚度 $d(a)$	圆柱支座半径 r	距离 h	拨杆孔直径 d_g 1)
$0.3 \leqslant d(a) \leqslant 0.5$	1.25±0.05	15	2.0
$0.5 < d(a) \leqslant 0.7$	1.75±0.05	15	2.0
$0.7 < d(a) \leqslant 1.0$	2.5±0.1	15	2.0
$1.0 < d(a) \leqslant 1.5$	3.75±0.1	20	2.0
$1.5 < d(a) \leqslant 2.0$	5.0±0.1	20	2.0和2.5
$2.0 < d(a) \leqslant 3.0$	7.5±0.1	25	2.5和3.5
$3.0 < d(a) \leqslant 4.0$	10±0.1	35	3.5和4.5
$4.0 < d(a) \leqslant 6.0$	15±0.1	50	4.5和7.0
$6.0 < d(a) \leqslant 8.0$	20±0.1	75	7.0和9.0
$8.0 < d(a) \leqslant 10.0$	25±0.1	100	9.0和11.0

1) 较小的拨杆孔直径适用于较细公称直径的线材(见第1栏)，而较大的拨杆孔直径适用于较粗公称直径的线材(也见第1栏)。对于在第1栏所列范围直径，应选择合适的拨杆孔直径以保证线材在孔内自由运动。

4.2 圆柱支座和夹块

4.2.1 圆柱支座和夹持块应有足够的硬度(以保证其刚度和耐磨性)。

4.2.2 圆柱支座半径不得超出表2给出的公称尺寸允许偏差。

4.2.3 圆柱支座轴线应垂直于弯曲平面并相互平行,而且在同一平面内,偏差不超过0.1 mm。

4.2.4 夹块的夹持面应稍突出于圆柱支座但不超过0.1 mm,即测量两圆柱支座的曲率中心连线上试样与圆柱支座间的间隔不大于0.1 mm。

4.2.5 夹块的顶面应低于两圆柱支座曲率中心连线,当圆柱支座半径等于或小于2.5 mm时y值为1.5 mm;当圆柱支座半径大于2.5 mm时,y值为3 mm(即$r \leqslant 2.5$ mm,$y=1.5$ mm;$r>2.5$ mm,$y=3$ mm)。

4.3 弯曲臂及拨杆

4.3.1 对于所有尺寸的圆柱支座,弯曲臂的转动轴心至圆柱支座顶部的距离均为1.0 mm。

4.3.2 拨杆孔两端应稍大,且孔径应符合表2的规定。

5 试样

5.1 线材试样应尽可能平直。但试验时,在其弯曲平面内允许有轻微的弯曲。

5.2 必要时试样可以用手矫直。在用手不能矫直时,可在木材、塑性材料或铜的平面上用相同材料的锤头矫直。

5.3 在矫直过程中,不得损伤线材表面,且试样也不得产生任何扭曲。

5.4 有局部硬弯的线材应不矫直。

6 试验程序

6.1 试验一般应在室温10℃~35℃内进行,对温度要求严格的试验,试验温度应为23℃±5℃。

6.2 根据表2所列线材直径,选择圆柱支座半径r,圆柱支座顶部至拨杆底部距离h以及拨杆孔直径d_g。

6.3 如图1所示,使弯曲臂处于垂直位置,将试样由拨杆孔插入,试样下端用夹块夹紧,并使试样垂直于圆柱支座轴线。

注:非圆形试样的夹持,应使其较大尺寸平行于或近似平行于夹持面,如图2所示。

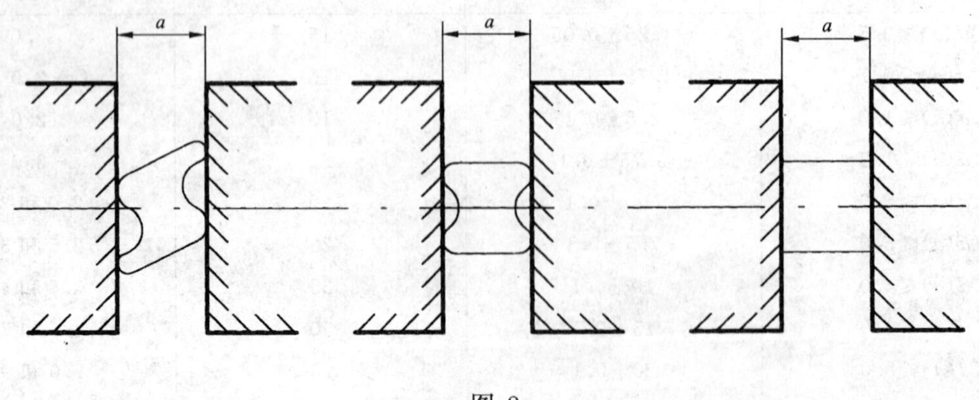

图2

6.4 弯曲试验是将试样弯曲90°,再向相反方向交替进行;将试样自由端弯曲90°,再返回至起始位置作为第一次弯曲。然后,如图3所示,依次向相反方向进行连续而不间断地反复弯曲。

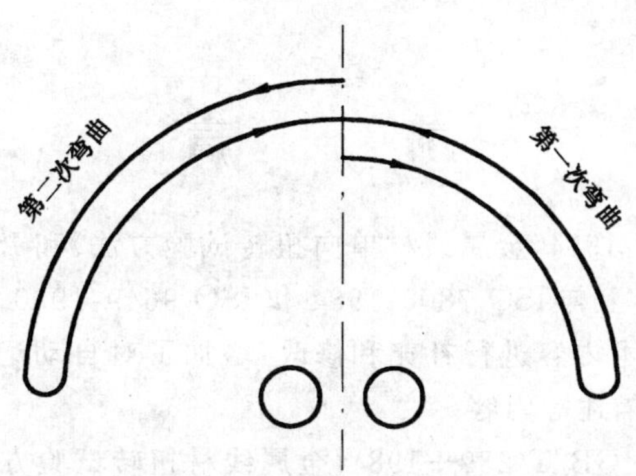

图 3

6.5　弯曲操作应以每秒不超过一次的均匀速率平稳无冲击地进行，必要时，应降低弯曲速率以确保试样产生的热不致影响试验结果。

6.6　试验中为确保试样与圆柱支座圆弧面的连续接触，可对试样施加某种形式的张紧力。除非相关产品标准中另有规定，施加的张紧力不得超过试样公称抗拉强度相对应力值的 2%。

6.7　连续试验至相关产品标准中规定的弯曲次数或肉眼可见的裂纹为止；或者如相关产品标准规定，连续试验至试样完全裂断为止。

6.8　试样断裂的最后一次弯曲不计入弯曲次数 N_b。

7　试验报告

试验报告应包括下列内容：

a）本国家标准编号；

b）试样标识（如材料类别、炉号等）；

c）试样公称直径 d 或最小厚度 a；

d）试样制备的详细情况（如矫直情况）；

e）试验条件（如圆柱支座半径 r、施加的张紧力）；

f）终止试验的判据；

g）试验结果。

前　　言

本标准等效采用ISO 7800:1984《金属线材单向扭转试验方法》和ISO 9649:1990《金属线材双向扭转试验方法》。在主要技术内容上与ISO 7800:1984和ISO 9649:1990相同。

本标准此次修订对重要技术内容进行补充和修改:增加了对自动记数装置、夹持钳口硬度、扭转速度及扭转断口形状和表面缺陷描述等内容。

本标准自实施之日起,代替GB/T 239—1984《金属线材扭转试验方法》。

本标准由国家冶金工业局提出。

本标准由全国钢标准化技术委员会归口。

本标准起草单位:冶金工业部金属制品研究院。

本标准主要起草人:朱永刚、张平萍、李桂芹。

本标准于1963年4月首次发布,1982年3月第1次修订,1984年8月第2次修订。

ISO 前言

ISO(国际标准化组织)是由各标准化团体(ISO 成员团体)组成的世界性的联合会。制定国际标准的工作通常由 ISO 的技术委员会完成,各成员团体若对某技术委员会已确立的项目感兴趣,均有权参加该技术委员会。与 ISO 保持联系的各国际组织(官方的或非官方的)也参加工作。

由技术委员会通过的国际标准草案提交各成员团体表决,国际标准需要取得至少 75%参加投票表决的成员团体的同意才能正式发布。

国际标准 ISO 7800 和 ISO 9649 由 ISO/TC164 金属力学性能试验技术委员会制定。

中华人民共和国国家标准

金属线材扭转试验方法

Metallic materials wire torsion test

GB/T 239—1999
eqv ISO 7800:1984
ISO 9649:1990
代替 GB/T 239—1984

1 范围

本标准规定了金属线材扭转试验方法的原理、符号、试验设备、试样、试验程序和试验报告。

本标准适用于测定直径(或特征尺寸)为0.3～10.0 mm的金属线材在单向或双向扭转中承受塑性变形的能力及显示线材的表面和内部缺陷。

2 原理

单向扭转　试样绕自身轴线向一个方向均匀旋转360°作为一次扭转至规定次数或试样断裂。

双向扭转　试样绕自身轴线向一个方向均匀旋转360°作为一次扭转至规定次数后,向相反方向旋转相同次数或试样断裂。

3 符号

符号及说明如图1及表1所示:

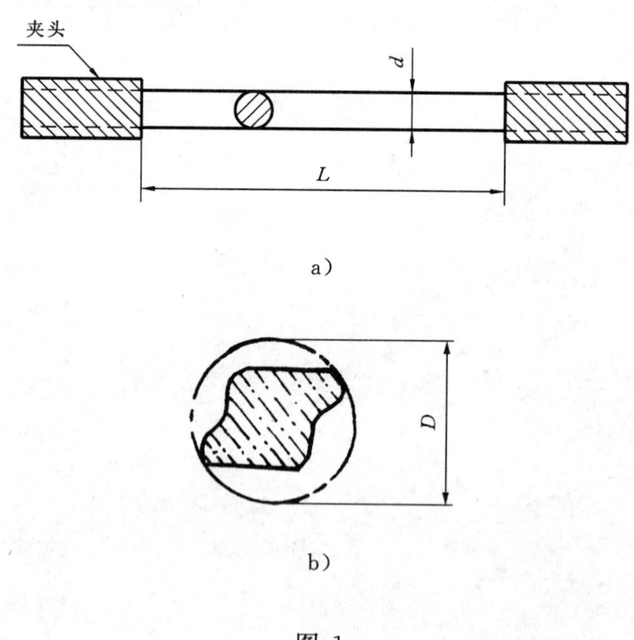

图1

国家质量技术监督局1999-11-01批准　　　　2000-08-01实施

表 1

符　　号	说　　明	单　　位
d	圆形横截面金属线材直径	mm
D	非圆形横截面金属线材特征尺寸	mm
L	两夹头之间的标距长度	mm
N_t	单向扭转次数	—
N_1 及 N_2	双向扭转次数	—
注：非圆形横截面金属线材特征尺寸指横截面的最大尺寸，通常在相应标准中规定		

4 试验设备

4.1 试验机夹头应具有足够的硬度，夹持钳口的硬度为 55 HRC～65 HRC。

4.2 试验期间，两夹头应保持在同一轴线上，并对试样不施加任何弯曲力，不得妨碍由试样引起的夹头之间长度的变化。

4.3 试验机夹头的一端应能绕试样轴线双向旋转，而另一端不得有任何转动，但能沿轴向自由移动。

4.4 试验机应有对试样施加拉紧力的装置。

4.5 试验机的速度应能调节，并有自动记录扭转次数的装置及测量两夹头间标距长度的刻度尺。

5 试样

5.1 试样应尽可能是平直的。

5.2 必要时，可用手对试样进行矫直，当用手不能矫直时，可将试样置于木材、塑料或铜质平面上，用由这些材料制成的锤子或其他合适的方法轻轻矫直。

5.3 矫直时，不得损伤试样表面，也不得扭曲试样。

5.4 存在局部硬弯的线材不得用于试验。

5.5 除非另有规定，试验机两夹头间的标距长度应符合表 2 规定。

表 2　　mm

线材公称直径 d 或特征尺寸 D	两夹头间标距长度
0.3～<1.0	$200d(D)$
1.0～<5.0	$100d(D)$[1]
5.0～10.0	$50d(D)$[2]

注
1）特殊协议时可采用 $50d(D)$。
2）特殊协议时可采用 $30d(D)$

6 试验程序

6.1 试验一般应在 10～35℃的室温下进行，如有特殊要求，试验温度应为 23℃±5℃。

6.2 将试样置于试验机夹持钳口中，使其轴线与夹头轴线相重合。为使试样在试验过程中保持平直，应施加某种形式的拉紧力，这种拉紧力不得大于该线材公称抗拉强度相应力值的 2%。

6.3 除非另有规定，否则应按表 3 所列有关材质的线材直径选用相应的扭转速度，其偏差应控制在规定转速的±10%以内。

表 3

<table>
<tr><th rowspan="2">线材公称直径 d
或特征尺寸 D
mm</th><th colspan="3">单向扭转次数，r/min</th><th rowspan="2">双向扭转次数
r/min</th></tr>
<tr><th>钢</th><th>铜及铜合金</th><th>铝及铝合金</th></tr>
<tr><td><1.0</td><td>180</td><td>300</td><td rowspan="6">60</td><td rowspan="5">60</td></tr>
<tr><td>1.0～<1.5</td><td rowspan="3">60</td><td>120</td></tr>
<tr><td>1.5～<3.0</td><td>90</td></tr>
<tr><td>3.0～<3.6</td><td rowspan="2">60</td></tr>
<tr><td>3.6～<5.0</td><td rowspan="2">30</td></tr>
<tr><td>5.0～10.0</td><td>30</td><td>30</td></tr>
</table>

6.4 试样置于试验机后，以一合适的恒定速度旋转可转动夹头，计数装置同时自动记数，直至试样断裂或达到规定的次数为止。

6.5 当试样的扭转次数、表面及断口符合有关标准规定时，则该试验有效。如果试样未达到规定的次数，且断口位置在离夹头 $2d(D)$ 范围内，则该试验无效。在试验过程中，如试样发生严重劈裂，则最后一次扭转不计。

6.6 试样的扭转断裂类型、外观形貌及断口特征典型分类如表 4 所示。

表 4

<table>
<tr><th>断裂类型</th><th colspan="2">类型编号</th><th>外观形貌</th><th>断口特征描述</th><th>断裂面</th></tr>
<tr><td rowspan="2">正常扭转断裂</td><td rowspan="2">1</td><td>a</td><td></td><td>断裂面平滑且垂直于线材轴线（或稍微倾斜）；断裂面上无裂纹</td><td rowspan="2"> 或</td></tr>
<tr><td>c</td><td></td><td>脆性断裂面与线材轴线约成 45°；断裂面上无裂纹</td></tr>
<tr><td rowspan="3">局部裂纹断裂
（表面有局部裂纹）</td><td rowspan="3">2</td><td>a</td><td> </td><td>断裂面平滑且垂直于线材轴线（或稍微倾斜）；并有局部裂纹</td><td rowspan="2"> 或</td></tr>
<tr><td>b</td><td> 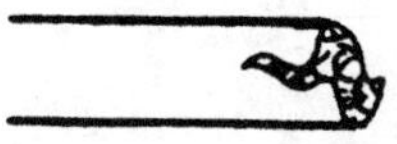</td><td>阶梯式，部分断裂面平滑；并有局部裂纹</td></tr>
<tr><td>c</td><td> </td><td>不规则断裂面，断裂面上无裂纹</td><td> </td></tr>
<tr><td rowspan="3">螺旋裂纹断裂
（试样全长或大部分长度上有螺旋型裂纹）</td><td rowspan="3">3</td><td>a</td><td></td><td>断裂面平滑且垂直于线材轴线（或稍微倾斜）；断裂面上有局部或贯穿整个截面的裂纹</td><td rowspan="3"> 或</td></tr>
<tr><td>b</td><td> </td><td>阶梯式，部分断裂面平滑；有局部或贯穿整个截面的裂纹</td></tr>
<tr><td>c</td><td> 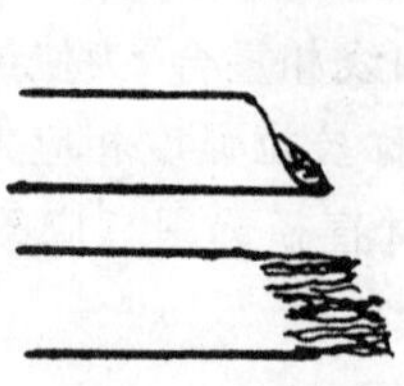</td><td>脆性断裂面与线材轴线约成 45°，并有局部或贯穿整个截面的裂纹
或不规则断裂面，并有局部或贯穿整个截面的裂纹</td></tr>
</table>

7 试验报告

试验报告至少应包括下列内容：

a）本标准编号；

b）试样标识（如材质、牌号）；

c）试样公称直径 d 或特征尺寸 D；

d）如必要，试样制备情况（如矫直方法）；

e）试验条件（如标距长度、速度、拉紧力）；

f）试验结果（如扭转次数、断裂类型）。

前　　言

本标准等效采用 ISO 8491:1986(E)《金属材料　管(全截面)　弯曲试验》。在技术内容上与 ISO 8491:1986(E)等效。仅在编写规则上作了变动,将 ISO 8491:1986(E)中原第 4 章试验设备编为第 5 章;原第 5 章试样编为第 4 章;原 6.4 条编为第 7 章试验结果评定;原第 7 章试验报告编为第 8 章。

本标准此次修订,对下列重要技术方面进行了修改:范围、试样和试验程序等。

本标准自实施之日起代替 GB 244—82《金属管弯曲试验方法》。

本标准由中华人民共和国冶金工业部提出。

本标准由全国钢标准化技术委员会归口。

本标准起草单位:冶金工业部钢铁研究总院、成都无缝钢管厂。

本标准主要起草人:梁新邦、严世勇、舒先进。

本标准 1963 年 12 月首次发布,1982 年 3 月第一次修订。

ISO 前言

ISO(国际标准化组织)是由各国标准化团体(ISO 成员团体)组成的世界性的联合会。制定国际标准的工作通常由 ISO 的技术委员会完成,各成员团体若对某技术委员会已确立的项目感兴趣,均有权参加该技术委员会。与 ISO 保持联系的各国组织(官方的或非官方的)也参加工作。在电工技术标准化方面 ISO 与国际电工委员会(IEC)保持密切合作关系。

由技术委员会通过的国际标准草案提交各成员团体表决,国际标准需取得至少 75%参加投票表决的成员团体的同意才能正式发布。

国际标准 ISO 8491 系由 ISO/TC164 金属力学性能试验技术委员会制定。

ISO 8491 取消和代替 ISO/R167—1960。

本标准的使用者应注意,所有国际标准都会经常修订,除非另有说明,此中所引用的其他国际标准系指其最新版本。

中华人民共和国国家标准

金属管 弯曲试验方法

Metallic materials—Tube—Bend test

GB/T 244—1997
eqv ISO 8491:1986(E)

代替 GB 244—82

1 范围

本标准规定了金属管弯曲试验方法的原理、符号、试样、试验设备、试验程序、试验结果评定和试验报告。

本标准适用于外径不超过65mm圆形横截面的金属管全截面弯曲塑性变形能力的测定。

2 原理

将一根全截面的直管绕一规定半径和带槽的弯心弯曲，直至弯曲角度达到相关产品标准所规定的值(见图1)。

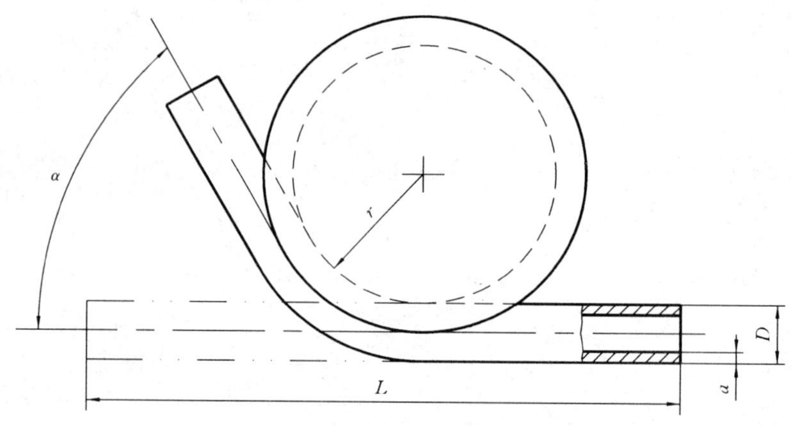

图 1

3 符号、名称和单位

本标准使用的符号、名称和单位在表1和图1中规定。

表 1

符号	名称	单位
D	管的外径	mm
a	管壁厚度	mm
L	试样长度	mm
r	弯心半径	mm
α	弯曲角度	(°)

国家技术监督局1997-11-11批准 1998-05-01实施

4 试样

试样应是具有足够试验长度的直管段。

5 试验设备

5.1 弯管试验应在弯管试验装置上进行，试验时试验装置应能限制管的横截面发生椭圆变形。

5.2 弯管试验装置的弯心应具有与管外径轮廓相适应的沟槽。弯心半径应由相关产品标准规定。

注：弯心半径的公差、槽的深度和椭圆度均对试验结果有影响。

6 试验程序

6.1 试验一般在10℃～35℃的室温范围内进行，对要求在控制条件下进行的试验，试验温度应为23±5℃。

6.2 通过弯管试验装置将不带填充物的管试样弯曲，试验时应确保试样弯曲变形段与弯心紧密接触，直至达到规定的弯曲角度。

6.3 试验焊管时，焊缝相对于弯曲平面的位置应符合相关产品标准规定的要求。如未规定具体要求，焊缝置于与弯曲平面呈90°(即弯曲中性线)的位置。

7 试验结果评定

应按照相关产品标准的要求评定弯曲试验结果，如未规定具体要求，试验后试样无肉眼可见裂纹应评定为合格。

8 试验报告

试验报告应至少包括下列内容：

a）本国家标准编号；

b）试样编号；

c）试样尺寸；

d）弯曲角度和弯心半径；

e）如为焊接管，焊缝相对于弯曲平面的位置；

f）试验结果。

ICS 77.040.10
H 23

中华人民共和国黑色冶金行业标准

YB/T 5126—2003
代替 YB/T 5126—1993

钢筋混凝土用钢筋
弯曲和反向弯曲试验方法

Steel bars for reinforcement of concrete—Bend and rebend tests

(ISO 10065:1990,MOD)

2003-12-29 发布　　　　2004-05-01 实施

国家发展和改革委员会　发布

前　　言

本标准修改采用ISO 10065:1990《钢筋混凝土用钢筋　弯曲和反向弯曲试验方法》(英文版)。

本标准根据ISO 10065:1990重新起草。在附录A中列出了本标准章条编号与ISO 10065:1990章条编号对照一览表。

考虑到我国国情和基本技术原理,在采用ISO 10065:1990时,本标准做了一些修改,有关技术性差异已编入正文中,并在它们所涉及的条款的页边空白处用垂直单线标识。在附录B中给出了这些技术性差异及其原因一览表,以供参考。

为便于使用,对于ISO 10065:1990本标准还做了下列编辑性修改:

a) “本国际标准”一词改为“本标准”;

b) 删除ISO 10065:1990的前言;

c) 规范性使用我国法定计量单位和符号。

本标准代替YB/T 5126—1993《钢筋平面反向弯曲试验方法》。

本标准对YB/T 5126—1993主要在以下方面的技术内容进行了较大修改和补充:

——增加第2章规范性引用文件,第8章试验报告;

——增加关于试验原理的阐述;

——增加和修改了某些符号和定义;

——删除原标准关于弯曲力臂公式的相关内容;

——在试验设备中增加能准确测量和控制弯曲和反向弯曲角度的翻板式弯曲装置,删除原相关内容;

——对弯曲和反向弯曲的最大速度进行了调整;

——增加对时效热处理温度、保温时间及其设备的要求;

——删除原附录A,取消对试验结果五种类别的划分,只进行“合格”与“不合格”评定;

——增加资料性附录A,资料性附录B;

——增加图1、图2、图3。

本标准的附录A和附录B均为资料性附录。

本标准由中国钢铁协会提出。

本标准由全国钢标准化技术委员会归口。

本标准起草单位:重庆钢铁研究所、钢铁研究总院、济南试金集团有限公司。

本标准主要起草人:孙良金、张全新、李久林、耿秀英。

本标准所代替标准的历次版本发布情况为:

——GB 5029—1985、YB/T 5126—1993。

钢筋混凝土用钢筋
弯曲和反向弯曲试验方法

1 范围

本标准适用于钢筋混凝土用钢筋的弯曲和反向弯曲试验。反向弯曲试验的目的是为了测定钢筋在弯曲塑性变形与时效后的反向弯曲变形性能。

2 规范性引用文件

下列文件中的条款通过本标准的引用而构成为本标准的条款。凡是注日期的引用文件,其随后所有的修改单(不包括勘误内容)或修订版均不适用于本标准,然而,鼓励根据本标准达成协议的各方研究是否可使用这些文件的最新版本。凡是不注日期的引用文件,其最新版本适用于本标准。

GB/T 2975 钢及钢产品力学性能试验取样位置及试样制备(GB/T 2975—1998,eqv ISO 377:1997)

GB/T 232 金属材料 弯曲试验方法(GB/T 232—1999,eqv ISO 7438:1985)

3 原理

弯曲试验是将试样两臂或一臂加力,使试样靠在规定直径的弯曲圆弧面(弯心)处,承受一弯曲力矩而产生绕圆弧面的塑性变形到一特定角度的试验。

时效性能由反向弯曲试验来测试,包括弯曲试验和时效热处理,再将试样反向弯曲还原到一定的角度。

4 符号和定义

本标准所用的符号和定义见表1:

表1 符号和定义

符　　号	定　　义	单　　位
a	槽形翻板滑块的槽宽	mm
d	试样直径	mm
D	弯曲圆弧面(弯心)直径	mm
D_0	工作辊直径	mm
α	弯曲角度	(°)
δ	反向弯曲角度	(°)

5 试验设备

5.1 弯曲装置

图1所示为弯曲装置的一个实例,一辊固定,另一辊使试样绕弯曲圆弧面(弯心)进行弯曲,也可以将两辊固定,弯曲圆弧面(弯心)向两辊中间运动,使试样两臂绕弯曲圆弧面(弯心)进行弯曲。弯曲试验也可以按照GB/T 232,在万能试验机上使用装有角度指示器的弯曲装置来进行。

5.2 反向弯曲装置

图2所示为反向弯曲装置的一个实例,反向弯曲角度可以在角度指示器上被指示出来。弯曲和反

向弯曲角度如图 3 所示。

5.3　**时效热处理设备**

时效热处理可使用加热炉或沸水来进行。在用加热炉进行加热时，应使用控温装置控制温度，而用沸水加热时，可以不使用控温装置。

5.4　**角度测量装置**

试验设备应有准确可靠的角度测量或控制装置。

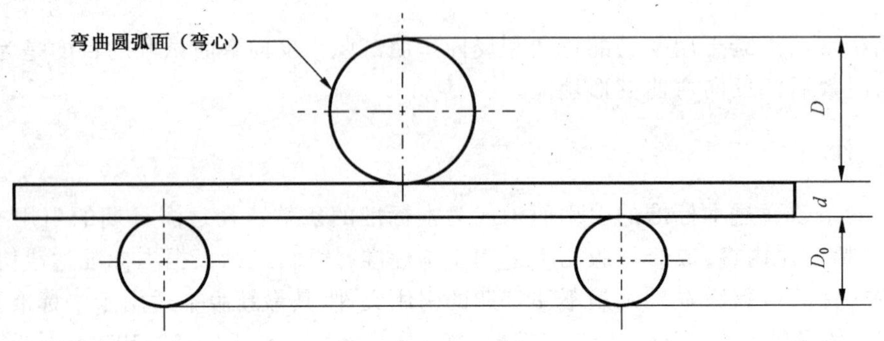

图 1　弯曲装置实例

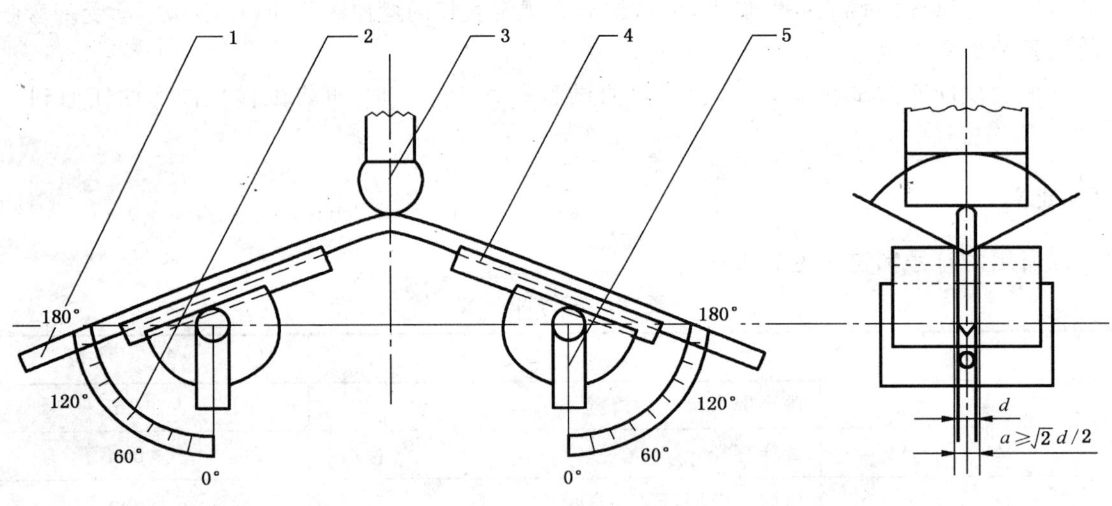

1——试样；

2——角度盘；

3——弯心；

4——翻板滑块；

5——指针。

图 2　带有角度指示器的反向弯曲装置实例

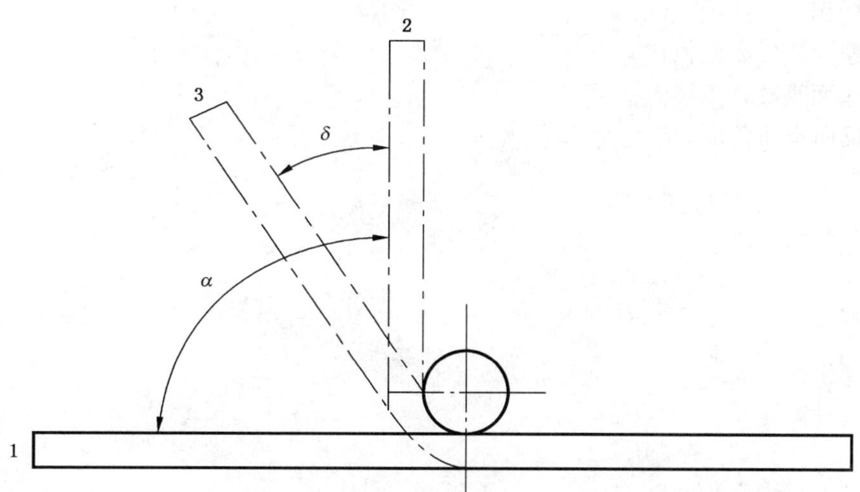

1——起始位置；
2——弯曲 α 角位置；
3——反向弯曲 δ 角位置。

图 3 弯曲和反向弯曲角度示意图

6 试样制备

6.1 按照 GB/T 2975 有关规定或供需双方协议切取试样，试样应为交货状态。

6.2 试样应保留原轧制表面，并应平直，试样长度以满足试验要求为准。

6.3 试样预定弯曲部位内不允许有任何机械或手工加工的伤痕。

7 试验程序

7.1 弯曲试验

7.1.1 试验应在 10℃～35℃的室温下进行。

7.1.2 试样应绕弯曲圆弧面（弯心）进行弯曲，弯曲角度 α 和弯曲圆弧面（弯心）直径 D 应符合相关产品标准的要求。

7.1.3 弯曲速度应不大于 20°/s，可通过对角度指示器所指示的角度进行观察，以调速停机来准确控制弯曲角度，也可以通过可设定和显示角度的仪器仪表来自动控制弯曲角度。试验完成后应仔细观测试样，若无目视可见的裂纹，则评定为合格。

7.2 反向弯曲试验

7.2.1 试样应绕弯曲圆弧面（弯心）进行弯曲，弯曲角度 α 和弯曲圆弧面（弯心）直径 D 应符合相关产品标准的要求。试验应在 10℃～35℃的室温下进行。

7.2.2 弯曲后的试样应在 100℃的温度下进行时效热处理，保温时间至少为 30 min，在空气中自由冷却至室温后，进行反向弯曲试验。根据相关产品标准或供需双方协议规定，弯曲后的试样也可不进行时效热处理而直接在室温下进行反向弯曲试验。

7.2.3 反向弯曲速度应不大于 20°/s。当反向弯曲到规定角度时，试验设备应能准确停机。试验完成后应仔细观测试样，若无目视可见的裂纹，则评定为合格。

8 试验报告

试验报告应包括下列内容：

a） 本标准编号；

b） 试样的标识；

c） 试样的等级和公称直径；

d） 弯曲圆弧面直径；

e） 弯曲和反向弯曲角度；

f） 试样观测结果。

附　录　A
（资料性附录）
本标准章条编号与 ISO 10065:1990 章条编号的对照

表 A.1 给出了本标准章条编号与 ISO 10065:1990 章条编号的对照一览表。

表 A.1　本标准章条编号与 ISO 10065:1990 章条编号的对照

本标准章条编号	对应的国际标准章条编号
5.1	5.1.1～5.1.2
6	—
6.1～6.3	—
7	6
7.1～7.1.3	6.1～6.1.3
7.2～7.2.3	6.2～6.2.3
8	7
附录 A	—
附录 B	—
注：表中的章条以外的本标准其他章条编号与 ISO 10065:1990 其他章条编号均相同且内容对应。	

附 录 B
（资料性附录）
本标准与 ISO 10065:1990 技术性差异及其原因

表 B.1 给出了本标准与 ISO 10065:1990 技术性差异及其原因的一览表。

表 B.1 本标准与 ISO 10065:1990 技术性差异及其原因

本标准章条编号	技术性差异	原 因
1	塑性变形改为弯曲塑性变形，时效后的变形性能改为时效后的反向弯曲变形性能。	使叙述更加严密准确，突出弯曲和反向弯曲。
2	以采用了国际标准的国家标准来代替国际标准，增加引用了 GB/T 2975。	为了贯彻 GB/T 20000.2—2001，增加试样制备的内容。
3	增加了控制试样弯曲变形半径与弯曲受力的关系。	弯曲角度是弯曲试验的量变因素，弯曲半径是弯曲试验的质变因素，直接影响弯曲力矩。
4	增加工作辊直径 D_0。	D_0 是弯曲力臂的计算参数。
5.1	删除 5.1.2。	简化叙述。
5.2	增加 GB/T 232—1999 中的带有角度指示器的翻板式弯曲装置以代替刻槽支辊式装置。	角度指示器能准确方便地控制弯曲和反向弯曲角度。
5.3	将反向弯曲的应变时效试验改为时效热处理设备。	本章描述的是试验设备，本条内容也只是时效热处理设备。
5.4	明确试验设备必须有准确可靠的角度测量或控制装置。	单用量角器测量或控制角度不方便。
6	增加试样制备一章。	符合国情有利操作。
7.1.3	增加按图 2 通过对角度指示器所指示的角度进行观察以调速停机来准确控制 α 角，或使用可设定和显示角度的仪器仪表来自动控制 α 角。	以此控制 α 角准确方便。
7.2.2	增加按相关产品标准或供需双方协议规定，弯曲后的试样可不进行时效热处理而直接在室温下进行反向弯曲试验。	100℃×30 min 的时效作用不大，有必要简化操作。
7.1.3 7.2.3	明确无目视可见的裂纹或裂缝等缺陷，评定为合格。	与 ISO 7438:1985 和 GB/T 232—1999 一致。
图 1	统一支辊与夹具两辊的功能。	明确弯曲试验的两种弯曲方式。
图 2	使用带有角度指示器的反向弯曲装置代替国际标准中的槽形支辊式反向弯曲装置。	带有角度指示器的反向弯曲装置不仅能准确方便地控制角度，而且翻板的面支撑更利于试样稳定地连续弯曲。

前　　言

本标准等效采用ISO 8496:1986(E)《金属材料管　管环拉伸试验》。在技术内容上与ISO 8496:1986(E)等效。仅在编写规则上作了变动，将ISO 8496:1986(E)中原第3章试验设备编为第4章；原第4章试样编为第3章；原5.3条编为第6章试验结果评定；原第6章试验报告编为第7章。

本标准由中华人民共和国冶金工业部提出。

本标准由全国钢标准化技术委员会归口。

本标准起草单位：冶金工业钢铁研究总院、成都无缝钢管厂。

本标准主要起草人：梁新邦、舒先进。

ISO 前言

ISO(国际标准化组织)是由各国标准化团体(ISO 成员团体)组成的世界性的联合会。制定国际标准的工作通常由 ISO 的技术委员会完成,各成员团体若对某技术委员会已确立的项目感兴趣,均有权参加该技术委员会。与 ISO 保持联系的各国组织(官方的或非官方的)也参加工作。在电工技术标准化方面 ISO 与国际电工委员会(IEC)保持密切合作关系。

由技术委员会通过的国际标准草案提交各成员团体表决,国际标准需取得至少 75%参加投票表决的成员团体的同意才能正式发布。

国际标准 ISO 8496 系由 ISO/TC164 金属力学性能试验技术委员会制定。

本标准的使用者应注意,所有国际标准都会经常修订,除非另有说明,此中所引用的其他国际标准系指其最新版本。

中华人民共和国国家标准

金属管　管环拉伸试验方法

Metallic materials—Tube—Ring tensile test

GB/T 17104—1997
eqv ISO 8496:1986(E)

1　范围

本标准规定了金属管环拉伸试验方法的原理、试样、试验设备、试验程序、试验结果评定和试验报告。

本标准适用于外径大于150mm和管壁厚度不大于40mm，但内径应大于100mm的圆形横截面金属管的管环拉伸试验，用以显示其表面和内部缺陷。也可用以评定管材的延性。

2　原理

使管环承受周向变形，直至断裂。

3　试样

3.1　试样应为从管材上切取的管环，其两端面应垂直于管的轴线。

3.2　管环的宽度应近似为15mm。如管壁厚度大于15mm，管环宽度可以等于管壁厚度。

3.3　切取试样时应防止损伤试样表面和因受热或冷加工而改变其性能。试样端部应无毛刺，棱边允许用锉或其他方法将其倒圆或倒角。

4　试验设备

试验设备应具有两根等直径相互平行的圆柱销，两圆柱销应能相对移动，并在移动过程中仍能保持相互平行。圆柱销的直径应保证许用的最低强度，若管的内径允许，其直径应至少为管壁厚度的3倍(见图1)。

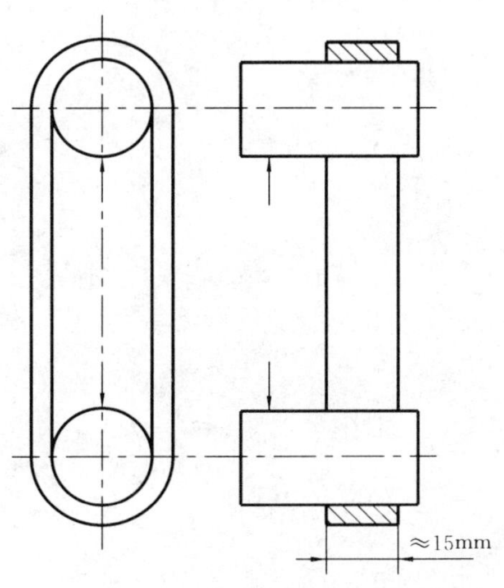

图1　试验装置

国家技术监督局1997-11-11批准　　1998-05-01实施

5 试验程序

5.1 试验一般应在10℃～35℃的室温范围内进行，对要求在控制条件下进行的试验，试验温度应为23±5℃。

5.2 将管环套在两根圆柱销上，通过两圆柱销相对分离移动使管环受拉伸变形，直至断裂。两圆柱销相对移动的速率不应超过5mm/s。

6 试验结果评定

应按照相关产品标准的要求评定管环拉伸试验结果。当未规定具体要求时，试验后试样无肉眼可见裂纹应评定为合格。

7 试验报告

试验报告应至少包括下列内容：

a）本国家标准编号；

b）试样编号；

c）试样尺寸；

d）试验结果。

五、金属高温长时试验、疲劳试验

前　　言

本标准非等效采用 ASTM E328—86(91)《材料和结构应力松弛试验方法》。

本标准考虑并结合国内具体情况，在技术内容上与 ASTM E328—86(91)有较大差异，未包括 ASTME328—86(91)的 B 篇"压缩应力松弛试验"和 D 篇"扭转应力松弛试验"的技术内容。

本标准此次修订，对下列重要技术方面进行了修改和补充：术语定义、试验程序、试验数据处理和附录 A。

本标准从实施之日起代替 GB 10120—88。

本标准附录 A 是标准的附录。

本标准由中华人民共和国冶金工业部提出。

本标准由全国钢标准化技术委员会归口。

本标准起草单位：冶金工业部钢铁研究总院、国家建筑钢材质量监督检验中心、新华金属制品有限公司。

本标准主要起草人：梁新邦、李久林、张克球、段建华、王敬宜。

本标准 1988 年 12 月首次发布，1995 年 12 月第一次修订。

中华人民共和国国家标准

GB/T 10120—1996

金属应力松弛试验方法

代替 GB 10120—88

Metallic materials—Stress relaxation test

1 范围

本标准规定了金属材料应力松弛试验的原理、术语及定义、符号、试样、试验设备、试验程序、试验数据处理及试验报告。

本标准适用于测定金属材料的室温和高温(≤1 000℃)拉伸和弯曲应力松弛性能。温度超过1 000 ℃时,其试验要求可通过协商确定。

注:预应力钢材的试样、试验程序及数据处理见附录A(标准的附录)。

2 引用标准

下列标准所包含的条文,通过在本标准中引用而构成为本标准的条文。本标准出版时,所示版本均为有效。所有标准都会被修订,使用本标准的各方应探讨使用下列标准最新版本的可能性。

GB 10623—89 金属力学性能试验术语

JJ G 141—83 工作用铂铑10-铂热电偶检定规程

JJ G 351—84 工作用镍铬-镍硅、镍铬-考铜热电偶检定规程

3 原理

在规定温度下,对试样施加试验力,保持初始应变、变形或位移恒定,测定应力随时间变化的关系。

4 术语及定义

本标准使用的术语及定义如下:

4.1 约束条件:试验期间保持试样总应变(总变形或总位移)量恒定不变。

4.2 应力松弛:在规定温度和规定约束条件下金属材料的应力随时间而减少的现象。

4.3 初始应力(σ_0):应力松弛试验开始时对试样施加的应力。

4.4 初始试验力(F_0):应力松弛试验开始时对试样施加的力。

4.5 零时间(τ_0):施加全部试验力或达到规定约束条件试验开始的时间[见图1(a)和(b)]。

4.6 初始试验力保持时间(τ_h):试验开始前保持初始试验力恒定的时间[见图1(b)]。

4.7 剩余应力(σ_r):应力松弛试验中任一时间试样上所保持的应力。

4.8 剩余试验力(F_r):应力松弛试验中任一时间试样上所保持的力。

4.9 松弛应力(σ_{re}):应力松弛试验中任一时间试样上所减少的应力,即初始应力与剩余应力之差。

4.10 松弛力(F_{re}):应力松弛试验中任一时间试样上所减少的力,即初始试验力与剩余试验力之差。

4.11 松弛率(R):松弛应力(或松弛力)与初始应力(或初始试验力)之比的百分率。

4.12 应力松弛曲线:剩余应力或松弛应力与试验时间的关系曲线(见图2)。

4.13 应力松弛速率(V_r):应力松弛曲线在任一时间上其斜率的绝对值(见图2)。

国家技术监督局1996-09-27批准 1997-03-01实施

4.14 与本标准有关的其他术语及定义见 GB 10623。

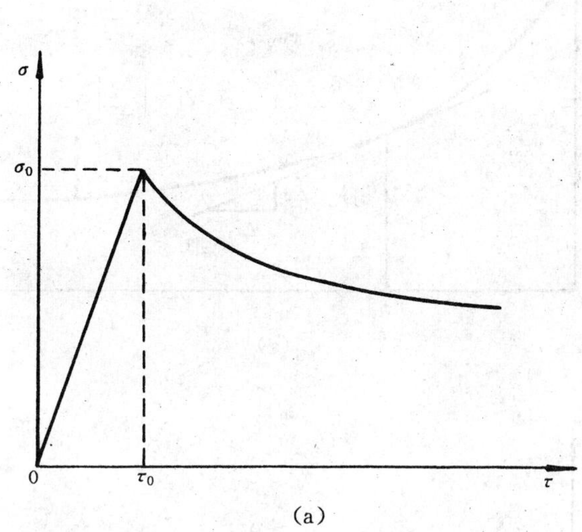

(a)

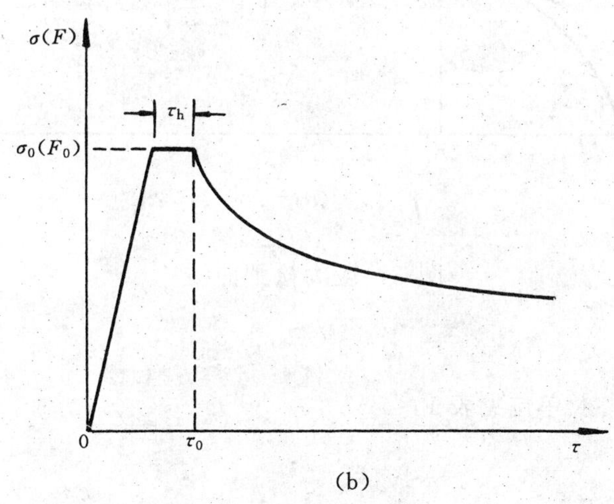

(b)

图 1 应力松弛试验的零时间和初始试验力保持时间

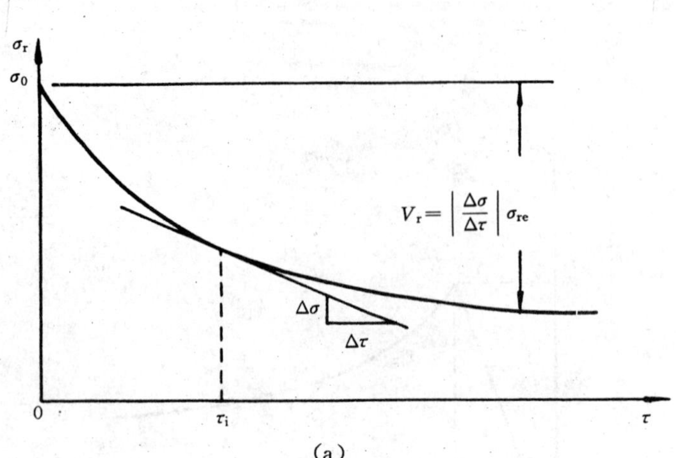

(a)

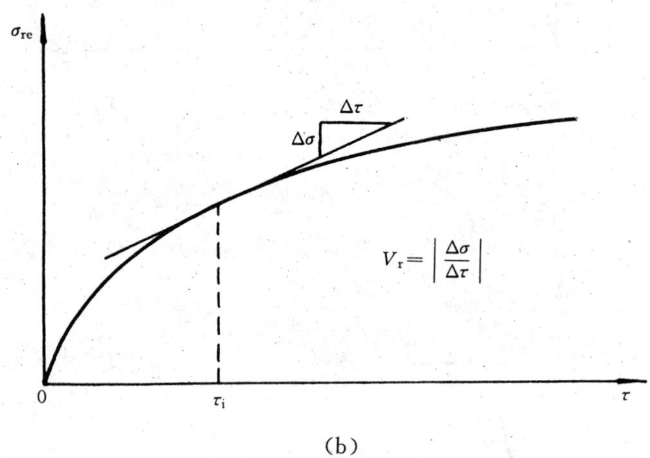

(b)

图 2　应力松弛曲线

5　符号

本标准使用的符号、名称及单位见表 1。

6　试样

6.1　切取样坯的部位、方向和数量应按相关产品标准或协议的规定。

6.2　切取样坯和制备试样的方法不应影响材料的金相组织和力学性能。

6.3　机加工的拉伸应力松弛试样推荐采用直径 10 mm、标距 100 mm 的圆形横截面试样，见图 3。试样头部的形状和尺寸可根据引伸计结构和试样夹持方式设计。

表 1

符　号	名　　　　称	单　位
L_0	拉伸松弛试样的标距或环状松弛试样在初始位移时的压痕间距	mm
L	拉伸松弛试样长度或环状松弛试样试验前的压痕间距	
L_τ	环状松弛试样在规定试验时间去除楔块后的压痕间距	
Δ_0	环状松弛试样初始位移	
S_0	拉伸松弛试样横截面积	mm^2

表 1(完)

符 号	名 称	单 位
A	系数(图 4 试样 A=0.000 583)	mm^{-1}
σ σ_0 σ_r σ_{re}	应力 初始应力 剩余应力 松弛应力	MPa
E_t	高温弹性模量	MPa
F F_0 F_r F_{re}	力 初始试验力 剩余试验力 松弛力	N
τ τ_0 τ_h τ_i	试验时间 零时间 初始试验力保持时间 试验中任一时间	h,min
ν_r	应力松弛速率	MPa/h
R	松弛率	%
t	温度	℃

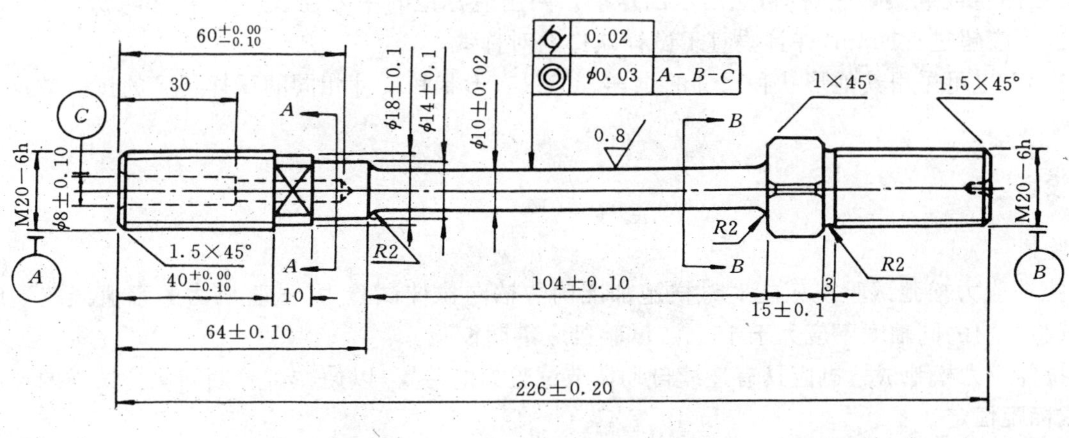

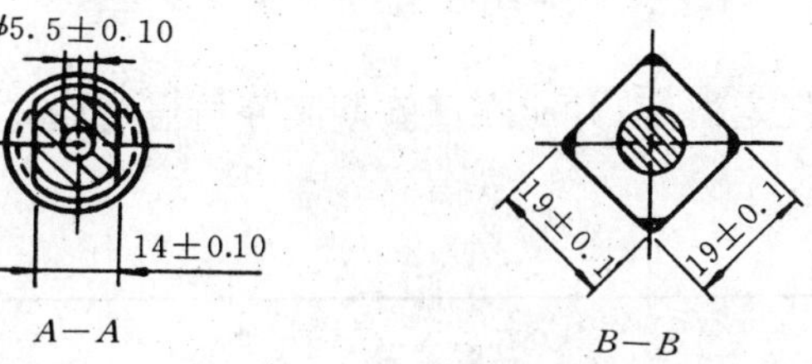

图 3 拉伸应力松弛试样

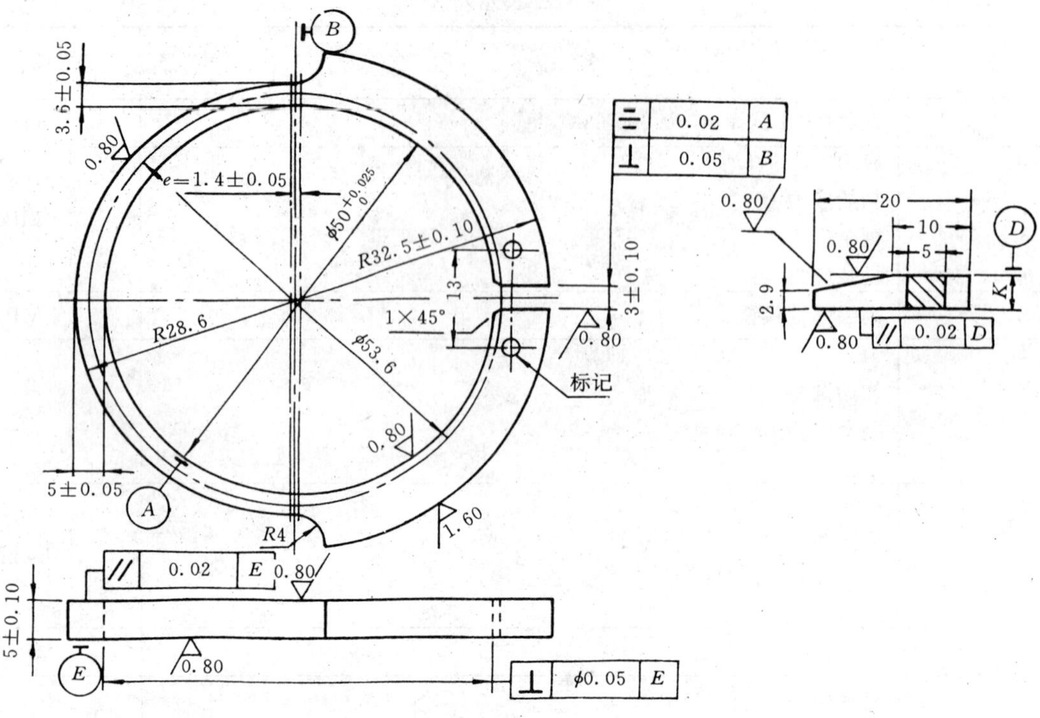

图 4 等弯矩环状弯曲应力松弛试样

6.4 弯曲应力松弛试样推荐使用等弯矩环状试样，见图 4。楔块材料一般应与试样材料相同。楔块厚度 K 由初始位移确定。测量试样位移的标记应使用维氏硬度压头压出。为保证长期试验时压痕清晰，可在试样标记处固定或嵌镶耐热材料，然后压出压痕。两压痕标记的中心连线应与直径 ϕ53.6 mm 的圆相切，其偏差不应超过±1 mm，并且垂直于试样缺口的对称线。

6.5 经协商，也可采用其他形状和尺寸的试样。但只有形状和尺寸相同的试样得到的试验数据才具有可比性。

7 试验设备

7.1 试验机

7.1.1 拉伸应力松弛试验机应能对试样施加准确的轴向拉伸试验力，试验机力的示值误差不应超过±1%。试验机力的同轴度不应大于 15%。试验机应定期校验。

7.1.2 拉伸应力松弛试验机应具有连续自动调节试验力的装置，以便在试验期间保持试样的初始应变或变形或标距恒定。

7.1.3 试验机应安装在无外来冲击、振动和温度稳定的环境中。

7.2 加热装置

加热装置应能将试样加热至规定温度，并能在试验期间保持温度恒定，温度偏差和温度梯度应符合表 2 要求。

表 2 ℃

温度范围	温度偏差	温度梯度
<900	±3	3
900～1 000	±4	4

7.3 温度测量仪器

7.3.1 温度测量仪器误差不应超过±1℃，分辨率不应大于0.5℃，并应定期校验。

7.3.2 测温热电偶应符合JJ G141或JJ G351中2级热电偶要求。热电偶冷端温度应保持恒定，偏差不超过±0.5℃。

7.4 测量工具

7.4.1 测量试样横截面尺寸的量具最小分度值不应大于0.01 mm。

7.4.2 测量压痕间距的量具最小分度值不应大于0.001 mm。

8 试验程序

8.1 高温拉伸应力松弛试验

8.1.1 应在试样标距两端及中部各固定一支热电偶测量温度，在经证明能满足表2中所规定的试验温度时，热电偶的数量可适当减少。热电偶测量端应与试样表面良好热接触，并应避免加热炉壁的直接热辐射。

8.1.2 在升温期间应对试样施加预拉伸力，预拉伸力不超过初始应力的10%，并且不大于10 MPa。

8.1.3 将试样加热至规定温度的时间一般为1 h～8 h，在加热过程中不得超过规定的温度范围，保温时间一般为8 h～24 h。加热及保温总时间应以温度达到充分稳定为准。

8.1.4 温度达到充分稳定后，应迅速而无冲击地施加试验力，施加全部初始试验力的时间不应超过10 min。在零时间应立即使试样的初始总应变或总变形保持恒定。为此，应在施加试验力过程中不断调节总应变或总变形恒定控制系统，以保证在零时间处于平衡状态。在试验期间试样应变的波动应控制在$\pm 2.5\times 10^{-5}$mm/mm以内。

8.1.5 在整个试验期间，试样的温度应控制在表2规定范围内。

8.1.6 连续或定时记录试验力和温度，并监测试样的初始总应变或总变形。采用定时记录时，测量间隔应保证明确地绘出应力松弛曲线。如无其他规定，建议按下列时间间隔进行记录：5 min、10 min、30 min、1 h、2 h、4 h、8 h、16 h、24 h，以后每隔24 h记录一次，直至试验结束。

8.2 高温弯曲应力松弛试验

8.2.1 根据规定的初始应力，按公式(1)计算初始位移Δ_0：

$$\Delta_0 = \frac{\sigma_0}{AE_t} \qquad \cdots\cdots(1)$$

8.2.2 在室温(20±5)℃下测量和记录试样压痕间距L，然后打入楔块对试样施加位移，直至压痕间距达到按式(2)计算的L_0值。施加L_0的值应准确，偏差不超过±0.01 mm。

$$L_0 = L + \Delta_0 \qquad \cdots\cdots(2)$$

8.2.3 将试样置于恒温装置内，经一定时间间隔取出试样，冷却至室温后，除去楔块，测量并记录两压痕间距L_1。

8.2.4 重新打入楔块，保持L_0值。重复8.2.3的试验程序，得到不同时间间隔的L_2,L_3,L_4……L_τ……。

8.2.5 测量压痕间距变化的时间间隔应保证能明确地绘出应力松弛曲线。

9 试验数据处理

9.1 用式(3)计算环状弯曲应力松弛试样的剩余应力：

$$\sigma_\tau = AE_t(L_0 - L_\tau) \qquad \cdots\cdots(3)$$

9.2 可以绘制剩余应力或松弛应力与时间或对数应力与时间的关系曲线；也可以绘制对数应力与对数时间的关系曲线。

9.3 为了比较材料的相对松弛特性，可以绘制松弛率与时间的关系曲线。

9.4 可以将应力松弛曲线的第二阶段曲线部分延长，对试验数据进行外推。对于高温应力松弛试验，外推时间一般不超过试验时间的3倍，外推时，对于材料在时间、温度及应力作用下的组织变化应予以充分考虑。

10 试验报告

试验报告应包括如下内容：

a）试验材料种类及标志；

b）热处理制度及组织状态；

c）试验机型号；

d）试样形状、尺寸及编号；

e）试验温度；

f）初始应力（或初始试验力）；

g）初始试验力保持时间；

h）试验时间；

i）试验数据、曲线及外推方法；

j）规定试验时间的应力松弛性能（例如应力松弛速率、松弛应力、松弛率等）；

k）试验中异常现象；

l）试验日期、单位及试验者。

附 录 A
（标准的附录）
预应力钢材拉伸应力松弛试验试样、试验程序及数据处理

A1 试样

A1.1 试样应从预应力钢材制品规定部位切取。试样在试验前，不应经受应力和冷、热加工处理。如相关产品标准允许，可以校直试样。

A1.2 试样标距应由相关产品标准规定。如无规定，建议试样标距不少于直径的60倍。如这一标距超过引伸计或试验机的能力，至少应为直径的40倍。

A2 试验程序

A2.1 试验温度应为20℃±2℃。试样应置于试验环境中足够的时间，确认达到温度平衡后施加初始试验力。

A2.2 初始试验力应按相关产品标准或协议的规定。

A2.3 除非相关产品标准或协议另作规定，应在3 min～5 min内均匀地施加全部初始试验力。在加力过程中不应超过初始试验力。初始试验力保持时间为1 min。保持时间结束点作为零时间，在零时间应立即保持初始总应变或标距恒定。在试验期间试样应变的波动应控制在$\pm 5\times 10^{-6}$ mm/mm以内。

A2.4 连续或定时记录试验力和试验温度，必要时监测试样的初始总应变或标距。采用定时记录时，如无其他规定，建议按下列时间间隔记录：1 min、3 min、6 min、9 min、15 min、30 min、45 min、1 h、1.5 h、2 h、4 h、8 h、10 h、24 h，以后每隔24 h记录一次，直至试验结束。

A3 试验数据处理

A3.1 达到规定试验时间的松弛率按式(A1)计算：

$$R(\%)=\frac{F_0-F_r}{F_0}\times 100 \qquad \text{(A1)}$$

A3.2 为了比较材料的相对松弛特性，可以绘制松弛率与对数时间或对数松弛率与对数时间的关系曲线。

A3.3 可以绘制剩余试验力或松弛力与时间或对数时间的关系曲线，或绘制对数剩余试验力或对数松弛力与对数时间的关系曲线。

A3.4 可以采用试验数据的线性回归分析方法对试验数据进行推算。推算1 000 h的应力松弛性能时，建议最短试验时间不少于100 h。

中华人民共和国国家标准

UDC 669:620
.178.3

金属轴向疲劳试验方法

GB 3075—82

Method of axial force controlled fatigue testing of metals

本标准适用于金属试样在室温空气中承受图1所示任一类型循环应力的恒负荷幅轴向疲劳试验。此试验系用来测定金属在循环次数不小于5×10^4的轴向疲劳强度。

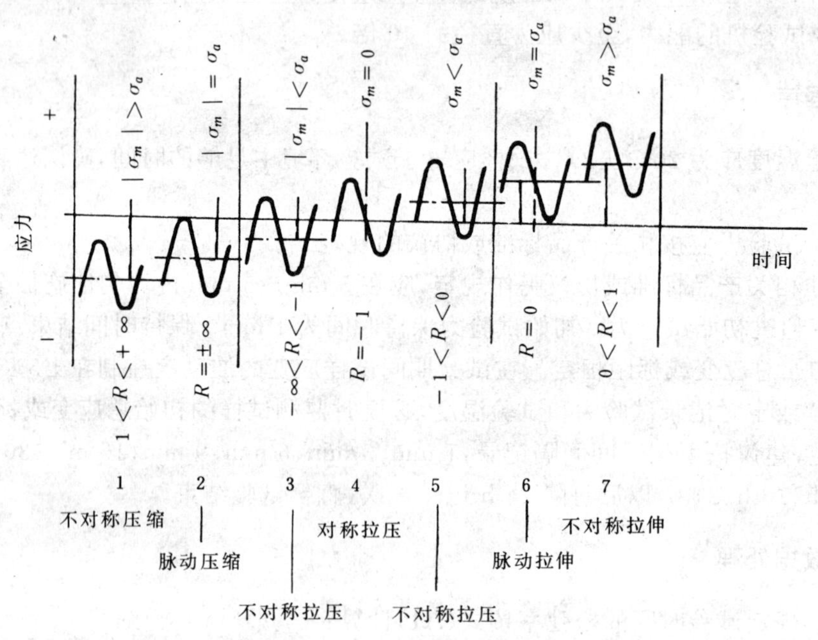

图1 循环应力的类型

注：如有特殊需要，可采用其他波形的循环应力。

1 符号、名称、定义及单位

与应力循环（见图2）和疲劳试验有关的符号、名称、定义及单位如表1。

表1

符号	名称	定义	单位
σ_{max}	最大应力	在应力循环中具有最大代数值的应力。以拉应力为正；压应力为负	MPa (kgf/mm^2)
σ_{min}	最小应力	在应力循环中具有最小代数值的应力。以拉应力为正；压应力为负	MPa (kgf/mm^2)
σ_m	平均应力	最大应力和最小应力的代数平均值	MPa (kgf/mm^2)

国家标准总局1982－05－10发布　　1983－03－01实施

续表 1

符 号	名 称	定 义	单 位
σ_a	应力幅	最大应力和最小应力代数差的一半	MPa (kgf/mm²)
$2\sigma_a$	应力范围	在应力循环周期中最大应力和最小应力的代数差	MPa (kgf/mm²)
R	应力比	最小应力与最大应力的代数比值	
K_t	理论应力集中系数	局部应力与标称应力的比值	
f	循环频率	单位时间的应力循环次数	Hz
N	疲劳寿命	试样至失效（出现规定长度或肉眼可见疲劳裂纹、完全断裂等）的应力循环数	次
σ_N	条件疲劳极限	对应于规定N次循环数的中值疲劳强度	MPa (kgf/mm²)
σ_D	疲劳极限	当N为无穷大时的中值疲劳强度	MPa (kgf/mm²)
p	存活率	疲劳寿命高于规定值的百分率	

注：1kgf/mm² = 9.8MPa。

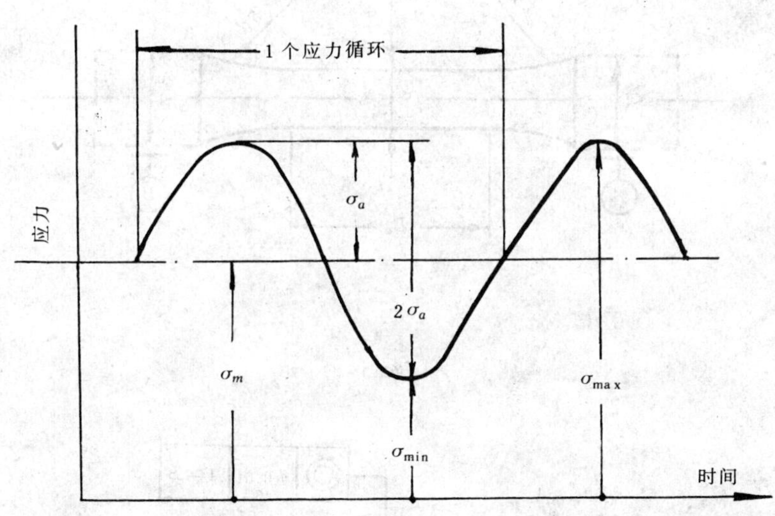

图 2 疲劳应力循环

2 试样

2.1 试样的符号和名称

与试样有关的符号和名称如表 2 所示。

表 2 mm

符　　号	名　　　　　　称
D	圆形横截面试样夹持部分的直径或螺纹部分的外径
d	试样最大应力处直径
L_c	试样工作部分的平行长度
a	矩形横截面试样的试验截面厚度
b	矩形横截面试样最大应力处宽度
B	矩形横截面试样夹持部分的宽度
r	从d到D或从b到B之间的过渡弧最小曲率半径，或试样夹持部分之间的圆弧半径

2.2　形状和尺寸

试样的形状和尺寸取决于试验目的、试验机型号和容量以及试材形状。其夹持部分应与试样轴线或缩小的试验截面轴线保持同轴或对称（见图 3 至图 6 ）。所选用的试样试验截面尺寸应使以绝对值表示的最大负荷不低于试验机所用负荷档满量程的25％。

测定疲劳强度所用的同一批试样应具有相同的形状、尺寸和表面状态。

2.2.1　推荐光滑试样的形状和尺寸如图 3 、图 4 和表 3 所示。

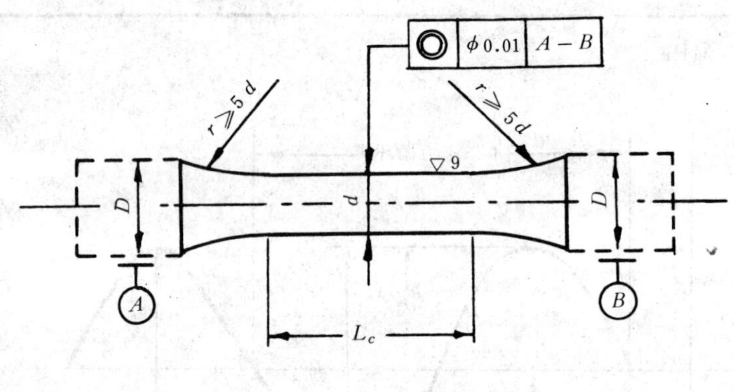

（a）

（b）

图 3　圆形横截面试样

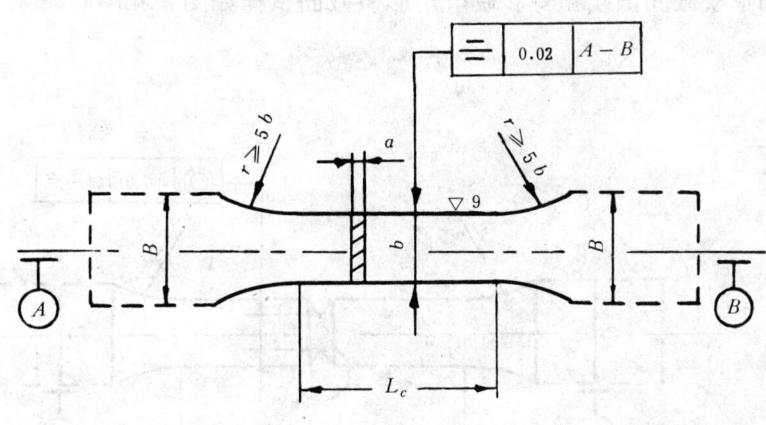

（a）

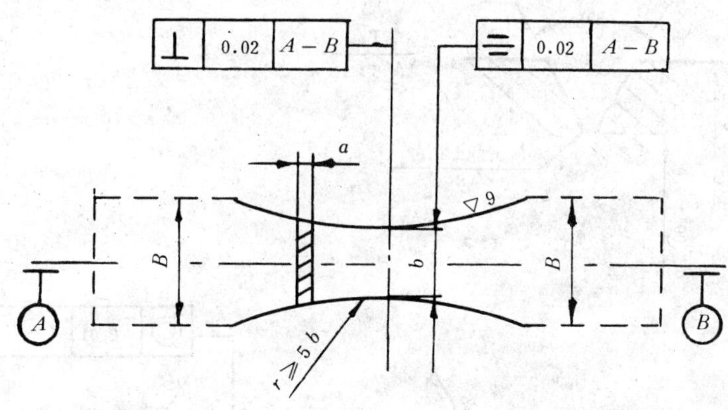

（b）

图 4　矩形横截面试样

注：① 当受试验机容量所限，从试样的厚度方向缩小试验截面时，其加工面的表面光洁度均不应低于▽9 。

② 试样工作部分与圆弧过度部分的连接应圆滑，不得有凹陷。

③ 矩形试样工作部分的棱边应光滑且有一适当的小圆角。

表 3

d mm		ab mm^2	b mm		r mm	L_c mm	D^2/d^2 或 B/b
标称尺寸	公差	面积	标称尺寸	公差			
5 8 10	±0.02	≥30	（2～6）a	±0.02	≥5d或5b	＞3d或3b	≥1.5

注：① 进行具有循环压缩应力试验时，应使L_c＜4d或L_c＜4b 。

② 在采取特殊措施的情况下，可协商进行ab＜30mm^2的矩形横截面试样的试验。

2.2.2 鉴于缺口疲劳试验目的和要求的特殊性，对缺口试样的设计不予限制。但其形状、尺寸和K_t应在试验报告中注明。

推荐V形缺口圆形横截面试样和U形缺口矩形横截面试样如图5和图6所示。

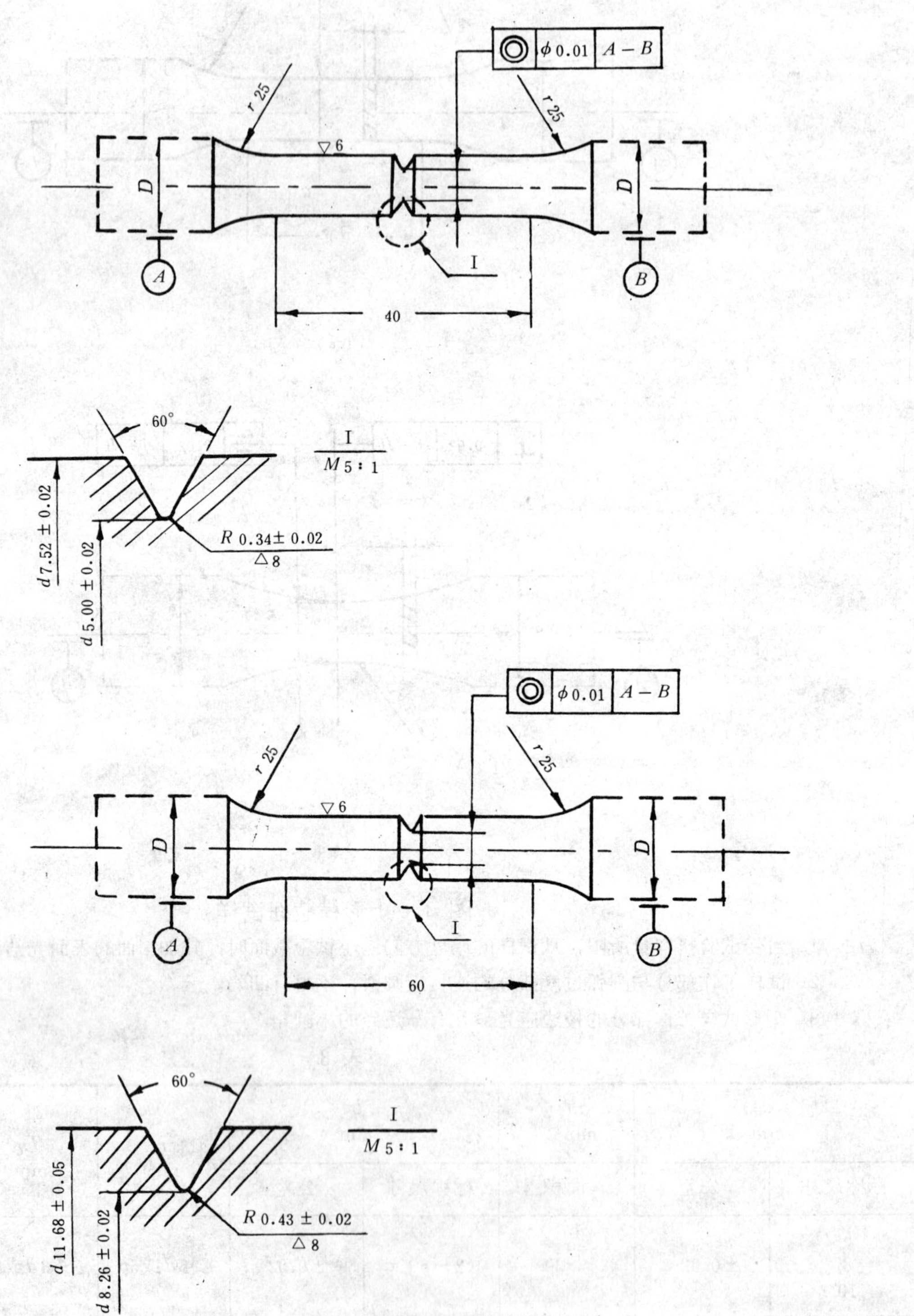

图5 V形缺口圆形横截面试样（$K_t=3$）

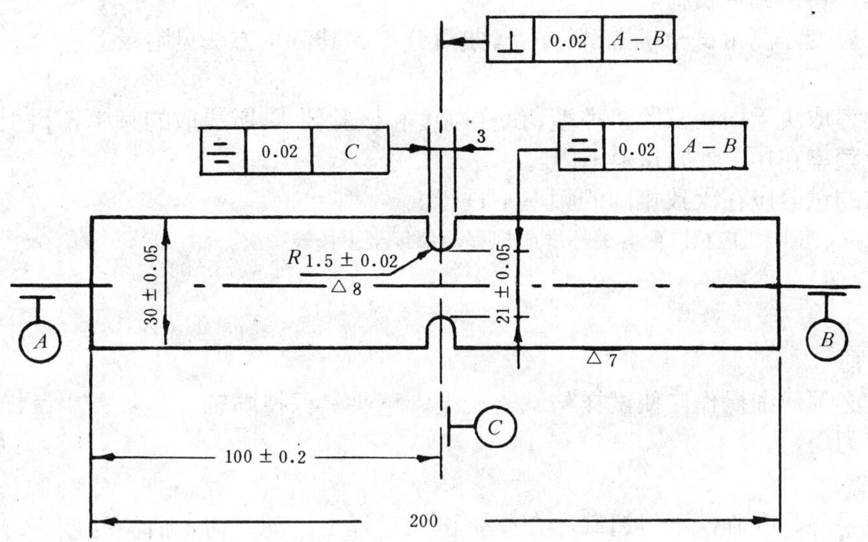

图 6　U形缺口矩形横截面试样

（$K_t = 3$　$R/B = 0.05$　$b/B = 0.7$）

2.2.3　圆形试样实际最小直径的测量误差不大于±0.01mm；矩形试样实际最小截面尺寸的测量误差不大于±0.5%。

测量试样尺寸时，应防止损伤试样表面。

2.2.4　试样夹持部分的形状和尺寸应根据试验机的夹具和试料合理设计。其横截面积与试样最大应力截面面积之比依夹持方法而定，但不应小于1.5。若试样为螺纹夹持，则上述比值应尽量大些，并采用细牙螺纹为宜。

2.3　制备和贮存

2.3.1　选取的试样毛坯应能代表原材料的组织性能。取样部位、取向和方法按有关标准执行。

2.3.2　所采用的加工工艺应尽量使试样表面产生的残余应力和加工硬化减至最小；在加工过程中，应防止过热或其他因素的影响而改变材料的疲劳性能，力求试样表面质量均匀一致。在铣削、车削和磨削过程中，应适当地逐次减小切削深度和走刀量，并提供足够的冷却。

2.3.3　样坯进行热处理时，应防止变形和表面层变质。

2.3.4　建议纵向铣削、精车和精磨后，再用纵向抛光的方法进行工作部分表面的最后精加工。

2.3.5　试样精加工后，应仔细清洗、妥善保存，以防止试样变形、表面损伤和腐蚀。

注：试样加工工艺见附录A。必要时，可由有关方面协商议定此工艺。

3　试验条件

3.1　负荷

可使用不同类型的轴向疲劳试验机。试验时，应满足以下要求：

3.1.1　静负荷示值精度：

a.　负荷示值误差不大于±1%。

b.　负荷示值变动度不大于1%。

3.1.2　在连续试验10小时内，动负荷示值波动度：

a.　平均负荷示值波动度不大于使用负荷满量程的±1%。

b.　负荷振幅示值波动度不大于使用负荷满量程的±2%。

3.1.3　负荷需轴向施加

上、下夹具应牢固地夹紧试样端部。夹具的中心线应尽量与试验机的施力轴线重合，确保沿试样轴线无间隙地准确传递循环负荷。

推荐用电阻应变片测量试验机上试样的弯曲百分率。其测量方法见附录B。

3.2 频率

应力循环频率取决于所用试验机类型、试样刚度和试验要求,所选取的频率不得引起试样试验部分发热。建议试验频率在10～200 Hz范围内。

同一批试样的试验应在大致相同的频率下进行。

注：一般情况下，试验机应按国家有关标准或规程，每年至少校验一次。

4 试验程序

4.1 安装试样

安装试样时必须仔细操作，使试样与试验机上、下夹具保持同轴，尽量减少试样承受规定轴向应力以外的其他应力。

4.2 施加负荷

施加负荷应平稳、准确，不得超载。在整个试验过程中，动负荷示值波动度应符合 3.1.2 款的规定。

4.3 终止试验

试样在规定应力下，通常一直连续试验至试样失效或规定循环次数。试样失效应发生在（a）形试样的L_c内或（b）形试样的最大应力截面处，否则试验结果无效。

试验过程如有中断，需在试验报告中注明中断时的循环次数和间歇时间。

4.4 条件疲劳极限和S－N曲线的测定

4.4.1 条件疲劳极限的测定

用升降法测定材料的条件疲劳极限。试样的数量通常需13根以上。应力增量$\Delta\sigma$一般在预计疲劳极限的5%以内,试验可在 3 ～ 5 级应力水平下进行。应使第一根试样的试验应力水平略高于预计疲劳极限。根据上一根试样的试验结果（失效或通过），决定下一根试样的试验应力水平（降低或升高),直至完成全部试验。对第一次出现相反结果（失效和通过；通过和失效）以前的试验数据，如在以后试验数据的波动范围之外，则予以舍弃；如在上述波动范围之内，则作为有效数据加以利用，即在试验过程中,陆续将它们平移到第一对相反结果之后，作为该试样所在应力水平下的第一个有效数据。

条件疲劳极限的计算公式：

$$\sigma_N=\frac{1}{m}\sum_{i=1}^{n}V_i\sigma_i$$

式中：m——有效试验的总次数（失效及通过的数据点均计算在内）；

n——试验应力水平级数；

σ_i——第i级应力水平；

V_i——第i级应力水平下的试验次数。

上述公式求出的条件疲劳极限存活率为50％。如果需要，可对试验结果用数理统计方法进行数据处理，求出任一存活率下的条件疲劳极限。

注：根据材料技术条件或协议规定，可采用其他方法测定条件疲劳极限。

4.4.2 S－N曲线的测定

通常，至少取5级应力水平。各级应力水平上试样的数量分配应随着应力水平的降低而逐渐增加。用升降法求得的条件疲劳极限作为$S-N$曲线上最低应力水平点。

以σ_a为纵坐标，N为横坐标，用最佳拟合法绘制成一条曲线，如图7所示。

关于每级应力水平上所用试样个数，必要时由双方协商议定。

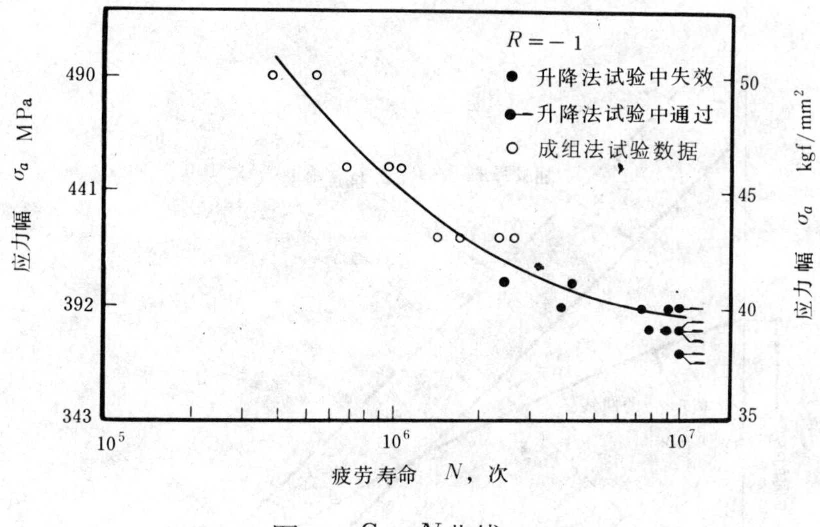

图 7 S－N曲线

5 结果表示和试验报告

5.1 结果表示

由于疲劳试验数据分散度较大，为了获得比较可靠的试验结果，除设计合理的疲劳试验方案外，疲劳试验数据应采用统计方法进行处理。

试验结果一般用图解法表示，推荐如下图形表示法。

5.1.1 S－N曲线

这是最常用的一种疲劳试验结果表示方法。绘制S－N曲线时，一般以应力幅或取决于循环应力类型的其他应力值（在不对称拉压下，通常是以最大应力幅）为纵坐标，循环次数N（疲劳寿命）为横坐标。

N均采用对数坐标，应力可按具体情况而采用线性坐标或对数坐标，见图7。

此外，按照不同要求，可绘制成各种参量（如平均应力σ_m、应力比R、存活率p等）的S－N曲线。

5.1.2 耐久图

对于规定耐久时间N（疲劳寿命），表示极限循环应力与平均应力关系的图。

a. 应力幅（σ_a）与平均应力（σ_m）关系图，见图8。

b. 最大应力（σ_{max}）、最小应力（σ_{min}）与平均应力（σ_m）关系图（Goodman－Smith图），见图9。

c. 最大应力（σ_{max}）与最小应力（σ_{min}）关系图，见图10。

d. 等寿命图，见图11。

5.2 试验报告

按照要求报告试验结果。报告中应清楚说明如下内容：

5.2.1 材料的牌号、炉号、规格、化学成分、热处理工艺及常规力学性能。

5.2.2 试样的制备工艺及其形状、尺寸和表面状态。

5.2.3 试验机型号。

5.2.4 应力循环形式、σ_m、$2\sigma_a$、R。

5.2.5 试验频率f。

5.2.6 超出10～35℃的试验环境温度和50～70％时的相对湿度。

5.2.7 试验过程中不符合要求条件的任何偏差。

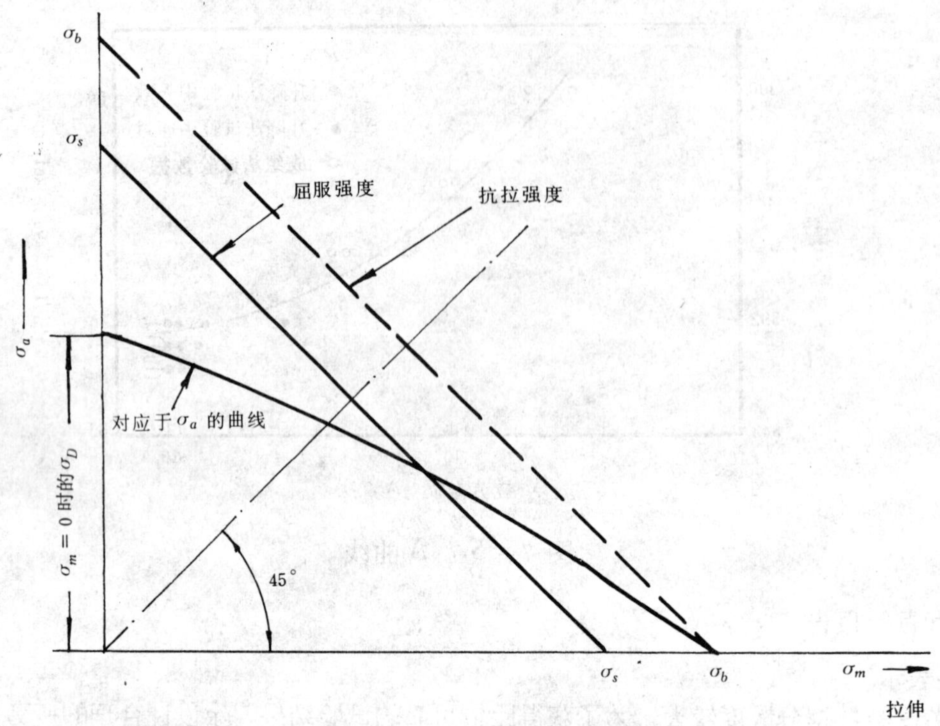

图 8 试验（理论）结果 Haigh图

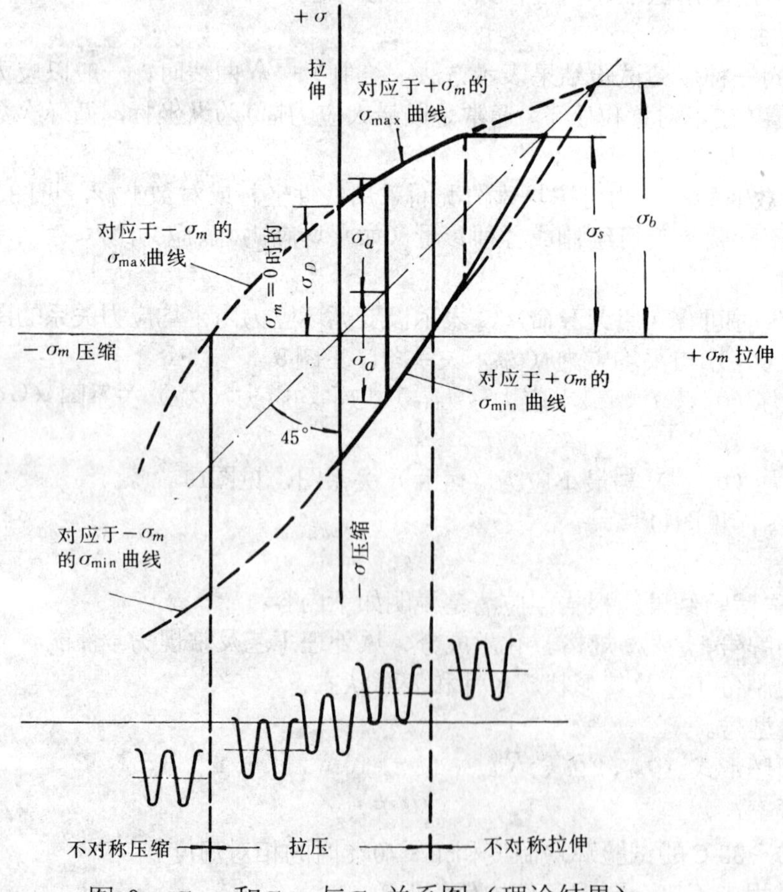

图 9 σ_{max} 和 σ_{min} 与 σ_m 关系图（理论结果）

Goodman－Smith 图

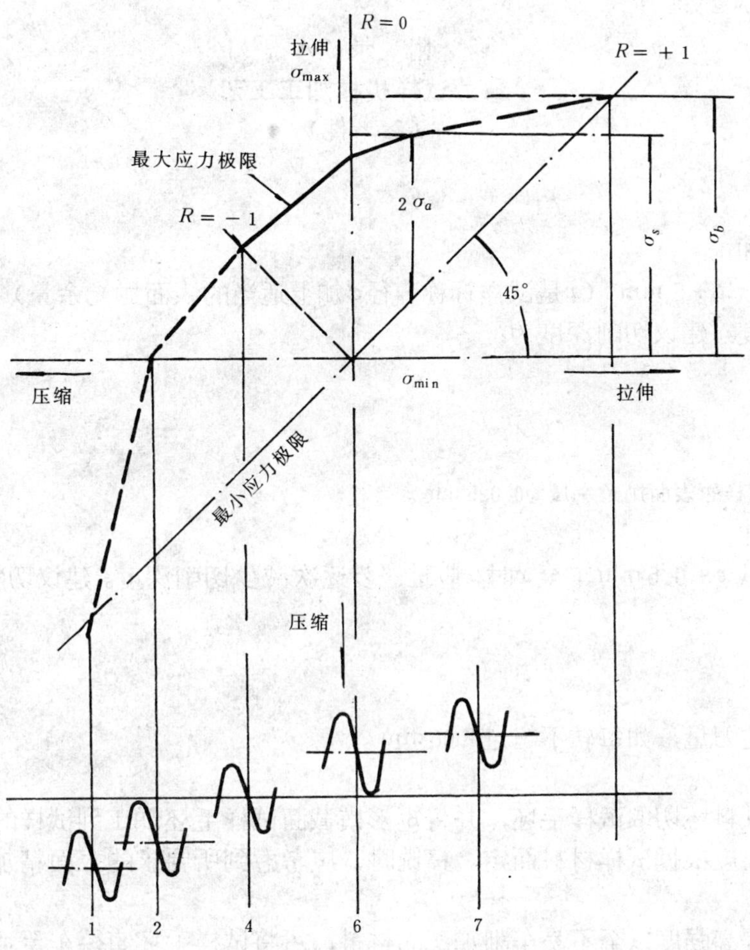

图 10 σ_{max} - σ_{min} 关系图（理论结果）

ROS图

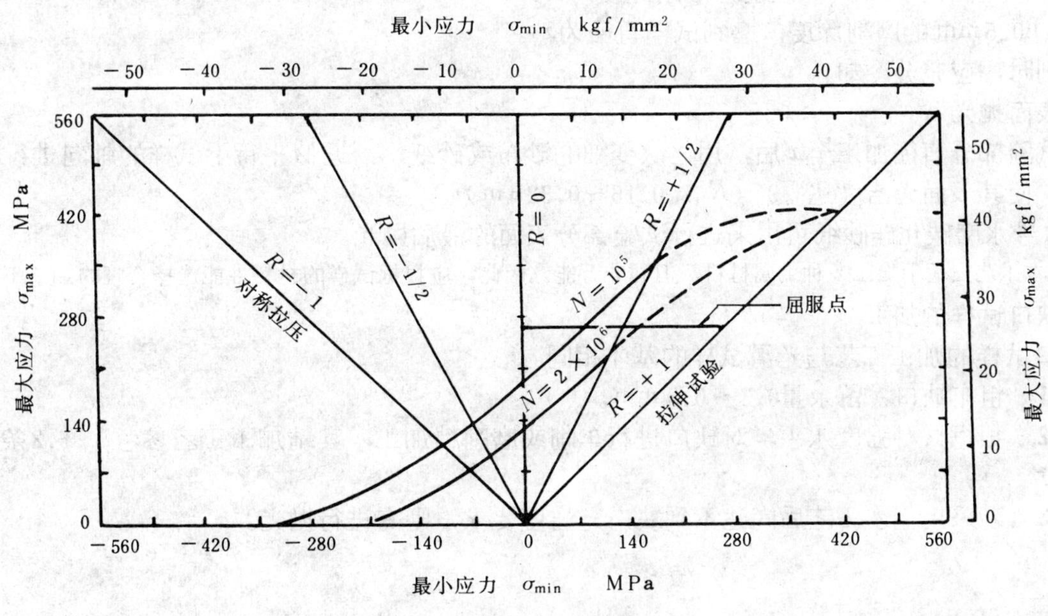

图 11 等寿命图

附 录 A
疲劳试样机械加工工艺
（参考件）

A.1 车削

A.1.1 车削粗加工

将试样的直径从$x+5$ mm（x是试样标称直径d加上适当的表面抛光余量）车至$x+0.5$mm时，应逐次减少其切削深度。建议切削深度为：

1.25 mm

0.75 mm

0.25 mm

注：高强度材料试样的表面抛光余量为0.025 mm。

A.1.2 车削精加工

将试样的直径从$x+0.5$mm车至x时，应进一步逐次减少切削深度。建议切削深度为：

0.125 mm

0.075 mm

0.05 mm

应采用较小的走刀量，如每转不超过0.06 mm。

A.2 铣削

此方法可用于从料坯切取试样毛坯，并将矩形横截面试样毛坯加工到试样的标称尺寸。其切削速度和进刀量应根据试样材料而定。精铣时，应考虑到所要求的表面精加工质量。

A.3 磨削

对因热处理而提高强度以至不易车削加工的材料，可将试样毛坯直径车至$x+0.5$ mm后进行热处理。然后采用磨削精加工至直径为x。

建议采用如下磨削深度：

比标称直径大0.1 mm之前，磨削深度为0.030 mm；

比标称直径大0.025 mm之前，磨削深度为0.005 mm；

以0.0025 mm的磨削深度，磨到试样直径为x。

磨削时，应充分冷却。

A.4 表面抛光

当试验部分直径加工至x后，用逐次变细的砂布或砂纸，沿近似平行于试样的轴向进行机械或手工抛光。使其表面光洁度达▽9（$R_a \leqslant 0.16 \sim 0.32\mu m$）。

6000号水磨碳化硅砂纸可用来进行试验部分表面的最后抛光。

注：本工艺虽适于加工多种金属材料，但并非万能。因此，应根据试样的材料性能选择合理的加工工艺。

A.5 缺口试样的加工

缺口试样的加工工艺与光滑试样的基本相同。

A.5.1 粗车缺口，留余量0.3～0.5 mm。

A.5.2 根据材料强度水平，对缺口进行车削或磨削精加工，其精加工工艺参考A.1.2条，A.2章及A.3章。

A.5.3 若采用上述工艺后尚达不到缺口光洁度要求，则需进行抛光。

附 录 B
用电阻应变片测定轴向疲劳试验机上试样弯曲百分率方法简介
（参考件）

B.1 原理

将贴有应变片的校准棒安装在试验机上，在受力状态下测量各应变片的变形，并由下式计算上述校准棒由于受力不同轴所产生的弯曲百分率：

$$e=\frac{S_{max}-S_{avg}}{S_{avg}}\times 100\%$$

式中：S_{max}—— 校准棒上所测得的最大变形；

S_{avg}—— 校准棒上所测得的平均变形。

B.2 装置

B.2.1 校准棒：

B.2.1.1 校准棒的材料、形状和尺寸应类似试验试样，其直径可采用10mm或20mm。

B.2.1.2 应变片在校准棒上的分布应均匀，并能测定出最大弯曲或接近最大弯曲。

B.2.2 测量系统

可用由稳压电源、放大器、数字电压表等组成的测量系统进行测量，也可用其它变形测量系统，其测量误差不得低于3％。

B.3 程序

B.3.1 将校准棒的一端装卡在试验机上，其另一端不夹紧，处于自由状态。

B.3.2 试验机加荷系统和变形测量系统调零。

B.3.3 将校准棒的自由端（非夹持端）夹紧。

B.3.4 按照试验机负荷最大量程的10％、20％、30％、40％、50％施加负荷，并在每级负荷下测量校准棒上的各应变片变形。

B.3.5 按照B.1中的公式计算校准棒的弯曲百分率。

附加说明：

本标准由中华人民共和国冶金工业部提出。

本标准由冶金部钢铁研究总院负责起草。

本标准主要起草人高舜之、何荣年。

前　　言

本标准非等效采用国际标准 ISO 2020:1984《飞机用操纵用钢丝绳》。

在主要技术内容上，1.6 mm～9.5 mm 直径钢丝绳部分采用 ISO 2020:1984，>9.5 mm～<60 mm 直径钢丝绳部分采用前苏联 ГОСТ 5031—49《钢丝绳弯曲疲劳试验机》和 5032—49《普通起重钢丝绳疲劳试验法》。

与原标准比较，适用范围拓宽到 ϕ60 mm 以下普通直径钢丝绳，疲劳机型分为 5 种，基本覆盖了普遍使用的钢丝绳疲劳试验。

本标准自 1997-03-01 实施之日起代替 GB/T 12347—90。

本标准的附录 A 是提示的附录。

本标准由冶金工业部提出。

本标准由全国钢标准化技术委员会归口。

本标准由冶金部金属制品研究院负责起草。

本标准主要起草人：朱永刚、刘桂森。

本标准于 1990 年 5 月首次发布。

中华人民共和国国家标准

GB/T 12347—1996
neq ISO 2020:1984

钢丝绳弯曲疲劳试验方法

代替 GB/T 12347—90

Steel wire rope—Bending fatigue testing

1 范围

本标准规定了钢丝绳弯曲疲劳试验的范围、术语、试验机、试样、试验程序及试验报告。

本标准适用于直径 60 mm 以下钢丝绳在规定条件下的反复弯曲疲劳试验。

2 引用标准

下列标准包含的条文，通过在本标准中引用而构成本标准的条文。本标准出版时，所示版本均为有效。所有标准都会被修订，使用本标准的各方应探讨使用下列标准最新版本的可能性。

GB/T 8901—88 飞机操纵用钢丝绳

GB/T 8902—88 航空用钢丝绳

GB/T 9944—88 不锈钢丝绳

3 定义

3.1 平面单向弯曲疲劳：试样在同一平面内通过弯曲滑轮向一个方向弯曲 90°的疲劳试验。

3.2 平面双向弯曲疲劳（即 S 型弯曲疲劳）：试样在同一平面内通过弯曲滑轮组向一个方向弯曲 90°，再反方向弯曲 90°的疲劳试验。

3.3 有效长度：钢丝绳弯曲疲劳试验中，通过弯曲滑轮进行 90°平面单向弯曲或 180°平面双向弯曲的承受疲劳的那一段钢丝绳长度。

3.4 主动轮：弯曲疲劳试验机上，可左右转动一定弧度，带动试样在有效长度内反复弯曲运动的滑轮或鼓轮。

3.5 弯曲滑轮：弯曲疲劳试验机上，在主动轮带动下，使试样反复弯曲 90°或 180°的滑轮。它是疲劳试验机中关键部件，其轮槽形状如图 1 所示。

3.6 载荷动滑轮：立式结构疲劳试验机上，挂在试样上的滑轮。它与荷重一起，使试样承受规定的张力值。

国家技术监督局 1996-09-27 批准　　1997-03-01 实施

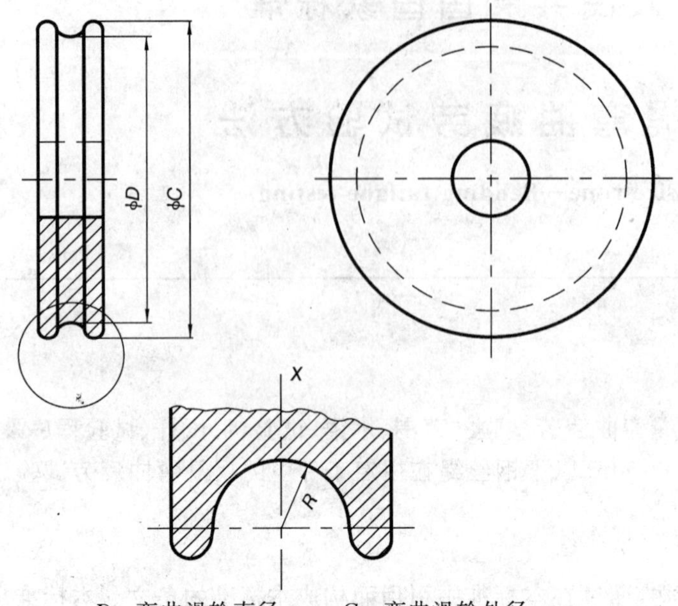

D—弯曲滑轮直径，mm；C—弯曲滑轮外径，mm；
R—轮槽半径，mm

图 1 弯曲滑轮及轮槽形状示意图

4 试验机

4.1 试验机主要由主动轮、弯曲滑轮、载荷动滑轮、计数器等部分组成。

4.2 根据钢丝绳直径的不同，钢丝绳弯曲疲劳机分为以下 5 种类型：

4.2.1 A 型，即采用平面双向弯曲箱式结构的 S 型弯曲疲劳机，如图 2 所示，适用于直径 0.2 mm～1.5 mm的微型钢丝绳，在规定条件下双向反复弯曲疲劳试验。主要结构参数如下：

a）用传动轴带动主动轮作往复运动，主动轮直径为 300 mm，摆动角度为 90°，使试样在 240 mm 的有效长度内往复移动，承受平面双向弯曲。

b）弯曲滑轮直径为 6 mm，8 mm，12 mm，20 mm（详见表 1），使试样在有效长度内每分钟平面双向反复弯曲 60 次。

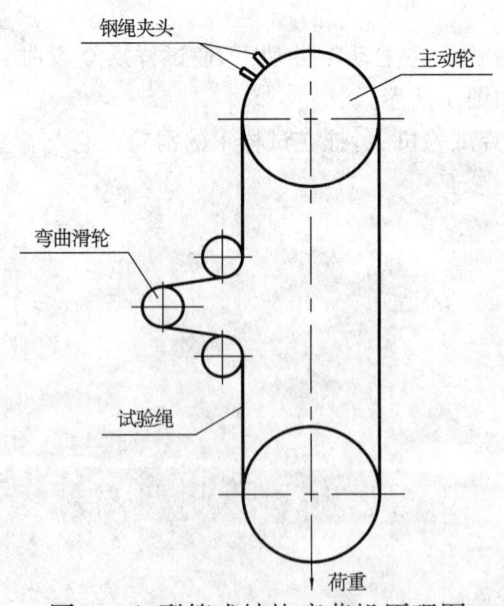

图 2 A 型箱式结构疲劳机原理图

表 1　A 型疲劳机弯曲滑轮尺寸　　mm

序　号	钢丝绳公称直径 d	滑轮外径 $C^{+0.05}_{0}$	弯曲滑轮直径 $D^{+0.03}_{0}$	轮槽半径 $R^{+0.01}_{0}$
1	>0.2～0.4	7.0	6.0	0.20
2	>0.4～0.6	9.5	8.0	0.29
3	>0.6～1.0	14.4	12.0	0.47
4	>1.0～1.5	23.8	20.0	0.73

c）载荷动滑轮，它与配重一起使试样承受最大张力为 120 N。

4.2.2　B 型，即采用平面单向弯曲立式结构的疲劳机，如图 3 所示，适用于直径 1.6 mm～9.5 mm 的细直径钢丝绳，在规定条件下单向反复弯曲疲劳试验。主要结构参数如下：

a）用传动轴带动主动轮作往复运动，主动轮直径为 400 mm，摆动角度为 100°，使试样在 350 mm 有效长度内往复移动，承受平面单向弯曲。

b）弯曲滑轮直径从 19.05 mm 到 90.49 mm 一组共 19 个，（详见表 2），使试样在有效长度内每分钟平面单向反复弯曲 60 次。

c）载荷动滑轮，它与配重一起，可使试样承受最大张力为 535 N。

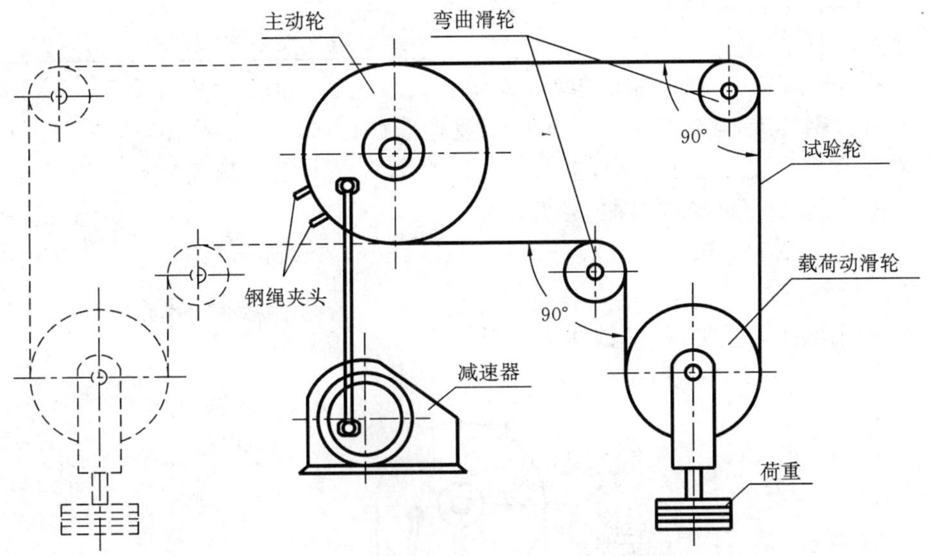

图 3　B 型立式结构疲劳机示意图

表 2　B 型疲劳机弯曲滑轮尺寸　　mm

<table>
<tr><th>序　号</th><th>钢丝绳公称直径
d</th><th>滑轮外径
$C^{+0.5}_{0}$</th><th>弯曲滑轮直径
$D^{+0.13}_{0}$</th><th>轮槽半径
$R^{0.05}_{0}$</th></tr>
<tr><td>1</td><td>1.6</td><td>24</td><td>19.05</td><td>0.91</td></tr>
<tr><td>2</td><td>2.15</td><td>32</td><td>22</td><td>1.25</td></tr>
<tr><td rowspan="2">3</td><td rowspan="2">2.4</td><td>24</td><td>16.67</td><td rowspan="2">1.32</td></tr>
<tr><td>36</td><td>28.58</td></tr>
<tr><td>4</td><td>2.5</td><td rowspan="4">32</td><td rowspan="3">22</td><td>1.45</td></tr>
<tr><td>5</td><td>3.0</td><td rowspan="3">1.75</td></tr>
<tr><td>6</td><td>3.05</td></tr>
<tr><td>7</td><td>3.2</td><td>22.22</td></tr>
</table>

表 2(完)

mm

序　　号	钢丝绳公称直径 d	滑轮外径 $C_{0}^{+0.5}$	弯曲滑轮直径 $D_{0}^{+0.13}$	轮槽半径 $R_{0}^{0.05}$
8	3.6	50	35	2.09
9	4.0		37.69	2.20
10	4.2	55	40	2.44
11	4.5		45	2.61
12	4.8		45.24	2.60
13	5.1	70	50	2.96
14	5.6		52.78	3.00
15	6.0	80	55	3.48
16	6.2			3.60
17	6.4		60.32	3.40
18	8.0	100	75.40	4.24
19	9.5	120	90.49	5.08

4.2.3　C 型，即采用平面单向弯曲的立式或卧式结构的疲劳机，如图 4、图 5 所示，适用于直径 10 mm～20 mm 的普通直径钢丝绳，在规定条件下单向反复弯曲疲劳试验。主要结构参数如下：

a）用传动轴带动主动轮作往复运动，主动轮直径为 700 mm，摆动角度为 88°，使试样在 540 mm 的有效长度内往复移动，承受平面单向弯曲。

b）弯曲滑轮直径为 300 mm、400 mm、500 mm、600 mm、700 mm，(详见表 3)，使试样在有效长度内每分钟平面单向反复弯曲 45 次。

c）采用杠杆式机械或荷重加载，使试样承受最大张力为 50 kN。

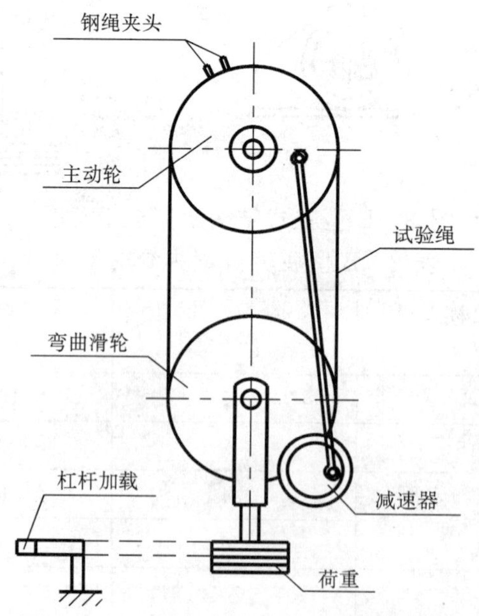

图 4　C、D 型立式结构疲劳机示意图

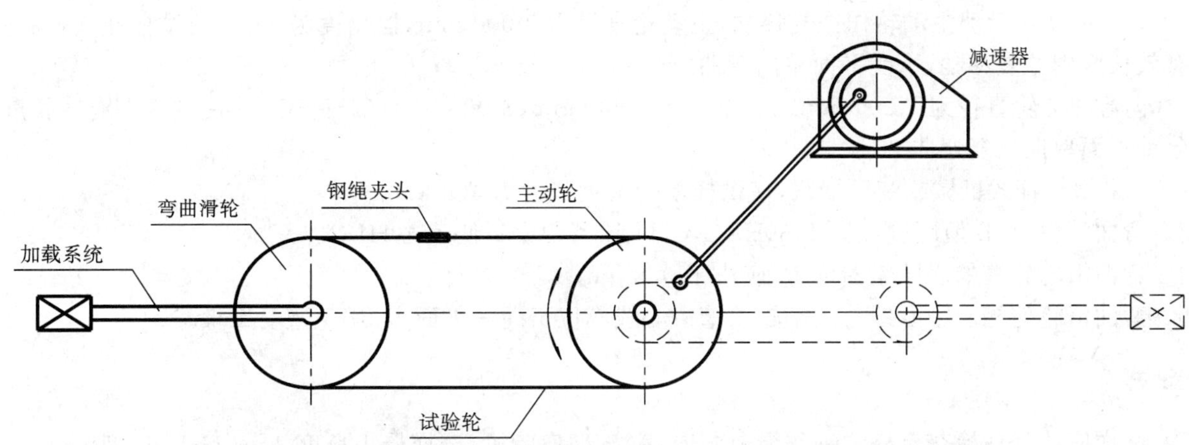

图 5　C、D、E 型卧式结构疲劳机示意图

4.2.4　D 型，即采用平面单向弯曲立式或卧式结构的疲劳机，如图 4、图 5 所示，适用于直径 20 mm～30 mm 的普通直径钢丝绳，在规定条件下单向反复弯曲疲劳试验。主要结构参数如下：

a）用传动轴带动主动轮作往复运动，主动轮直径为 1 500 mm，摆动角度为 88°，使试样在 1 150 mm 的有效长度内往复移动，承受平面单向弯曲。

表 3　C、D、E 型疲劳机弯曲滑轮尺寸　　mm

序　号	滑轮外径 $C_{-2‰}^{0}$	弯曲滑轮直径 $D_{0}^{+1‰}$	轮槽半径 R
1	380	300	$6.6_{0}^{+1.6}$
2	480	400	$7.7_{0}^{+1.0}$
3	560	500	$11.0_{0}^{+1.0}$
4	660	600	$12.1_{0}^{+1.0}$
5	780	700	$15.4_{0}^{+1.5}$
6	880	800	$13.0_{0}^{+1.0}$
7	970	900	$14.3_{0}^{+1.0}$
8	1 180	1 100	$12.6_{0}^{+1.0}$
9	1 270	1 200	$13.2_{0}^{+1.0}$
10	1 600	1 500	$16.5_{0}^{+1.5}$
11	2 120	2 000	$22.0_{0}^{+1.5}$
12	2 660	2 500	$26.5_{0}^{+1.5}$
13	3 200	3 000	$32.0_{0}^{+1.5}$

b）弯曲滑轮直径为 600 mm、700 mm、800 mm、900 mm、1 100 mm、1 200 mm、1 500 mm，(详见表 3)，使试样在有效长度内每分钟平面单向反复弯曲 30 次。

c）采用杠杆式机械或荷重加载，使试样承受最大张力为 100 kN。

4.2.5　E 型，即采用平面单向弯曲的卧式结构疲劳机，如图 5 所示，适用于直径 31 mm～60 mm 的普通直径钢丝绳，在规定条件下单向反复弯曲的疲劳试验。主要结构参数如下：

a）用传动轴带动主动轮作往复移动，主动轮直径为 3 000 mm，摆角度为 110°，使试样在 2 880 mm 的有效长度内往复移动，承受平面单向弯曲。

b）弯曲滑轮直径为 1 500 mm、2 000 mm、2 500 mm、3 000 mm，（详见表 3），使试样在有效长度内每分钟平面单向反复弯曲 20 次。

c）采用杠杆式机械或液压加载，使试样承受最大张力为 400 kN。

4.3 弯曲滑轮 A、B 型硬度不低于 60HRC，C、D、E 型硬度不低于 40HRC。

4.4 弯曲滑轮轮槽的表面粗糙度 R_a 应小于 0.8 μm。

4.5 弯曲滑轮轮槽底中心线与主动轮轮槽中心线应位于同一平面上，避免遭受摩擦。

5 试样

5.1 试样应从外观检查合格的钢丝绳上截取，A、B 型疲劳机，试样最小长度 3 m。C、D、E 型疲劳机，试样最小长度根据弯曲滑轮直径、立式或卧式结构按表 4 选取。

表 4 C、D、E 型疲劳机试样最小长度 mm

弯曲滑轮直径		300	400	500	600	700	800	900	1 100	1 200	1 500	2 000	2 500	3 000
试样长度	立式	5 500	5 660	5 800	6 000	6 100	7 550	7 700	8 000	8 200	8 700	—	—	—
	卧式	7 000	7 160	7 300	7 450	7 600	9 050	9 200	9 500	9 700	10 200	13 400	14 200	15 000

5.2 试样两端在截取之前，应用软金属丝或专用夹头固紧。

5.3 试验前，应用沾有煤油或其他溶剂的棉纱将试样表面上的油污擦掉，但允许钢丝绳股间存在少量油脂。

6 试验程序

6.1 在一般情况下，试验应在 10℃～35℃的室温下进行。如有特殊要求，试验温度为 23±5℃。

6.2 试验参数的选定

6.2.1 A 型疲劳机试验参数的选定

根据表 1，不同直径的试样选择不同的弯曲滑轮，试样上所加张力为 1%试样最小破断拉力值。

6.2.2 B 型疲劳机试验参数的选定

根据表 2，不同直径的试样选择不同的弯曲滑轮，试样上所加张力依据相应的产品标准 GB/T 8901，GB/T 8902，GB/T 9944 的规定。

6.2.3 C、D、E 型疲劳机试验参数的选定

6.2.3.1 弯曲滑轮及主动轮直径

根据钢丝绳的不同用途，由表 5 确定 D/d 值，表 6 确定弯曲滑轮直径及主动轮直径。

表 5 D/d 及 K 值选用表

钢丝绳用途	D/d	K
用于吊车及起重机	25	6
用于矿井之机器（载重）	50	6
用于客运升降机	35	9
注：K 指安全系数，D 指弯曲滑轮直径，d 指钢丝绳直径。		

表 6 C、D、E 型疲劳机弯曲滑轮及主动轮直径选用表 mm

主动轮 / d / D/d \ 弯曲滑轮	700			700 或 1 500		1 500				1 500 或 3000	3 000		
	300	400	500	600	700	800	900	1 100	1 200	1 500	2 000	2 500	3 000
25	11～13	14～17	18～21	22～25	26～29								
35		11～13	14～15	16～18	19～21	22～25	26～30						
50				11～12	13～14	15～16	17～20	21～23	24～27	28～30	31～44	45～54	55～60

注

1 E 型疲劳机仅适用于矿井提升用钢丝绳，故 D/d 值取 50。

2 中间尺寸的钢丝绳，按相邻较大规格的钢丝绳对应的弯曲滑轮选取。

6.2.3.2 张力

根据试样的最小破断拉力值及表 5 确定的 K 值，按以下公式计算试样施加的张力值。

$$F' = \frac{F}{\mathrm{K}}$$

式中：F——试样的最小破断拉力值，单位，kN；

F'——试样施加的张力值，单位，kN。

6.3 试验前应检查弯曲滑轮槽的表面，不得有严重的磨痕和损伤。

6.4 试样及弯曲滑轮轮槽内，应清洁干净，不得涂油，但在试验过程中由绳芯挤出的油是允许的。

6.5 根据所选取的试验参数，将试样安装到试验机上，固定接头，并标记有效长度，然后施加张力，确保试样承受两倍规定张力值。

6.6 启动电源，计数器复位回“零”，并开始计数。主动轮向一个方向转动一次，试样平面单向弯曲或双向弯曲一次，即一次计数。

6.7 试验初期，对于液压式加载或机械加载的疲劳机，试样张力有波动，应不断调整，使其波动偏差保持在规定值的±3%范围内。

6.8 试验过程一般不应中断，但下列情况允许中途停机：

6.8.1 如检查钢丝绳出现第一根断丝，但不超过 10 min；

6.8.2 如疲劳机同时试验几根试样，允许停机取下试验完成的试样，但不得超过 30 min；

6.8.3 如检查钢丝绳是否达到规定断丝根数，每次不得超过 10 min。

6.9 根据有关标准或协议，试验至下列情况停机：

6.9.1 试样第一根钢丝断裂；

6.9.2 试样一股或全部破断；

6.9.3 试样一捻距内断丝根数达到规定值；

6.9.4 试样弯曲疲劳次数达到规定值。

7 试验报告

试验报告应包括下列内容：

a) 本标准号；

b) 试样标记(规格、结构、表面状态、强度及产品标准代号)；

c) 试验条件(疲劳机型、试样长度、主动轮直径，弯曲滑轮直径，轮槽半径，张力，摆动频率，摆动角度，试验环境温度等）；

d）试验结果（第一根钢丝断裂时弯曲疲劳次数或试样一股或全部破断时弯曲疲劳次数或一捻距内断数达规定值时弯曲疲劳次数或规定的弯曲疲劳次数等）。

附　录　A
（提示的附录）
钢丝绳弯曲疲劳至部分破断时的最小弯曲疲劳次数

A1　本附录适用于GB/T 8918中6×19+NF，6×37+NF，6×19S+NF，6×19W+NF，直径在10 mm～60 mm交互捻钢丝绳，在规定条件下承受平面单向反复弯曲至部分破断时的最小弯曲疲劳次数。

A2　钢丝绳经反复弯曲疲劳后，每捻距长度内允许的破断钢丝数应符合表A1的规定。

表A1　钢丝绳每捻距长度内允许破断钢丝数

钢丝绳用途	钢丝绳结构			
	6×19+NF	6×37+NF	6×19S+NF	6×19W+NF
用于吊车及起重机	12	22	6	6
用于矿井起重机	12	22	6	6
用客运升降机	14	23	7	7

A3　钢丝绳弯曲疲劳至部分破断时的最小弯曲疲劳次数Z应符合表A2的规定。表中系数m可由下列公式测定：

$$m = \frac{9.8(D/d - 8)}{\sigma C_1 C_2} \qquad \text{(A1)}$$

式中：σ——钢丝绳中钢丝有效抗拉强度，MPa；

C_1——与钢丝绳公称抗拉强度及其结构有关的系数，其值由表A3给出；

C_2——与钢丝绳直径有关的系数，其值由表A4给出。

A4　钢丝有效抗拉强度是指疲劳过程中钢丝绳内钢丝实际承受的抗拉强度，其计算公式是：

$$\sigma = \frac{F'}{S} \qquad \text{(A2)}$$

式中：σ——钢丝有效抗拉强度，单位，MPa；

S——钢丝绳中钢丝总断面积，单位，mm^2。

A5　经疲劳试验后的钢丝绳（符合规定断丝数及弯曲疲劳次数），其有效长度部位破断拉力应不小于疲劳前破断拉力的50%。

表A2　部分破断时钢丝绳最小弯曲疲劳次数Z

m	0.25	0.4	0.55	0.7	0.85	1.0	1.1	1.2	1.3	1.4
Z	20 000	33 600	47 200	61 600	77 600	94 400	106 400	118 400	130 400	138 400
m	1.5	1.6	1.7	1.8	1.9	2.0	2.1	2.2	2.3	2.4
Z	155 200	168 000	181 600	196 000	211 200	227 200	244 000	261 600	280 000	298 400
m	2.5	2.6	2.7	2.8	2.9	3.1	3.3	3.5	3.8	4.15
Z	316 800	335 200	354 400	373 600	392 800	432 000	472 800	515 200	581 600	661 600
注：Z中间值可以用内插法测定。										

表 A3 系数 C_1

钢丝绳公称抗拉强度,MPa	钢丝绳结构			
	6×19+NF	6×37+NF	6×19S+NF	6×19W+NF
1 370	1.05	1.1	0.79	0.67
1 470	1.03	1.08	0.77	0.65
1 570	1.00	1.06	0.75	0.63
1 670	0.97	1.04	0.73	0.61
1 770	0.95	1.02	0.70	0.59
1 860	0.96	1.03	0.71	0.80
1 960	0.98	1.04	0.73	0.61

表 A4 系数 C_2

钢丝绳直径 mm	9.5~10.5	11~14.5	15~17.5	18~19	19.5~24.5
C_2	0.89	0.93	0.97	1.00	1.04
钢丝绳直径 mm	25~28.5	29~36	36.5~45	45.5~58	58.5~60
C_2	1.09	1.16	1.23	1.30	1.37

A6 举例

试验直径为 30 mm 矿井起重钢丝绳的疲劳性能按 GB/T 8918 结构为 6×37+NF,钢丝绳公称抗拉强度为 1 570 MPa,捻法为交互捻。

a)弯曲滑轮及主动轮的选择

根据表 5,$D/d=50$,所以弯曲滑轮 $D=50\times30\ \text{mm}=1\ 500\ \text{mm}$

又由表 6,主动轮选 1 500 mm。

b)钢丝绳施加张力 S 的计算

按 6.2.3.2,$F'=\frac{F}{K}$因为 $F=416.8\ \text{kN}$(按 GB/T 8918)

K=6(按表 5),所以

$F'=\frac{416.8\ \text{kN}}{6}=69.5\ \text{kN}$。

c)钢丝有效抗拉强度的计算

$\sigma=\frac{F'}{S}$因为 $S=341.57\ \text{mm}^2$(按 GB/T 8918)

所以 $\sigma=\frac{69\ 500\ \text{N}}{341.57\ \text{mm}^2}=203\ \text{MPa}$。

d)系数 m 的计算

$$m=\frac{9.8(D/d-8)}{\sigma C_1C_2}$$

因为 $C_1=1.06$(按表 A3),$C_2=1.16$(按表 A4),所以

$$m=\frac{9.8\left(\frac{1\ 500}{30}-8\right)}{203\times1.06\times1.16}=1.65。$$

e）部分破断时钢丝绳最小弯曲疲劳次数 Z 的计算

按表 A2，利用内插法得出 $Z=174\ 800$。

f）疲劳后有效长度部位破断拉力的计算

$0.5\times416.8\ \text{kN}=208.4\ \text{kN}$

也就是说，将试样置于弯曲滑轮直径为 1 500 mm，主动轮直径为 1 500 mm 的 D 型疲劳机上给试样施加 69.5 kN 的张力，使试样平面单向弯曲 174 800 次后，如果钢丝绳每捻距长度内的破断钢丝数不超过 21 根（按表 A1），疲劳后钢丝绳有效长度部位破断拉力值不小于 208.4 kN，则认为该钢丝绳合格。

六、金属焊接类试验

中华人民共和国国家标准

焊接接头机械性能试验取样方法

Methods of sampling for mechanical properties tests of welded joint

GB 2649—89

代替 GB 2649—81

1 主题内容及适用范围

本标准规定了金属材料焊接接头的拉伸、冲击、弯曲、压扁、硬度及点焊剪切等试验的取样方法。

本标准适用于熔焊及压焊的焊接接头。

2 术语

试板：用以焊制试件的板材（包括型材、管材）。

样坯：由试件上截取的试样毛坯。

3 试件的制备

3.1 试板的截取方位应符合相关的产品制造规范或冶金产品标准的规定。

3.2 试板材料、焊接材料、焊接条件以及焊前预热和焊后热处理规范等等,均应与相关标准或产品的制造规范相同，或者符合有关试验条件的规定。

3.3 试件尺寸应根据样坯尺寸、数量、切口宽度、加工余量以及不能利用的区段（如电弧焊的引弧和收弧）予以综合考虑。不能利用区段的长度与试件的厚度和焊接工艺有关，但不得小于25mm（如用引弧板、收弧板及管件焊接例外）。

3.4 从试件上截取样坯时，如相关标准或产品制造规范无另外注明时，样坯允许矫直。

3.5 试件的角度偏差或错边，应符合相关标准或产品制造规范的要求。

3.6 试件可用任意方法标记，但必须清晰，其标记部位应在受试部分之外。

4 样坯的截取方位及数量

4.1 从试件中截取样坯时，尽量采用机械切削的方法。样坯亦可用剪床、热切割以及其它方法截取，但均应考虑其加工余量，在任何情况下都必须保证受试部分的金属不在切割影响区内。当采用热切割时，对于钢材自切割面至试样边缘的距离不得少于8mm，并随切割速度减小，切割厚度增加而增加。

4.2 各种试验法的样坯截取方位应符合下列规定。

4.2.1 焊缝及熔敷金属拉伸及焊接接头冲击样坯截取方位如表1、表2、表3所示。

4.2.1.1 多层焊缝的样坯方位如无特殊规定时，应尽量靠近焊缝后焊一侧的表层截取,封底焊除外。

4.2.1.2 当试件厚度大于100mm或焊缝厚度H大于60mm时，样坯截取方位按产品规定执行。

国家技术监督局1989－05－08批准 1990－01－01实施

表 1　熔敷金属拉伸样坯截取方位　　mm

试件厚度	焊接方法	样坯方位	说明
＞12	电弧焊或气焊	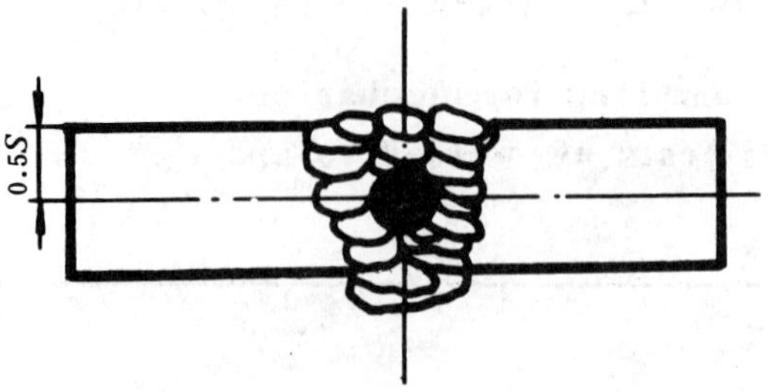 0.5S	适用于焊材与试板为同种材料时
＞12	电弧焊或气焊	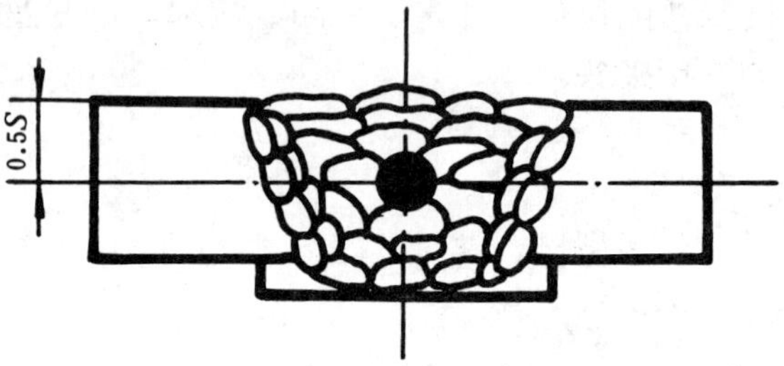 0.5S	坡口面上应施焊二层过渡层，并使其厚度大于3mm。适用于焊材与试板为非同种材料时

注：S—— 试件厚度。

表 2　焊缝金属拉伸样坯截取方位　　mm

试件厚度	焊接方法	样坯方位	说明
焊缝直角边＞6×6	电弧焊	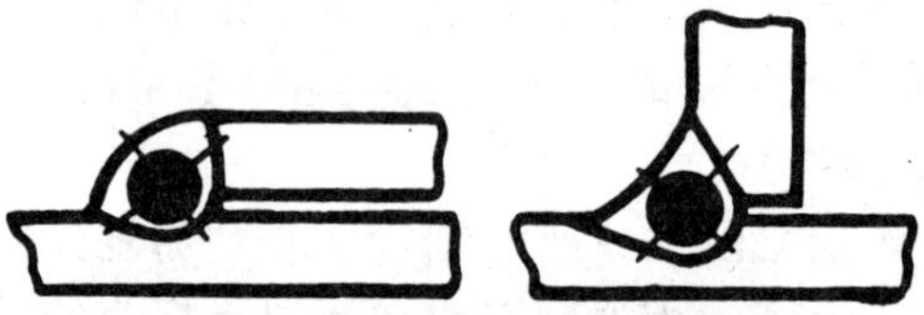	样坯位于焊缝中心
＜16	气焊或电弧焊	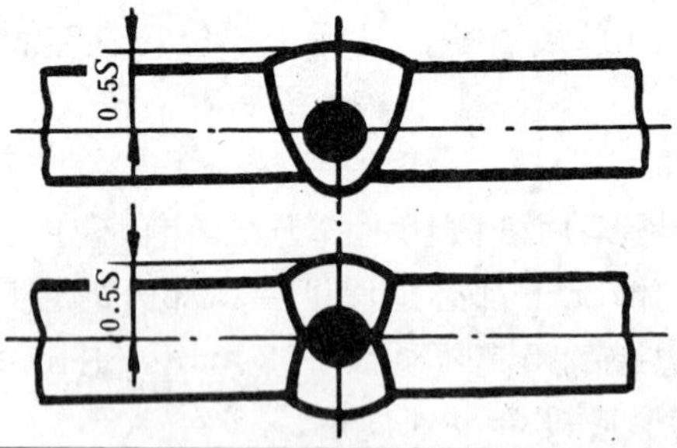 0.5S 0.5S	
＞16～36	气焊或电弧焊	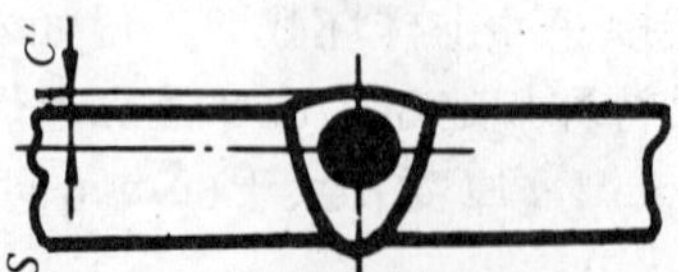 C′	C′不大于0.5D+2
	电渣焊	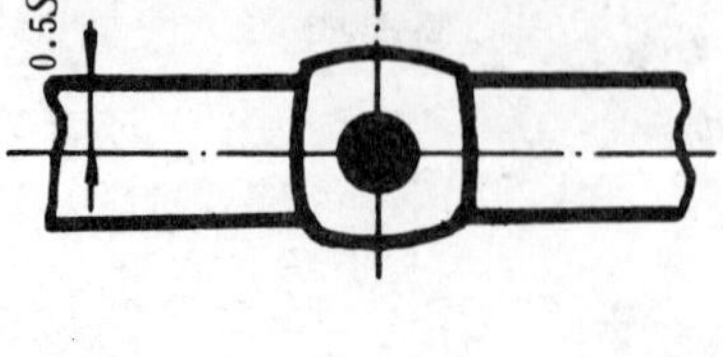 0.5S	

续表 2

mm

试件厚度	焊接方法	样坯方位	说明
＞36～60	电弧焊	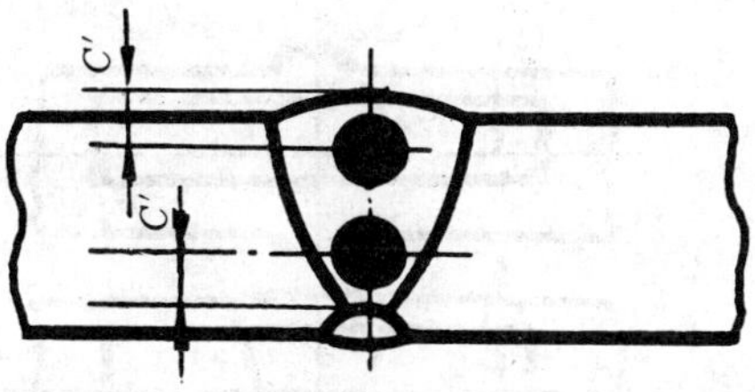	C′不大于 0.5D＋2
	电渣焊	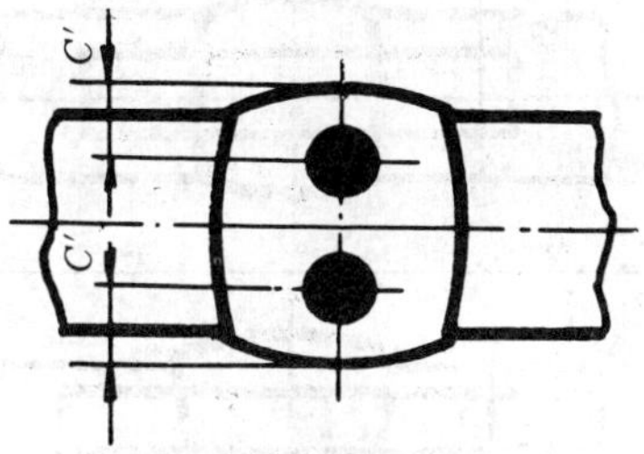	C′不大于 0.5D＋2
＞36～60	电弧焊	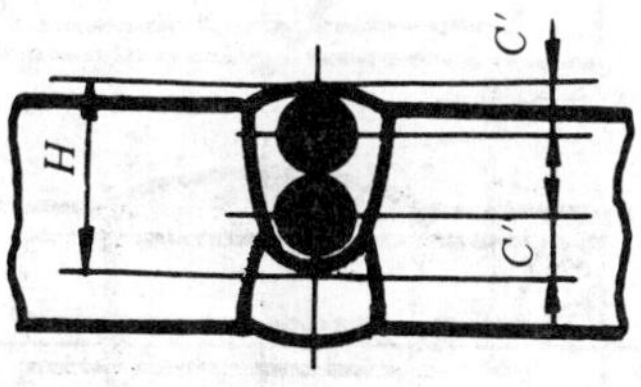	C′不大于 0.5D＋2

注：S—— 试件厚度；

C′——从焊缝表面至样坯中心的距离；

D——样坯端头直径；

H——后焊一侧的焊缝厚度。

表 3 焊接接头冲击样坯截取方位

mm

试件厚度	焊接方法	样坯方位	说明
＜16	压力焊	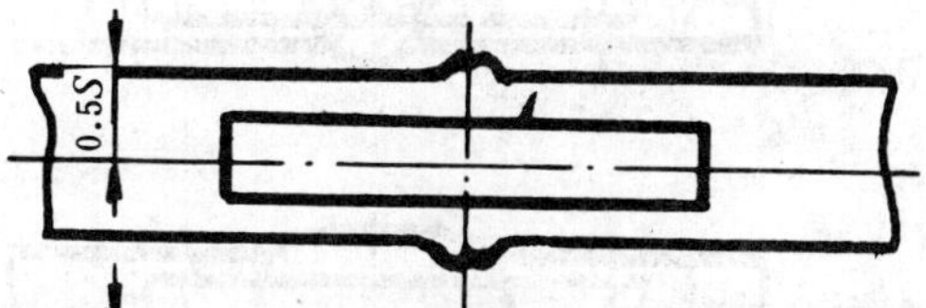	
	电弧焊或气焊	 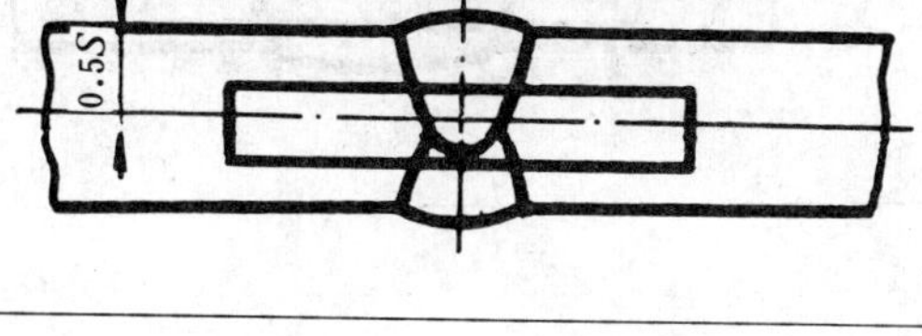	

续表 3

mm

试件厚度	焊接方法	样坯方位	说明
>16～40	压力焊	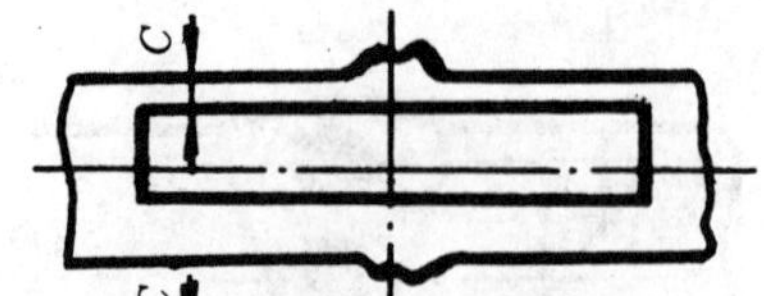 C	$C=1\sim3$
	电弧焊	 C	$C=1\sim3$
	电渣焊	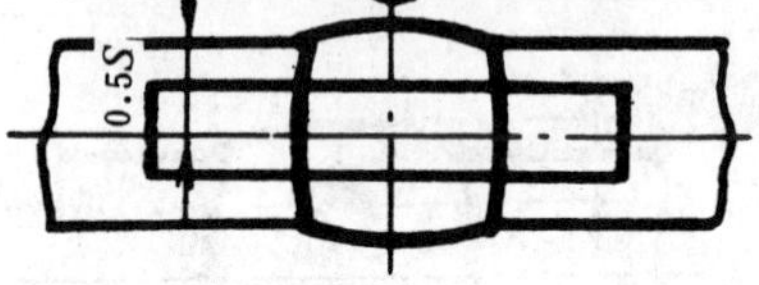 0.5S	
>40～60	电弧焊	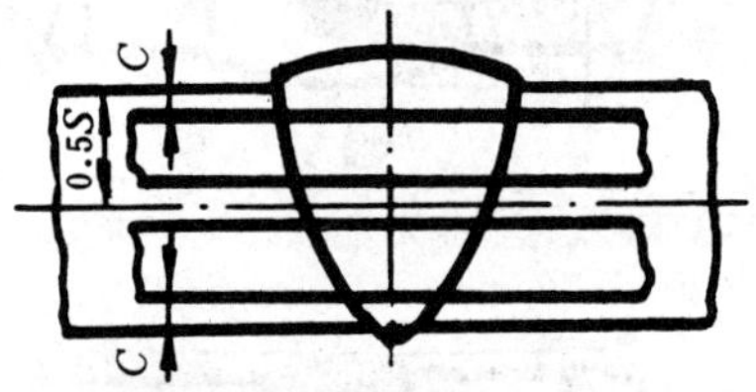 C 0.5S C	$C=1\sim3$
	电渣焊	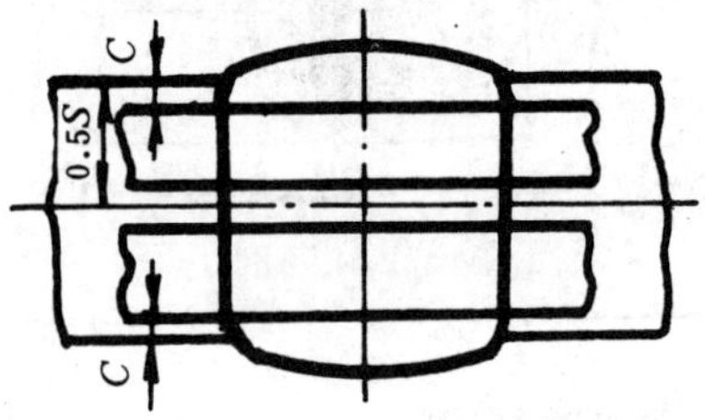 C 0.5S C	$C\geqslant6$
>60～100	电弧焊	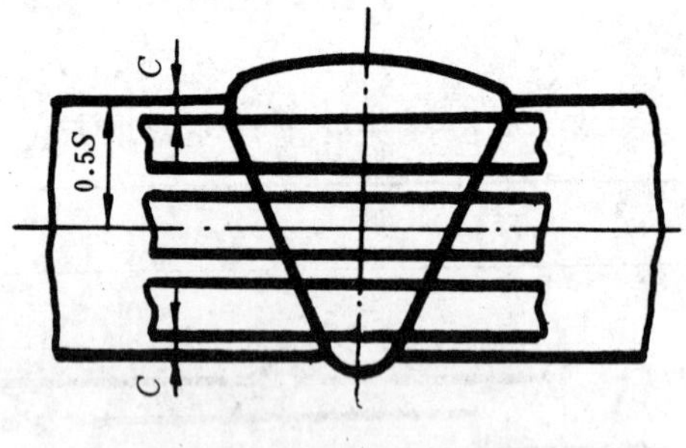 C 0.5S C	$C=1\sim3$
	电渣焊	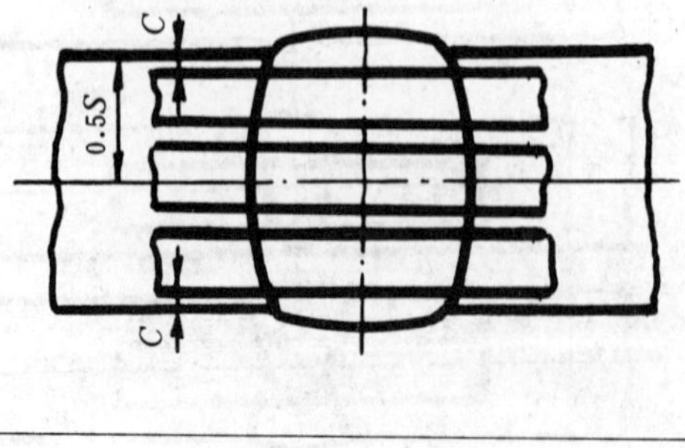 C 0.5S C	$C\geqslant6$

续表 3

mm

试件厚度	焊接方法	样坯方位	说明
H = 18～40 H ＞40～60	电弧焊	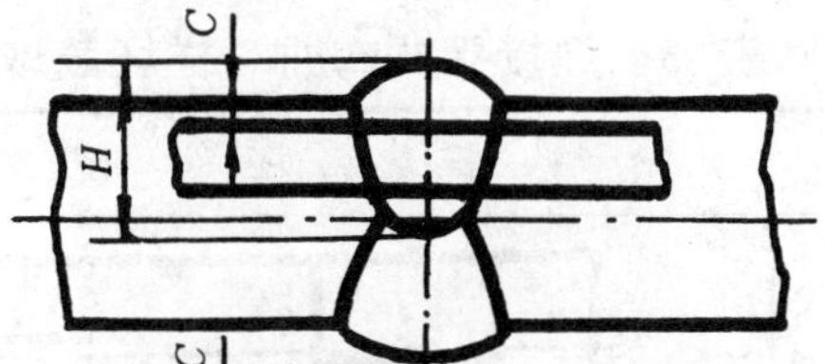 （图：C，H）	C = 1～3

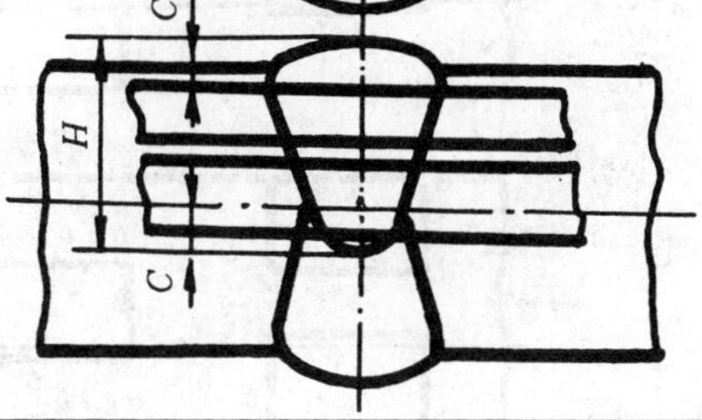

注：C'—— 从焊缝表面至样坯中心的距离；

D—— 试样端头直径；

S—— 试件厚度；

C—— 从试件厚度表面至样坯边缘的距离；

H—— 后焊一侧的焊缝厚度。

4.2.2 焊接接头拉伸样坯截取方位如表 4 所示。

样坯原则上取试件的全厚度，如试件厚度超过30mm时，则按表 4 图示截取，且样坯应覆盖试件的全厚度。

表 4 焊接接头拉伸样坯截取方位

mm

试件厚度	试件类别	样坯方位	说明
＞30	所有焊接方法的对接接头	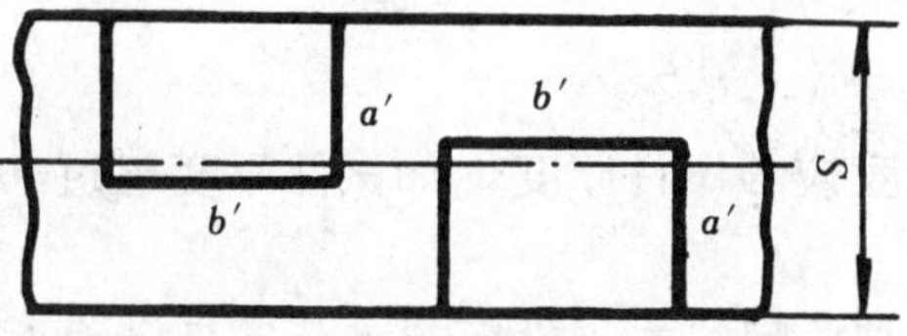 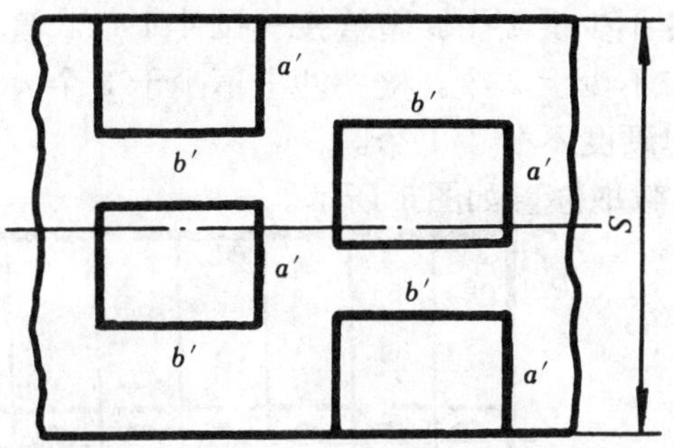 （图：a′，b′，S）	

注：S—— 试件厚度；

a'—— 样坯厚度；

b'—— 样坯宽度。

4.2.3 焊接接头弯曲样坯截取方位如表 5 所示。

4.2.3.1 横弯样坯原则上取试件的全厚度，如试件厚度超过20mm时，则按表 5 图示截取，且样坯应覆盖试件的全厚度。

表 5 焊接接头弯曲 样坯截取方位 mm

试件厚度	试件类别	样坯方位	说明
＞20	所有焊接方法的对接接头	a′ b′ S	横弯
40		a′ b′ S	侧弯

注：S —— 试件厚度；
a′ —— 样坯厚度；
b′ —— 样坯宽度。

4.2.3.2 侧弯样坯的宽度应为试件厚度，如试件厚度超过40mm时，则按表 5 图示截取，且样坯应覆盖试件的全厚度。

4.3 如相关标准或产品制造规范无另外注明时，各种试验方法的样坯数量：接头拉伸不少于 1 个。熔敷金属、焊缝金属拉伸各不少于 1 个。整管接头拉伸 1 个。管接头剖条拉伸不少于 2 个。正弯、背弯、侧弯各不少于 1 个。纵弯不少于 2 个。接头冲击不少于 3 个。点焊接头抗剪不少于 5 个。管接头压扁不少于 1 个。接头及堆焊硬度不少于 1 个。

4.4 点焊接头抗剪样坯截取位置如图 1 所示。

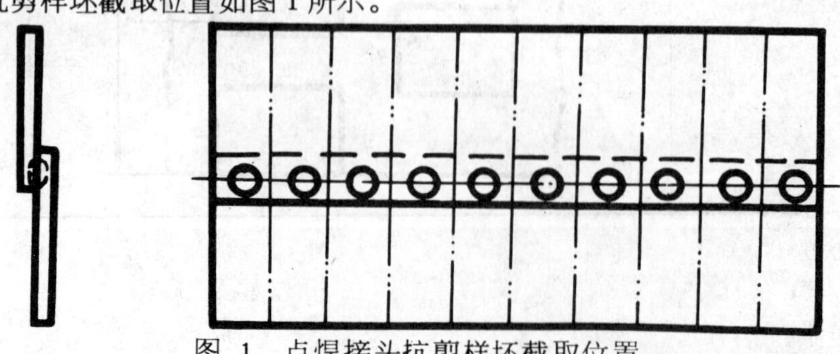

图 1 点焊接头抗剪样坯截取位置

4.5 焊接接头及堆焊金属硬度样坯，分别垂直于焊缝轴线和沿堆焊长度方向的相应区段截取。

4.6 样坯截取位置根据试件的焊缝外形及无损检测结果在试件的有效利用长度内作合理排列。

4.7 管接头压扁的样坯截取位置按图 2（a）、（b）执行。

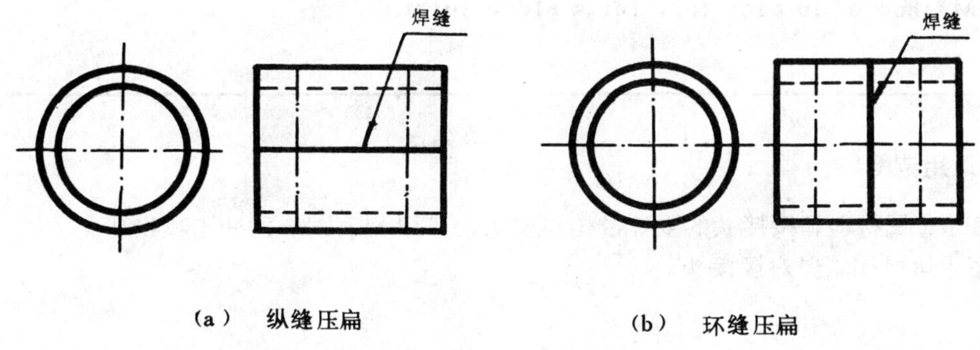

（a） 纵缝压扁　　（b） 环缝压扁

图 2　管接头压扁样坯截取位置

附加说明：

本标准由机械电子工业部提出。

本标准由机械电子工业部哈尔滨焊接研究所归口。

本标准由机械电子工业部哈尔滨焊接研究所和黑龙江进出口商品检验局负责起草。

本标准起草人汪宛、唐守礼、邵松茂。

中华人民共和国国家标准

GB 2650—89

焊接接头冲击试验方法

代替 GB 2650—81

Method of impact test for welded joint

1 主题内容及适用范围

本标准规定了金属材料焊接接头的夏比冲击试验方法，以测定试样的冲击吸收功。

本标准适用于熔焊和压焊对接接头。

2 引用标准

GB 2649 焊接接头机械性能试验取样方法

GB 2106 金属夏比（V型缺口）冲击试验方法

GB 229 金属夏比（U型缺口）冲击试验方法

GB 4159 金属低温夏比冲击试验方法

3 试样及其制备

3.1 本标准规定以10mm×10mm×55mm带有V型缺口的试样为标准试样。试样的尺寸及偏差应符合图1的规定。试样缺口底部应光滑不得有与缺口轴线平行的明显划痕。进行仲裁试验时，试样缺口底部的粗糙度应低于R_a 0.8μm。

国家技术监督局1989-05-08批准　　1990-01-01实施

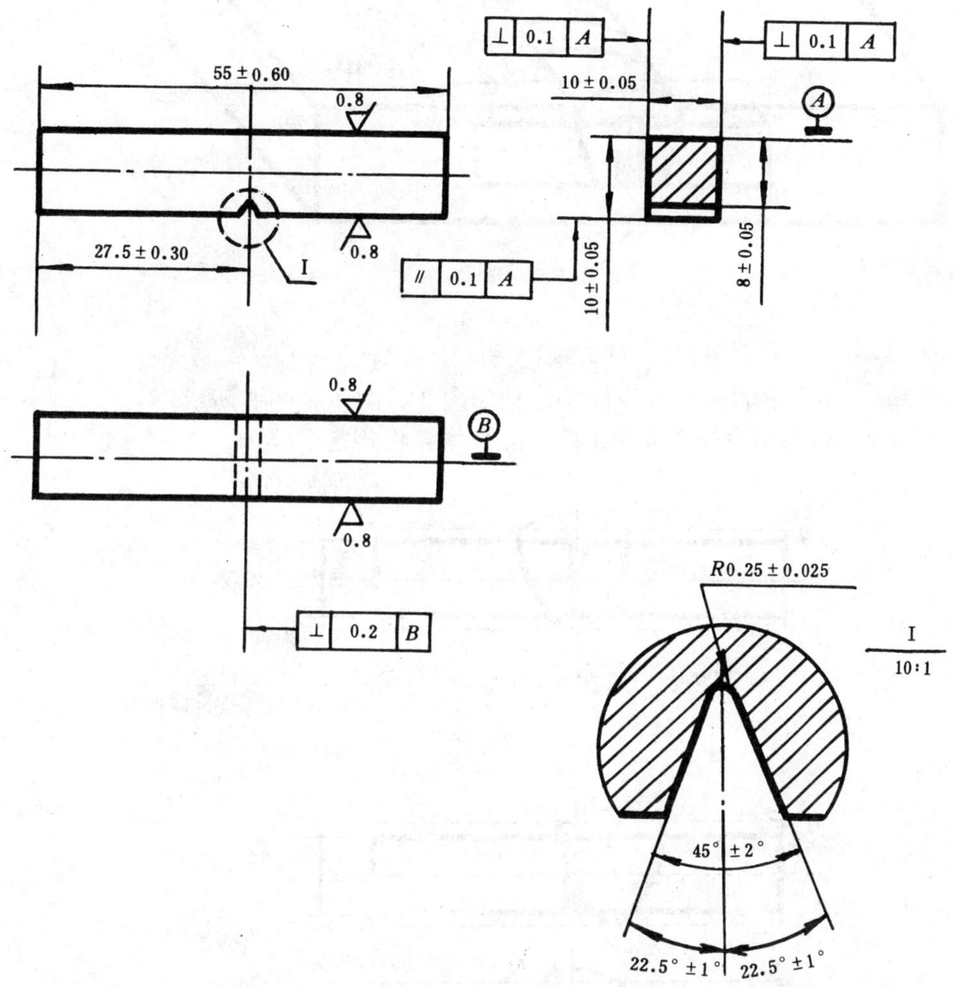

图 1 V型缺口试样

根据技术条件规定，允许采用带有U型缺口的辅助试样，试样的尺寸偏差应符合附录A中图A 1的规定。

根据技术条件规定或在无法切取标准试样的情况下，允许采用辅助小尺寸试样，见附录B中图B1和图B 2。

3.2 试样应采用机械加工或磨削方法制备，应防止加工表面的应变硬化或材料过热。

3.3 试样的标记不应影响支座对试样的支承，也不得使缺口附近产生加工硬化。一般应标记在试样的端面、侧面或缺口背面距端面15mm以内，但不得标在支承面上。

3.4 试样缺口处若发现有肉眼可见的气孔、夹渣、裂纹等缺陷时，则不能用该试样进行试验。

4 样坯的截取和试样缺口的方位

4.1 试件的制备和样坯的截取应符合GB 2649规定。

4.2 试样缺口按试验要求可分别开在焊缝、熔合线或热影响区。

4.3 试样的缺口轴线应当垂直焊缝表面，如图2所示。

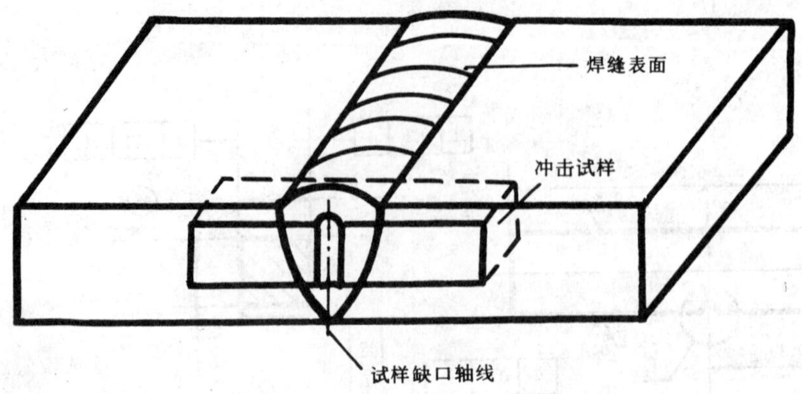

图 2 试样缺口方向示意图

4.4 试样的焊缝、熔合线和热影响区的缺口位置分别如图 3、图 4 和图 5 所示。

开在热影响区的缺口轴线与熔合线的距离 t 由产品技术条件规定。

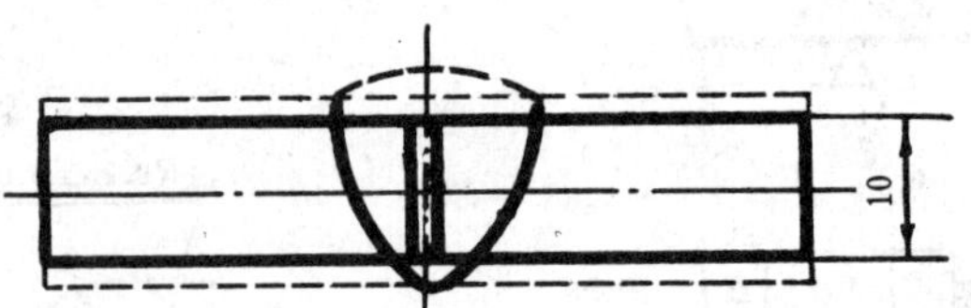

图 3 开在焊缝的缺口位置

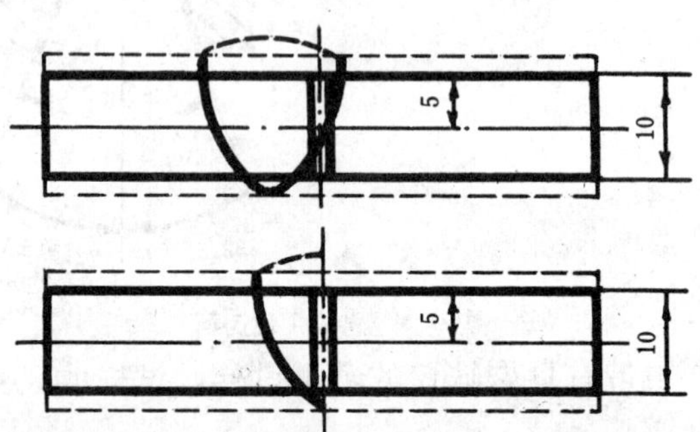

图 4 开在熔合线的缺口位置

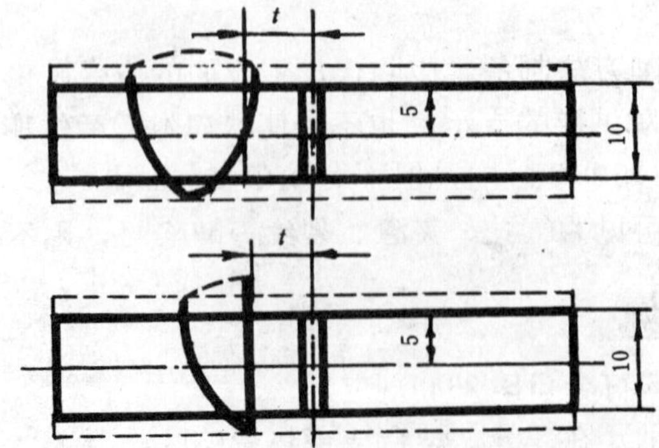

图 5 开在热影响区的缺口位置

注：t —— 试样缺口轴线至试样纵轴与熔合线交点的距离。

4.5 开缺口前，试样应经过腐蚀，清楚地显示出焊缝后，按要求进行划线。

5 试验与结果记录

5.1 试验机、试验要求应符合GB 2106和GB 229有关规定。

5.2 低温冲击试验应根据GB 4159的相应规定进行。

5.3 根据所用技术条件的要求，试验结果可以用冲击吸收功，也可以用冲击韧性值表达。当采用V型缺口试样时，分别用A_{kv}或a_{kv}表示；采用U型缺口试样时，相应用A_{ku}或a_{ku}表示。

5.4 试验报告应记录下列内容：

a. 试样的型式及缺口的方位；

b. 试验温度；

c. 试样破断的冲击吸收功或冲击韧性值；

d. 断口上发现的缺陷种类。

5.5 应根据相应的标准或产品技术条件对试验结果进行评定。

附 录 A
U型缺口辅助试样
（补充件）

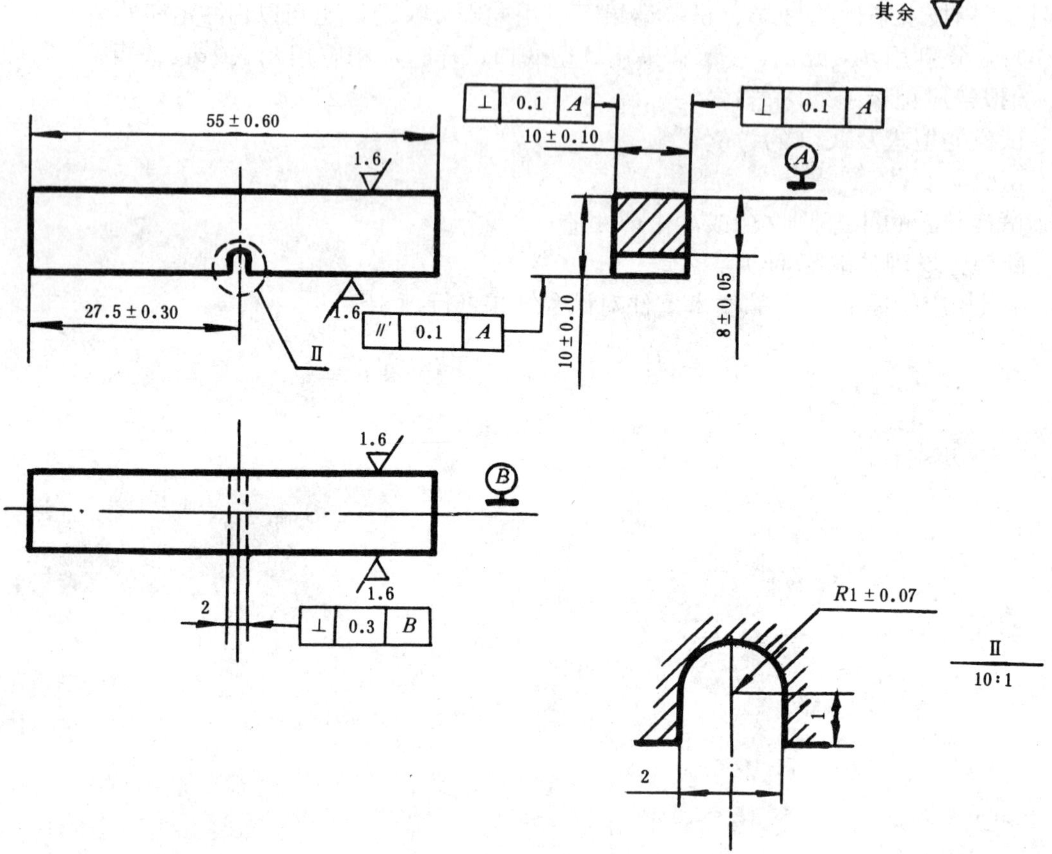

图 A1 U型缺口试样

附 录 B
辅 助 试 样
（补充件）

辅助小尺寸试样如图B 1、图B 2所示，图中未说明的尺寸偏差均按本标准中3.1条和图A 1的规定。

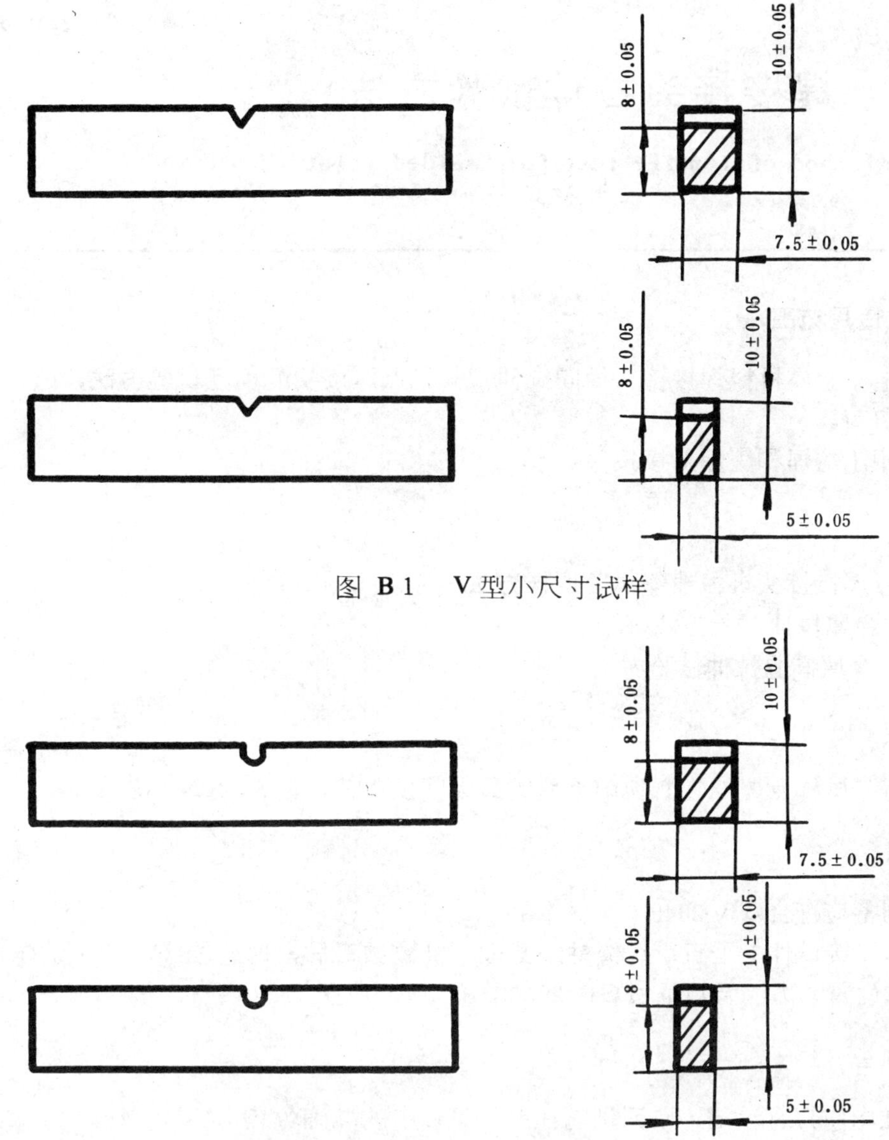

图 B1　V型小尺寸试样

图 B2　U型小尺寸试样

附加说明：

本标准由机械电子工业部提出。

本标准由机械电子工业部哈尔滨焊接研究所归口。

本标准由机械电子工业部哈尔滨焊接研究所和黑龙江进出口商检局负责起草。

本标准起草人汪宛、唐守礼、邵松茂。

中华人民共和国国家标准

GB 2651—89

焊接接头拉伸试验方法

代替 GB 2651—81

Method of tensile test for welded joint

1 主题内容及适用范围

本标准规定了金属材料焊接接头横向拉伸试验和点焊接头的剪切试验方法，以分别测定接头的抗拉强度和抗剪负荷。

本标准适用于熔焊和压焊对接接头。

2 引用标准

GB 2649 焊接接头机械性能试验取样方法

GB 228 金属拉伸试验方法

GB 4338 金属高温拉伸试验方法

3 术语

3.1 抗剪负荷：试样点焊处在断裂前承受的最大剪切负荷，以P_{τ}（N）表示。

4 样坯的截取

4.1 试件的制备应符合GB 2649中第3章的规定。

4.2 样坯可从焊接试件上垂直于焊缝轴线截取，机械加工后，焊缝轴线应位于试样平行长度的中心。

4.3 样坯截取位置、方法及数量按GB 2649中第4章的规定。

5 试样及其制备

5.1 每个试样均应打有标记，以识别它在被截试件中的准确位置。

5.2 试样应采用机械加工或磨削方法制备，要注意防止表面应变硬化或材料过热。在受试长度l范围内，表面不应有横向刀痕或划痕。

5.3 若相关标准或产品技术条件无规定时，则试样表面应用机械方法去除焊缝余高，使与母材原始表面齐平。

5.4 接头拉伸试样的形状分为板形、整管和圆形三种。应根据试验要求予以选用。

5.5 板接头选用图1及表1所示带肩板状试样。

管接头选用图2及表1所示剖管纵向板状试样。

通常试样厚度a应为焊接接头试件厚度。如果试件厚度超过30mm时，则可从接头不同厚度区取若干试样以取代接头全厚度的单个试样，但每个试样的厚度应不小于30mm，且所取试样应覆盖接头的整个厚度（见GB 2649表4）。在这种情况下，应当标明试样在焊接试件厚度中的位置。

国家技术监督局1989-05-08批准　　1990-01-01实施

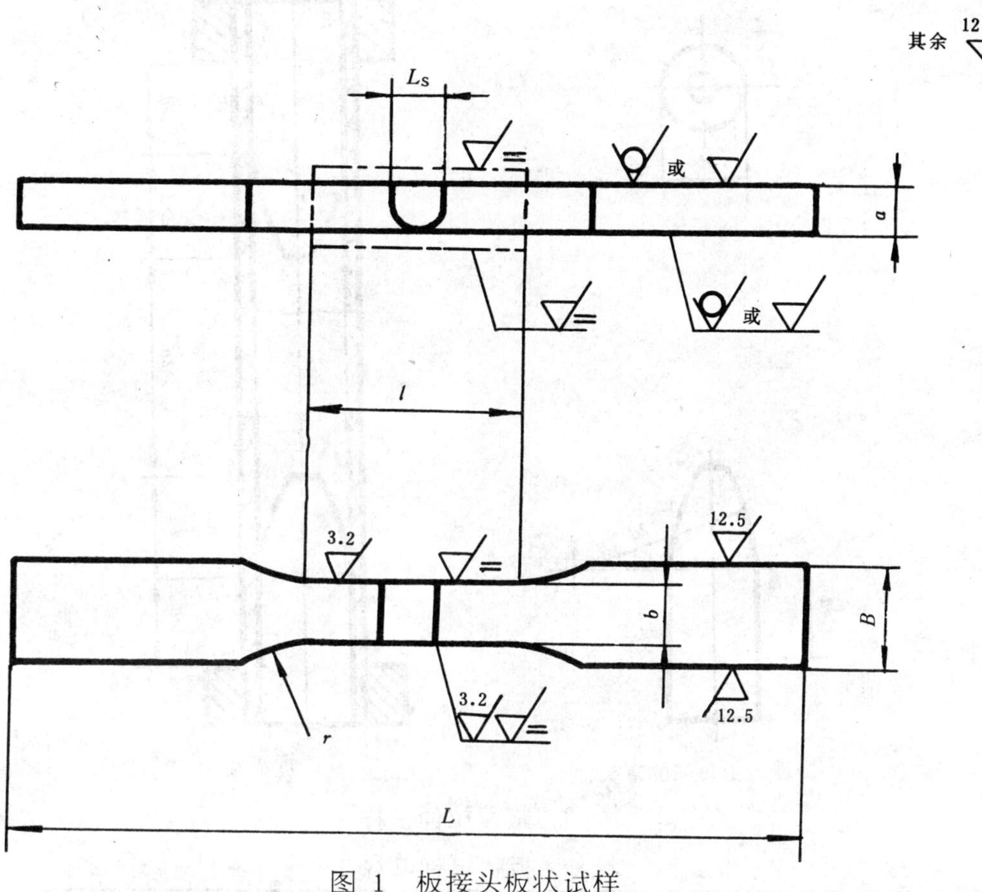

图 1 板接头板状试样

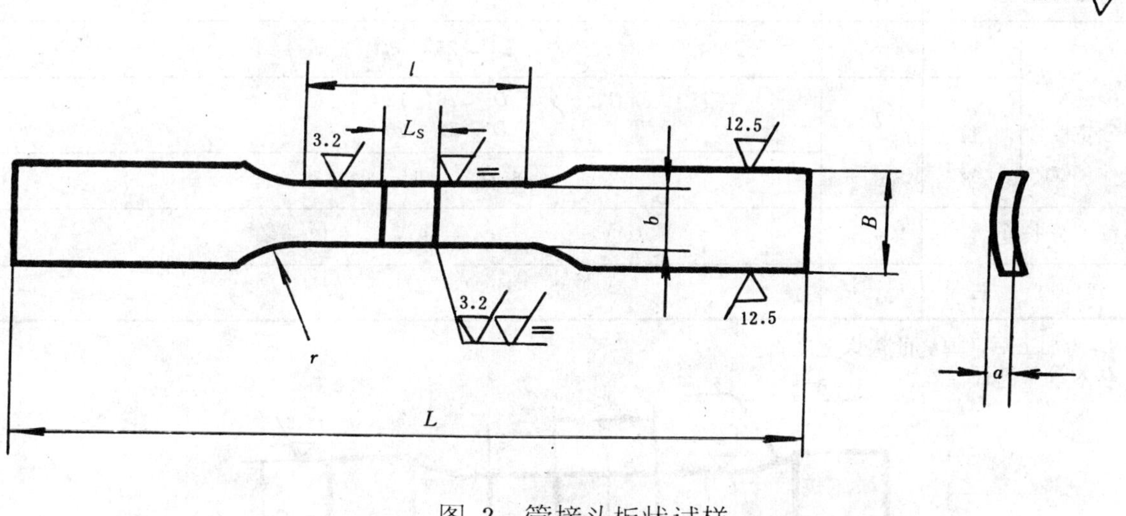

图 2 管接头板状试样

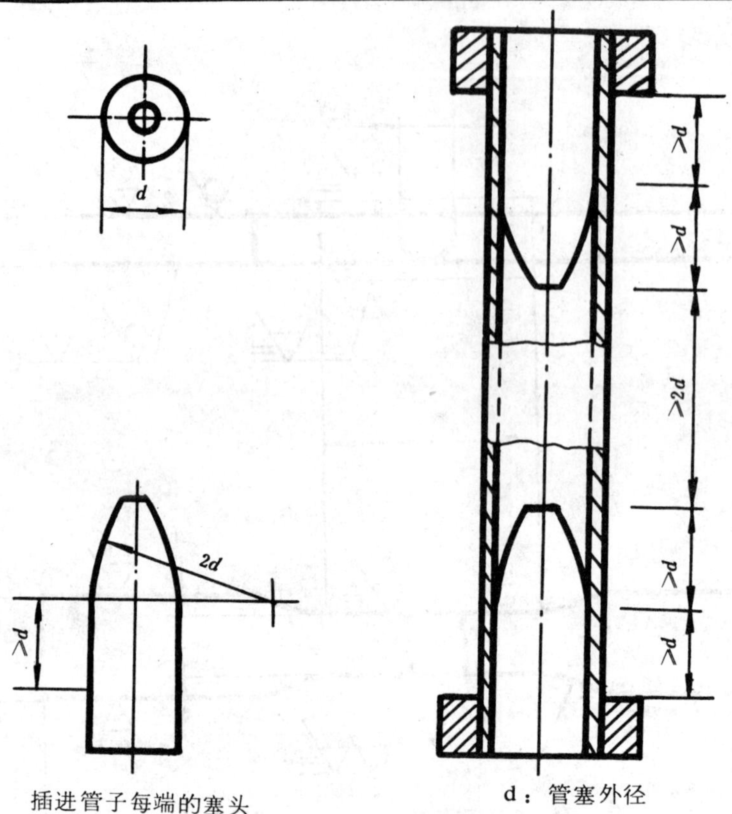

图 3 整管拉伸试样

表 1 板状试样的尺寸 mm

总长		L	根据试验机定
夹持部分宽度		B	$b+12$
平行部分宽度	板	b	≥25
平行部分宽度	管	b	$D\leqslant 76$ 12 $D>76$ 20
平行部分宽度	管		当$D\leqslant 38$时，取整管拉伸
平行部分长度		l	$>L_s+60$或L_s+12
过渡圆弧		r	25

注：L_s为加工后，焊缝的最大宽度；
D为管子外径。

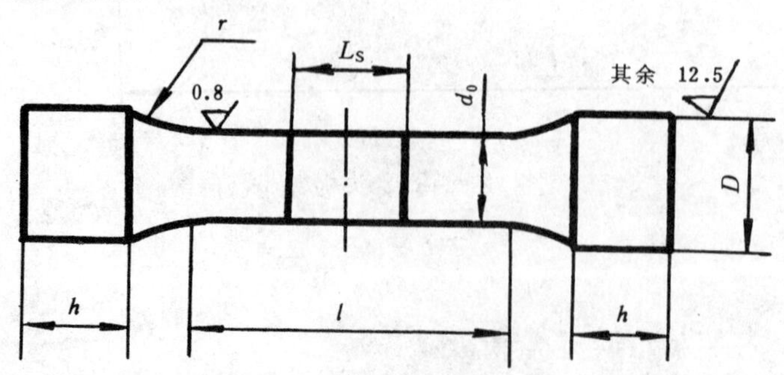

图 4 圆形试样

注：① 试样分为带头和不带头的两种。
② 为了考核产品整体性能，可制取尽可能大的圆形试样试验。

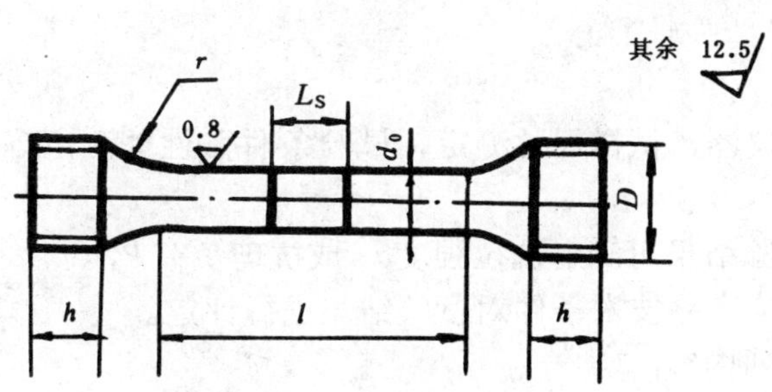

图 5　短时高温试样

表 2　圆形试样及短时高温试样　　mm

d_0	D	l	h	r_{min}	图　号
10±0.2	由试验机结构定	L_s+2D	由试验机结构定	4	4
5 ±0.1	M12×1.75	30		5	5

5.6　外径小于等于38mm的管接头，如图 3 及表 1 所示取整管拉伸试样，为使试验顺利进行，可制做塞头，以利夹持。

5.7　棒材接头选用图 4 及表 2 所示圆形试样。

短时高温接头选用图 5 及表 2 所示试样。

5.8　点焊接头抗剪试样形状及尺寸应符合图 6 和表 3 规定。

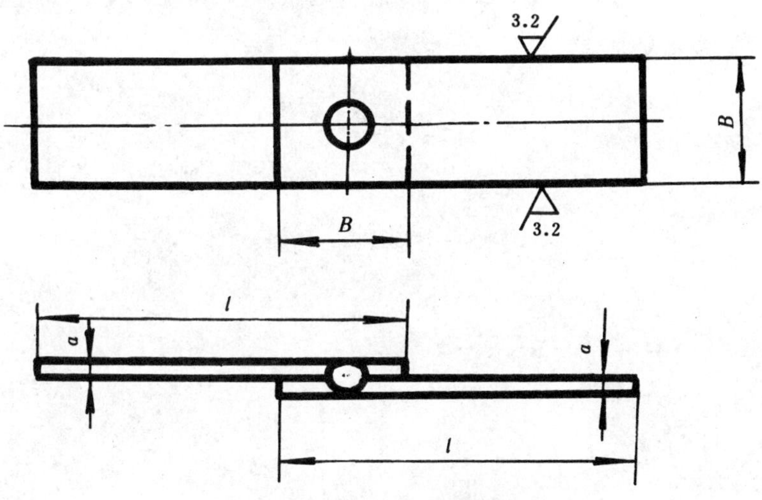

图 6　点焊接头抗剪试样

表 3　点焊接头抗剪试样尺寸　　mm

a	B	l
1.0 >1.0～2.5 >2.5～3.0 >3.0～4.0 >4.0～5.0	20 25 30 35 40	≥100

注：a—— 试样厚度；

B—— 试样宽度和搭接长度。

6 试验与结果记录

6.1 试验所涉及的试验仪器，试样尺寸测定，试验条件和性能测定等均应符合GB 228及GB 4338的规定。

6.2 根据试验要求，试验结果可测定抗拉强度σ_b或抗剪负荷P_τ。

6.3 应根据相应的标准或产品技术条件对试验结果进行评定。

6.4 试验报告应记录下列内容：

a. 试样的型式及截取位置；

b. 试样拉断后的抗拉强度或抗剪负荷值；

c. 试样断裂后断裂处出现的缺陷种类和数量；

d. 试样的断裂位置（如需要可将试样表面进行宏观腐蚀以帮助检查）。

附加说明：

本标准由机械电子工业部提出。

本标准由机械电子工业部哈尔滨焊接研究所归口。

本标准由机械电子工业部哈尔滨焊接研究所和黑龙江进出口商检局负责起草。

本标准起草人汪宛、唐守礼、邵松茂。

中华人民共和国国家标准

GB 2652—89

焊缝及熔敷金属拉伸试验方法

代替 GB 2652—81

Methods of tensile tests for weld and deposited metal

1 主题内容及适用范围

本标准规定了金属材料焊缝及熔敷金属的拉伸试验方法，以测定其拉伸强度和塑性。

本标准适用于采用焊条或填充焊丝的熔化焊接。

2 引用标准

GB 2649 焊接接头机械性能试验取样方法

GB 228 金属拉伸试验方法

GB 4338 金属高温拉伸试验方法

3 样坯的截取

样坯截取方位、方法、数量及有关事项按GB 2649的规定。

4 试样及其制备

4.1 样坯端部经机械切削或砂轮打磨后，用腐蚀剂显示焊缝位置并标定试样中心。保证试样的纵轴与焊缝的轴线吻合。

4.2 试样受试部位必须是焊缝或熔敷金属，试样夹持部位允许有未经加工的焊缝表面或母材。

4.3 试样表面有焊接缺陷时，该试样不能进行试验。

4.4 试样的形状、尺寸、极限偏差及表面粗糙度应符合图1～图3和表1的规定。对软金属，经双方协议可采用较高的表面粗糙度。

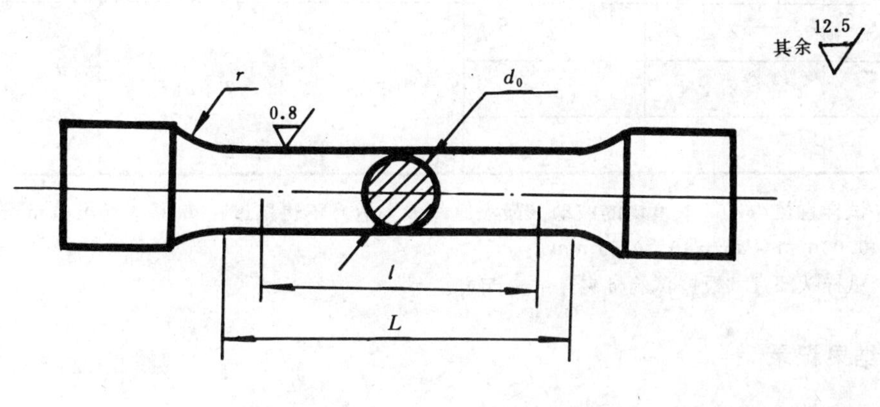

图 1

国家技术监督局1989-05-08批准　　　　1990-01-01实施

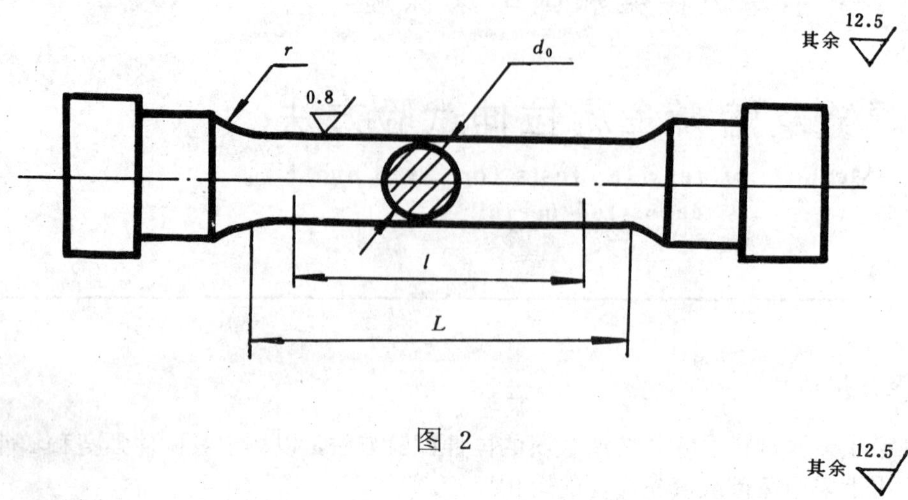

图 2

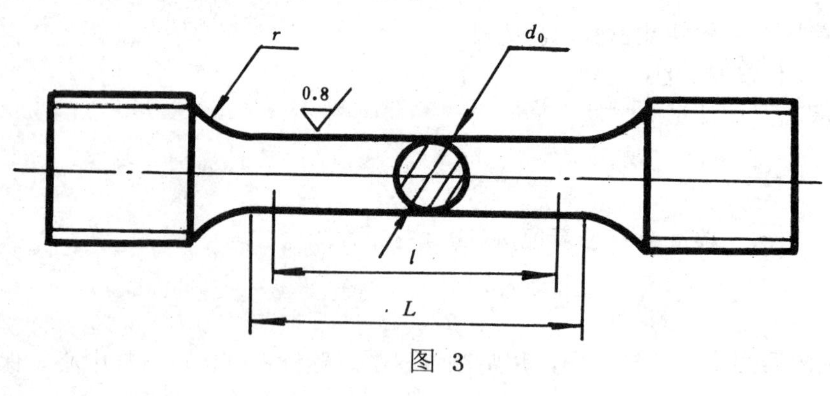

图 3

表 1

mm

一般尺寸			短试样		长试样	
d_0	r(min)		l	L	l	L
	单双肩	螺纹				
3 ±0.05	2	2	$5d_0$	$l+d_0$	$10d_0$	$l+d_0$
6 ±0.1	3	3.5				
10±0.2	4	5				

注：① 试样直径d_0在l长度内的波动（最大值与最小值）不得超过：$d_0<5$为0.01mm；$5\leqslant d_0<10$为0.02mm；$d_0=10$为0.05mm。

② 试样头部尺寸根据试验机夹具结构而定。

5 试验及结果记录

5.1 试验中所涉及的试样尺寸的测量、试验设备、试验条件、性能测定和测定性能数值的修约等有关事项，应符合GB 228的规定。

高温拉伸试验应符合GB 4338的规定。

5.2 应根据相应的标准或产品技术条件对试验结果进行评定。

5.3 试验报告应记录下列内容：

a. 所测得的各项性能数值；

b. 试样的型式；

c. 试验温度；

d. 试样断口上发现的缺陷种类。

附加说明：

本标准由机械电子工业部提出。

本标准由机械电子工业部哈尔滨焊接研究所归口。

本标准由机械电子工业部哈尔滨焊接研究所和黑龙江进出口商检局负责起草。

本标准起草人汪宛、唐守礼、邵松茂。

中华人民共和国国家标准

GB 2653—89

焊接接头弯曲及压扁试验方法

代替 GB 2653—81

Methods of bend and compression tests for welded joint

本标准弯曲试验部分参照ISO 5173《钢的熔化焊对接接头的横向正弯及背弯试验》及ISO 5177《钢的熔化焊对接接头的横向侧弯试验》。

1 主题内容及适用范围

本标准规定了金属材料焊接接头的横向正弯及背弯试验、横向侧弯试验、纵向正弯及背弯试验、管材压扁试验方法，以检验接头拉伸面上的塑性及显示缺陷。

本标准适用于熔焊和压焊对接接头。

2 引用标准

GB 2649 焊接接头机械性能试验取样方法

GB 232 金属弯曲试验方法

3 术语

3.1 横弯：焊缝轴线与试样纵轴垂直时的弯曲。

3.2 纵弯：焊缝轴线与试样纵轴平行时的弯曲。

3.3 正弯：试样受拉面为焊缝正面的弯曲。双面不对称焊缝、正弯试样的受拉面为焊缝最大宽度面；双面对称焊缝，先焊面为正面。

3.4 背弯：试样受拉面为焊缝背面的弯曲。

3.5 侧弯：试样受拉面为焊缝纵剖面的弯曲。

4 样坯的截取

4.1 试件的制备应符合GB 2649第3章的规定。

4.2 样坯可从试件上截取。横弯试样应垂直于焊缝轴线截取，机械加工后，焊缝中心线应位于试样长度的中心。纵弯试样应平行于焊缝轴线截取，机械加工后，焊缝中心线应位于试样宽度的中心。

4.3 样坯截取位置、方法及数量按GB 2649中第4章的规定。

5 试样及其制备

5.1 每个试样均应打印标记，以识别它在被截试件中的准确位置。

5.2 试样应采用机械加工或磨削方法制备，要注意防止表面应变硬化或材料过热。在受试长度l范围内，表面不应有横向刀痕或划痕。

5.3 在试样整个长度上都应具有恒定形状的横截面。其形状应分别符合图1（横弯）、图2（侧弯）或图3（纵弯）的规定。

横弯和纵弯试样又分为正弯和背弯。

国家技术监督局1989-05-08批准　　　　1990-01-01实施

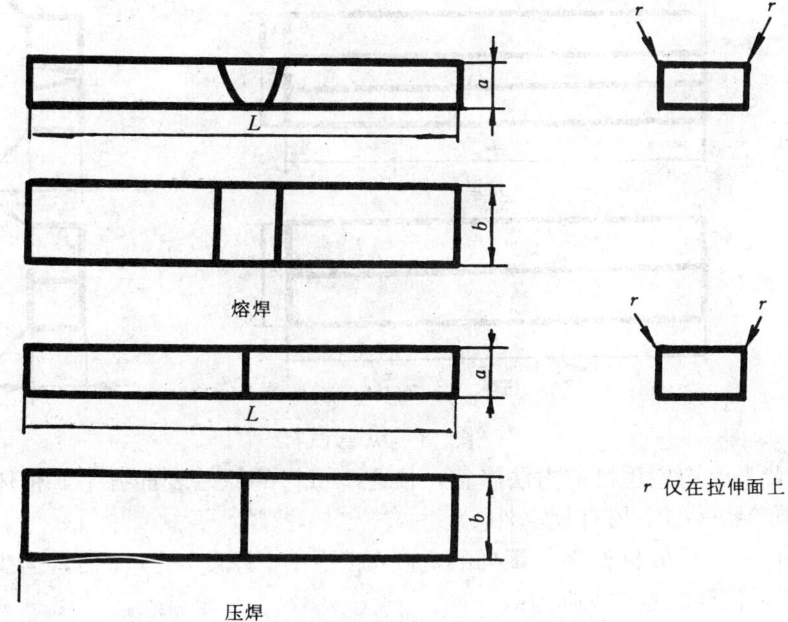

图 1　横弯试样

a— 试样厚度；b— 试样宽度；

L— 试样长度；r— 圆角半径；

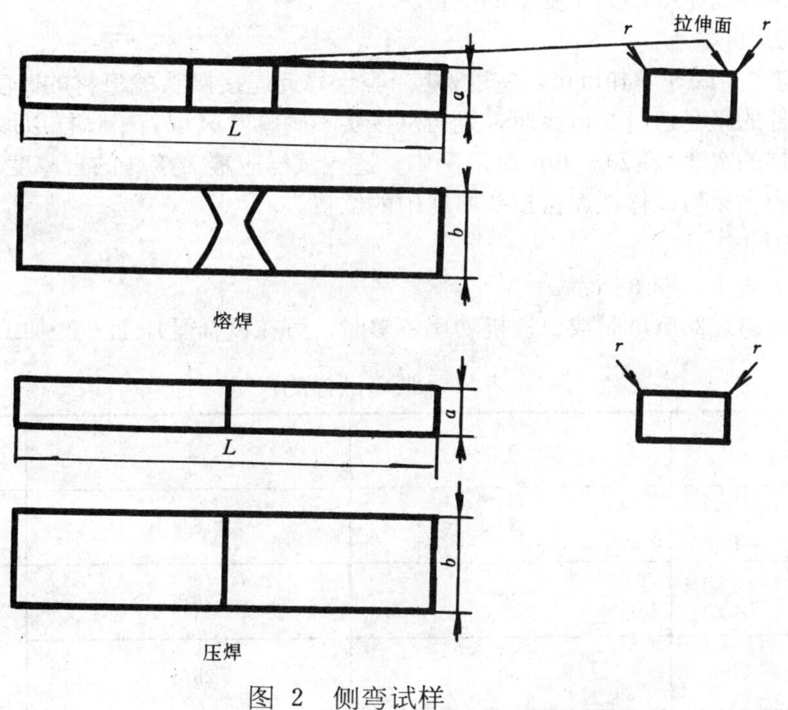

图 2　侧弯试样

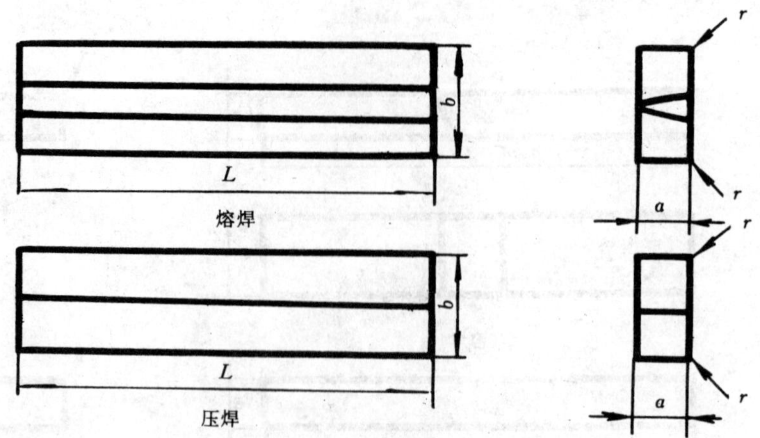

图 3 纵弯试样

5.4 焊缝的正、背表面均应用机械方法修整，使之与母材的原始表面齐平。但任何咬边均不得用机械方法去除，除非产品标准中另有规定外。

5.5 横弯试样的尺寸对于板材试件，试样的宽度*b*应不小于厚度*a*的1.5倍，至少为20mm。

对于管材试件，试样的宽度*b*应为:

管直径≤50mm时，*b*为*S* +0.1*D*（最小为10mm）;

管直径>50mm时，*b*为*S* +0.05*D*（最小为10mm，最大为40mm）。

式中*S*为管壁厚度，*D*为管子外径。

通常试样厚度*a*应为焊接接头试件厚度。

如果试件厚度超过20mm，则可从接头不同厚度区取若干试样以取代接头全厚度的单个试样，但每个试样的厚度应不小于20mm，且所取试样应覆盖接头的整个厚度（见GB 2649表5），在这种情况下，应当标明试样在焊接接头厚度中的位置。

5.6 侧弯试样的尺寸

试样厚度*a*应大于或等于10mm，宽度*b*应当等于靠近焊接接头的母材的厚度。

当原接头试件的厚度超过40mm时，则可从接头不同厚度区取若干试样以取代接头全厚度的单个试样，但每个试样的宽度*b*在20～40mm范围内，这些试样应覆盖接头的全厚度（见GB 2649表5）。在这种情况下，应当标明试样在焊接接头厚度中的位置。

5.7 纵弯试样的尺寸

试样的尺寸如表1、图3所示。

如果接头厚度超过20mm时或试验机功率不够时，可在试样受压面一侧加工至20mm。

表 1 纵弯试样的尺寸 mm

a	*b*	*L*	*r*
≤6	20	180	0.2*a*
>6～≤10	30	200	0.2*a*
>10～20	50	250	0.2*a*

5.8 试样拉伸面上的棱角应当用机械方法加工成半径不超过0.2*a*的圆角（最大值为3mm），其侧面加工粗糙度应低于R_a12.5μm。

6 圆形压头弯曲（三点弯曲）试验法（见图4）

6.1 在进行此试验时，将试样放在两个平行的辊子支承上，在跨距中间，垂直于试样表面施加 集中载荷（三点弯曲），使试样缓慢连续地弯曲。

6.2 压头的直径D应符合有关标准和技术条件要求。

6.3 支承辊之间的距离l（见图 4）不应大于$D+3a$。

6.4 当弯曲角α（见图 4）达到使用标准中规定的数值时，试验便告完成。试验后检查试样拉伸面上出现的裂纹或焊接缺陷的尺寸及位置。

6.5 试验所涉及的试验仪器、试样尺寸测定、试验条件等均应符合GB 232的规定。

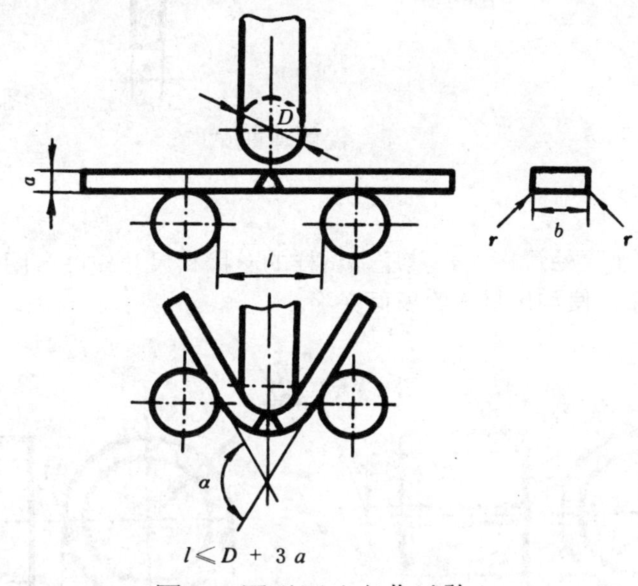

图 4 圆形压头弯曲试验

7 辊筒弯曲（缠绕式导向弯曲）试验法（见图5）

7.1 进行此试验时，将试样的一端牢固地夹紧在具有两个平行辊筒的试验装置内，通过半径为R 的外辊，沿以内辊轴线为中心的圆弧转动，向试样施加集中载荷，使试样缓慢连续地弯曲。

7.2 内辊直径D应当符合有关标准和技术条件要求。

7.3 当弯曲角α（见图 5）达到使用标准所规定的数值时，试验便告完成。试验后，检查试样拉伸面上出现的裂纹或焊接缺陷的尺寸及位置。

7.4 试验所涉及的试样尺寸测定，试验条件等均应符合GB 232规定。

7.5 本试验方法尤其适用于当两种母材或焊缝和母材之间的物理弯曲性能显著不同的材料组成 的横向弯曲试验。

7.6 当试件厚度超过10mm时，建议可用侧弯试验代替正弯和背弯试验。

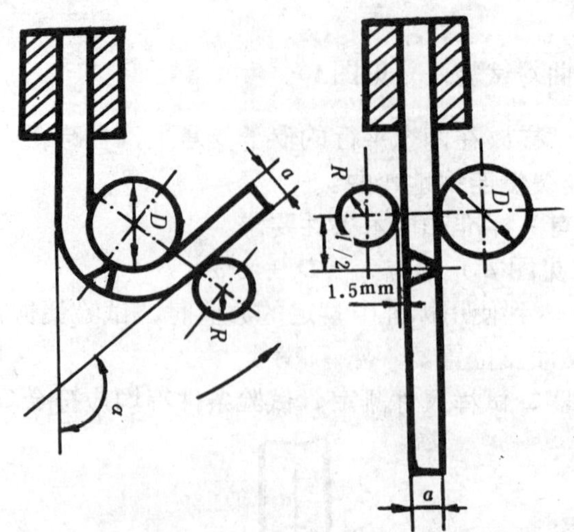

图 5 辊筒弯曲试验

8 压扁试验

8.1 环焊缝和纵焊缝的小直径管接头，其压扁试样的形状和尺寸应符合图 6 及图 7 的规定。管接头的焊缝余高用机械方法去除，使与母材原始表面齐平。

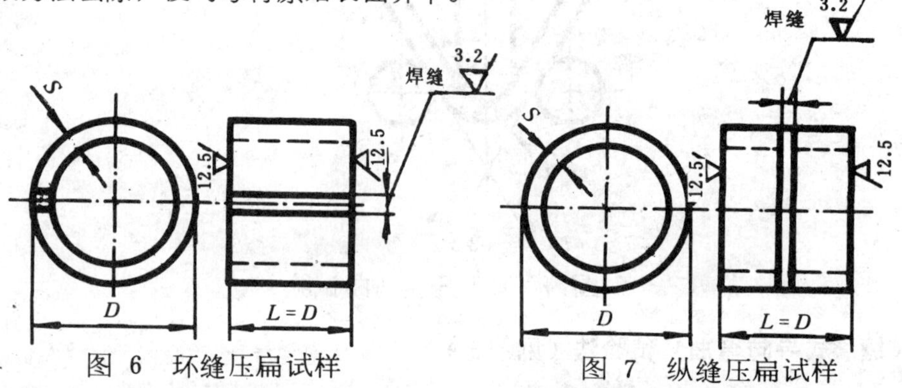

图 6 环缝压扁试样　　图 7 纵缝压扁试样

8.2 环焊缝管接头压扁试验如图 8 所示，环焊缝应位于加压中心线上。纵焊缝压扁试验如图 9 所示。纵焊缝应位于与作用力相垂直的半径平面内。两压板间距离 H 值按下式计算：

$$H=\frac{(1+e)S}{e+S/D}$$

式中：S——管壁厚，mm；

D——管外径，mm；

e——单位伸长的变形系数由产品规范规定。

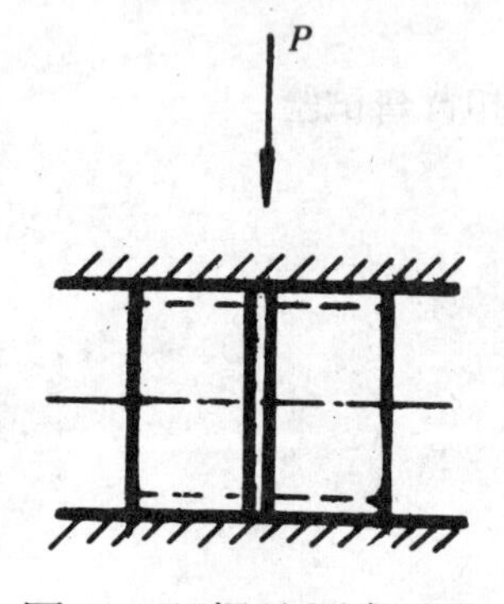

图 8 环焊缝压扁试验

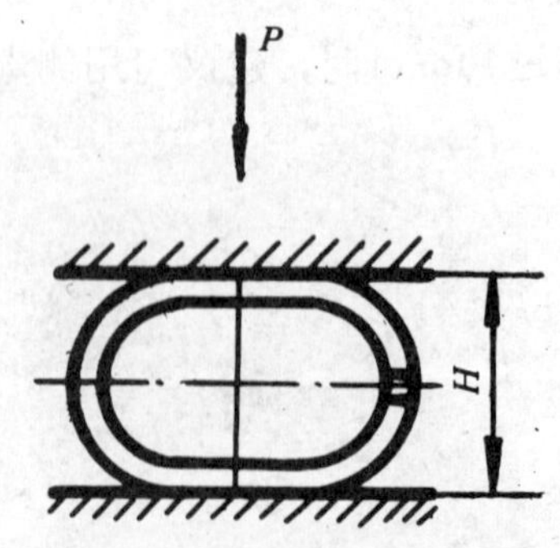

图 9 纵焊缝压扁试验

9 结果记录

9.1 试样弯到规定角度后，沿试样拉伸部位出现的裂纹及焊接缺陷尺寸按相应标准或产品技术条件进行评定。

9.2 压扁试验时，当管接头外壁距离压至H值时，检查焊缝拉伸部位有无裂纹或焊接缺陷，其尺寸按相应标准或产品技术条件评定。

9.3 试验报告应记录下列内容：

a. 试样的型式及截取位置；

b. 弯曲方法及压头或内辊直径；

c. 弯曲角度及压扁高度；

d. 试样拉伸面上出现的裂纹或焊接缺陷的尺寸及位置。

附加说明：

本标准由机械电子工业部提出。

本标准由机械电子工业部哈尔滨焊接研究所归口。

本标准由机械电子工业部哈尔滨焊接研究所和黑龙江进出口商检局负责起草。

本标准起草人 汪宛、唐守礼、邵松茂。

中华人民共和国国家标准

GB 2654—89

焊接接头及堆焊金属硬度试验方法

代替 GB 2654—81

Methods of hardness tests for welded joint and surfacing metal

1 主题内容及适用范围

本标准规定了金属材料焊接接头和堆焊金属的硬度试验方法，用以测定洛氏、布氏、维氏硬度。

本标准适用于熔焊和压焊焊接接头和堆焊金属。

2 引用标准

GB 2649 焊接接头机械性能试验取样方法

GB 230 金属洛氏硬度试验方法

GB 231 金属布氏硬度试验方法

GB 4340 金属维氏硬度试验方法

GB 4675.5 焊接性试验焊接热影响区最高硬度试验方法

3 样坯的截取及试样的制备

3.1 样坯截取方位、数量及方法按GB 2649规定。

3.2 截取的样坯应包括焊接接头的所有区域。根据技术条件规定，允许截取专为测定某一区域的硬度样坯。

3.3 各类接头的硬度测定，可在金相试样上进行，也可单独制备试样。试样表面必须与支承面相互平行，表面粗糙度应符合相应硬度试验法GB 230、GB 231、GB 4340的规定。

4 试验

4.1 根据所用标准或技术条件要求，可分别选用布氏、洛氏或维氏硬度计进行测定。

4.2 焊接接头的标线和测定位置应选择在接头横截面上，堆焊金属的测点位置应在相应标准或技术条件规定的平面上进行。

4.3 试样的测试面与支承面应经加工磨平，厚度小于3mm的焊接接头允许在其表面测定硬度。

4.4 根据试验要求，可用腐蚀剂使焊接接头各区域金属显示清晰，并按图1中标线位置测定硬度。

国家技术监督局1989－05－08批准　　　　1990－01－01实施

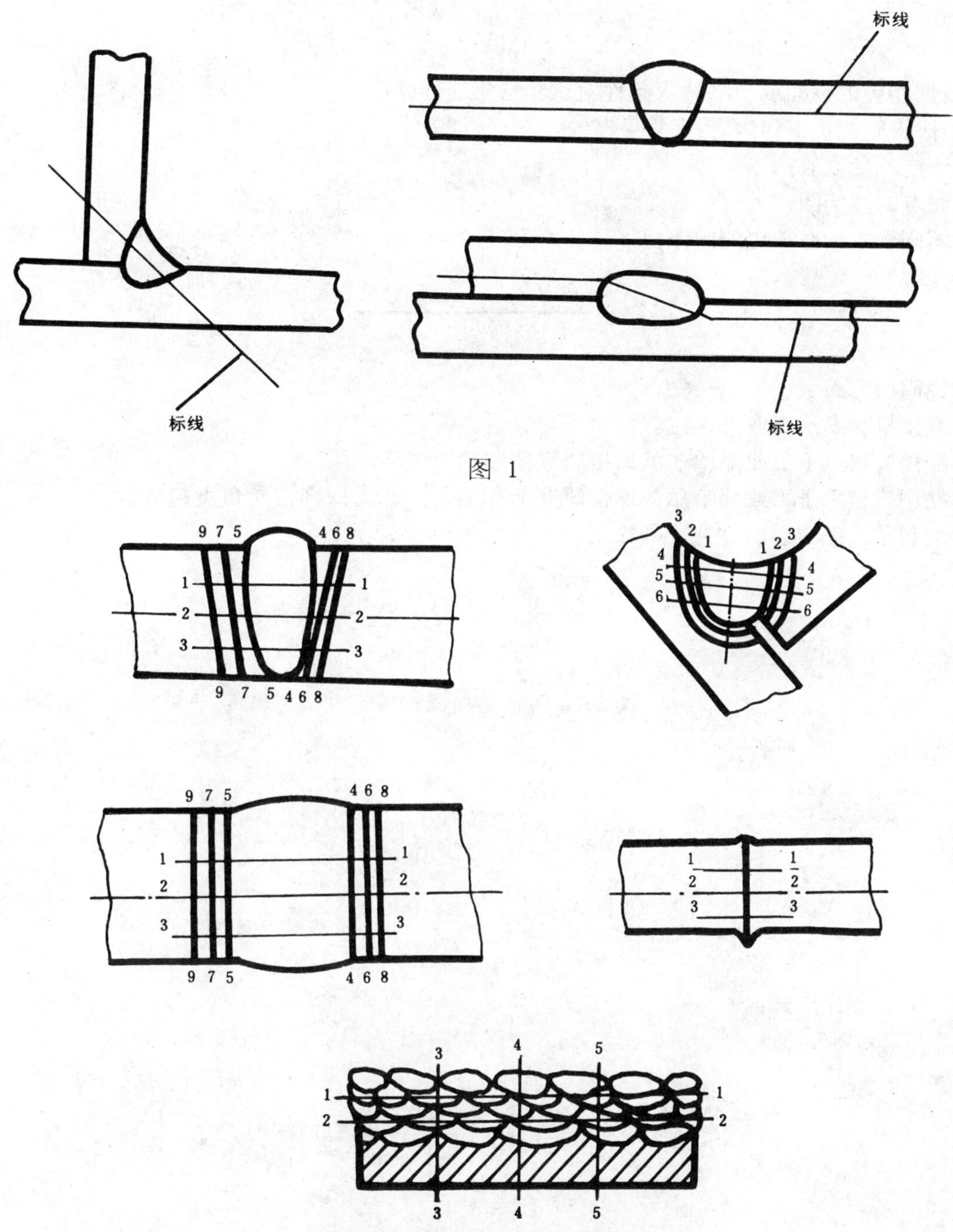

图 1

图 2 硬度测定位置示意图

4.5 在产品上直接测定硬度时，可按相关技术条件规定进行。

4.6 布氏、洛氏、维氏硬度试验时，其两相邻压痕中心及任一压痕中心距试样边缘的距离，分别按 **GB** 230、**GB** 231、**GB** 4340、**GB** 4675.5规定进行。

4.7 布氏、洛氏、维氏硬度试验的其它有关事项，可分别按**GB** 230、**GB** 231、**GB** 4340、**GB** 4675.5的规定。

4.8 遇有测点处出现焊接缺陷时，则该点试验结果无效。

5 结果与记录

5.1 应根据相应的标准或产品技术条件对试验结果进行评定。

5.2 试验报告应记录下列内容：

a. 测定的硬度值；

b. 测点位置简图；

c. 不同于本标准规定的操作。

附加说明：
本标准由机械电子工业部提出。
本标准由机械电子工业部哈尔滨焊接研究所归口。
本标准由机械电子工业部哈尔滨焊接研究所和黑龙江进出口商检局负责起草。
本标准起草人汪宛、唐守礼、邵松茂。

中华人民共和国行业标准

钢筋焊接接头试验方法标准

JGJ/T 27—2001
J 140—2001

Standard for Test Methods of Welded Joint of Steel Bars

批准部门：中华人民共和国建设部
施行日期：2002年3月1日

关于发布行业标准《钢筋焊接接头试验方法标准》的通知

建标[2001]264号

根据我部《关于印发〈1995年工程建设城建、建工行业标准制订、修订项目计划（第一批）〉的通知》（建标[1995]175号）的要求，由陕西省建筑科学研究设计院主编的《钢筋焊接接头试验方法标准》，经审查，批准为行业标准，该标准编号为JGJ/T 27—2001，自2002年3月1日起施行。原部标准《钢筋焊接接头试验方法》JGJ 27—86同时废止。

本标准由建设部负责管理和解释，陕西省建筑科学研究设计院负责具体技术内容的解释。

中华人民共和国建设部
2001年12月28日

前　　言

根据建设部建标(1995)175号文的要求，标准编制组通过广泛调查研究，认真总结实践经验，并在广泛征求意见的基础上，修订了本标准。

本标准的主要技术内容是：1 总则；2 拉伸试验方法；3 剪切试验方法；4 弯曲试验方法；5 冲击试验方法；6 疲劳试验方法。

修订的主要技术内容是：1. 取消了基本性能试验方法和特殊性能试验方法的划分，统一规定了拉伸试验、剪切试验、弯曲试验、冲击试验、疲劳试验等方法，删去了硬度试验和金相试验，此外还删去了原标准中的一些不适用的规定和附录；2. 拉伸试验增加了钢筋窄间隙电弧焊、钢筋气压焊接头的规定；3. 剪切试验增加了钢筋焊接网试样的要求；4. 冲击试验规定了以10mm×10mm×55mm带有V形缺口的试样为标准试样。

本标准技术内容授权由主编单位负责具体解释。

本标准主编单位是：陕西省建筑科学研究设计院（地址：西安市环城西路北段272号，邮政编码：710082）。

本标准参加单位是：黑龙江省寒地建筑科学研究院、冶金工业部建筑研究总院、上海市住安建设发展总公司、无锡市超兴钢筋联接设备有限公司、北京第一通用机械厂。

本标准主要起草人是：陈金安、李平壤、杨熊川、纪怀钦、冯才兴、马玉诚。

1 总则

1.0.1 为统一钢筋焊接接头的试验方法，正确评价焊接接头性能，制定本标准。

1.0.2 本标准适用于工业与民用建筑及一般构筑物的混凝土结构中的钢筋焊接接头的拉伸、剪切、弯曲、冲击和疲劳等试验。

1.0.3 试验应在10～35℃室温下进行。

1.0.4 钢筋焊接接头或焊接制品在质量验收时，其抽样方法、试样数量及质量要求均应符合现行行业标准《钢筋焊接及验收规程》JGJ 18中的有关规定。

1.0.5 在进行钢筋焊接接头性能试验时，除应符合本标准外，尚应符合国家现行有关强制性标准的规定。

2 拉伸试验方法

2.0.1 各种钢筋焊接接头的拉伸试样的尺寸可按表2.0.1的规定取用。

表2.0.1 拉伸试样的尺寸

焊接方法		接头型式	试样尺寸(mm)	
			l_s	$L\geqslant$
电阻点焊		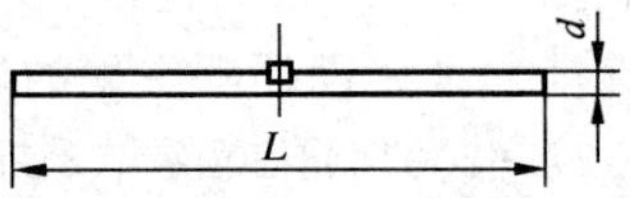	—	300 l_s+2l_j
闪光对焊		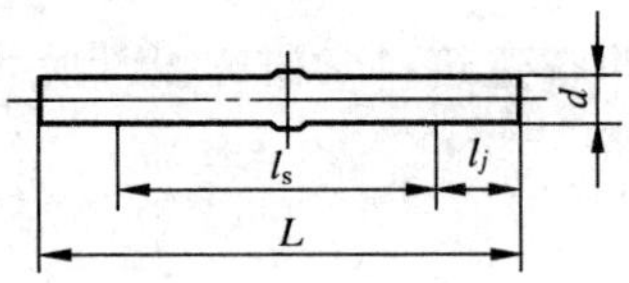	$8d$	l_s+2l_j
电弧焊	双面帮条焊	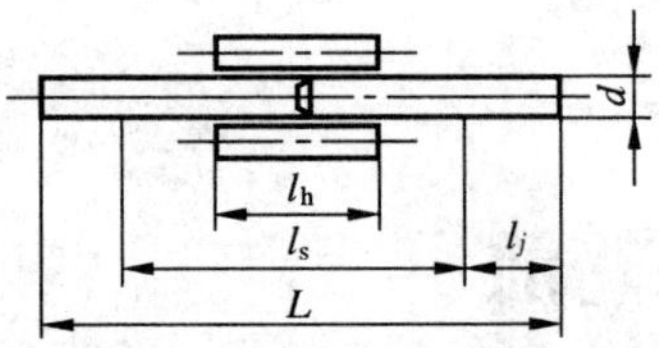	$8d+l_h$	l_s+2l_j
电弧焊	单面帮条焊	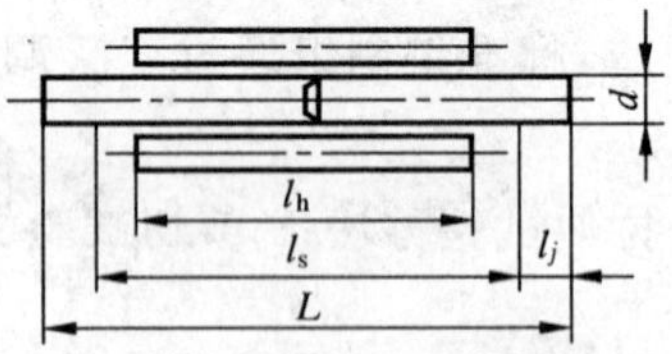	$5d+l_h$	l_s+2l_j
电弧焊	双面搭接焊	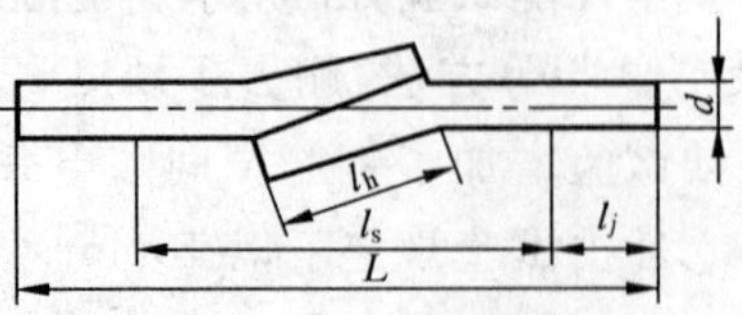	$8d+l_h$	l_s+2l_j
电弧焊	单面搭接焊	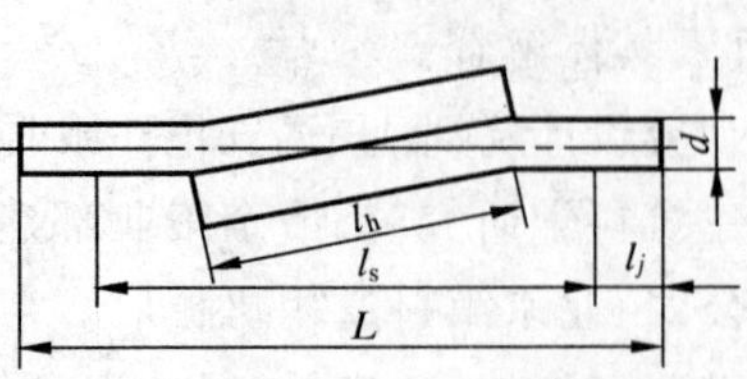	$5d+l_h$	l_s+2l_j

续表 2.0.1

焊接方法		接 头 型 式	试样尺寸(mm) l_s	试样尺寸(mm) $L\geqslant$
电弧焊	熔槽帮条焊	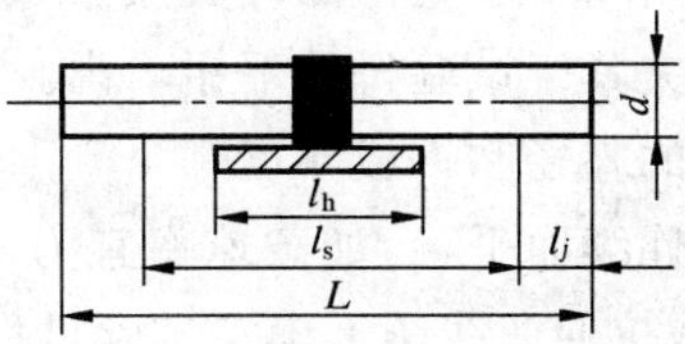	$8d+l_h$	l_s+2l_j
电弧焊	坡口焊	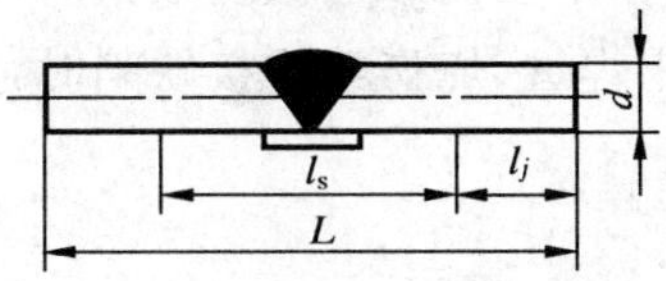	$8d$	l_s+2l_j
电弧焊	窄间隙焊	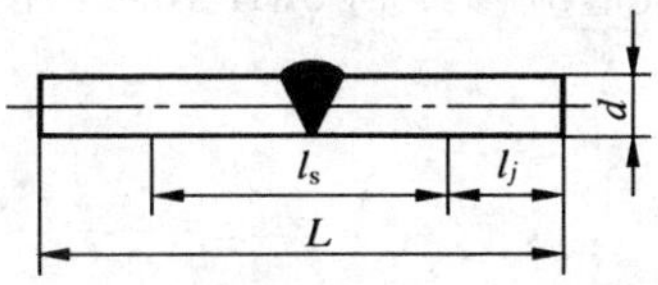	$8d$	l_s+2l_j
电渣压力焊		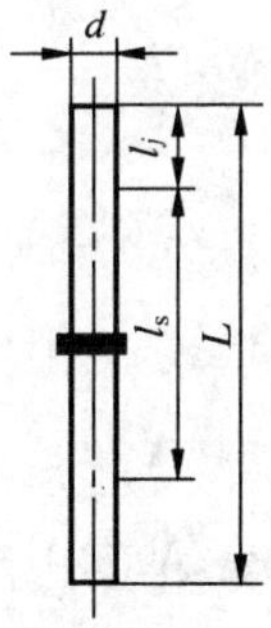	$8d$	l_s+2l_j
气压焊		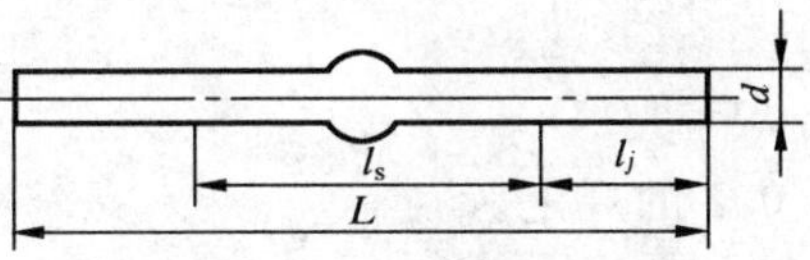	$8d$	l_s+2l_j
预埋件电弧焊 预埋件埋弧压力焊		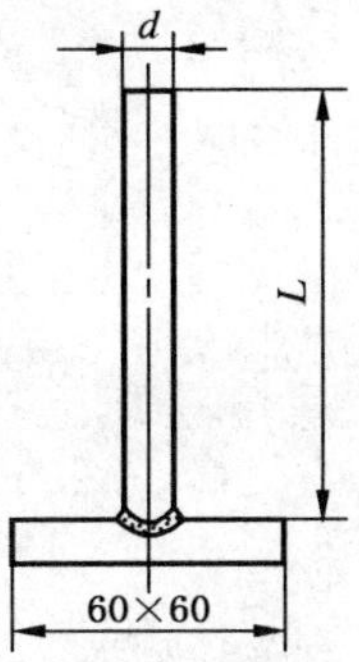	—	200

注：l_s——受试长度；

l_h——焊缝(或镦粗)长度；

l_j——夹持长度(100～200mm)；

L——试样长度；

d——钢筋直径。

2.0.2 根据钢筋的级别和直径，应选用适配的拉力试验机或万能试验机。试验机应符合现行国家标准《金属拉伸试验方法》GB 228 中的有关规定。

2.0.3 夹紧装置应根据试样规格选用，在拉伸过程中不得与钢筋产生相对滑移。

2.0.4 在使用预埋件 T 形接头拉伸试验吊架时，应将拉杆夹紧于试验机的上钳口内，试样的钢筋应穿过垫板放入吊架的槽孔中心，钢筋下端应夹紧于试验机的下钳口内。

2.0.5 试验前应采用游标卡尺复核钢筋的直径和钢板厚度。

2.0.6 用静拉伸力对试样轴向拉伸时应连续而平稳，加载速率宜为 10～30MPa/s，将试样拉至断裂（或出现缩颈），可从测力盘上读取最大力或从拉伸曲线图上确定试验过程中的最大力。

2.0.7 试验中，当试验设备发生故障或操作不当而影响试验数据时，试验结果应视为无效。

2.0.8 当在试样断口上发现气孔、夹渣、未焊透、烧伤等焊接缺陷时，应在试验记录中注明。

2.0.9 抗拉强度应按下式计算：

$$\sigma_b = \frac{F_b}{S_0} \tag{2.0.9}$$

式中 σ_b——抗拉强度（MPa），试验结果数值应修约到 5MPa，修约的方法应按现行国家标准《数值修约规则》GB 8170 的规定进行；

F_b——最大力（N）；

S_0——试样公称截面面积。

2.0.10 试验记录应包括下列内容：

——试验编号；

——钢筋级别和公称直径；

——焊接方法；

——试样拉断（或缩颈）过程中的最大力；

——断裂（或缩颈）位置及离焊缝口距离；

——断口特征。

2.0.11 试验记录有关内容可按本标准附录 A 的表 A.0.1 规定的钢筋焊接接头拉伸、弯曲试验报告式样填写。

3 剪切试验方法

3.0.1 试样的形式和尺寸应符合图 3.0.1 的规定。

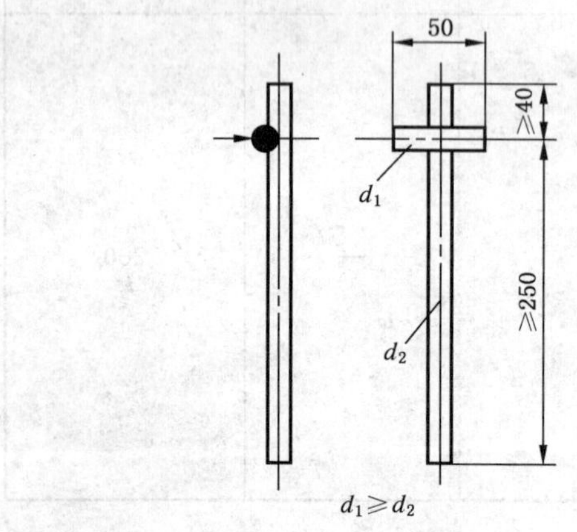

图 3.0.1-1 钢筋焊接骨架试样

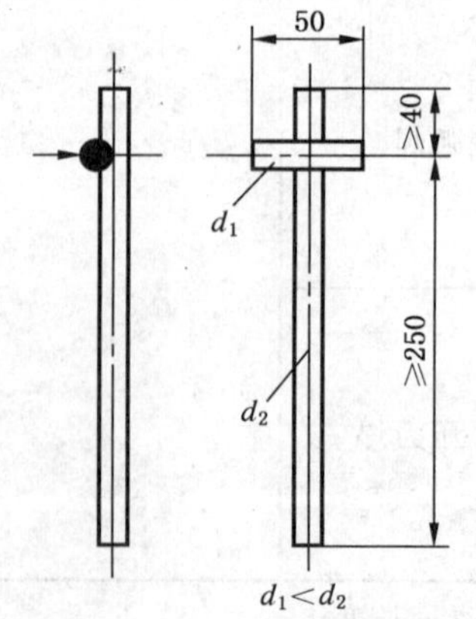

图 3.0.1-2 钢筋焊接网试样

3.0.2 剪切试验宜采用量程不大于 300kN 的万能试验机。

3.0.3 剪切夹具可分为悬挂式夹具和吊架式锥形夹具两种；试验时，应根据试样尺寸和设备条件选用合适的夹具。

3.0.4 夹具应安装于万能试验机的上钳口内，并应夹紧。试样横筋应夹紧于夹具的横槽内，不得转动。纵筋应通过纵槽夹紧于万能试验机的下钳口内，纵筋受拉的力应与试验机的加载轴线相重合。

3.0.5 加载应连续而平稳，加载速率宜为 10～30MPa/s，直至试件破坏为止。从测力度盘上读取最大力，即为该试样的抗剪载荷。

3.0.6 试验中，当试验设备发生故障或操作不当而影响试验数据时，试验结果应视为无效。

3.0.7 试验记录应包括下列内容：

——试样编号；

——钢筋级别和公称直径；

——试样的抗剪载荷；

——断裂位置。

3.0.8 试验记录有关内容可按本标准附录 A 的表 A.0.2 规定的钢筋电阻点焊制品力学性能试验报告式样填写。

4 弯曲试验方法

4.0.1 试样的长度宜为两支辊内侧距离另加 150mm，具体尺寸可按本标准附录 B 的表 B 选用。

4.0.2 应将试样受压面的金属毛刺和镦粗变形部分去除至与母材外表齐平。

4.0.3 弯曲试验可在压力机或万能试验机上进行。

4.0.4 进行弯曲试验时，试样应放在两支点上，并应使焊缝中心与压头中心线一致，应缓慢地对试样施加弯曲力，直至达到规定的弯曲角度或出现裂纹、破断为止。

4.0.5 压头弯心直径和弯曲角度应按表 4.0.5 的规定确定。

表 4.0.5 压头弯心直径和弯曲角度

序　号	钢筋级别	弯心直径(D)		弯曲角(°)
		$d\leqslant25$(mm)	$d>25$(mm)	
1	Ⅰ	$2d$	$3d$	90
2	Ⅱ	$4d$	$5d$	90
3	Ⅲ	$5d$	$6d$	90
4	Ⅳ	$7d$	$8d$	90

注：d 为钢筋直径。

4.0.6 在试验过程中，应采取安全措施，防止试样突然断裂伤人。

4.0.7 试验记录应包括下列内容：

——弯曲后试样受拉面有无裂纹；

——断裂时的弯曲角度；

——断口位置及特征；

——有无焊接缺陷。

4.0.8 试验记录有关内容可按本标准附录 A 的表 A.0.1 规定的钢筋焊接接头拉伸、弯曲试验报告式样填写。

5 冲击试验方法

5.0.1 试样应在钢筋横截面中心截取，试样中心线与钢筋中心偏差不得大于 1mm。试样在各种焊接接头中截取的部位及方位应按表 5.0.1 的规定确定。

表 5.0.1 取样部位及方位

焊接方法		取样部位			缺口方位	
		焊缝	熔合线	热影响区	光圆钢筋	带肋钢筋
闪光对焊		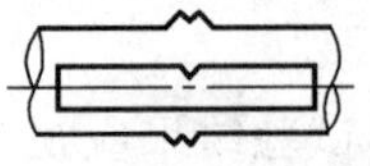	—	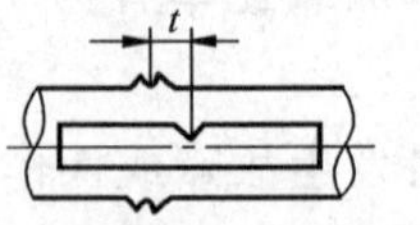		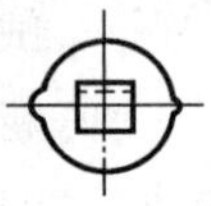
电弧焊	坡口焊	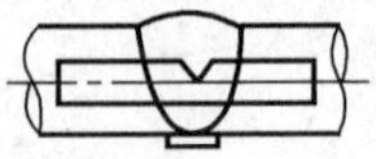	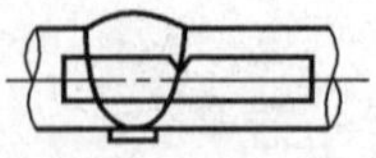			
	窄间隙焊					
电渣压力焊		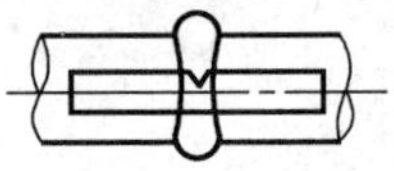		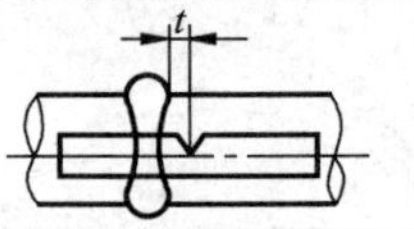		
气压焊		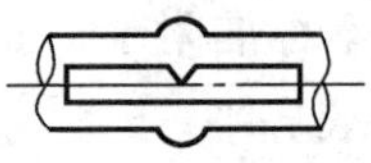	—	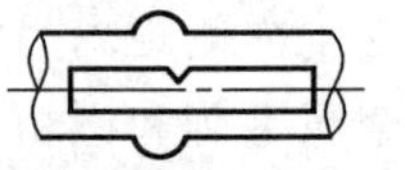		

注：试样缺口轴线与熔合线的距离 t 为 2～3mm。

5.0.2 标准试样应采用尺寸为 10mm×10mm×55mm 且带有 V 形缺口的试样。标准试样的形状及尺寸应符合现行国家标准《金属夏比缺口冲击试验方法》GB/T 229 中标准夏比 V 形缺口冲击试样的有关规定。试样缺口底部应光滑，不得有与缺口轴线平行的明显划痕。进行仲裁试验时，试样缺口底部的粗糙度参数 R_a 不应大于 1.6μm。

5.0.3 样坯宜采用机械方法截取，也可用气割法截取。试样的制备应避免由于加工硬化或过热而影响金属的冲击性能。

5.0.4 同样试验条件下同一部位所取试样的数量不应少于 3 个。试样应逐个编号，缺口底部处横截面尺寸应精确测量，并应记录。

5.0.5 测量试样尺寸的量具最小分度值不应大于 0.02mm。

5.0.6 冲击试验机的标准打击能量应为 300J(±10J)和 150J(±10J)，打击瞬间摆锤的冲击速度应为 5.0～5.5m/s。

5.0.7 试验机的试样支座及摆锤刀刃尺寸应符合现行国家标准《金属夏比缺口冲击试验方法》GB/T 229中的有关规定。

5.0.8 冲击试验可在室温或负温条件下进行。室温冲击试验应在 10～35℃进行，对试验温度要求严格的试验应在(20±2)℃进行。负温试验温度有：(0±2)℃、(−10±2)℃、(−20±2)℃、(−30±2)℃、(−40±2)℃等数种，可根据实际需要确定。

5.0.9 冲击试验机宜在摆锤最大能量的 10%～90%范围内使用。

5.0.10 试验前应检查摆锤空打时被动指针的回零差；回零差不应超过最小分度值的四分之一。

5.0.11 试样应紧贴支座放置，并使试样缺口的背面朝向摆锤刀刃。试样缺口对称面应位于两支座对称面上，其偏差不应大于 0.5mm。

5.0.12 试样的冷却可在冰箱或盛有冷却剂的冷却箱中进行。宜采用干冰与乙醇的混合物作为冷却剂；干冰与乙醇混合时应进行搅拌，以保证冷却剂温度均匀。

5.0.13 测温用的玻璃温度计最小分度值不应大于 1℃，其误差应符合现行国家计量检定规程《工作用玻璃液体温度计检定规程》JJG 130 的规定。热电偶测点应放在控温试样缺口内，控温试样应与试验试样同时放入冷却箱中。

5.0.14 冰箱或冷却箱中的温度应低于规定的试验温度，其过冷度应根据实际情况通过试验确定。当从箱内取出试样到摆锤打击试样时的时间为3～5s、室温为(20±5)℃、试验温度为0～－40℃时，可采用1～2℃的过冷度值。

5.0.15 夹取试样的工具应与试样同时冷却。在冰箱或冷却箱中放置试样应间隔一定的距离。试样应在规定温度下保持足够时间，使用液体介质时，保温时间不应少于5min；使用气体介质时，保温时间不应少于20min。

5.0.16 试样折断后，应检查断口，当发现有气孔、夹渣、裂纹等缺陷时，应记录下来。

5.0.17 试样折断时的冲击吸收功可从试验机表盘上直接读出。

5.0.18 冲击韧度(a_k)应按下式计算：

$$a_k=\frac{A_{kv}}{F} \tag{5.0.18}$$

式中 a_k——试样的冲击韧度(J/cm²)；

A_{kv}——V形缺口试样冲击吸收功(J)；

F——试验前试样缺口底部处的公称截面面积(cm²)。

5.0.19 试验记录应包括下列内容：

——焊接方法、接头型式及取样部位；

——试验温度；

——试验机打击能量；

——试样的冲击吸收功或冲击韧度；

——断口上发现的缺陷。

——如果试样未折断，应注明“未折断”。

5.0.20 试验记录有关内容可按本标准附录A的表A.0.3规定的钢筋焊接接头冲击试验报告式样填写。

6 疲劳试验方法

6.0.1 试样长度宜为疲劳受试长度(包括焊缝和母材)与两个夹持长度之和，其中受试长度不应小于500mm。当试验机不能满足上述试样长度要求时，应在报告中注明试样的实际长度。高频疲劳试样的长度应根据试验机的具体条件确定。

6.0.2 试样不得有气孔、烧伤、压伤和咬边等焊接缺陷。

6.0.3 试验时，可选用下列措施加工试样夹持部分：

——进行冷作强化处理；

——采用与钢筋外形相应的铜套模；

——采用与钢筋外形相应的钢套模，并灌注环氧树脂。

6.0.4 试验所用的疲劳试验机应符合下列规定：

1 试验机的静载荷示值不应大于±1%；

2 在连续试验10h内，载荷振幅示值波动度不应大于使用载荷满量程的±2%；

3 试验机应具有安全控制和应力循环自动记录的装置。

6.0.5 应力循环频率应根据试验机的类型、试样的刚度和试验的要求确定。所选取的频率不得引起疲劳受试区发热。低频疲劳试验的频率宜采用5～15Hz；高频疲劳试验机的频率宜采用100～150Hz。

6.0.6 将试样夹持部分夹在试验机的上、下夹具中时，夹具的中心线应与试验机的加载轴线重合。

6.0.7 试验的最大和最小载荷应根据接头的母材(钢筋)的力学性能、规格和使用要求等要素确定。载荷的增加应缓慢进行。在试验初期载荷若有波动应及时调整,直到稳定为止。

6.0.8 在一根试样的整个试验过程中,最大和最小的疲劳载荷以及循环频率应保持恒定,疲劳载荷的偶然变化不得超过初始值的 5%,其时间不得超过这根试样应力循环数的 2%。

6.0.9 疲劳试验宜连续进行;有停顿时,不得超过三次;停顿总时间不得超过全部时间的 10%,同时应在报告中注明。

6.0.10 条件疲劳极限的应力循环次数宜采用 2×10^6 次。

6.0.11 试样破坏后应及时记录断裂的位置、离夹具端部的距离以及应力循环次数,并应仔细观察断口,并作图描述断口的特征。

6.0.12 条件疲劳极限的测定应符合下列规定:

1 在预应力混凝土结构中钢筋的应力比(ρ)可采用 0.7 或 0.8;在非预应力混凝土结构中,钢筋的应力比(ρ)可采用 0.2 或 0.1。

2 在确定应力比(ρ)条件下,改变应力 σ_{max} 和 σ_{min},从高应力水平开始,分五级逐级下降,每级应取 1～3 个试样进行疲劳试验。

3 当试样在夹具内或在距离夹具(或套模)末端小于一倍钢筋直径处断裂,应力循环次数又小于 2×10^6 次时,该试样的试验结果应视为无效。

4 试验结果处理时,应根据得出最大应力与疲劳寿命的关系,绘制在 S-N 曲线(图 6.0.12),并求出在给定应力比(ρ)的条件下达到 2×10^6 应力循环的条件疲劳极限。

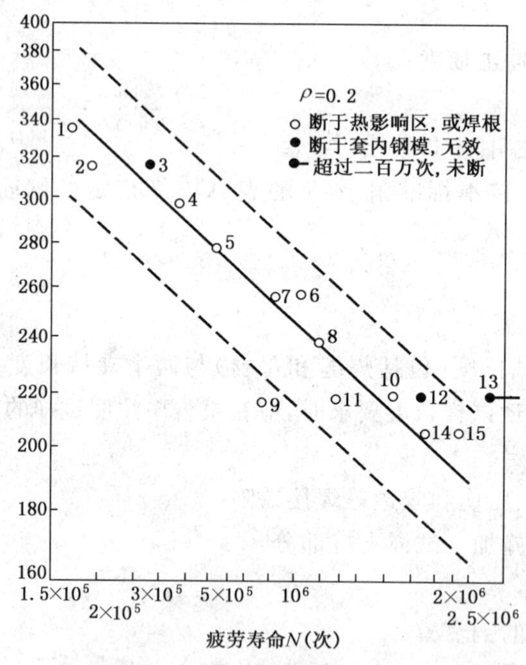

图 6.0.12 钢筋焊接接头疲劳试验 S-N 曲线

6.0.13 进行检验性疲劳试验时,在所要求的疲劳应力水平和应力比之下至少应做三根试样的试验,以测定其疲劳寿命。当试样在夹具内或在距离夹具(或套模)末端小于一倍钢筋直径处断裂,应力循环次数又小于 2×10^6 次时,该试样的试验结果应视为无效。当试样的应力循环次数等于或大于 2×10^6 次时,试样无论在何处断裂,该试样的试验结果可视为有效。

6.0.14 疲劳试验过程应及时记录各项原始数据,试验完毕应提出试验报告。

6.0.15 钢筋焊接接头疲劳试验的记录表及试验报告格式可按本标准附录 A 的表 A.0.4 规定的钢筋焊接接头疲劳记录式样及表 A.0.5 钢筋焊接接头疲劳试验报告式样填写。

附录 A
试样报告格式

表 A.0.1 钢筋焊接接头拉伸、弯曲试验报告式样

钢筋焊接接头拉伸、弯曲试验报告

试验编号：

<table>
<tr><td>工程名称</td><td colspan="5"></td></tr>
<tr><td>委托单位</td><td></td><td>工程取样部位</td><td colspan="3"></td></tr>
<tr><td>钢筋级别</td><td></td><td>试验项目</td><td colspan="3"></td></tr>
<tr><td>焊接操作人</td><td></td><td>施焊证</td><td></td><td>焊接方法或
焊条型号</td><td></td></tr>
<tr><td>试样代表数量</td><td></td><td>送检日期</td><td colspan="3"></td></tr>
</table>

试样编号	钢筋直径（mm）	拉伸试验		试样编号	钢筋直径（mm）	弯曲试验		评定
		抗拉强度（MPa）	断裂位置及特征（mm）			弯心直径（mm）	弯曲角（°）	

结论：

试验单位：（印章）

年　月　日

技术负责：　　　　审核：　　　　试验：

表 A.0.2　钢筋电阻点焊制品力学性能试验报告式样

钢筋电阻点焊制品剪切、拉伸试验报告

试验编号：

委托单位		施工单位	
工程取样部位		制品名称	
钢筋级别		制品用途	
送检日期		批　　量	

剪切试验		拉伸试验	
试样编号	抗剪载荷(N)	试样编号	抗拉强度(MPa)

结论：

试验单位：(印章)

年　　月　　日

技术负责：　　　　审核：　　　　试验：

表 A.0.3　钢筋焊接接头冲击试验报告式样

钢筋焊接接头冲击试验报告

试验编号：

委托单位		焊接方法	
钢筋级别		接头型式	
钢筋直径		送检日期	

试样编号	试验温度(℃)	试样尺寸(mm)	缺口形式	缺口底部截面积(mm^2)	冲击吸收功 A_{kv}(J)				冲击韧度 a_k(J/cm^2)				备注
					焊缝区	熔合区	过热区	母材	焊缝区	熔合区	过热区	母材	

结论：

试验单位：(印章)

年　　月　　日

技术负责：　　　　审核：　　　　试验：

表 A. 0. 4　钢筋焊接接头疲劳试验记录式样

钢筋焊接接头疲劳试验记录

试验编号：

委托单位		试验机型号	
试验名称		试样组数	
钢筋级别		表面情况	
钢筋直径		试样处理	
焊接方法		送检日期	

试样编号	时间		频率 (Hz)	计算载荷				机器示值				循环次数		断口特征	断裂位置
	日/月	分/时		P_{max} (N)	P_{min} (N)	平均 (N)	应力比 (ρ)	P_{max} (N)	P_{min} (N)	平均 (N)	应力比 (ρ)	余数	累计		

分析：

试验：　　　　　　　　　　　　审核：

表 A.0.5 钢筋焊接接头疲劳试验报告式样

钢筋焊接接头疲劳试验报告

试验编号：

委托单位		试验机型号	
试验名称		试样组数	
钢筋级别		表面情况	
钢筋直径		试样处理	
焊接方法		送检日期	

试样编号	载荷		应力		应力比 (ρ)	频率 (Hz)	循环次数 ($\times 10^6$)	断口特征	断裂位置
	P_{max} (N)	P_{min} (N)	σ_{max} (MPa)	σ_{min} (MPa)					

结论：

试验单位：(印章)

年　　月　　日

技术负责：　　　　审核：　　　　试验：

附录 B
弯曲试验参数

表 B　钢筋焊接接头弯曲试验参数表

钢筋公称直径（mm）	钢筋级别	弯心直径（mm）	支辊内侧距（$D+2.5d$）（mm）	试样长度（mm）
12	Ⅰ	24	54	200
	Ⅱ	48	78	230
	Ⅲ	60	90	240
	Ⅳ	84	114	260
14	Ⅰ	28	63	210
	Ⅱ	56	91	240
	Ⅲ	70	105	250
	Ⅳ	98	133	280
16	Ⅰ	32	72	220
	Ⅱ	64	104	250
	Ⅲ	80	120	270
	Ⅳ	112	152	300
18	Ⅰ	36	81	230
	Ⅱ	72	117	270
	Ⅲ	90	135	280
	Ⅳ	126	171	320
20	Ⅰ	40	90	240
	Ⅱ	80	130	280
	Ⅲ	100	150	300
	Ⅳ	140	190	340
22	Ⅰ	44	99	250
	Ⅱ	88	143	290
	Ⅲ	110	165	310
	Ⅳ	154	209	360
25	Ⅰ	50	113	260
	Ⅱ	100	163	310
	Ⅲ	125	188	340
	Ⅳ	175	237	390
28	Ⅰ	80	154	300
	Ⅱ	140	210	360
	Ⅲ	168	238	390
	Ⅳ	224	294	440
32	Ⅰ	96	176	330
	Ⅱ	160	240	398
	Ⅲ	192	259	410
36	Ⅰ	108	198	350
	Ⅱ	180	270	420
	Ⅲ	216	306	460
40	Ⅰ	120	220	370
	Ⅱ	200	300	450
	Ⅲ	240	340	490

注：试样长度根据($D+2.5d$)＋150mm 修约而得。

本标准用词说明

1 为便于在执行本标准条文时区别对待，对要求严格程度不同的用词说明如下：

（1）表示很严格，非这样做不可的：

正面词采用“必须”，反面词采用“严禁”。

（2）表示严格，在正常情况均应这样做的：

正面词采用“应”，反面词采用“不应”或“不得”。

（3）表示允许稍有选择，在条件许可时首先应这样做的：

正面词采用“宜”，反面词采用“不宜”。

表示允许有选择，在一定条件下可以这样做的，采用“可”。

2 条文中指明应按其他有关标准执行的写法为“应按……执行”或“应符合……的规定（或要求）”。

中华人民共和国行业标准

钢筋焊接接头试验方法标准

JGJ/T 27—2001

Standard for Test Methods of Welded Joint of Steel Bars

条文说明

前　　言

《钢筋焊接接头试验方法标准》(JGJ/T 27—2001),经建设部2001年12月28日以建标[2001]264号文批准,业已发布。

为了便于广大设计、施工、科研、院校等单位有关人员在使用本标准时能正确理解和执行条文规定,本标准修订组按章、节、条的顺序编制了条文说明,供使用者参考。

在使用中如发现条文说明有欠妥之处,请将意见函寄陕西省建筑科学研究设计院《钢筋焊接接头试验方法标准》修订组。

1　总则

1.0.1～1.0.2　制定本标准的目的是为了统一钢筋焊接接头的试验方法和正确的评价焊接接头性能,新修订的标准适用范围与原标准相同,包括工业与民用房屋和与房屋有关的常用构筑物,如烟囱、水塔、筒仓等,并将原条文中钢筋混凝土和预应力混凝土统称为混凝土结构。

原标准将钢筋焊接接头试验分为基本性能试验和特殊性能试验两大类,基本性能试验方法包括拉伸试验、抗剪试验和弯曲试验三种,特殊性能试验方法包括冲击试验、疲劳试验、硬度试验和金相试验四种。新标准取消了基本性能试验方法和特殊性能试验方法的划分,统一规定了拉伸试验,剪切试验、弯曲试验、冲击试验、疲劳试验等五种方法,删去了硬度试验和金相试验。

1.0.4　本标准是与现行行业标准《钢筋焊接及验收规程》JGJ 18相配套的专业技术标准,各种焊接接头抽样方法、试样数量及质量要求均应符合JGJ 18的有关规定。

取消了原标准对试验用的各种仪器设备定期进行校验的规定,因现行国家计量检定规程对各种类型试验机、量具都有了强制性检验的规定,本标准使用的试验机、量具等都应由计量部门定期检定,试验时所使用力的范围应在检定范围之内。

2　拉伸试验方法

2.0.1　本方法适用于电阻点焊、闪光对焊、电弧焊、电渣压力焊、气压焊和预埋件埋弧压力焊的焊接接头的拉伸试验,试验目的是测定焊接接头抗拉强度、观察断裂位置和断口特征,判定塑性断裂或脆性断裂。

拉伸试验新增加了窄间隙焊、气压焊的试样。各种焊接方法的试样尺寸是根据各地生产实践的经验总结,供参照使用。

2.0.3　试验前,应选用适合于试样规格的夹紧装置、要求夹紧装置在拉伸过程中,始终将钢筋夹紧,并与钢筋间不产生相对滑移。

2.0.4　由于生产发展的需要、增大了预埋件电弧焊和埋弧压力焊钢筋直径范围,在使用预埋件T形接头拉伸试验吊架时,各部件尺寸均需作修改,考虑到放置试样方便,底板槽孔仍就保留,垫板中心孔的大小应使钢筋恰好穿过，孔肩压在焊缝金属，或焊包为宜，若中心孔太大，在拉伸过程中会产生附加力将焊缝提前撕裂，影响所测得的接头强度。

垫板中心孔也可设计两种规格，ϕ20mm 及以下的钢筋采用中心孔为 ϕ22mm，ϕ22mm 及以上的钢筋采用中心孔为 ϕ28mm。

2.0.9 抗拉强度按 $\sigma_0=\frac{F_b}{S_0}$计算，式中 S_0 是指钢筋公称截面面积，现行国家标准《金属拉伸试验方法》GB 228中 5.1.6 条规定："等横截面不经机加工的试样，可采用重量法测定其平均原始截面积，按公式 $S_0=\frac{m}{P\cdot L}\times1000$计算，试样质量的测量精确度达±0.5%，密度应由有关标准提供，至少取 3 位有效数字。试样总长度的测量精确度应达±0.5%。

如有关标准或协议允许，也可采用重量法测定周期截面不经机加工试样的平均原始横截面积，或者采用理论计算原始横截面积"。

钢筋焊接接头拉伸试样不经机加工，判定的标准是试样抗拉强度均不得小于该级别钢筋规定的抗拉强度，如采用试样原始横截面积计算，钢筋直径出现的上、下偏差，都会直接影响判定结果，为了统一起见，本标准试样横截面积是按钢筋的公称直径来计算。

2.0.10 由于各地区，各单位的试验报告格式不尽相同、强行统一也不现实，为便于一致，试验记录应包括下列内容：试验编号；钢筋级别和公称直径；焊接方法；试样拉断（或缩颈）时的抗拉强度；断裂（或缩颈）位置及离焊缝的距离；断口特征。

3 剪切试验方法

3.0.1 本方法适用于钢筋焊接骨架和钢筋焊接网焊点的剪切试验，试验目的是测定焊点在断裂前承受的抗剪载荷。剪切试样的两根交叉钢筋应相互垂直，当在成品中所截取的试样其尺寸不能满足试验要求，或受力钢筋直径大于 8mm 时，可在生产过程中采用相同条件焊接试验用网片，从中截取试样。

3.0.3 剪切夹具有悬挂式和吊架式锥形夹具两种，试验时应根据具体条件选用。

悬挂式夹具由左夹块和右夹块组成，右夹块为一种规格，左夹块有三种规格，各有不同的纵槽尺寸，分别适用于不同直径的纵向钢筋，具体尺寸见表 1。左、右夹块各有三道不同深度的 V 形横槽。

表1 左夹块纵槽尺寸

纵槽尺寸(mm)	适用于纵向钢筋直径(mm)
8	4～5
12	6～10
16	12～14

左、右夹块各有三道不同深度的 V 形横槽，槽内带有斜齿，分别适用于不同直径的横向钢筋。悬挂式夹具主要用于 WE-10B 型万能试验机。

吊架式锥形夹具由吊架和锥形夹具两部分组成，吊架即可借用预埋件 T 形头拉伸试验用的吊架；锥形夹具由左夹片、右夹片和锚环组成，右夹片为一种规格，左夹片有三种规格，各有不同的纵槽，尺寸与悬挂式夹具左夹块相同。左、右夹片各有三道不同深度的 V 形横槽。

4 弯曲试验方法

4.0.1 本方法适用于闪光对焊、窄间隙焊、气压焊接头的弯曲试验，试验目的是检验钢筋焊接接头承受规定弯曲角度的弯曲变形性能和可能存在的焊接缺陷。

钢筋焊接接头弯曲试样的长度取决于钢筋的级别和直径，一般为两支辊的内侧距离另加 150mm，两支辊的内侧距离为弯心直径加 2.5 倍钢筋直径。

4.0.2 试样受压面的金属毛刺和镦粗变形部位可用砂轮等工具加工，使之达到与母材外表齐平，其余部位可保持焊后状态(即焊态)。

4.0.5 压头弯心直径按本标准表4.0.5的规定可以得出一个计算直径,为了减少压头规格,实际使用时其弯心直径可参照附录B的表B推荐直径选用。

5 冲击试验方法

5.0.1 本方法适用于闪光对焊、电弧焊、电渣压力焊、气压焊等焊接接头的夏比冲击试验,试验目的是测定焊接接头各部位的冲击吸收功或冲击韧度。

5.0.2 本标准规定以10mm×10mm×55mm带有V形缺口的试样为标准试样。原标准规定的另外三种试样缺口形式和尺寸实际意义不大,本标准只规定一种试样,也便于判定。表5.0.1中列出的几种焊接方法一般直径小于16mm的钢筋施工现场很少采用焊接,所以只要焊接钢筋直径为16mm及以上就可以截取出10mm×10mm的标准试样。

5.0.3 样坯截取时除应考虑其加工余量外,还需保证试样上不得留有气割产生的热影响区。

试样在开缺口前应用腐蚀剂使焊缝清楚地显示出来后,再按要求划线。加工缺口时,试样不得因受热而影响冲击性能。

5.0.8 试验温度是指摆锤接触试样瞬间试样缺口底面的温度。

5.0.12 不得采用带爆炸性的液态氧、含氧量大于10%的工业液态氮或液态空气作为冷却剂。

6 疲劳试验方法

6.0.1 本方法适用于钢筋焊接接头在室温下的拉伸疲劳试验,试验目的是测定和检验钢筋焊接接头在恒载荷幅确定的应力比和2×10^6次应力循环下的条件疲劳极限。

工业与民用结构中的动载结构一般是指吊车梁。对重级工作制吊车梁寿命的要求是4×10^6次;对中级工作制吊车梁的寿命要求是2×10^6。按现行国家标准《混凝土结构施工及验收规范》GB 50204规定,中级及重级工作制吊车梁中的钢筋不宜有接头。因此,允许带焊接接头的动载混凝土结构通常只是指中级工作制吊车梁以及工况类似的钢筋混凝土结构。因此本标准将条件疲劳极限的应力循环次数定为2×10^6次。

由于钢筋焊接试样的接头两侧钢筋轴心线往往不重合,受力拉伸时,若试样短,则试样在夹具端部处将产生附加力矩与应力集中,试验时会使试样在夹具内或夹具端部处断裂,其试验结果无效。而试样长度越长,试样在夹具端部处所产生的附加力矩与应力集中也越小,有助于避免试样在夹具端部处断裂。因受疲劳试验机的试样夹持长度的限制,本标准规定试样不小于500mm。

高频疲劳试验机是利用共振进行加载的,因此必须使试样的固有频率与试验机加载系统的固有频率一致,只有试样长度在一定范围内才能在试验机上被加载。

6.0.3 在加载时,疲劳试样被夹持部分应力复杂,往往在此断裂,其试验结果无效。因此,必须将试样被夹持部分疲劳强度提高,并超过受试区。

方法之一:使试样被夹持部分表面产生压应力。为此,建议将试样夹持部分的纵肋和横肋车光后进行冷作硬化处理。

方法之二:避免试样夹持部分的纵肋和横肋直接被夹具夹住而产生大的应力集中。为使试样夹持部分的纵肋和横肋同时受力,可采用与钢筋外形相应的铜套模或钢套模并在套模与钢筋的间隙中灌注环氧树脂。

6.0.5 严格地说,在试验时,试样总会产生应变迟后于应力的现象,就是说总会产生一些非弹性能,其中大部分变成了热能。在低频疲劳试验时受试区产生的热功率很小,向四周扩散,受试区温度几乎不上升。采用高频疲劳试验机时,加载频率比低频高10~30倍,即热功率也大10~30倍,而且试样的质量又比低频的小,产生的热量难于向四周扩散,这时某些试样受试区的温度会上升。温度的变化对疲劳试验结果影响很大,为避免试验时试样温度上升,应选取适当的试验频率。

6.0.8 在一根试样的整个试验过程中，最大和最小疲劳载荷以及应力循环频率应保持恒定。疲劳载荷的偶然变化对疲劳试验的结果产生明显的影响。因此，本标准对疲劳载荷的偶然变化作了限制。

6.0.9 在疲劳试验过程中，试验的停顿次数、停顿时间也会影响疲劳试验的结果。实际上，一个试样的疲劳试验时间往往很长，在试验过程中外部电网的断电是无法控制的，为了减少误差，本标准对试验停顿的次数和时间也作了限制。

6.0.12 试验时试样被夹持部分及靠近夹具的部分应力非常复杂，它与试验所设定的应力水平相差很大，因此在测定条件疲劳极限时试样在被夹持部分及靠近夹具的部分发生断裂，该试样的试验结果应判无效。同理，当进行检验性疲劳试验时，在所要求的疲劳应力水平和应力比下，当试样夹持部分及靠近夹具的部分断裂(距离夹具或套模末端小于一倍钢筋直径处)，试验的循环次数又小于 2×10^6 时，该试样的试验结果也为无效。

6.0.13 由于试样在夹具中被夹持部分和靠近夹具部分的应力非常复杂，应力集中也较严重，与所设定的受试区应力水平相差很大，而受试区的应力单一又无应力集中，并且受试区断裂疲劳寿命会很高，因此本标准规定，当进行检验性疲劳试验时，试样的应力循环次数达到或超过 2×10^6 次，无论在试样何处断裂，该试样的试验结果都有效。